CYNISME ET PASSION

DU MÊME AUTEUR

LE DISCOURS DE LA GUERRE, l'Herne, 1967 ; 10/18, 1974.
1968 : STRATÉGIE ET RÉVOLUTION EN FRANCE, Christian Bourgois.
LA CUISINIÈRE ET LE MANGEUR D'HOMMES, Seuil, 1975.
LES MAÎTRES PENSEURS, Grasset, 1977.
LE DISCOURS DE LA GUERRE, augmenté d'EUROPE 2004, Grasset, 1980.

ANDRÉ GLUCKSMANN

CYNISME ET PASSION

BERNARD GRASSET
PARIS

Tous droits de traduction, de reproduction et d'adaptation
réservés pour tous pays.

© *Éditions Grasset & Fasquelle, 1981*

A Fanfreluche.

« — Je vous répète, cria Raskolnikov pris de fureur, que je ne puis supporter...
— Quoi ? L'incertitude ? l'interrompit Porphyre.
— Ne me poussez pas à bout... Je ne le permettrai pas... Je vous dis que je ne le veux pas... Je ne puis et ne veux le supporter... Vous entendez ? Entendez-vous ? cria-t-il en donnant un coup de poing sur la table. »

DOSTOIEVSKI.

« Seul guérit la blessure le fer qui la tailla. »

RICHARD WAGNER, *Parsifal.*

I

ÉLOGE DU SUFFRAGE UNIVERSEL

> « Les Aethiopes et les Indiens, dit-il, élisant leur roys et magistrats, avaient esgard à la beauté et procérité des personnes. Ils avaient raison ; car il y a respect pour ceux qui suyvent, et pour l'ennemy de l'effroy, de voir à la teste d'une trouppe marcher un chef de belle et riche taille. »
>
> Montaigne, II, xvii.

Dans la hâte avide des éveils difficiles, il saisit sa main puis ausculte son pouls avec la fièvre habituelle et tenace de constater qu'il existe encore. Qu'est-ce que l'occidental sinon l'individu qui se rend aux nouvelles comme un nomade à la fontaine ? Supporterait-il l'approximation bâclée et les conclusions, tant péremptoires que provisoires, des flashes d'actualité s'il ne découvrait, en leurs éblouissements, matière à histoires et prétexte à mirages ? Dès qu'un être, notre père et mère l'Indien préhistorique, entreprit de peupler la planète en mythologisant, il n'eut de cesse qu'apparaisse un mot de passe qui, l'origine creusée, la nature explorée, une culture déployée, retourne le conteur sur son premier pas, ouvrant l'accès du caché, glissant la clé des songes dans les serrures de l'inconnu.

L'homme, ainsi nomme-t-on l'aventuré de nos informations et l'aventurier de leurs silences, ne s'installe entre l'animal et le dieu qu'à les surprendre tous deux, échappant — parce que mortel — à la logique des immortels, esquivant — parce que tuant et se tuant — l'illogique des êtres supposés végéter leur vie sans avoir à mourir leur mort. Les nouvelles — un crime, une élection — toucheraient peu si par quelque côté elles n'incitaient à réétalonner un chemin ; le raccourci d'un sac dérobé, l'aléa d'une réforme économique, le coup final au coin d'une rue sombre mesurent l'écart du point où nous sommes au point où nous ne serons plus et remplissent l'entre-deux.

Ainsi devisai-je intérieurement quand deux de vos agents, Monsieur le Président, me cueillirent au sortir de la Bibliothèque nationale où j'avais pris mes quartiers. Ils m'apostrophèrent « en tant que chercheur et citoyen américain ». J'aime le cinéma classique, j'admire l'extrême précision avec laquelle il soigne les seconds rôles et campe les figurants, je reconnus sur-le-champ vos employés des services de renseignements ; leur soudaine envie de fréquenter un universitaire en congé sabbatique m'étonna. « La révolution iranienne », expliquèrent-ils. Je déclinai toute responsabilité. « L'élection du président de la République française », enchaînèrent-ils. Sans me laisser le temps d'une nouvelle protestation d'innocence, ils haussaient les épaules : le patron s'entichait des professeurs d'histoire, il avait expédié, à Téhéran, deux spécialistes de la mystique chi'ite, ils lui retournèrent un rapport sur le renversement du shah, l'éclairant de force références à Sohrawardî et aux platoniciens de Perse, le tout agrémenté de quelques souvenirs, personnels, sur les manifestations de rue contre la guerre du Viêt-nam.

L'avouerai-je ? J'étais ragaillardi, presque honoré qu'on eût songé à moi. Je déposai une pensée sur la tombe de mon maître Henri Hauser qui, il y a déjà bien longtemps, proclamait, si solitaire, « la modernité du XVIe siècle ». De la Sorbonne au Collège de France, ses collègues s'entêtaient de « Révolution française » ; la grande dramatique qui se joue de 89 à 93 passe pour résumer le passé et l'avenir, il ne resterait qu'à prolonger, à contrecarrer, à démystifier l'énorme mouvement qui, des Etats Généraux à la Convention ou à Napoléon, éblouit adversaires et amis au point qu'ils y éduquent leurs goûts et reprennent des couleurs. Aux Etats-Unis, comme ailleurs, nous ne manquons pas de révolutionnologues distingués ; je souris à l'idée que nos services de renseignements préférassent consulter un modeste seiziémiste.

« Vous regardez la télévision ? Vous étudiez à Paris depuis plus de six mois ? Vous êtes notre homme. » Je tombai de haut et constatai combien la différence, entre un spécialiste des guerres de religion et un expert du XVIIIe finissant, échappait à mes interlocuteurs. Compatissants, ils suggérèrent que leur ignorance valait celle de l'électeur français moyen, dont il convenait d'élucider le comportement en dépassant l'événementiel et en plongeant au plus profond. Inquiétante injonction. Je pris

Éloge du suffrage universel

soin de m'assurer qu'en haut lieu on disposait déjà de multiples rapports sur la « France profonde », ses dimensions économiques, sociologiques, voire psychanalytiques ; les experts ès structures familiales, rites funéraires, élevage du jeune bovin, crise énergétique, rentabilisation des microprocesseurs, tragédie de l'acier, comédie de l'agro-alimentaire, tous ont déposé leurs conclusions ; les sondeurs d'opinions, les statisticiens électoraux, les élyséologues professionnels alimentent en continu nos ordinateurs. Autant de méthodes pour scruter les coulisses de l'exploit par les dessous de l'événement et le rendre, bien qu'imprévu, rétrospectivement prévisible. Je vous imagine submergé de rapports et d'études proposant de révéler l'infrastructure cachée et les causes occultes de ce qui arriva ; mon originalité tiendrait dans la tentative de ne pas dépasser l'événement, aux prises avec l'amoureux dessein de le voir, plus que de le prévoir. Au regard des bâtisseurs de l'histoire, des constructeurs de pyramides ou des valeureux chefs de guerre, une élection n'est qu'un papillonnement du temps, papillote sur le bureau des instances multinationales, trou dans les grandes décisions qui scellent le destin de la planète. Encore s'agit-il de la France qui n'est le centre du monde que pour soixante millions de Français, moins de nombreux ironistes, plus quelques admirateurs éparpillés. Le bal des débutantes, la présentation à la cour, la rentrée des classes, ces journées n'ébranlent pas le monde bien qu'elles émeuvent l'aficionado. Ainsi le grand prix du président de la République où les élégantes s'affichent et les élections présidentielles où les affiches prennent de l'élégance. Un trou dans l'histoire des batailles fonctionne moins comme un hublot que comme un suspens, une hésitation révélatrice ; chacun se demande pourquoi l'autre le dévisage comme un candidat sur un mur, avec des yeux de faïence.

LE SECRET DU VOTE

« — ... Sans relâche partir d'ici, ce n'est qu'ainsi que je pourrai atteindre mon but.
— Tu connais donc ton but ? demanda-t-il.
— Oui, répondis-je, je te l'ai bien dit : partir d'ici, tel est mon but.
— Tu n'as pas de provisions, dit-il.
— Je n'en ai pas besoin, répondis-je, mon voyage est si long qu'il me faudra mourir de faim, si je ne trouve rien en route. Aucune provision ne me sauvera. Vois-tu, c'est un voyage vraiment prodigieux, heureusement. »

FRANZ KAFKA.

Il n'échappe pas à vos officiers des affaires indigènes, Monsieur le Président, que les élections américaines tournent à l'épreuve sportive et les françaises à la scène de ménage. A Washington le plus endurant gagne ; à Paris, selon les circonstances, les électeurs évincent Louis XVI, Marie-Antoinette, Joseph Staline, ou les trois d'un coup. Les profils d'idéal candidat varient ; on ne travaille pas au corps d'une même manière des électorats que L'Atlantique et quelques siècles d'histoire distinguent. Cette différence se laisse pressentir dès qu'un électeur pénètre dans l'isoloir, j'aimerais en croquer sur le vif un instantané mental, et vous glisser la preuve que cette fin de siècle remonte, du fond des temps, des souvenirs d'avenir dont les anniversaires récents, commémorés au hasard des événements, ne livrent qu'une image assez pâle. Fasciné par le bulletin, l'électeur s'évade, paraît s'ignorer en tant qu'électeur, l'alternative le hante de sélectionner l'un ou l'autre, de décider ainsi du futur, pour sept ans, pour les siècles des siècles. L'acte de voter clignote et tout l'univers tremble et chancelle. La victoire couronne le meilleur : celui qui érige une potentielle élection en événement. Je passe à l'acte afin que le soleil couchant n'éclaire plus tout à fait le même paysage qu'à son lever. Loin de m'oublier en proie au tumulte des candidatures, je traverse avec allégresse les programmes comme autant de pistes d'envol où se prémédite le singulier plaisir de faire magnifiquement bouger les êtres à l'aide d'un petit papier. Pour pénétrer la mystérieuse alchimie de l'isoloir, l'extrême prudence recommandée par la *Clavicula Salomonis* (Clavicule de Salomon, XIIIe) est de rigueur : « Il faut être respectueux dans le récit des oraisons, conjurations, invocations, et autres cérémonies requises, il faut être surtout intrépide et ferme dans le temps des apparitions des génies. » Bien vite, les heureux élus deviennent intarissables à épeler les raisons de leur succès, mais qu'en savent-ils ? Serait-ce indécent d'opiner qu'en bonne démocratie et en toute vérité ils sont le produit de l'élection plus qu'elle le leur ? L'élection fait l'élu, lors même que celui-ci croit la manipuler. Elle fabrique d'abord l'électeur qui arrive au bureau de vote, père de famille, fonctionnaire, adultère, pilote de ligne, puéricultrice ou militant de base, qui sort identique après avoir figuré, l'éclair d'une décision, dans un ensemble trente-six millions de fois fractionnable, individu égal à tous les autres dans la mesure où tous les autres se font inégaux avec eux-mêmes. Constituant, s'il fonctionne, des majorités de gouvernement, avec des êtres infiniment différents, tout système électoral est foncièrement « injuste » ; il n'exprime les suffrages que parce que ceux-ci impriment en règle le duel des gouvernants ; il ne reflète pas les états d'âme qui sont légion, mais décide, donc tranche l'Un de l'Autre. Le cogito implicite qui habite le votant captive plus que l'explicite du candidat qui s'étale en slogans et tracts dont nombre de rapports vous ont, contradictoirement, commenté la teneur.

1. « Bref, dans un acte où le hasard est en jeu, c'est toujours le hasard qui accomplit sa propre idée en s'affirmant ou en se niant. »

Mon compte rendu risque de vous tomber des mains : le cogito de l'électeur ! Je pense donc je suis. Prêter l'âme de René Descartes au passant venu accomplir ses nécessités de citoyen ! Seuls des romanciers pourraient prétendre compliquer, encore s'en gardent-ils, le geste prosaïque que chacun perpètre sans murmures : choisir ensemble celui qui gouverne tous. De bons esprits s'étonnèrent jadis, Socrate trouva la loterie non moins rationnelle mais plus franchement hasardée, André Gide s'émut qu'une voix de Prix Nobel ne comptât pas plus que celle du concierge. La démocratie fait droit de ces critiques, elle se proclame le plus mauvais régime, exception faite des autres. Est-il préférable que le chef d'Etat s'élise lui-même ? Que se cooptent d'heureux favoris de la naissance ou du carnet de chèques ? Que les meilleurs gagnent ! Mais qui décide des meilleurs ? Une loterie restreinte ou générale ?

Insolente comme il convient, transmise par l'aristocrate Platon, la question de Socrate arrête : pourquoi élire ? pourquoi pas le tirage au sort ? L'alternance des fonctions et des responsabilités entre les citoyens anime la meilleure démocratie. Les Grecs nous en léguèrent et le nom et l'idée : « Dans cette ville qui n'est pas au pouvoir d'un seul le peuple règne ; tour à tour, les citoyens, magistrats d'une année, administrent l'Etat. Nul privilège à la fortune : car le pauvre et le riche ont des droits égaux. » Athènes, quelque peu idéalisée par Euripide, illustre le principe général de la division des responsabilités entre égaux : « Il est juste que le pouvoir (qu'il soit un bien ou un mal) soit le partage de tous. » Une telle partition suppose une « compétence universelle de tous les citoyens » qui ne va pas sans paradoxe intellectuellement inquiétant : on ne devient pas bon potier ou chaudronnier par élection ni par roulement, mais magistrat tranchant de la vie, de la mort de la cité et des personnes. L'application rigoureuse du principe de la compétence de tous permet à Aristote de condenser la forme grecque de la démocratie : « 1. élection des magistrats faite par tous et parmi tous ; 2. exercice du pouvoir par tous sur chacun, chacun à tour de rôle commandant à tous ; 3. tirage au sort de toutes les magistratures ou du moins de toutes celles qui n'exigent ni expériences pratiques ni connaissances techniques ; 4. absence totale ou extrême modicité du cens pour accéder aux magistratures ; 5. interdiction pour le même citoyen d'exercer deux fois une magistrature, sauf quelques exceptions et seulement pour quelques charges, mises à part les fonctions militaires ; 6. courte durée ou de toutes les magistratures ou d'un aussi grand nombre que possible ; 7. accès de tous aux fonctions judiciaires et choix, parmi tous, de juges ayant une compétence universelle ou la plus large possible pour les affaires les plus importantes et vraiment primordiales, par exemple les vérifications de comptes, les questions constitutionnelles et les contrats de droit privé. » Ainsi fonctionnait la Commune de Paris selon Marx.

L'assemblée qui décide — Ekklesia — c'est tous les citoyens réunis sur la place publique (agora), les magistrats qui exécutent les décisions et appliquent les lois c'est encore tous les citoyens mais à tour de rôle. Résumons : « La démocratie est la constitution où l'on se partage les magistratures par le sort ; l'oligarchie d'après le cens ; l'aristocratie en raison de l'éducation... la monarchie celle où un seul homme est maître souverain de toutes choses. » Ce n'est plus une plaisanterie platonicienne ; celui qui nous a transmis le compte rendu détaillé, toujours vérifié, des sagesses et constitutions politiques anciennes, le très mesuré Aristote affirme : le sort fonde la démocratie. Il n'ignore pas le suffrage universel, mais ne relève pas grande différence, les citoyens votent, donc le hasard décide, gouverne, règne. La plupart des magistrats étaient tirés à l'aveuglette depuis Solon ou Clisthène, à l'exception des spécialistes de la guerre et des finances ; ainsi pensait-on éviter brigues et complots : « Le principe du tirage au sort, quelles que soient les garanties dont on pouvait songer l'entourer, était en tant que tel une des caractéristiques de la démocratie athénienne, et servit toujours à en définir l'esprit. » En droit, non seulement la courte paille fait une procédure électorale aussi honorée que la collection des avis et des voix, mais elle révèle le secret de l'institution : si chacun se

Éloge du suffrage universel

juge également compétent, donc également incompétent, la règle de la majorité vaut celle du jeu de dés. Double six ou unanimité moins une, le plus fort nombre peut sortir de l'extraordinaire alliance des gens de sens ou de l'éphémère communion des insensés : jamais un tour de roulette n'abolira le hasard. Aristote eût franchi nos isoloirs avec les sentiments mêlés d'un esprit passionné et ouvert pénétrant un tripot mallarméen.

En apparence tout a changé. L'électeur moderne ne passe pas pour sacrifier à la « démocratie » dans l'antique acception, la scène diffère, le peuple ne saurait se réunir pour disputer de vive voix, un tel jeu ne paraît concevable qu'entre connaissances, dans une foule « qui puisse être embrassée d'un seul coup d'œil », quelques milliers de citoyens au maximum. La croissance démographique favorisant les voix de stentor, les vastes empires, où gouvernants et gouvernés ne peuvent permuter, se découvrent théâtres de la modernité politique. Une cité grecque fonctionne comme un laboratoire, à l'échelle d'une paroisse, d'une modeste usine, où s'invente un ensemble de relations humaines et sociales cristallisé dans une communauté politique chaque fois originale : Aristote ne se contentait pas d'opposer Sparte et sa rigueur militaire à la richesse bourgeoise et immorale d'Athènes, il recensa des « constitutions » par centaines, protocoles spécifiques d'expériences irréductibles les unes aux autres. Cette population où les marins pullulaient invoquait l'image d'un navire dont passagers et équipage affrontent le sort commun. Le sentiment de l'aventure partagée rebondissait.

Nous réservons nos fèves à la galette des rois. Sondées, programmées, télécommuniquées, nos présidentielles agencent fièrement des mécaniques plus élaborées que les antiques tirages au sort. Pourtant les critiques formulées à l'époque semblent inquiéter encore. « Socrate poussait ses disciples à mépriser les lois en vigueur : il disait qu'il était insensé de désigner par une fève (les fèves du tirage étaient noires et blanches) les gouvernants de la cité, alors que personne ne consentirait à employer un pilote, un architecte ou un joueur de flûte désigné par le sort, non plus que pour toute autre activité analogue, où les fautes ont pourtant un effet bien moins grave que lorsqu'il s'agit de l'Etat » (Xénophon). Un politologue raisonnable refuserait de comparer au tirage des rois les contemporaines élections qui permettent à trente millions d'individus de choisir un destin qu'ils accrochent aux idées de deux personnages souriants. Précipitamment nous écartons la main du hasard et relisons l'issue des scrutins comme la manifestation d'un courant souterrain et implacable ; deux ou trois voix, inclinant la balance, témoignent d'une bienfaisante éducation du peuple ou d'une imparable propagande qui sans cesse le décervelle. Nos rétroviseurs rationalisent des majorités qui, puisqu'elles existent, sont nécessaires.

Les modernes élections transforment les hasards en destin, les anciennes fractionnaient le destin en hasards. Au-delà des critiques assenées aux procédures en vigueur, il n'est pas de penseur, jadis, pour juger déshonorant d'affronter la chance, c'eût été supprimer la mer pour protéger l'embarcation. Platon, dans *les Lois,* propose le respect des aléas comme un jugement des dieux ; Aristote tempère l'extrême démocratie par des procédures favorisant le respect des minorités, donc des lois, et se borne à souhaiter réduire les risques d'effondrement qu'implique l'irréductible contingence terrestre : « Attribuer le pouvoir souverain à la masse du peuple plutôt qu'à une minorité d'élite semblerait apporter une solution défendable, elle offre des difficultés mais peut correspondre à la vérité de la situation. » La démocratie peut être un lieu de la folie collective — maintes déclarations de guerre et expéditions conquérantes en témoignent, telle la fameuse invasion de la Sicile qui inaugura le déclin d'Athènes — les fondateurs de la pensée politique occidentale ne résolvent pas le problème en feignant ignorer « la vérité de la situation ». Toute époque est zone de tempêtes, toute cité un frêle esquif, le péril extérieur menace toujours de se conjuguer au tohu-bohu intérieur, aucun faux-semblant d'ordre ne saurait garantir. Le gouvernement impérial du monde ou la cité monolithique ont été envisagés sans que ces hypothèses satisfassent. Les solutions grecques, toujours provisoires, repoussent le fantasme du navire propulsé par les dieux sur une mer éternellement étale, elles inventent d'installer au cœur de la cité le modèle réduit des désordres planétaires. Le constat est d'apparence réactionnaire, chaque multitude peut verser dans la sauvagerie et la bêtise... donc il lui revient de contourner les gouffres, nul expert ne saurait l'en protéger. Le peuple porte en lui sa monstruosité et la nuée l'orage, la conclusion pleut de source, plus démocratique que prévue : là où est le poison doit être le remède : « Bien que chaque individu pris séparément puisse être plus mauvais juge que les gens de savoir, tous une fois réunis ne laisseront pas d'être meilleurs juges que les experts, ou du moins pas plus mauvais. » Dans cette perspective, les élections ne visent nullement à abolir le hasard, elles le mettent en scène et nous confrontent à ses péripéties.

La France vécut longtemps en relative marge des avatars du siècle. Elle fut certes saignée par la Première Guerre mondiale, mais son semblant de victoire lui fit perpétuer une république n° 3 pacifique et universelle. Elle sauvegarda son agriculture et sa culture par un protectionnisme venu de Jules Méline pour la première et de Jules Ferry pour la seconde. Son empire colonial la confortait et le siècle de Victor Hugo nourrissait de nostalgiques rêveries. Après le second conflit planétaire, les verrous sautent, la population s'urbanise, la vie économique s'internationalise, un courant d'air souffle soudain les tentures d'un musée centenaire.

L'hexagone s'assit dans une Europe en métamorphose, mais la France figée supposa le partage du monde définitif, les camps et les champs clos. Elle crut que la guerre froide gelait la planète ; son communisme, unique en occident, fut stalinien sans ombre ni doute ; son anticommunisme versaillais souvent. Des décennies après la disparition de l'Empire britannique, sa droite fut bouleversée par les audaces anticoloniales, tard venues, du général de Gaulle ; soixante années de Goulag révolues, sa gauche se découvrit idéologiquement déchirée par le coup Soljenitsyne. L'immobilité ambiante transformait le moindre mouvement en surprise fracassante ; le temps d'ignorer les ségrégations spirituelles et les discriminations établies, toute la société semblait prise de danse de Saint-Guy. Souvenez-vous des dollars dépensés pour soutenir les scissionnaires de la communiste CGT et promouvoir une « confédération libre », Force ouvrière. Et l'imprévue conséquence d'une grève apolitique déclenchée par les postiers syndiqués à cette FO peu soupçonnable d'entreprendre l'insurrection : de proche en proche le mouvement gagna tous les fonctionnaires, paralysa le pays entier à l'été 53, renversa un gouvernement non moins « ami » que la petite organisation responsable du séisme. Anodine apparence de la cause, énormité identique de l'effet : des étudiants contestataires et antisoviétiques se heurtent à la police dans la rue, aux communistes dans les amphithéâtres ; ils fournissent l'occasion, en 68, de la plus grande grève de l'histoire occidentale. Dans un pays soumis aux glaciations idéologiques, il suffit d'un tremblé dans le convenu des partis pris pour voir de fragiles printemps se disputer la brèche. Les grands virages politiques suivent une logique analogue. Feuilletez les rapports du Département d'Etat catalogués lors de la prise de pouvoir du général de Gaulle. Etait-ce une procédure purement légale ? Un crypto-coup d'Etat ? Reconnaissait-on l'ami fervent de l'Algérie française ou le discret partisan d'une probable indépendance ? Notre allié se révélait-il fidèle ou passablement prorusse, ou étrangement prochinois ? Vous trouverez ces évaluations aussi confuses et contradictoires que celles occupées à désintriquer aujourd'hui les multiples tendances et ficelles du socialisme français. N'en réduisez pas trop vite la polychromie, cette bigarrure fut porteuse de victoire ; ne vous hâtez pas de postuler une cohérence cachée derrière les équivoques, les ambiguïtés, les ambivalences avec lesquelles une société intellectuellement bloquée se chuchote : « Lève-toi et marche. » Le parti victorieux s'affiche révolutionnaire, réformiste et discrètement conservateur, il parle marxiste, keynésien, social-démocrate, il vante l'orthodoxie financière, il défend une planification ardente et quinquennale. Dans une population avide d'opinions diversifiées et gourmande de nuances, l'utilisation d'un langage hétéroclite s'impose à qui veut obtenir une majorité... Une organisation capable, sans éclater, de remuer en son sein les délires sectaires qui figèrent les deux camps de la guerre froide, constitue l'indice d'un déblocage aux yeux de ses supporters. Des Français votèrent pour le labyrinthe, ils voulurent échapper

Éloge du suffrage universel

non à la confusion, mais à la léthargie. Ils se sont hasardés. Pas par hasard.

2. « Prêt à y sacrifier toute vanité et toute satisfaction comme on brûlait jadis son mobilier et les poutres de son toit pour alimenter le fourneau du Grand Œuvre. »

Objection votre honneur ! Condamné par la Constitution à réunir, sur sa personne, les options entre elles contradictoires de plus d'une demi-population, un candidat présidentiel est contraint d'agiter des sentiments unanimistes. L'élection au suffrage universel et le duel du deuxième tour obligent à briguer une place où coïncident les opposés. En cette *coincidentia oppositorum* Nicolas de Cuse installait son dieu, le premier des temps modernes. Il commente à ses moines un tableau édifiant :

« Mais de grâce, mon frère contemplatif, approchez vous de ce portrait de Dieu, et mettez vous du costé d'orient, puis allez du costé de midy, et enfin arrêtez vous du costé d'occident. Et parce que la veue de cette image vous suit également en quelque endroit que vous alliez, vous vous élèverez par vous-mesmes et direz : Mon Dieu, mon seigneur, je remarque sensiblement par vos continuelles œillades l'effect toujours durable de votre providence. Car s'il est véritable que vous ne m'abandonnez pas, moy, qui suis le plus méchant, le plus abject et le plus méprisable de tous les hommes, rien ne déffaudra à personne. »

La face véritable de Dieu « n'est pas sujette aux proportions », charge à nous de découvrir la visibilité de son invisibilité dans l'étrange regard que le tableau jette à son admirateur. Les affiches électorales se lisent de même façon. Ainsi soit-il du candidat, des institutions, et de l'électeur. Les options du premier ne se laissent découvrir qu'au travers du jeu des autres, le meilleur joueur est élu. Le président ne décide pas des résultats, la bonne saisie du décorum électoral programme le président. Vos rapporteurs probablement s'égarent à scruter le secret d'une victoire dans les pensées du vainqueur, l'essentiel est ailleurs, entre l'électeur et l'institution.

Vous souvient-il, la nouvelle opposition s'offusqua et les observateurs s'étonnèrent longuement de l'imprécision du futur couronné. S'ils reconnaissent l'obligation d'unifier l'inunifiable à l'étiage des 51 p. 100, les perdants s'interdisent rarement de regarder de haut ceux qui accrochèrent leurs voix à la baleine muette des majorités. Si le nouvel élu, en 1962 comme en 1981, a nécessairement bien joué puisque gagnant, le quidam est lui jugé inéluctablement floué. Mon hypothèse est autre : l'homme de la rue ne vote pas malgré le flou mais sciemment dans le flou et pour le flottant ; il n'attend pas sa sortie de l'isoloir pour découvrir la règle du jeu.

Je m'isole : « Maintenant donc que mon esprit est libre de tous soins et que je me suis procuré un repos assuré je m'appliquerai sérieusement et avec liberté à détruire généralement toutes mes anciennes opinions. » La belle traduction du duc de Luynes est un rien tendancieuse, l'original latin de Descartes ne qualifie pas les opinions d'*anciennes,* mais esquisse un mouvement de retraite devant toute opinion. Un tel recul *fait date,* il rejette non l'opinion, mais la manière de l'épouser : « Il y a déjà quelque temps que je me suis aperçu que dès mes premières années j'avais reçu quantité de fausses opinions pour véritables... de façon qu'il me fallait entreprendre sérieusement une fois dans ma vie de me défaire de toutes les opinions que j'avais reçues jusques alors en ma créance et commencer tout de nouveau dès le fondement... » Nullement bardé de vérités définitives, mais affrontant diverses incertitudes, je pénètre dans l'isoloir en proie à l'impression d'inaugurer peut-être.

Concevez dès lors que les plausibles insuccès et les improbables prospérités des politiques solliciteurs ne me touchent qu'avec modération, je ne parle pour ainsi dire qu'à moi-même : « Je fermerai maintenant les yeux, je boucherai mes oreilles, je détournerai tous mes sens, j'effacerai même de ma pensée toutes les images des choses corporelles, ou du moins, parce qu'à peine cela se peut-il faire, je les réputerai comme vaines et comme fausses, et ainsi m'entretenant seulement moi-même et considérant mon intérieur... » Lors des récentes élections, la minorité

Éloge du suffrage universel

nouvelle n'avait pas manqué de dénoncer l'incrédibilité économique de ses concurrents, elle crut n'avoir pas été comprise, elle se trompait : une partie importante de l'électorat majoritaire acquiesçait et décidait néanmoins de courir minutieusement le risque d'une diminution de son pouvoir d'achat. Le souci de la matérielle n'emporte pas l'homme décidé à rentrer en lui-même, écartant faux-semblants et vraisemblances : « Vous devriez vous souvenir, ô chair, que vous parlez ici à un esprit qui est tellement détaché des choses corporelles qu'il ne sait pas même si jamais il y a eu aucuns hommes avant lui et qui partant ne s'émeut pas beaucoup de leur autorité. » Entre le tapage des campagnes, les fêtes, les déceptions post-électorales, règne un instant de silence ; peu importe le vote sur coup de tête, toute réflexion s'inaugure d'un coup d'Etat intérieur ; peu importent les sondages donnant d'avance le résultat, chacun aura suivi son cogito et rencontré celui des autres.

Hésitons à comparer la prestigieuse retraite de Descartes, le fameux « poêle », et les bruyantes salles de mairies où le citoyen passe à l'acte. Le métaphysicien proféra lui-même qu'il convenait de douter « une fois dans sa vie » seulement. Quoi de plus étranger à nos chroniques scrutins ? L'objection arrête, le temps de contempler une Europe plus cartésienne que Descartes, où le doute qu'il donnait instantané et ponctuel embrasse toutes les sphères de la vie sociale. Je garde par-devers moi le sentiment que tout fut dit très vite : « L'action de la pensée par laquelle on croit une chose étant différente de celle par laquelle on connaît qu'on la croit, elles sont souvent l'une sans l'autre », ce postulat sert de viatique suffisant pour « rouler çà et là dans le monde, tâchant d'y être spectateur plutôt qu'acteur en toutes les comédies qui s'y jouent... » L'amateur goûte le spectacle, l'intériorise et décerne son suffrage à qui facilite la descente au plus profond de soi. J'eusse reculé dans l'exploration du cogito de l'isoloir si l'université européenne n'avait honoré sous le nom de « phénoménologie » le cartésianisme généralisé d'un Husserl tentant l'expérience d'une « absence absolue de préjugés ».

A la « naïveté presque indécrottable » que les siècles nous lèguent sous l'autorité des traditions, la décision d'un « je doute » oppose l'épreuve d'une « abstention radicale à l'égard de toute donnée préalable, de toute validité préalable du mondain ». Cette mise entre parenthèses des convictions préétablies — ou réduction phénoménologique, ou « epoche » — se veut une bombe atomique spirituelle. Elle n'exerce sur l'environnement aucune action physique, elle ne l'anéantit, ni ne le transforme mais en affecte la présence et bouleverse le rapport d'ensemble qui nous lie à lui : « Toute ma vie active en tant que je suis celui qui éprouve, qui pense, qui évalue, etc., demeure pour moi et continue bel et bien à se prolonger, à ceci près que ce que j'avais là autrefois devant les yeux comme *le* monde étant et valant pour moi, cela est devenu un simple *phénomène...* » C'est courir trop vite la poste que d'imaginer un lecteur, la tête pleine d'une France-candidat A et d'une France-candidat B, s'absorbant dans la comparaison. Devant ses yeux : plus et moins, il se mire dans la France-qui-peut-devenir celle de A *et* celle de B, il balance, elle oscille. Le temps d'une élection, le pays d'avant, le pays d'après se trouvent mis hors circuit par le surgissement d'une France-phénomène. Non pas celle qui sera choisie, pas même celle de son choix, mais celle qui s'offre la possibilité d'un choix. Valse mélancolique, vertige, l'électeur habite une terre qui roule sous ses pieds. Si tout dépend du vote, et sans cesse on le proclame, le simple citoyen aiguise son regard au tranchant d'une décision, il touche ce que Husserl nomme le point d'Archimède de toute philosophie. La pensée du levier soulève celle du monde.

La France-phénomène, où se détachent les jolis paysages A et B des berceuses électorales, n'est pas un fantôme en attente de couleurs. Ni une ombre portée dans l'entre-deux des passations de pouvoir : le temps au vol suspendu n'est pas rien, ni le monde qu'un je-doute a pris en charge. « D'une façon absolument unique, l'être pur et simple du monde, de simple certitude d'être qu'il était, devient quelque chose de librement flottant, qui pourtant ne flotte pas par indécision... Il devient le thème digne de question d'un questionnement possible et entièrement nouveau. » La France électorale ne flotte pas entre les candidats, mais librement et de manière unique.

Détachement heureux, entraînement euphorique disqualifiés à tort d'irrationnels et d'infantiles. En suspens et comme mise hors course « l'action de la pensée par laquelle on croit », nullement celle « par laquelle on connaît qu'on la croit ». La grâce de cette suspension permet seule d'inspecter « ce qui est visé dans les visées, ce dont on a conscience dans les vécus de conscience ». Ainsi le veut la règle, le candidat propose, les électeurs disposent ; si ce faisant ils prêtent attention à ce qu'ils font, une question bourdonne à l'oreille : Qui sommes-nous, nous sujets qui accomplissons les prestations de sens ? Qui sommes-nous qui sentons, hésitons, optons ? Les trous dans les programmes et les candidats illusionnistes, loin de dévaloriser l'épreuve, la grandissent aux yeux d'un public moins naïf que les esprits chagrins ne l'imaginent. Les imperfections décelées dans les objets du choix forcent le choisissant à se « rétro-interroger » et trouver en lui les raisons de son choix ; elles le retournent à une philosophie « qui au lieu de disposer d'avance d'un sol d'évidences toutes prêtes, l'exclut par principe »... Commencer d'abord par l'absence de sol : les ralliés de la dernière heure qui déroulent velours et soies sous les pas du vainqueur masquent le travail antérieur d'une intimité minimale, elle se donne licence de tirer le tapis sous des candidats en attente. Elle gagne ainsi la « possibilité de se créer par ses propres forces un sol ». Si A était élu ? Si B ? L'un neutralise l'autre ; à rebondir, ils renvoient à « une méditation originelle de soi-même ». J'ignore précisément ce qu'ils veulent mais que veux-je moi à vouloir l'un ou l'autre ? Puisqu'il m'échappe tel qu'en lui l'éternité le change, le prétendant devient mon candidat et rien de plus, faute de pouvoir élire le choix de mon candidat, je n'élis jamais que le candidat de mon choix.

Qui, je ? Les imprévisibilités résiduelles d'une élection ne se laissent pas expliquer par des défaillances d'institut et de sondage, comme si interroger le bénéfice de chacun et tirer l'addition commandait l'issue. Le citoyen décide peu en fonction d'intérêts immédiats, l'expérience ordinaire lui apprend qu'ils ne s'assemblent pas d'eux-mêmes en bouquets ; s'il se trouve dans la simple incapacité de voter égoïste, ne lui supposez pas d'altruistes incartades. Il balance avantages acquis et promesses escomptées. Son conservatisme s'effraie tour à tour du capitalisme sauvage et de l'enfermement collectiviste ; divers espoirs l'enlèvent. Seuls ceux-qui-n'ont-à-perdre-que-leurs-chaînes seraient capables, sans barguigner, de trancher par intérêt bien compris. Nulle rhétorique politique ne manque de les convoquer, les armées de chômeurs se mobilisent en paroles et le quart monde s'émeut sur tracts. Rien, dans le compte final, ne permet de retrouver ces blocs imaginaires pour une simple raison qui échappe aux élites et aux privilégiés : chacun, si démuni soit-il, a quelque chose à perdre.

En peine de présenter un programme à l'éparpillement de ses désirs, l'homme de la rue se retrouve face à lui-même, tel le candidat devant l'électorat. Il ficelle à son tour un paquet de contradictions. Le moment du doute redouble, il portait sur son rapport au monde, il rebondit sur lui et le condamne à la question de Descartes : « Mais moi qui suis-je ? » Le point de vue de l'isoloir « réduit » et l'environnement partisan et l'électeur, ce brave homme, ou ce pécheur, ou n'importe quoi d'autre qu'il est supposé être — tout cela disparaît tandis qu'il devient l'observateur hors du coup de soi-même. A chacun donc de jeter un regard présidentiel. Avant d'inaugurer son palais de fonction, le prince des Français habite le tête-à-tête de l'électeur.

Entre l'existence quotidienne et l'existence citoyenne un hiatus creuse, comme entre la conscience naïve et la conscience de cette naïveté. Loin de se sentir diminué, l'électeur s'émeut, il se fait extrême, individuel et universel, sujet privé et personne publique. Il ne cherche pas à coller l'un à l'autre, l'écart lui permet de tenter subjectivement cette synthèse dont l'objective traduction semblait si sujette à caution dans les programmes officiels. Il devient terrain de rencontre et champ de bataille : « Toutes les distinctions du genre je-tu, intérieur-extérieur se constituent dans l'ego absolu. » Je vote, tu votes. Je veux voter efficace, tendre à la majorité, j'implique ton vote dans mes réflexions parce que le tien m'implique. Allant vers toi, je me quitte. Te renvoyant d'où je pars, je te déplace. Nous détachons nos ancrages respectifs l'un par l'autre, mais pas ensemble. Votant, nous tombons d'accord avant tout sur ce détachement même et découvrons la liberté totale du regard philosophique « libéré de l'entrave la plus forte et la plus universelle encore que plus cachée, son entrave intime : celle de la prédonnée du

Éloge du suffrage universel

monde. Par cette libération et en elle se trouve donnée la découverte de la corrélation universelle, absolument close en soi et absolument autonome du monde lui-même et de la conscience du monde ». *Par et en elle,* souligne Husserl. Rien ne fonde la légitimité du processus électoral que le processus même ; l'opération qui fait compter avec un autrui qui pense avec soi est une vérité dernière qui ne s'appuie sur rien que la liberté de son accomplissement : « Enfin il faut conclure et tenir pour constant que cette proposition que je suis, j'existe, est nécessairement vraie toutes les fois que je la prononce ou que je la conçois en mon esprit. »

Voter c'est être avec. De part en part. Ma voix compte, celle de l'autre aussi. Je ne suis pas l'autre ; donc contraint de compter avec lui, je ne suis pas tout à fait moi-même et lui non plus. J'expérimente cela, lui comme moi, nous en savons chacun plus long que le bout de notre nez, nous nous savons dans le même bain. Cette conscience de la piscine communautaire évoque la manière dont le monde interpelle le phénoménologue : « La conscience du monde qui est celle d'un chacun est toujours déjà a priori — et ce sur le monde de la certitude de l'être — conscience d'un seul et même monde pour tous, pour tous ceux qui sont connus et inconnus, pour tous les sujets rencontrables possibles... » *Connus et inconnus :* les voisins ne se rendent pas ensemble aux urnes, les urnes rendent voisins et cristallisent entre une multitude d'inconnus une immédiate interdépendance que la visée de leurs intérêts immédiats ne découvrirait pas. Certitude d'un casse-tête commun et d'une communauté incertaine.

3. De l'isoloir conçu comme abri-bus pour le sacrifice.

D'autres instants rompent, plus éclatants, les digues de la conscience de soi, fêtes, guerres, cérémonies religieuses ou sportives mobilisent les âmes jusqu'à les ravir dans un « nous » auquel elles touchent sans l'embrasser. Ou qu'elles embrassent sans pouvoir étreindre. Tout s'explique, une fois tous les sept ans nous faisons en politique une expérience demeurée érotique, nous nous grisons d'absence, nous vivons une petite mort, chaque électeur est Georges Bataille : « Ce qui est choisi ne peut être que la souveraineté, c'est-à-dire un au-dessus de l'essence, c'est-à-dire l'au-dessus de toute pensée limitée, ce qui est répété humainement bien que non pensable et par conséquent non accessible dans la recherche du sacré, le sacré étant rupture de l'interdit. »

La semaine et le dimanche, le calcul utile et la consommation sacrificielle, le profane et le sacré, un temps pour la paix et un temps de guerre. La binarité agressive fut l'arme critique favorite des intellectuels. Qu'ils se réclamassent avec Nietzsche de Dionysos ou, à la veille de la Seconde Guerre mondiale, tel le « Collège de sociologie » d'une expérience primitive de la souveraineté dont l'ethnologie réinterprétée à la lumière de l'époque est censée livrer la clé, « le pouvoir apparaît comme la réalisation d'une volonté... il se présente comme une vertu invisible, surajoutée, irrésistible qui se manifeste dans le chef comme la source et le principe de son autorité ». Halo charismatique et énergie explosive du chef de tribu deviennent personnalité ou force de caractère chez l'homme d'Etat moderne. L'isoloir avalise l'aura. Ainsi expliqua-t-on la victoire de Valéry Giscard d'Estaing sur François Mitterrand en 74 et celle de François Mitterrand sur Valéry Giscard d'Estaing en 81. Les souverains circulent, la souveraineté s'éternise bonne à tous.

Un chef ne demeure tel que si le courant passe. Sous le coup d'un possible rejet il gomme les différences et séduit. Les moyens, équivoques et parfois impitoyables, on en discute ; à condition que les fins s'imposent au-delà de toute contestation. Cette orthodoxie permit aux successives générations de déchiffrer calmement les horreurs de l'existence sans redouter l'humanité qui les produit : « Tout homme désire le bien, tel est le postulat sur lequel se fonde la dialectique. Cette croyance intime à la supériorité du vrai sur le faux, du juste sur l'injuste, du beau sur le laid, de l'ordre sur le désordre, de la santé sur la maladie et, de façon générale, du bien sur le mal, joue, chez Platon, le même rôle que ce bon sens cartésien, qui est la chose du monde

Éloge du suffrage universel

la mieux partagée. Il légitime toute recherche. Aucune discussion n'est possible si l'adversaire refuse d'admettre que le bien, sous une forme ou sous une autre, l'emporte sur le mal... Par bonheur l'amour du bien est lié à notre nature. L'homme qui n'aime pas le bien est un monstre qu'il faut impitoyablement rayer de l'humanité... » Pas de drame : chacun fait pour le mieux.

Appelons europlatonisme cette bonne pensée. Le candidat s'en drape candide. Premier temps : mes intentions sont pures. Deuxième temps : les vôtres ne sont pas mauvaises non plus : « L'argumentation de Socrate est donc, en son fond, d'une enfantine simplicité, elle consiste à dire à Thrasymaque et à Philèbe ce que, dans une occasion semblable, Toinette dit à Argand : Mon dieu, je vous connais, vous êtes bon naturellement. » Troisième temps : nous sommes tous parfaits, jouons le méchant imaginaire. Tout va très bien madame la marquise, tout progresse de mieux en mieux mon camarade. Le parti communiste existe ici depuis soixante années, le temps pour plus d'une demi-planète de virer à divers socialismes, il en célèbre, solennel, les antipodiques victoires et s'innocente de lointaines bavures. Le parti socialiste a l'âge du siècle auquel il n'est pour rien, ayant toujours cuvé dans l'opposition quelques idées prêtes à éclairer le monde : l'Europe, oppositions et majorités confondues, se suicida en 14-18, s'effondra entre 36 et 40, s'aspergea d'ignominies dans les dernières guerres coloniales, les socialistes égarèrent comme d'autres leurs vertus, mais le socialisme les habitait immaculé. Un parti de droite ne se trompe jamais, son malheur vient d'ailleurs et si les ailleurs deviennent de plus en plus malheureux pendant qu'il gouverne, la sourcilleuse infaillibilité de ses sabres, de ses goupillons et de ses carnets de chèques ne saurait s'en affecter, elle se trouve bien comme elle est. Qu'ils gagnent ou qu'ils échouent, les europlatoniques filent des jours paisibles.

L'ironie des philosophes échappe parfois à un professeur de philosophie. Socrate constate : chacun croit savoir qu'il se sacrifie « pour le bien », Descartes note : personne ne s'estime dépourvu de bon sens. De quoi introduire une inquiétude, Descartes se réclame du bon sens partagé... pour douter hyperboliquement de tout ; Socrate enferme ses interlocuteurs dans les impasses (apories) de la vertu jusqu'à ce qu'ils reconnaissent n'en rien savoir.

« Socrate : — ... Je ne suppose pas que tu aies jamais vu ou entendu des hommes se disputer assez vivement sur ce qui est sain ou malsain pour en venir aux mains et se tuer les uns les autres.
Alcibiade : — Non certes.
Socrate : — Au contraire, au sujet du juste et de l'injuste, à supposer que tu n'aies pas vu de telles disputes, je sais que tu en as entendu raconter plus d'une, notamment chez Homère... Les batailles, les morts d'hommes, pour les Achéens et aussi pour les Troyens n'ont pas eu d'autres causes, non plus que pour les prétendants de Pénélope et Ulysse.
Alcibiade : — Tu as raison.
Socrate : — Et c'est encore pour cela, si je ne me trompe, que succombèrent ceux des Athéniens, des Lacédémoniens et des Béotiens qui furent tués à Tanagra, comme plus tard ceux qui périrent à Coronée, au nombre desquels ton père Clinias ; aucun dissentiment, sinon au sujet du juste et de l'injuste, n'a causé ces morts et ces combats. N'est-ce pas exact ?
Alcibiade : — Tout à fait exact.
Socrate : — Alors, pouvons-nous dire que les hommes connaissent ces choses sur lesquelles ils sont si âprement en désaccord que, se contredisant mutuellement, ils en viennent aux dernières violences ? »

Sa vérité, l'européplatonisme des bibliothèques roses la trouve dans l'esprit de sacrifice. S'élevant au-dessus de lui-même, l'individu doit abolir son égoïsme et faire preuve d'abnégation afin de s'immiscer dans une collectivité qui vit si les particuliers transcendent pour elle leurs particularités. Je risque mon temps, ma vie, mes biens, donc nous sommes. Guerre, lutte à mort, travail — lutte infinie contre la nature —, tels sont les secrets de l'hominisation du primate, de l'humanisation de l'homme, du devenir conscient de la société, telle l'assomption universelle des civilisations selon le XIXe siècle. Le guerrier et le travailleur, dévoués à leur tâche, dépassent une existence empirique en faisant exister la communauté spirituelle pour laquelle ils acceptent de disparaître. Au début du XXe siècle, les ethnologues découvrent, dans l'affirmation heureuse du sacrifice, le noyau social de la religion, et le noyau religieux de toute société : « Les notions religieuses, parce qu'elles sont crues, sont ; elles existent objectivement comme faits sociaux. Les choses sacrées, par rapport auxquelles fonctionne le sacrifice, sont des choses sociales. Et cela suffit pour expliquer le sacrifice » (Hubert et Mauss).

L'Europe cala longtemps sous le choc des explosions nationalistes du XIXe. Elle se figurait toute société — un peuple, une tribu, une classe — bien ourlée, close, imperméable aux autres et focalisée par le feu central où, dans les fumées de l'encens et des chairs brûlées, les convives jurent un pour tous, tous pour un. Les problèmes de conscience, que d'aussi absolus engagements ne manquaient de susciter, se confinèrent dans l'alternative d'avoir à détruire les autres collectivités ou la sienne. Trahir son parti, sa patrie, ne se pouvait accomplir relativement. Les leçons de morale dans l'école primaire, l'éducation civique de l'enseignement secondaire, l'alphabétisation, obligatoire comme le service militaire, assènent par mille détours aux masses européennes une vérité unique : il faut savoir se sacrifier. A charge pour l'enseignement supérieur de former les esprits qui conduisent la cérémonie. Les chauvinistes de tous bords virent dans le conflit de 14-18 la guerre de Descartes contre Kant. Les deux côtés du Rhin avaient passé un demi-siècle à s'observer, se défier, s'imiter. Deux doctrines laïques du sacrifice, l'une plus philosophique inspirée de Hegel, via Cassirer, l'autre plus ethnologique et positiviste, via Durkheim, couronnèrent l'instruction du fantassin discipliné qui de part et d'autre sut si bien périr à Verdun.

Le sacrifice éponge tous les comptes, les individus s'y collectivisent et gagnent ensemble ce qu'ils perdent chacun, « ils revêtent d'une autorité sociale leurs vœux, leurs serments, leurs mariages. Ils entourent, comme d'un cercle de sainteté qui les protège, les champs qu'ils ont labourés, les maisons qu'ils ont construites. En même temps, ils trouvent dans le sacrifice le moyen de rétablir les équilibres troublés : par l'expiation ils se rachètent... » Moteur immobile, cet acte initial et final vérifie les hiérarchies, renvoie chacun à sa place, et restaure l'ordre social.

Les opinions religieuses et politiques n'ont affecté, ni à droite ni à gauche, une fondamentale croyance en la nécessité indépassable d'offrir sa peau afin de se donner une âme, et de brûler cette âme pour fondre dans la chaleur évanescente d'une communauté précaire. S'il ne s'abandonne à ce qui l'excède, nation ou révolution, l'Européen a souvent l'impression de pourrir sur place, comme « un misérable petit tas de secrets » (Malraux). Les charmes discrets de ses diverses patries et les provisoires splendeurs de ses insurrections gonflent cette inquiétude, plus qu'ils ne la suscitent ; l'ivresse précède le flacon, la grandeur du sacrifice l'emporte sur ce à quoi on se sacrifie.

On se dévoue à une cause particulière, on meurt en touchant l'universel, à travers la multiplicité des cultures et des religions, un unique procédé « consiste à établir une communication entre le monde sacré et le monde profane par l'intermédiaire d'une victime, c'est-à-dire d'une chose détruite au cours de la cérémonie ». Quelques grandes religions théorisent le mystère qui ferme la circulation sacrificielle ; un esprit aussi laïque et respectueux des diversités ethnographiques que Marcel Mauss ne put s'empêcher de conclure en privilégiant une théologie (en l'occurrence hindoue). Si tout tourne autour du sacrifice, vive la religion qui mieux fera tourner ! Qu'est-ce qui établit la communication entre celui qui offre, celui qui est offert, celui qui reçoit et exauce ? Quelle intimité garantit la transmission ? Supposons entre le sacrificateur et le sacrifié une communauté de nature, l'opération tend alors au suicide. Imaginons encore que cette identité s'étende au destinataire, le cercle se boucle : « Non seulement c'est dans le sacrifice que quelques dieux prennent naissance, mais encore c'est par le sacrifice que tous entretiennent leur existence. » Vue de l'extérieur l'opération semble rapprocher incompréhensiblement des réalités hétérogènes ; vue de l'intérieur, elle en rend raison et produit les termes qu'elle relie : « Dans l'Inde enfin, la création continue des choses au moyen du rite finit même par devenir une création absolue et ex nihilo. Au commencement rien n'était. Le Purusa désira. C'est par son suicide, par l'abandon de soi-même, par le renoncement à son corps, modèle, plus tard, du renoncement bouddhique, que le dieu fit l'existence des choses. » Des temps les plus reculés jusqu'à une Europe qui n'a cessé de s'estimer la plus avancée, un mouvement unique d'intériorisation du sacrifice anime les croyances dites primitives, élabore de majestueuses constructions théologiques et finalement noue l'humanité à elle-même dans l'isoloir du citoyen bien éduqué.

Avant d'inventer les armes absolues, l'Européen apprit la menace du suicide collectif. La Première Guerre mondiale se joue à guichets fermés, dans l'alternative des victoires intégrales et des capitulations sans condition. On brûle ses vaisseaux, on combat le dos au mur. C'eût été piètre consolation d'apprendre que, la patrie rasée, la vie continuait en Papouasie ou à New York. La fin de la France (ou de l'Allemagne) valait la fin du monde ; Hiroshima et Nagasaki modifient les mentalités, une menace commune fait naître un vague sentiment de voisinage : l'esprit de clocher s'universalise quand la fragilité des clochers passe planétaire. Rien n'a changé ? Si. Mais par un autre biais.

En projetant les images du repas totémique ou du meurtre du père par les frères, l'Europe éclairée se complut à confondre la texture du tissu collectif et la solidarité des assassins. Pourtant les événements introduisent à plus de subtilité ; lorsqu'une communauté contemporaine se modèle sur le fantasme de la horde primitive, les coutures cachent mal la coupure entre les agitations de la vie sociale et le meurtre pur et simple. Himmler, grand chef de la SS, principale pourvoyeuse, organisatrice et bénéficiaire des camps d'extermination, en témoigne malgré lui. Il harangue ses troupes : « La plupart parmi vous savent ce que cela veut dire lorsque cent cadavres sont amoncelés, ou cinq cents ou mille. L'avoir supporté et sous réserve des exceptions dues à la faiblesse humaine, être resté correct voilà ce qui vous a endurcis. C'est une page de gloire de notre histoire qui n'a jamais été écrite et qui ne le sera jamais. » L'ethnocide élevé à la hauteur du sacrifice fondateur de la pureté raciale ne cimente ni n'unifie une population que la SS qualifie dédaigneusement de « petite-bourgeoise » pour ce qu'elle laisse faire sans faire. Elle sauverait en détail (« chaque Allemand a son bon juif ») ceux qu'elle accepte de condamner en bloc.

Toute société se fonde-t-elle sur un meurtre ? Suffit-il d'ajouter qu'elle se fonde en détournant les yeux, ni vu ni connu, pas pris ? Ce serait manquer la qualité des actes religieux dont on approche avec mystère, mais non sans en parler rituellement, mythiquement, symboliquement, fabuleusement. Le crime politico-historique s'enveloppe de mutisme, toute parole qui l'évoque le grippe. Lorsqu'une dictature persécute poètes, écrivains et prêcheurs, elle n'attribue pas une force militaire à leurs paroles, mais elle pressent la nécessité d'abriter ses procédés et de baigner ses rouages dans l'huile du silence. Loin de communier dans le meurtre généralisé, la population n'en supporte pas l'évocation directe et mal l'indirecte. L'Allemagne ne manquait pas en 1945 de nazis convaincus. Elle se laissa occuper sans tenter de clandestine résistance, corps francs et réprouvés d'après 18 brillèrent d'absence. E. von Salomon, en connaisseur, compare les deux époques, il décrit l'incontournable révélation des charniers d'Auschwitz. Les photos ne transmettent pas une information brute, les faits beaucoup les connaissent ; le crucial n'est pas la mort sur la photo, mais la photo elle-même. Ça se voit, se dit, se communique. L'information décisive est : désormais l'information circule ; demeurer hitlérien oblige, on devient, non plus implicitement, mais ouvertement, publiquement, à la face de son voisin et du monde, millionnaire du meurtre.

Les résistances non violentes et peu menaçantes parviennent çà et là à enrayer un appareil génocidaire ; leur force est de déchirer la nuit, de dissiper les nappes de brouillard, elles mettent assassins, complices et spectateurs face à l'acte. L'opacité des entreprises Nacht und Nebel trouée, quelque chose s'écroule.

L'opération sacrificielle met en contact le ciel et la terre par une pratique « continue » mais duplice, à la fois profane et sacrée ; elle ne dit pas le premier et le dernier mot de la vie citoyenne. Seule la dialectique imagine ce roman où une société se révèle à elle-même dans une activité originellement autofondatrice. Mauss note que le moment suprême de la cérémonie

Éloge du suffrage universel

échappe toujours à la transparence des rites et des regards : « Une fois que la bête est placée dans la position prescrite et orientée dans le sens déterminé par les rites, tout le monde se tait. Dans l'Inde, les prêtres se retournent (de même dans la messe catholique, les fidèles s'inclinent à l'Elévation)... le sacrificateur serre alors le lien qui entoure la gorge de l'animal, apaise son souffle. La victime est morte. L'esprit est parti. » Les Grecs anciens estimaient que les victimes devaient souscrire à l'opération dont elles faisaient les frais ; les officiants s'y appliquaient non sans quelque fourberie. La théorie du sacrifice est un de ces cas (« qui ne sont pas si rares », Lévi-Strauss) où l'ethnologue se laisse mystifier par l'indigène et le théoricien de la société par la société qu'il théorise. Ils isolent indûment un rituel qui n'existe pas séparé, le projettent en praxis fondamentale du passage de la nature à la culture et retrouvent ainsi l'hégélianisme.

Hegel identifie lutte pour la mort et lutte pour la reconnaissance afin de décrire le passage de l'animal à l'homme et de la préhistoire à l'histoire. Avant lui la philosophie politique classique avait tenté parfois de susciter la loi, l'Etat et le contrat à partir d'une jungle des désirs où tous s'acharnent contre tous. Ainsi fantasmé matrice de l'histoire, le sacrifice décroche d'un univers mental où il allait de soi, ni plus ni moins que les autres rites ; il est promu charnière tout imaginaire, entre les mythes, derrière lui, et l'histoire à venir. Ni chair ni poisson. On vote les yeux fermés. On a gagné. A la différence pourtant de l'école et du service militaire, le sacrifice électoral n'est pas obligatoire. Il doit s'interroger. Le *je* électoral peut se livrer, sans exaltation, à une opération minutieuse où je m'exerce à dire « nous » sans oublier le billet de retour. En vertu de quoi les joutes présidentielles intéressent les raffinés plutôt que les amateurs de sensations fortes.

4. Tantôt je pense et tantôt je suis.

Le versant sacré d'une fête ou d'une religion absorbe l'individu dans une réalité qui le dépasse, elle le fait plus qu'il ne la fait, il défaille pour elle sans qu'elle meure avec lui, elle pré- et postexiste. Le résultat d'une élection dure également plus qu'elle, mais toujours sous bénéfice d'inventaire. On ne vote pas pour l'éternel, l'acte s'inscrit nécessairement dans le provisoire ; dans un mois, dans sept ans, la prochaine échéance infirmera, confirmera le présent verdict. On a loisir de distinguer le principe et le calendrier, convoquer le corps électoral tous les trois ou cinq ans ne modifie pas intrinsèquement le sens de l'opération qui se doit, d'une manière ou d'une autre, répétable. On vote dans l'idée de pouvoir voter à nouveau. Une victoire sur le stade ou le champ de bataille se goûte d'autant plus glorieuse que définitive. Des poètes la chantent éternelle, qui parfois n'hésitent pas à encenser de pareils vocables d'heureux élus dont le cas échappe à ce bel canto. Le triomphe d'une équipe sportive célèbre la revanche d'un quartier, la valeur d'une ville, l'endurance d'une région ; il passe pour témoigner d'une réalité qui déborde, dans le temps et l'espace, la petite poignée de sportifs dont la balle de match se dévoila nuit du destin. Au contraire le *je* qui pense et le *je* qui vote se font contemporains du *nous* qu'ils constituent en leur pensée et leur vote, ils se révèlent véritables « fonctionnaires de l'humanité », terme husserlien que la langue française figure avec difficulté : plutôt que le titulaire, pointant à date fixe, d'une fonction rétribuée par le patron Humanité, il faut imaginer un insolite quidam s'acharnant à faire clignoter comme les lumières d'un flipper une humanité qui n'existe que dans le soin qu'il prend. Pas de *nous* sans *je*. Il ne s'agit pas d'isolement têtu, ni d'originalité à tout prix, mais de la condition d'apparition d'un *nous* fragile que fixe la solidarité des solitaires dans la dispersion des isoloirs (« Tout homme porte en lui la forme de l'humaine condition » ou encore « Chaque homme porte en lui un ego transcendantal »).

J'en viens au plus scabreux. Nous avons à choisir. N'affectons pas le ridicule de le faire au programme comme si les Français, entre bien d'autres, n'habitaient point « ce pays où les opinions sont si diverses et si nuancées qu'aucune d'entre elles ne peut espérer l'emporter assez nettement par le suffrage universel ». Conclure qu'on choisit l'homme serait oublier que nos goûts quant aux personnes paraissent plus ondoyants encore et divers que nos émois devant les opinions. Deux promis hantent les murs et les rêves scolaires, on peut les trouver libidineux mais, sans extravaguer, il paraît délicat de conjecturer que leur image suffit à réunir 51 p. 100 d'amoureux. Si les signes extérieurs hésitent et que les intérieurs échappent, que reste-t-il ?

Il faut se décider. Les Français ne laissent pas de cartésianiser. Le penseur national n'a-t-il pas prémédité de se conduire avec assurance même dans les cas où l'inébranlable certitude recherchée vient durablement à manquer ? Nous savons l'électeur doutant ; « les actions de la vie ne souffrant souvent aucun délai », l'ombre du doute l'effleure sans l'effarer, il **tranchera**, « imitant en ceci les voyageurs qui, se trouvant égarés en quelque forêt, ne doivent pas errer en tournoyant tantôt d'un côté, tantôt d'un autre, ni encore moins s'arrêter en une place, mais marcher toujours le plus droit qu'ils peuvent vers un même côté, et ne le changer point pour de faibles raisons... car par ce moyen s'ils ne vont justement pas où ils désirent, ils arriveront au moins à la fin quelque part où vraisemblablement ils seront mieux que dans le milieu de la forêt ».

Celui qui doute et s'oriente dans le douteux goûterait une vue par avion des broussailles où il s'empêtre, service que la pensée requiert des diverses disciplines scientifiques. Parfois les photographies de survol ne livrent aucun secret ; au nombre de ces contrées refermées sur leurs habitants, Descartes comptait la jungle des villes. « J'avais dès longtemps remarqué que pour les mœurs il est besoin quelquefois de suivre des opinions qu'on sait être fort incertaines, tout de même que si elles étaient indubitables. » La pratique politique française, probablement l'occidentale, taille ses pistes à travers les obscures frondaisons des passions et des coutumes.

Butant sur la non-élimination du douteux, la politique paraît délaisser la certitude absolue visée dans l'expérience du cogito. A contre-pied, elle postule n'avoir jamais fini d'affronter le malin génie (« Je supposerai donc qu'il y a non point un vrai Dieu, qui est la souveraine source de vérité, mais un certain mauvais génie non moins rusé et trompeur que puissant qui a employé toute son industrie à me tromper »). D'un côté, une philosophie pérenne où le cogito resplendit, première parmi les perles éternelles et vraies dont elle égrène le chapelet. De l'autre, une philosophie politique s'évertue à penser le provisoire dans le provisoire. Entre elles, de multiples fils se croisent et piègent une opposition à première vue tranchée.

Penser le temps dans le temps, le cogito n'évite pas la contradiction, il réfléchit le monde, se réfléchit dans le monde et rencontre « le paradoxe selon lequel l'homme — et l'humanité — est subjectivité pour le monde et doit en même temps avoir un être objectivement mondain dans le monde ». La difficulté, tire-bouchonnée, d'un je-pense enveloppé-enveloppant témoigne moins pour la misère de ses attachements que pour la grandeur de son détachement ; toute expérience est relative ; si intérieure, à son autocorrection ; si communautaire, à sa correction réciproque ; dans les deux cas à son invalidation future. L'expérience de cette expérience définit l'homme de la vie quotidienne comme « être pensant », il « possède donc la langue, la description, il raisonne, il pose des questions de vérité, il confirme, argumente... », il s'estime capable d'un point de vue général sur son point de vue particulier et de trancher personnellement des généralités dont on le fatigue.

Des élections et toute politique apostrophent cet être paradoxal, apte à prendre ses distances fût-ce vis-à-vis de soi. Dans l'écart creusé entre ce qui est et ce qui peut être, les séductions miroitent. Lundi sera le jour du vainqueur, glisse le candidat à la veille du second tour. En vérité, lundi vient trop tard, avant lui l'étrange jour férié a lieu ; le musée ouvert, les surveillants s'éclipsent, les visiteurs se glissent furtifs derrière le bureau de Napoléon ou du président Lebrun et s'essaient hommes de la situation. Le fauteuil est vide, nos pensées l'occupent. Le devoir du citoyen s'accomplit, il se met à la place de... Conscience du premier venu et point de vue du Premier des Français se font, un dimanche tous les sept ans, indiscernables.

Une infinité d'états d'âme et des options partisanes hétérogènes infusent en une majorité. L'électeur opère-t-il encore ? Exténue-t-il ici son cogito : je me pense comme tous les autres différent de tous les autres, sans plus ? Quelque mécanique agissant comme dans son dos prend le relais et retourne, suppose-t-on, la multiplicité en une unité inattendue. On élit au premier tour, on élimine au second, le mode de scrutin somme alors les refus et les métamorphose en sacre. A la mécanique institutionnelle s'ajoute l'usage de la « majorité présidentielle », habitude prise d'éviter les conflits entre exécutif et législatif, assurant au président un parlement serviable. La psychologie sommaire de ceux qui, au lendemain de la victoire, volent à son secours conforte la légitimité du processus et réunit entre les mêmes mains l'essentiel d'un pouvoir que Bodin nommait *souverain :* la « puissance de donner et de casser la loi ». Les perdants, sans difficulté, se consolent d'une explication : tout se joue par-delà l'électeur qui, s'il se laisse prendre, est un simple. Les gagnants acquiescent, ils s'étaient retrouvés minorité d'idées l'espace d'une campagne ou le temps d'un séjour dans l'opposition, ils attribuent, en toute honnêteté, leur soudaine majorité politique à la ruse des institutions, des usages et des ralliements veules. « Les Français sont des veaux », conclut un général célèbre, « des grenouilles qui demandent un roi », surenchérit dans l'opposition Sartre. Il ne servirait à rien d'imaginer plus aimablement un électeur enlevé par un mouvement qui le dépasse, le conduisant à son insu vers le Beau, le Bien, le Vrai, l'amenant comme malgré lui à inscrire enfin dans la réalité politique l'espoir nourri depuis des millénaires. Si c'est « plus fort que lui », tout est dit ; manipulé par les anges, les démons et les courants d'air, l'électeur, ce dimanche-là, n'était pas lui-même, son cogito est pure fallace. J'ai voté, l'histoire a bourré l'urne — si l'alchimie des institutions ne peut que m'échapper, si son produit me floue, la ruse de la Constitution n'est plus qu'une ingénieuse fraude électorale. A moins que votant je ne vote pour cette ruse avant même que de choisir tel ou tel.

Nombre de candidats pour un poste. On dispute de leurs profils, on jauge une capacité à remplir la fonction qui, mesurant tout et mesurée par rien, paraît faire unanimité. Je reproche à tel postulant de mélanger ses intérêts privés à ceux de l'Etat, de ne pas se soucier de l'indépendance et de la défense nationales, de mettre en danger les biens et le niveau de vie de la population. Rapidement la discussion devient technique ; les spécialistes de l'économie, de l'écologie, les stratèges s'en mêlent, les avis divergent et voici derechef l'électeur au rouet, péniblement astreint à filer une opinion en coalisant des savoirs épars. Il peut se tromper sur la situation ; il peut s'illusionner sur les candidats ; sans possibilité d'erreur, il n'y a pas élection. N'empêche qu'il juge, s'efforce de sélectionner un solliciteur : bon pour... et renvoie l'autre : inapte à... A quoi ? L'être angoissé, remarque Kierkegaard, ne s'angoisse pas seulement *de*... faire ceci ou cela, il s'angoisse *quant à*... Une crainte délimitée accompagne un danger précis, l'angoisse fait écho à une menace nébuleuse, l'émetteur et le récepteur tourbillonnent alors dans l'identité d'un vertige d'ensemble. La conscience qui vote est conscience *de* tel ou tel candidat *quant à*... la souveraineté.

Tout chef d'Etat dispose d'un pouvoir ni absolu ni limité, mais *souverain*. Ainsi s'étiquette depuis cinq siècles une autorité, imaginée à tort toute-puissante et tyrannique, elle n'est qu'ultime : « Le Prince souverain ne recognait après Dieu rien de plus grand que soy-mesme. » Jean Bodin déploya le premier l'idée moderne de souveraineté : la restriction « après Dieu » exclut qu'un quelconque corps intermédiaire, fût-ce une Eglise, s'introduise entre le ciel et le capitaine. La grandeur du Prince ne recrée pas la société ex nihilo par la fulguration de ses décrets, sa majesté laisse aux notables, magistrats, bien des pouvoirs, elle se réserve le suprême : « Le dernier degré est la puissance de la vie et de la mort, c'est-à-dire la puissance de condamner à mort et de donner la vie à celuy qui a mérité la mort : qui est la plus haute marque de souveraineté et propre à la Majesté, privativement à tous les magistrats... » Le droit de grâce à l'égard des personnes privées et le domaine réservé où se décident guerre et paix pour toute la collectivité nationale font l'apanage du souverain. Il exerce aujourd'hui cette majesté moins sur le cou de rarissimes condamnés que sur le corps de la nation entière : élire le chef de l'Etat désigne celui qui peut appuyer, brusquement, instantanément, sans appel sur le bouton rouge des forces nucléaires. Les candidats ne manquent pas d'évoquer le geste, espérant paraître dignes de ce qui, pour la modernité, demeure « la plus haute marque de souveraineté » : donner la mort donc garder en vie.

5. Abraham.

Dimanche. Deux mains, deux bulletins, deux personnages, un seul fauteuil. Lequel officiera le mieux ? La société suppose inévitablement quelque « tu ne tueras point », elle osera transgresser à travers l'oint du suffrage l'interdit du meurtre. La guerre annoncée nucléaire projette sur lui l'angoisse du suicide collectif. Risquer sa vie pour la gagner définit de tout temps le courage, en aura-t-il ? En ai-je moi-même qui me mets à sa place et le glisse dans ma peau ? Une existence pour laquelle on meurt vaut d'être vécue, cependant aucun calcul utilitaire ne la mesure. Dimanche d'ivresse où je vis à hauteur de mort élisant celui qui la regarde dans les yeux lorsque je vaque à mes occupations profanes.

Bien qu'investi d'aucune infaillibilité marxiste ou pontificale, un dirigeant occidental dispose — directement ou par alliance — du pouvoir ultime. L'instantanéité des ripostes nucléaires interdit de contrôler son geste en train de s'accomplir ; il n'est pas question de juger à son ouvrage cet ouvrier de la dernière heure. On escompte d'avance la détermination, la fermeté, la grandeur d'âme du chef atomique qui tient en respect de potentiels ennemis, leur inspirant une crainte salutaire. On supplie sa prudence et son équanimité de ne point provoquer d'évitables apocalypses. Il doit se garder du laxisme comme de l'aventurisme, ne montrer ni trop de peur ni pas assez, alors que chacun soupçonne qu'il n'existe pas d'arithmétique du trop et du trop peu. L'accumulation d'armes et d'alliances ne saurait suffire, un stratège nucléaire trouve sa vérité à convaincre amis et ennemis qu'il existe un moment X et une situation Y, non négociables, où s'enclencherait, avec de fortes probabilités, le sacrifice suprême. Confrontés à la dure tâche de choisir le candidat au rôle d'allumette raisonnable, les électeurs définissent un second Abraham. Levant un poignard sur le fils si longtemps désiré, le héros biblique s'apprête à massacrer l'avenir aussi radicalement qu'un chef lance la frappe fatale. Abraham tranche sa descendance, le président d'une république thermonucléaire procède à l'autodestruction, tous deux, à l'heure H échappent à ceux qui les ont servis, aimés, élus et qui, maintenant, baissent les yeux et retiennent le souffle devant un acte inimaginable : « On ne peut pas pleurer sur Abraham. On l'approche dans un religieux effroi, un horror religiosus comme Israël approchait le Sinaï. »

Voter pour celui qui peut parapher la fin de tout introduit l'homme de la rue aux soliloques que Kierkegaard réserve aux exceptionnels « chevaliers de la foi » : à chacun de se représenter le meilleur président, celui qui aime ses électeurs comme ses propres enfants et qui, pour les sauver, doit se montrer capable de les faucher : « Détruire de ses propres mains ce qu'on désirait tellement, se priver soi-même de ce qu'on a tant souhaité, qu'on possède déjà : cela blesse le moi naturel à sa racine même. Et c'est ce que Dieu exigea d'Abraham... Isaac, son enfant unique, l'enfant de la promesse ! Penses-tu que la mort pourrait faire autant souffrir ? Je ne le pense pas. »

La politique introduit la vie dévote. Aux yeux de la morale commune, « Abraham est le plus grand des criminels, le plus misérable des hommes — l'assassin de son fils ». Un président s'envisage assassin de ses propres électeurs, s'il exclut l'hypothèse, s'il se persuade ne jamais pouvoir s'y résoudre, il manque aux obligations de sa charge et prive ses forces armées de toute crédibilité. On peut l'imaginer grand, méditatif, ému, humain et préférant au dernier moment le suicide à l'holocauste, il n'en tromperait pas moins ses concitoyens. Ce n'est pas pour ce courage-là qu'il s'est fait élire, donnant à croire qu'il est capable de lâcher une meute de fusées : « Abraham crut et ne douta point ; il crut l'absurde. S'il avait douté, il aurait agi autrement ; il aurait accompli un acte grand et magnifique : car aurait-il pu faire autre chose ? Il serait allé à la montagne de Morija, il aurait fendu le bois, allumé le bûcher, tiré le couteau — il aurait crié à Dieu : Ne méprise pas ce sacrifice ; ce n'est pas ce que je possède de meilleur, je le sais bien... Il se serait enfoncé le couteau dans le sein, le monde l'aurait admiré... Mais il ne douta point, il ne regarda point d'un œil angoissé à droite ou à gauche... Il savait que ce sacrifice était le plus lourd qu'on pût demander, mais il savait aussi que nul sacrifice n'est trop lourd quand Dieu le demande. » Il lève le couteau sur Isaac et tourne la clé du dernier contact.

Quelle différence entre le meurtre d'une vieille femme et l'exécution d'un jeune enfant, comment distinguer Raskolnikov et Abraham ? La foi, dira-t-on. Dans le premier cas, le crime s'ourdit intéressé, donc crapuleux. Le héros a besoin des économies de l'usurière pour inaugurer une carrière napoléonienne. Dans le second cas, c'est Dieu qui exige : « Si quelqu'un vient à moi et ne hait pas son père, sa mère, sa femme, ses enfants, ses sœurs et même sa propre vie, il ne peut être mon disciple. » Je choisis un président, je lui confie le soin de décider l'heure où nous mourrons tous pour quelque chose qui, alors, nous transcende. J'investis un homme, lui demandant de ne jamais oublier que par quelque côté il me méprise d'une haine évangélique et nécessaire. L'instant interloque les catégories morales ordinaires, et pas moins notre connaissance. Abraham doit évacuer traditions, règles de vie, esprit de famille, il n'a pas à interroger son cœur, « son acte est en contradiction absolue avec son sentiment ». Un seul soutien, la foi : « Là est sa consolation. Il se dit en effet : non cela n'arrivera pas ou si cela arrive, l'Eternel me donnera un nouvel Isaac en vertu de l'absurde. » Explicitons cette intime conviction. Non cela n'arrivera pas... se dit le président, si je me montre ferme et résolu, si je feins de monter aux extrêmes — et comment le montrer sinon en commençant réellement, froidement l'escalade ? L'adversaire pliera, reculera, devinant qu'il lui cuirait de persévérer. Le président lutte contre la tentation de temporiser. Si je cède, j'encourage l'adversaire. Si je tiens, je prouve que quelque chose le dépasse comme elle me passe. Voilà ma seule chance de le convaincre, donc d'éviter le pire. « Il gravit la montagne, et, à l'instant encore où le couteau étincelait, il crut — que Dieu n'exigerait pas Isaac... »

Ici l'électeur s'inquiète. Il n'aime guère un président qui flanche, l'image ne le rassure pas non plus d'un individu investi des plus hautes responsabilités qui croit dur comme fer à l'impossibilité du désastre. « Poursuivons ; supposons qu'Isaac ait été réellement sacrifié. Abraham croyait ; il ne croyait pas qu'il serait un jour bienheureux dans le ciel, mais qu'il serait comblé de joie dès ici-bas. Dieu pouvait lui donner un nouvel Isaac, rappeler à la vie l'enfant sacrifié. Il crut en vertu de l'absurde, car tout calcul humain était depuis longtemps abandonné. » Là tout le problème. Le comportement ultime d'un président X échappe, non seulement aux règles de l'émotion et de l'éthique quotidiennes, mais à tout calcul humain, puisque dans l'équation terminale l'humanité, motif de l'acte, fond comme beurre au soleil nucléaire. Le père qui lève le couteau sur son fils demeure officiellement un malfaiteur, le fait qu'il entende des voix ne lui épargne la perpétuité que pour le condamner à l'asile d'aliénés. Qui fait la différence entre un président ferme et un président fou, si un candidat enfin sincère analyse en détail, à la télévision, les engagements qu'il prend ?

« Je me propose maintenant de tirer de l'histoire d'Abraham, sous forme de problème, la dialectique qu'elle comporte pour voir quel paradoxe inouï est la foi, paradoxe capable de faire d'un crime un acte saint et agréable à Dieu, paradoxe qui rend à Abraham son fils Isaac, paradoxe que ne peut réduire aucun raisonnement, parce que la foi commence précisément où finit la raison. »

La fébrilité saisit un citoyen kierkegaardiennement conscient d'accomplir son devoir d'électeur. La force intérieure, qu'on doit supposer au candidat idéal, donne le vertige, signe que nous avons perdu l'habitude de vivre et d'agir religieusement. Nous poursuivons des coups de foudre ou de vent. Nous allons où le cœur nous pousse avec l'aisance et les coquetteries de qui existe immédiatement, sensiblement. Stade esthétique. Ou bien, nous nous essayons au sérieux, soumettant notre conduite à des règles universalisables que nous nous empressons de prescrire à autrui, pour accéder avec lui au stade éthique, celui du père qui fête le départ du fils allant mourir pour la patrie. Nul scandale. Un citoyen qui meurt pour elle la fait vivre. Au contraire d'Abraham qui exécute en Isaac l'avenir de la race, ou du président qui envisage de faire sauter la planète. C'est alors le stade religieux, il faut parier sur l'infini : « Et si, dans sa détresse, il voulait prendre un peu de souffle, embrasser tous les êtres chers avant de faire le dernier pas, il risquerait de provoquer la terrible accusation d'hypocrisie de la part de Sara, d'Eliézer, d'Isaac, scandalisés par sa conduite. Il ne peut parler ; il ne parle aucune langue humaine. »

Les manuels de dissuasion enseignent à survivre au bord du gouffre, à s'y risquer d'autant plus qu'on s'en veut sauver, à s'approcher de la dernière extrémité pour lui échapper. Tertullien formule cette logique : « Le fils de Dieu fut crucifié, ce n'est pas honteux parce que c'est honteux, et le fils de Dieu est mort, c'est encore plus crédible pour ce que c'est inepte ; et enterré il ressuscita, c'est certain parce qu'impossible. » Abraham sacrifie et son fils et son intellect ; le stade religieux de l'existence est défini par Kierkegaard comme celui où l'on profère : « Credo quia absurdum. » Sentence qui résume adéquatement la situation du responsable nucléaire, mais « Je crois parce que c'est absurde » fait un mauvais slogan pour des présidentielles.

Abraham ne se confia à personne, fût-ce à Isaac qu'il emmène sans mot dire. L'imaginer plaidant sa cause, à la cueillette des voix, donne une mauvaise comédie. A chacun sa vérité, semble ironiser Kierkegaard décrivant les trois stades — ou tentations — d'une conscience européenne tour à tour esthético-virevoltante, sérieusement politico-éthique ou religieusement envolée. Toujours présomptueuse. Elle croupit dans chacune de ses vérités, sans qu'on puisse lui demander des comptes. Il me plaît, annonce l'esthétique. Tous les habitants de notre Germanie sont cousins germains, profère l'Ubu éthique. Credo quia absurdum, énonce le chevalier de la foi. Nous ne savons toujours pas pour qui voter. Les erreurs militaires s'ajoutent aux prévisions de pendule ou d'ordinateur régulièrement démenties. Rien, en ce siècle, ne prépare à mettre sa foi en l'infaillibilité d'un chef d'état-major, même élu. Entre la télévision et l'isoloir se testent in vitro les fragilités de l'existence et l'inaccessible de toute sécurité : « Pour moi je peux bien décrire les mouvements de la foi, mais je ne peux les reproduire. Pour apprendre à nager, on peut se munir de courroies suspendues au plafond ; on décrit bien les mouvements mais on ne nage pas ; je peux pareillement décomposer les mouvements de la foi ; mais quand je suis jeté à l'eau, je nage sans doute... pourtant je fais d'autres mouvements... »

Toute majorité, silencieuse et comme il faut, sait ce qu'elle doit faire : prendre du plaisir, se dévouer, croire. Une faille se laisse détecter dans le béton de ses convictions : si elle sait se sacrifier, sait-elle le sacrifice ? Au moment où le mystère était censé s'accomplir, elle a baissé la tête et détourné le regard. Flanquée de ses experts ès morales préfabriquées, elle prétend enseigner aux autres à choisir ce qu'elle ne peut qu'ignorer elle-même ; elle a beau élever la voix, une question se chuchote à travers l'Europe et les siècles : qu'est-ce qui se passe, que faisons-nous vraiment dans les sacrifices ? « Ils se purifient en vain, quand ils se souillent avec du sang tout comme un homme qui entré dans la boue se laverait avec la boue. »

6. « S'arroger en vertu d'un doute... quelque devoir de tout recréer, avec des réminiscences pour avérer qu'on est bien là... »

Retournons aux moutons de l'électeur moyen, lassé du responsable mythique dont son âme caresse une trop vague image. Ses réflexions, ses hésitations semblent bien prosaïques pour tourner en expérience mystique. A moins que le mystère de son expérience ne s'insinue à faire un instant fléchir et vaciller l'objet de son élection. Joseph S. ignorait le ballottage. Le suffrage universel opère dans l'approximation des sentiments, la relativité du probable, la confusion des genres. Seules les politiques qui l'éliminent ouvrent encore les portes du ciel et de l'enfer à l'expérience primitive du pouvoir. « La souveraineté n'est plus aujourd'hui vivante que dans les perspectives du communisme » (G. Bataille) : l'alchimie de l'isoloir concocte l'anti-Staline.

Le monde profane du calcul capitaliste, productiviste, rationnel et électoral paraît pris en tenaille. A son origine se trouve le puritain protestant dont l'élection n'est pas de ce monde. A son arrivée, le militant stalinien dont le monde n'est pas de l'élection. Tous deux utilisent leur environnement avec une brutalité de principe, qu'il s'agisse d'une nature où Dieu est

Éloge du suffrage universel

absent ou d'une société que l'ennemi omniprésent manipule. Entre deux, le capitalisme poursuit d'ordinaires travaux, les ponctue de cérémonies électorales défraîchies et se désespère de jamais ressaisir cette force d'accumuler qu'il fut à l'origine et qu'il retrouve en Staline, « meilleur exemple de l'homme renonçant souverainement à la souveraineté dont il dispose ». Une simple vareuse sans décoration, une façade austère, une énergie impitoyablement d'acier (d'où le pseudonyme) figurent l'homme d'un pouvoir sans jouissance et d'une action sans cesse à l'œuvre, et jamais reposée dans une œuvre. Ombre renversée et quelque peu dérisoire du Père des peuples, l'électeur s'absorbe dans la jouissance d'un pouvoir qu'il n'a pas.

Loin de dissimuler sa vérité derrière le bulletin de vote, Staline est l'emblème d'une monstruosité à quoi le suffrage universel veut faire barrage. Un souverain renoncement à la souveraineté s'accomplit de toute façon quand, par mon vote à la française ou mon silence à la soviétique, je confie mon existence aux soins d'un autre... Deux manières de renoncer pour une même vertigineuse conclusion ? La différence importe. Le renoncement s'il est souverain marque sa souveraineté jusqu'au bout, ses deux méthodes — le vote secret ou la police secrète — exercent quelque influence sur les modes de vie. Le dimanche électoral échappe à l'opposition binaire et abrupte de deux mondes. L'expérience première qu'éveillent les programmes, celle du doute ou de la mise entre parenthèses, interdit l'unification de l'hétéroclite quotidien : désirs et intérêts se croisent dans le brouillard, ils échappent à la main invisible ou à la poigne programmatrice. Prenant du recul l'électeur ne passe pas du monde vulgaire au monde sacré, il ne saurait *quitter* un « monde » dont il vient d'expérimenter l'hémorragique inexistence. L'anarchie du marché et des besoins, la concurrence des revendications et des opinions ne constituent pas un ensemble ordonné par le miracle d'une harmonie préétablie. Conscience stalinienne et conscience électorale conçoivent, toutes deux, l'autorité politique comme puissance souveraine d'imposer une unité à ce qui n'en a pas. L'une agit dans le dos du citoyen. L'autre face à lui. La première d'autant plus monolithiquement certaine qu'elle expulse les sujets hors du coup et des savoirs ; la seconde, piteusement démocrate, contamine par un électorat doutant une souveraineté douteuse, de sorte que 3 p. 100 des citoyens font la décision et le sens de l'histoire.

S'élevant des microstratégies individuelles aux « grandes orientations majoritaires », l'électeur procède en politique intérieure comme en l'étrangère. L'incontournable risque de guerre hante le commerce des nations et gratifie l'autorité souveraine — quelle qu'elle soit — d'un pouvoir de mort, donc de vie, sur les sujets. Le danger premier de s'entre-dévorer dans le non-monde de son économie intérieure fait à son tour reconnaître des pouvoirs d'arbitrage.

Nous nous entendons : pour ne pas mourir de ne pas nous entendre ; sachant ce que nous ne voulons ni les uns ni les autres ; loin d'imaginer ce que nous désirons ensemble. Une communauté collectivise sa perception des risques sans partager d'idéal commun. Elle ne confère aux autorités choisies nul statut qui la dépasse et peut leur accorder — nécessité oblige — les pouvoirs étendus des états-majors de crise sans les jurer habités d'une révélation. L'hypothèse de Bataille se désagrège par ses extrémités ; aboli le phantasme d'une vie hors pouvoir (sphère profane de l'économie utilitaire dotée d'une rationalité automatique), inutile d'enfermer ce pouvoir dans un monde sacré clos sur lui-même et détaché du quotidien qu'il consumerait sans reproduire. Dès l'origine, la société politique moderne se donne, par voie de totalisation négative, une intelligence du survivre plutôt que du bien-vivre, voter c'est procéder à la réélection de ce choix historique et singulier.

L'ESPRIT DES INSTITUTIONS

Je délègue des pouvoirs, j'acquiesce à une souveraineté, j'élis à travers son chef et ses magistrats l'Etat lui-même. Les suffrages s'additionnent en minorité et majorité, les pensées qu'ils véhiculent s'identifient ; si les résultats déçoivent, les projets ne peuvent que préparer le prochain tour et confier à d'autres une responsabilité invariable. Abandonnons l'isoloir, peut-être y fus-je machinal. Laissons là ce dimanche d'exception où j'aurais pu m'enivrer d'autres aventures. Possible que personne ne fût à ce qu'il faisait, qu'en sais-je ?
La souveraineté incarnée par le chef de l'Etat est une et indivisible. De même l'acte d'allumer ou non l'apocalypse. De même les décisions qui tranchent de modestes crises et engagent nos subsistances sinon notre existence. Je trace à la craie trois lignes qui se coupent, la pensée du triangle n'existe pas plus sur l'ardoise que ma pensée de l'Etat dans l'isoloir. Peut-être l'une et l'autre sont « dans » ma tête seule, c'est que je les pense mal, nullement qu'elles inexistent : « Le théorème de Pythagore, toute la géométrie n'existent qu'une seule fois, si souvent et en quelque langue même qu'ils puissent être exprimés. » Le géomètre grec du ve siècle avant J.-C. et le professeur eskimo de mathématique raisonnent d'un « même » triangle, les démonstrations que l'un trace sur le sable valent pour celles que l'autre creuse dans la neige. L'idée de l'Etat balise-t-elle le même chemin ? Invariant dans la multiplicité des langues et options citoyennes ?
La naissance d'une vérité « éternelle » est datable. L'heure

vint où l'unique cercle de la géométrie fut vu comme tel, détaché de l'infinité des ronds perçus ou imaginés qui le présentent. On dit cette origine préparée souvent, mais accomplie sans retour en Grèce. L'idée moderne de l'Etat, longtemps couvée, de la cité antique à la nation européenne, coordonne à partir du XVIe siècle irréversiblement notre vie politique. En France Jean Bodin joua l'Euclide de cette révolution intellectuelle dans les six livres de sa *République*. L'Etat dont il expose les principes n'est pas réel, ni idéal, mais nécessaire. Sa conception ne reflète en rien les données de l'époque, pas plus que le cercle n'imite les ronds sensibles. La nouvelle science politique s'arrache « mathématiquement » à son environnement concret pour penser dans sa pureté un Etat que la France ignore. Guerres de religion et agitation sociale (rébeyne de Lyon dès 1529), Grands à la tête d'armées rebelles, Paris insurgé se donnant à la Ligue, tout conspire pour affaiblir le pouvoir central. *La République* entreprend alors de définir l'autorité souveraine de si ample façon qu'elle passe (à tort) pour annoncer l'absolutisme. Bodin s'abstient de démarquer la réalité et de démarcher l'idéal pour « figurer une république en Idée sans effet telle que Platon et Thomas More, chancelier d'Angleterre, ont imaginé... » : la route de l'utopie est coupée dès la préface, elle le demeurera.

Une histoire cultivée avec une érudition exceptionnelle même en son siècle, un espace explosant dans les grandes découvertes confrontent Bodin à une multiplicité de régimes. Il s'efforce de les toiser sans œillères, ni préjugés pour les répartir en trois catégories : « Nous dirons qu'il n'y a que trois Etats ou trois sortes de républiques, à savoir la Monarchie, l'Aristocratie et la Démocratie. » Un critère unique commande la division suprême : la souveraineté est tenue par un seul, plusieurs ou tous. Double rupture avec la tradition. Ni vision morale de la politique : le classement ne s'effectue pas selon le juste, le pouvoir d'un seul s'exerce bien (monarchie) ou mal (tyrannie), le principe reste inchangé (il s'agit « d'éviter la confusion et obscurité qui provient de la variété des gouverneurs bons et mauvais »). Ni philosophie de l'histoire : la prophétie de Daniel chantant la succession des quatre empires, réinterprétée par les Pères de l'Eglise, augmentée d'emprunts à l'Apocalypse, propose depuis dix siècles chrétiens son schéma directeur pour une histoire universelle ; Bodin objecte vertement à Melanchton qui reconnaît dans l'Allemagne le quatrième et dernier Empire mondial : « Pourquoi pas l'Empire turc ? » ; il ne revendique pas pour la France l'héritage d'un sceptre prestigieux mais imaginaire. La « translation » de l'empire n'est rien d'autre que la répétition de la chute de Rome, elle finit en queue de poisson.

> « ... Ainsi parmy le monde
> Erra la Monarchie : et croissant tout ainsi
> Qu'un flot, qu'un vent, qu'un feu, sa course vagabonde
> Par un arrest fatal s'est venue perdre icy. »
> *Les Antiquités de Rome,* Du Bellay.

La cassure avec la tradition tranche, décisive, à proprement parler fondamentale. Elle oblige à penser l'Etat moderne non plus en termes d'origine (mythologiques âges d'or ou de fer) ni de fin (bonne ou calamiteuse). Elle plonge l'Etat dans le temps, il n'en sortira plus. Elle l'immerge dans l'espace — sans qu'il le domine, impérial. La république est un être fini, né de la rencontre et du désordre (souvent d'une conquête), elle se dégrade avec le temps : « Il n'y aura jamais république si excellente en beauté qui ne vieillisse, comme sujette au torrent de nature fluide qui ravist toutes choses. » Cette vision, en apparence restrictive, de l'Etat le définit positivement, elle substitue à la considération de l'*origine* qui lui échappe et de la *fin* qu'il ne contrôle pas la saisie du *fondement* qu'il est. Les Etats sont divers. Un Etat se transforme, se réforme ou s'altère sans cesser d'exister. Coutumes et façons de gouverner tolèrent les modifications ; leur libre variation laisse circonscrire un noyau, le bouleverser présente le danger « de remuer les fondements ou pierres angulaires qui soutiennent le faix du bâtiment lequel ce faisant s'ébranle ». L'image, cartésienne déjà, du logis reconstruit « tout de nouveau par le fondement » inaugure une architectonique en lieu et place du finalisme que la tradition rapporte à Aristote : définir la république n'est pas se demander à quoi elle sert mais comment elle persévère dans l'être. Une mauvaise définition commande la chute de l'ouvrage, « si elle n'est bien fondée, tout ce qui sera bâti sur icelle se ruinera bientôt après ». Ce qui résiste à l'effondrement « fonde », Bodin nomme cet ancrage « souveraineté » : « Changement de loix, de coutumes, de religion, de place n'est autre chose qu'une altération, si la souveraineté demeure. » La souveraineté est la substance de l'Etat.

1. La nouvelle géopolitique :
« Nous allons simplement, au bord de l'Océan, où ne persiste plus qu'une ligne
pâle et confuse, regarder ce qu'il y a au-delà
de notre séjour ordinaire,
c'est-à-dire l'infini et rien. »

De Jean Bodin à l'isoloir de la Ve République la question première n'a pas changé, les jargons seuls varient : pourquoi une république plutôt que rien ? Elle sous-entend que rien pourrait être, que la République n'est nullement garantie par le passé qu'elle évoque (toute profession d'origine n'est que vain bavardage) ni par les lendemains qu'elle chante (les professions de foi s'évaporent en leur sonorité incantatoire). Le plus grand mal de la République est de n'être pas, son premier bien est de subsister. Par cette question de l'être, la philosophie politique s'affranchit de toute servitude à l'égard de l'éthique (pour être bon il faut être) et des philosophies de l'histoire (subsister dans le temps suppose résister à ses menaces).

Le médecin l'emporte sur le prophète, juger revient à ausculter : si le monarque-tyran est mauvais, c'est parce que « la monarchie-tyrannie est la plus faible de toutes... » La cruauté est politiquement néfaste car ruineuse pour l'Etat plutôt que moralement condamnable, « et de s'enrichir des biens des sujets c'est procurer sa ruine et son mal : car il est impossible que la rate s'enfle, ou que les excroissances de chair vicieuses s'engraissent, que les autres membres ne seichent et que bientôt le corps ne périsse du tout ». Naviguant entre la moralité bien-pensante et l'immoralisme affecté d'un Machiavel, Bodin ouvre le chemin des « athées en politique » chers à Stendhal : « Aussi ne faut-il pas fort s'arrester aux qualitez que les princes s'attribuent : car il s'est toujours veu que les plus meschants et détestables ont pris les devises les plus belles et les titres les plus divins. » Reconnaissons là plus qu'une idée, une méthode, un choix spirituel. Descartes fait fondre un morceau de cire pour distinguer de ce qui coule, les qualités « secondes », un noyau intouché, mathématique, ses qualités « premières ». Husserl baptise variation eidétique la saisie intuitive de la « chose même », visée d'un noyau invariant dans la variété de ses profils. Bodin préalablement perçoit sa république dans l'apparition multiforme d'un principe unique. Les érudits de son siècle rendaient le terme grec « archê » (fondement, principe) par le double sens du commencement et du commandement. La souveraineté fonde l'Etat parce qu'elle commande son commencement. Elle le régit de part en part, il re-commence sans cesse, devant continuellement s'affirmer contre un environnement hostile. Superflu le malin génie ! Si les causes de la destruction d'un Etat sont, au gré des circonstances, plus ou moins évidentes et lointaines, par contre la possibilité de son anéantissement colle à ses institutions et à son concept. Etre ou ne pas être, l'interrogation martèle l'autorité du souverain avant de ponctuer le malheur des fils de roi.

Preuve éclatante du bouleversement des politiques occidentales, la question de la taille des Etats est reprise à zéro : « Notre définition de la république s'applique également aux bourgs, aux villes, aux cités, aux royaumes aussi largement qu'ils s'étendent — pourvu qu'ils restent réunis sous une même autorité. L'Etat ne saurait en effet se reconnaître à l'ampleur ou à l'exiguïté de son territoire, pas plus qu'un éléphant ne peut être dit plus animal qu'une fourmi... » De Platon à Jean-Jacques Rousseau qui ne clôt pas le défilé, on soutint tout au contraire que la fourmilière des cités grecques était, parce que fourmilière, plus politique que l'Empire perse, par trop éléphantesque. Dès leur apparition les grands Etats modernes font achopper une philosophie habituée à tailler la vie politique aux mesures de l'agora et de la piazza où le peuple assemblé s'entend ou s'enivre. Machiavel conçoit l'unité de l'Italie partant de l'expérience florentine et romaine, il évoque la difficulté sans la résoudre : « Veut-on former un peuple nombreux et guerrier qui étend au loin son empire ? il lui faudra imprimer un caractère qui le rendra par la suite difficile à guider. Veut-on le renfermer dans d'étroites limites, ou le tenir désarmé, afin de pouvoir mieux le gouverner ? il ne pourra, s'il en fait, conserver aucune de ses conquêtes, ou il deviendra si lâche qu'il restera la proie du premier qui l'attaquera. »

L'anodin changement d'échelle introduit un nouvel espace politique ; tant que de citoyen à citoyen l'échange se fait de vive voix, le « groupe en fusion » (Sartre) autogère ses serments et ses défaillances. La possibilité de réunir tous les acteurs caractérise les formes de débats et de luttes propres à une petite cité, à une université ou à une usine « à visage humain », en période ultra-démocratique (entreprise massivement occupée) comme en régime aristocratique ou monarchique (esprit maison et paternalisme patronal). Quelles que soient les unités autogérées données au départ (familles selon Bodin, ménages et patrimoines de l'économie libérale, quartiers et unités de production), quelle que soit l'autonomie accordée, il leur devient rapidement impossible d'autogérer les relations qui les nouent les unes aux autres. Un seuil dépassé, la délégation de pouvoir s'installe, trace une « limite négative externe » (Sartre), introduit une vue *extérieure* au groupe en fusion. Aristote mesurait la taille idoine de la cité à la possibilité donnée au peuple de conférer oralement. Bodin part des dimensions de la république moderne pour conclure à l'inanité de l'idéal ancien, il souligne « les difficultés qu'il y a d'assembler un peuple en un lieu, le désordre qui est en une multitude, la variété et inconstance des gens ramassés de toutes pièces... » Cité gonflée en empire, la Rome des classiques figure pour Machiavel l'héroïque paradoxe d'une « virtu » collective qui entreprend d'étendre son autogestion à la planète. Pour Bodin, elle témoigne d'une impossibilité que seule la république moderne lève en imposant la souveraineté de son hétérogestion.

Ce qui faisait question devient par subtil retournement de la perspective élément constitutif de la réponse. La voix ne porte pas assez loin ? Qu'à cela ne tienne, les modernes seront assemblés par des « chaînes de papier » (Kafka). Contrairement au sentiment de François Ier qui tenta d'en interdire l'exercice, « le seul art de l'imprimerie pourrait aisément balancer toutes les inventions des anciens » (Bodin). Les six livres de *la République* seront composés en langue vulgaire pour la très politique raison que la lettre écrite et la lecture individuelle véhiculent la principale intelligence entre citoyens. Les grands espaces interdisent aux individus de se coaliser pour résoudre leurs conflits ? Tant mieux ! l'autorité de l'Etat en sortira renforcée : « Il ne faut jamais craindre qu'il y ait trop de sujets, trop de citoyens, vu qu'il n'y a richesse ni force que d'hommes : et qui plus est la multitude des citoyens empêche toujours les séditions et factions. » Si la grande république engendre nécessairement une télécommunication politique et se subordonne tout lopin de démocratie directe, il serait aberrant de conclure à son implacable absolutisme, voire totalitarisme.

Diverses régions, coutumes, croyances, religions peuvent découper le nouvel espace politique, l'autorité qui les rassemble survole, indifférente, leurs différences. Des commentateurs trop inspirés par Hobbes imaginent qu'un défaut de logique conduisit Bodin à refuser au pouvoir central la faculté d'augmenter, voire de lever des impôts. En fait, il soutient tout uniment la toute-puissance du souverain et le caractère inviolable des biens de ses sujets. Cette entaille réduit considérablement des pouvoirs proposés « absolus » et s'explique aisément : le souverain gère politiquement ses sujets par une autorité qui leur est excentrique. Réciproquement, les sujets décentralisés vaquent à leur vie familiale, religieuse et économique avec autonomie. La grande république est différente du monstrueux Léviathan, elle construit une hétérogestion comme condition des diverses autogestions : « La République peut avoir plusieurs cités et provinces qui auront diverses coutumes et toutefois sujettes au commandement des seigneurs souverains et à ses édits et ordonnances. »

L'espace social subit le même traitement que le géographique. Il a ses couches, ses castes et ses classes. Entre elles conflits et luttes. Platon proposait la paix par l'éradication, il libérait l'élite au pouvoir de la propriété et de la vie privée. L'éducation communiste du sommet bride alors les fièvres de l'intérêt égoïste qui secouent la base. Aristote préfère une classe moyenne massive, elle sert de tampon et donne mesure. Face aux désordres qui déchirent le vieux continent, un homme du XVIe siècle s'entend à sourire des utopies — l'abbaye de Thélème abrite rabelaisiennement un collectif platonicien — et à reprendre les soigneux calculs de force qui proposent une monarchie tempérée par l'équilibre des pouvoirs (Seyssel). Dans son premier grand œuvre (*la Méthode...*), Bodin table encore sur la force d'une tradition monarchique pour épargner à la France la tempête religieuse qui éclate aux frontières. Sa *République,* quelques années plus tard, tient pour acquis le grand chambardement : in vivo les institutions ont été ébranlées jusqu'au fondement, in vitro on étudie la résistance des fondements dans les catastrophes militaires et mentales.

Révolution sociale, économique, culturelle, nationale, idéologique... L'Europe savante, suivant le cadrage de ses actualités, se donne des schèmes lui permettant de domestiquer intellectuellement une explosion qui la travaille encore. Faire du protestantisme l'expression idéologique du capitalisme naissant (Engels) ou du capitalisme le précipité de l'esprit protestant (Weber) réduit l'affaire à deux dimensions. La Réforme marque et masque l'entrée en force de la révolte des « petites gens » sur la terre politique de l'Europe nouvelle, souligne Hauser non sans simplifier à son tour ; si la révolution sociale s'avance masquée, le masque lui colle à la peau au point qu'il devient académique de prétendre découper un mouvement « réel » sous et sans son vêtement d'idées. « Issue au départ des milieux cléricaux (il était naturel que les clercs fussent les premiers à s'émouvoir d'un courant de réforme religieuse), répandue ensuite dans les milieux marchands et artisans des villes, enracinée solidement dans certaines régions rurales (les Cévennes), la Réforme devint, pendant les troubles, de plus en plus nobiliaire et conservatrice. Elle n'en permit pas moins, par son existence même, comme par les forces qu'elle réveilla et façonna, les manifestations d'une triple résistance : résistance des communautés urbaines du Sud et du Sud-Ouest, attachées à un vieux fonds démocratique, résistance paysanne contre le prélèvement

Éloge du suffrage universel

clérical, résistance — à un plan plus profond — de la France des provinces sacrifiées par le progrès. »

En face, le Paris ligueur, ultramontain, tyrannicide s'avance tout aussi fantastiquement ambigu. On renoue avec la tradition de Marcel et des bouchers, de Robert Le Coq et de Caboche. Les « journées » en annoncent d'autres, les curés prêchent, pas encore les avocats, mais « les églises s'étaient pour ainsi dire transformées en clubs, la chaire était devenue tribune ». Tour à tour, anathémisant et glorifiant, les essayistes du XIXe rapprochent révolution et guerre de religion. Bonald incrimine la « démocratie calviniste », Lamennais glorifie la tolérance et le catholicisme social de la Ligue, que d'autres repèrent comme un sommet de démagogie fanatique et d'inquiétante « dictature des sermonnaires ». Unilatéraux, ces avis dessinent, néanmoins, des situations de crises étrangement comparables dans les aléas de l'histoire : « La Réforme était ambivalente : déculturante et acculturante, destructrice d'un vieux fonds traditionnel de pratiques plus que de croyances (culte des saints, pèlerinages, fêtes, jeux) mais porteuse d'un progrès, oppressif certes, comme tout progrès, mais qui aboutit à l'alphabétisation, à la civilisation écrite, au triomphe d'une éthique inspirée par une fraction éclairée du monde des notables. Vingt, trente ans plus tard l'Eglise catholique, celle de la Contre-Réforme, suivra par d'autres biais (en absorbant les signes de la culture ancestrale) ce même tracé essentiel. Dans l'immédiat, la réaction de la majorité devant cet assaut contre leur écologie culturelle fut nettement agressive : lutter par la violence, par une violence souvent sauvage (le massacre parisien de la Saint-Barthélemy ne fut qu'un épisode parmi beaucoup d'autres) contre les porteurs de nouveautés destructrices. »

Coup de génie, la solution de Bodin se fonde sur l'absence de solution. L'appareil d'Etat dénouera politiquement un conflit socialement, spirituellement insoluble, non point malgré l'impasse mais à cause d'elle. Une tentative de réunir les cœurs et les porte-monnaie et d'asseoir l'autorité sur le consensus préalable des citoyens précipite l'utopie dans la démagogie. Les sociétés n'édicteraient pas la prohibition d'un inceste exclu a priori par la nature et les sentiments, de même un Etat ne s'enracine pas dans un accord spontané qui le rendrait superfétatoire. « N'oubliez jamais la lutte des classes », pourrait répéter Bodin avant Mao Tsé-toung, il ajouterait pour sa part : « N'oubliez jamais qu'elle ne se laisse pas oublier. » Hommage à Guizot et à Augustin Thierry, Marx avouait n'avoir pas inventé la notion de lutte des classes mais seulement adjoint la « dictature du prolétariat » censée clore la pièce. D'une lutte des classes finale surgit la révolution dernière et son ultime Etat, dévorateur de lui-même, s'abolit dans le gouvernement des choses par les « producteurs associés ». D'une lutte des classes interminable naît un Etat qui boit dans sa propre finitude l'écume de sa perpétuité.

2. Les mystères personnels de l'Etat-nation.

Une fois est coutume. Quand, dans une belle unanimité plébiscitaire, la France se donnait un « pouvoir personnel » de plus, les bons auteurs du XIXe conclurent à l'accident. Napoléon le petit succédait au Grand, la répétition de l'événement servit d'explication au lieu d'en exiger une. La « puissance du souvenir » (Tocqueville), la tragédie tournée en comédie (Marx) parurent des clés ultimes. Dans le modèle de *la Démocratie en Amérique,* la concentration des pouvoirs en de solitaires mains détonne comme un anachronisme « continental », voire gaulois. La Grande-Bretagne intitule « Glorieuse Révolution » non la dictature de Cromwell mais la restauration qui établit le monarque dans sa faiblesse et le Parlement dans ses droits. Les Américains cultivèrent paisiblement leur républicanisme à l'abri des mauvais voisinages : « Le président des Etats-Unis est, il est vrai, le chef de l'armée, mais cette armée se compose de six mille soldats ; il commande la flotte, mais la flotte ne compte que quelques vaisseaux ; il dirige les affaires de l'union vis-à-vis des peuples étrangers, mais les Etats-Unis n'ont pas de voisins. Séparés du reste du monde par l'Océan, trop faibles encore pour vouloir dominer la mer, ils n'ont point d'ennemis, et leurs intérêts ne sont que rarement en contact avec ceux des autres nations du monde », écrivit Tocqueville en 1835. A l'inverse la

Éloge du suffrage universel

Révolution française se déploie nationale et étatique, « elle fait place à la guerre, guerre civile à l'intérieur, guerre étrangère au-dehors » (Arendt), elle se réclame du salut public, de l'union sacrée et de la lutte pour l'existence. Au regard de la démocratie anglo-saxonne, l'Etat français, qui sort raffermi des révolutions, semble issu du mariage de circonstances malheureuses et d'atavismes culturels douteux, en quelque sorte fausse couche de l'histoire.

La perplexité libérale devant l'étatisme de la vieille Europe recoupe celle nourrie par le radicalisme de Buonarroti et successeurs. Trotski écrasé par l'Etat russe stalinisé diagnostique « bonapartisme » tel Marx devant l'échec des révolutions de 48. L'Etat paraît toujours l'histoire stoppée en chemin, un provisoire cran d'arrêt mis au progrès universel. « Mais la révolution va jusqu'au fond des choses. Elle ne traverse encore que le purgatoire. Elle mène son affaire avec méthode. Jusqu'au 2 décembre 1851, elle n'avait accompli que la moitié de ses préparatifs, et maintenant elle accomplit l'autre moitié. Elle perfectionna d'abord le pouvoir parlementaire, pour pouvoir le renverser ensuite. Ce but une fois atteint, elle perfectionne le pouvoir exécutif, le réduit à sa plus simple expression, l'isole, dirige contre lui toutes ses forces de destruction et, quand elle aura accompli la seconde moitié de son travail de préparation, l'Europe sautera de sa place et jubilera : " Bien creusé, vieille taupe ! " »

L'historien met en parallèle les sentences sans appel de Tocqueville et de Marx, il remarque combien cet empressement à jeter l'Etat français aux oubliettes de l'occident mène à sous-estimer son efficacité concrète, en rien « anachronique ». « Du Second Empire Marx n'envisage guère la vocation économique, et les réalisations matérielles lui paraissent moins importantes par les transformations du monde que par les profits de la spéculation financière. Le développement économique par l'élargissement du crédit, la formation d'un marché de consommation nationale par le développement des moyens de communication, la révolution industrielle semblent lui échapper dans toute leur ampleur. » L'intervention positive de l'Etat dans l'économie ou la société n'échappa guère aux esprits de l'époque, saint-simoniens ou théoriciens non socialistes tel Dupont-White, secrétaire général de la Justice en 48. Ils se réclamaient d'une culture politique antérieure et étrangère au débat des doctrinaires libéraux et révolutionnaires. Dans *la France bourgeoise,* Charles Morazé suit le fil de « la marche irrésistible de l'Etat progressiste » et lie Bodin — qualifié vertement de « philosophe de la bourgeoisie montante » — aux saint-simoniens, puis à la France contemporaine : « On attend de l'Etat la sécurité du lendemain. Toutes les classes, celles qui se jugent injustement traitées et surtout celles qui se jugent menacées par le développement de la vie économique, réclament l'appui de l'Etat. Les dirigeants mêmes de la vie économique trouvent en lui l'auxiliaire précieux de leur activité. »

Est-ce la France qui par extraordinaire se retrouve très tôt cernée de frontières donc d'ennemis potentiels ? Sont-ce plutôt l'Angleterre et les Etats-Unis qui échappent à la règle et mènent comme en cocon une expérience politique longtemps protégée par les espaces marins ? L'irrésistible essor des transports et des techniques d'armement les soumet peu à peu à la permanence des menaces, il n'efface pas le goût nostalgique du privilège d'une grande récréation historique. Moins exceptionnelle qu'elle ne paraît à l'œil anglo-saxon et libéral, la situation stratégique n'éclaire pas seule le destin très tôt réfléchi de l'Etat-nation. Ni au centre, ni en marge, Paris et son hexagonal environ ne dominent plus, depuis le XIIIe siècle, le marché et l'expansion économiques d'occident, ni n'échouent en la position périphérique d'un tiers monde. Cette place originale participe d'un équilibrage social particulier. La démocratie anglo-saxonne, de type aristotélicien, s'appuie — Burke l'a montré avant Lénine — sur une vaste classe moyenne embourgeoisant son aristocratie et son prolétariat. La position dominante dans un ensemble-monde économique permet de profiter des expansions et de contrôler relativement ses crises quitte à les déporter sur des partenaires moins bien placés. Les pays périphériques, qui subissent de plein fouet tous les retournements, manquent autant de durée que de ressources pour s'assurer un « centre » social et politique. Ils se retrouvent aux mains d'une petite élite, selon les circonstances, aristocratique, militaire, religieuse, ploutocratique ou révolutionnaire mais toujours minoritaire et encline à la dictature. Les sphères dirigeantes restreintes doivent justifier leur éminence et leur clôture. Dans les plus sanglants déchirements d'intérêts une solidarité globale est requise, chaque oligarque exorcise platoniquement le tien et le mien dans le nuage de quelque communisme supra-céleste, racial ou futurologique. Le centrage français, troisième cas de figure, n'a lieu ni dans l'expansion spontanée d'une classe intermédiaire conquérante ni dans la fulguration volontariste d'une mince élite au pouvoir.

Lorsque Bodin évoque — loi du genre exige — l'origine hypothétique de la société, il rogne soigneusement toute possibilité d'en tirer une leçon. Si cruels que soient les premiers pas de l'homme, ils sont derrière nous et « la prescription de si longues années, comme en toutes autres choses, pourrait servir de titre ». L'homme primitif n'est pas nécessairement un loup pour l'homme, il vit en famille, non en chasseur solitaire. Pas d'âge d'or non plus, les familles se rencontrent aux fontaines et se les disputent souvent... L'Etat naît dans les nécessités de la guerre et les servitudes des atmosphères. Les cas diffèrent selon lieux, climats et circonstances. Jamais Bodin ne postule comme Locke : « Au commencement du monde entier était l'Amérique. » Jamais il ne pense l'humanité, la politique et l'action dans le modèle réduit d'une poignée de colons amis descendant du *Mayflower* sur une terre sauvage, se liant solennellement « en la présence de Dieu et les uns des autres » — donc sans témoin extérieur — par un pacte qui fonde leur « corps politique civil ». Les Européens débarqués aux Amériques foulent une terre habitée, la colonisation est conquête. Bodin approuve sans fantasmer une nature vierge : sur la scène politique primitive l'homme rencontre l'autre homme. La puissance est toujours « pouvoir de commander », elle force des êtres capables d'obéir ou non, pris par leurs intérêts privés et dispersés. La découverte de l'Amérique n'inaugure nul nouveau monde social, seuls les bisons, libéraux jusqu'au bout, paissent paisiblement ignorant que « le mot de puissance est propre à tous ceux qui ont pouvoir de commander à autrui ».

Distante des capitales de l'économie occidentale, jamais périphérique, la France ne pouvait se garantir, comme les métropoles impérialistes, une classe moyenne dont le poids eût fixé son centre de gravité. La puissance arbitrale de l'Etat ainsi négativement motivée se rend aussitôt inamovible à entretenir les conflits plutôt qu'à les supprimer. Bodin renverse la problématique platonicienne ; dans la mesure où le tien et le mien sont incommensurables, un pouvoir central s'impose ; à garantir leur séparation, il assure sa permanence. En excluant tout souvenir de socialité primitive et toute perspective de communisme final, l'Etat postule sa propre inévitabilité. Il doit tirer les conséquences de son acommunisme pratique et garantir au citoyen « ses biens, la vie de soi, de sa femme, de sa famille ». L'autorité s'élève sur un territoire quadrillé de multiples frontières qui séparent nations, collectivités et individus. Evacuée l'imaginaire table rase américaine, scientifique ou révolutionnaire ! Un Etat s'auto-conserve, sauvegardant et entretenant des péages externes et internes qui justifient son souverain pouvoir : « Le plus grand inconvénient est qu'en ôtant ces deux mots *tien* et *mien,* on ruine les fondements de toutes Républiques, qui sont principalement établies pour rendre à chacun ce qui lui appartient et défendre le larcin. » Ce disant Bodin n'ignore pas s'opposer à l'idée de Platon qui postulait « que tous les biens, femmes et enfants soient communs mais voyant que chacun la blâmait il s'en départit paisiblement, comme s'il eût plutôt écrit pour en discourir que pour la mettre en effet ».

Le petit-bourgeois hoche une tête hésitante, anathémise Marx, il bégaie « d'un côté, de l'autre ». Son Etat lui rend la pareille. Le parfait léniniste décèle un manque de résolution dans la passivité de Robespierre et consorts face aux accusations de la Convention. Pas de contre-offensive, pas d'appel sérieux aux armes, sections et communes ne jouent pas le va-tout. A croire que le sens de l'Etat, dont les Jacobins ne manquent guère, ne culmine pas dans cette conscience bolchevique de soi qui disperse d'un coup de plume et de fusils la première, la seule, assemblée librement élue de l'histoire russe. Lénine n'hésite pas. Saint-Just si. Par principe et jusqu'à en mourir. La Convention et son Marais demeurent-ils représentatifs ? Moquant la question et tranchant négativement, il peut changer le cours des événements ; mais il présente l'inévacuable faiblesse de s'interroger et par conséquent de ne pas se croire apte à décider sans limites. Le Jacobin nourrissait une conviction qui lui donna une âme avant de lui ôter la vie : « La liberté du peuple est dans sa vie privée ; ne la troublez pas. Que le gouvernement ne soit une force seulement que pour la protection de cet état de simplicité contre la force même. » Le respect de l'Etat, même montagnard, s'assigne une limite difficile à tracer mais impossible à franchir. Etranges instants où le pouvoir n'accrochant plus interdit de s'accrocher au pouvoir. Un de Gaulle discrètement s'éclipse car il ignore où les autres vont. Daniel Cohn-Bendit, son adversaire d'un mois, quitte la tête d'une révolte étudiante dès qu'il ne sait plus où elle le fait aller.

L'histoire de France est coutumière de brusques surprises qui laissent le militant et l'observateur stupéfaits devant de très démocratiques mouvements accouchant de pouvoirs bien personnels ou des autorités quasi absolues s'effondrant sous la pichenette des circonstances. Tantôt les citoyens démissionnent, tantôt l'Etat. Entre eux se perpétue une étrange complicité qui tend à transformer les fusillades idéologiques en tir de fête foraine, les grands partages planétaires en batailles de fleurs et toute l'histoire mondiale en... espièglerie. Le 10 décembre 1848, Louis Napoléon se présente, ce fut « le jour de l'*insurrection des paysans. C'est de ce jour seulement que data le Février des paysans français. Le symbole qui exprimait leur rentrée dans le mouvement révolutionnaire, maladroit et rusé, gredin et naïf, lourdaud et sublime, superstition calculée, burlesque pathétique, anachronisme génial et stupide, espièglerie de l'histoire mondiale, hiéroglyphe indéchiffrable pour la raison des gens civilisés — ce symbole marquait, sans qu'on puisse s'y méprendre, la physionomie de la classe qui représente la barbarie au sein de la civilisation. La république s'était annoncée auprès d'elle... C'est avec des drapeaux et au son de la musique qu'ils allèrent aux urnes, au cri de : plus d'impôts, à bas les riches, à bas la république, vive l'empereur !* » (Marx).

Le paysan « parcellaire » de 1850 perdure sous la IIIe République, tout barbare qu'il paraisse aux promoteurs de l'histoire en mondiovision, sa défroque crottée habille provisoirement un Français moyen, éternel, reconnaissable dans la roture urbaine du XVIᵉ siècle et chez les travailleurs intellectuels de la fin du XXᵉ : « Ainsi la grande masse de la nation française est constituée par une addition de grandeurs du même nom, à peu près de la même façon qu'un sac rempli de pommes de terre forme un sac de pommes de terre » (Marx). L'image date-t-elle ? Le Français urbanisé multiplie les relations avec ses semblables sans cesser de goûter une solitude qu'il déplore et de déplorer une parcellarisation qu'il assume. Les lettres vont, viennent, chacune à son adresse propre mais les enveloppes dans un sac postal se font face comme en pommes de terre dans un panier de pommes de terre. De nombreux réseaux de corporations, d'associations, de syndicats, d'amicales, d'intérêts et d'assurances mutuelles réunissent les citoyens, la prolifération des lieux diversifie les solitudes mais ne les supprime nullement : entre individus atomisés et Etat le rapport se perpétue qui fait tourner la drôle d'histoire.

Les intellectuels de gauche, des décennies durant, apostrophèrent le pouvoir personnel de De Gaulle et fils, ils oublièrent de mobiliser une verve rageuse pour rédiger à la six-quatre-deux quelque pamphlet définitif dénonçant le 18 Brumaire de Louis Napoléon Mitterrand. Ils modérèrent les alléluias ; si le nouveau président semblait partager leurs idées généreuses, il n'éclairait guère la manière dont il comptait les imposer à une planète déchirée. Sa tactique habile laissait secrète une stratégie dont l'existence faisait question. Le progrès pousse, la vie entraîne, l'histoire avance, l'automobile remplace le char à bœufs, le sous-marin nucléairement propulsé le bateau à voile et les paysans cèdent en nombre et importance aux travailleurs intellectuels : pédagogues, informateurs, publicistes, conseillers multiformes, œuvrant non plus sur la matière mais sur les rapports humains. Prépondérants, les « cols blancs » redécouvrent la difficulté qu'avaient leurs ancêtres campagnards à transformer une majorité sociologique en majorité politique. La parcellarisation des savoirs relaie l'éparpillement des lopins de terre et le scénario noue toujours les isolés de l'isoloir à l'isolat de l'Elysée.

Quand ils sont embarrassés les Français fleurissent les tombes et visitent les morts. Désir probable de faire prononcer par quelque bouche illustre les mots qu'ils ne trouvent pas. Volonté plus encore d'évoquer dans le silence des pierres ce qui les unit dans leurs désunions. « En fait de souvenirs nationaux, les deuils valent mieux que les triomphes car ils imposent des devoirs ; ils commandent l'effort en commun : la souffrance unit plus que la joie » (Renan). Quelquefois, pourtant, les morts parlent trop et fatiguent : l'abus ne fait pas le moine, ni l'ancien combattant une seconde fois Verdun.

3. Psychologie pour un prince amer de l'écueil. Pourquoi il ne meurt pas.

L'Etat se nourrit des dissensions citoyennes qu'il a pour charge d'arbitrer. Supposons-les éphémères et évitables. L'ultra-libéral conseille à la population de s'entendre « avant » et hors une autorité relativement extérieure. L'ultra-révolutionnaire entend accorder les cœurs « après », lorsqu'un despotisme, voulu éclairé, aura supprimé les causes du conflit. Supposons incompréhensions et inimitiés inépuisables. Le souverain, à vouloir les modérer, se gardera de scier la haute branche où il se juche. « S'il advient au Prince souverain de se faire partie au lieu de tenir la place de juge souverain, il ne sera rien de plus que chef de parti », écrit Bodin lorsque les guerres de religion menacent la France de ruine. Croyances et idéologies se veulent volonté de tous et s'activent à la conquête des cœurs. L'Etat se choisit volonté générale, affirme la volonté de « tous » inexistante, la séparation des cœurs récurrente et leur conquête politiquement sacrilège qui sous « voile de religion » attaque l'autorité publique en son fondement.

Poussant dans son extrême logique le choix du parti des « politiques », se souciant plus du pays que des réformes et contre-réformes religieuses, Bodin esquisse le projet d'institutions placées moins au-dessus qu'à l'écart des croyances individuelles, évitant « un mélange et confusion des loix civiles avec les loix de nature et des deux ensemble avec les loix de Dieu ».

L'inaugural mérite de Jean Bodin fut d'ouvrir le chemin à l'étude sociologique des régimes politiques, « l'un des plus grands et principals fondements des Républiques est d'accommoder l'Etat au naturel des citoyens et les édits et ordonnances à la nature des lieux, des personnes et du temps ». Sa théorie des climats, revue par Montesquieu, fournit des lettres de noblesse à la sociologie contemporaine la plus relativiste : en fonction de la pluie et du beau temps les régimes se répartissent, au midi les plus théocratiques, les plus guerriers au nord, les plus politiques en un centre dont la France occupe une large part. Ce relativisme n'est que la résiduelle petite monnaie du vaste dessein d'une théorie générale des républiques. La politique fut grecque ou latine pour les antiques, puis chrétienne, Bodin la rendit planétaire. Adossée à l'Eden, la politique chrétienne visait à embrasser le monde jusqu'à ce qu'il s'embrase entier en Apocalypse, elle reléguait, ce faisant, toute vision générale à la fin des temps. Bodin transforma ces temps en espaces et les donna contemporains. Décrochées d'une temporalisation originelle et eschatologique, les républiques se laissent comparer en termes profanes ; la vérité des religions qui les cimentent est soigneusement mise entre parenthèses.

« Les hommes du midi et de l'orient sont sustentés par la chaleur du ciel et la force des astres, et ceux du nord et de l'occident par la flamme qu'ils portent en eux. » Cette répartition des personnalités en fonction des grandes divisions climatiques passe difficilement pour annoncer la recherche scientifique, l'observation empiriste et le respect tatillon des faits : « La nature a pris grand soin à ce que les Scythes, aussi riches de vigueur que pauvres de raison, fassent de la valeur militaire la première de toutes les vertus, alors que les Méridionaux prisent avant tout la piété et la religion, et que les gens de la région moyenne honorent plutôt la prudence. » La triade théorique des climats figure la réponse d'un philosophe à un philosophe, l'opposition de deux politiques, le dernier round du match Bodin-Platon. Adieu la république gouvernée par les sages, protégée par les gardiens-guerriers et alimentée par un tiers état ! Platon projetait sur l'individu ses trois corps sociaux, rangeait sous la tête — qui pense —, un cœur — courage et volonté — et des entrailles — où rage la passion. Bodin projette sur l'écorce terrestre le sens (méridional) de la contemplation, la vertu (nordique) de l'affrontement belliqueux et la prudence (tempérée) qui ordonne par justice et loi. La référence à l'illustre prédécesseur est explicite, elle en prend le contre-pied : « Tandis que Platon attribuait l'autorité suprême aux philosophes et aux sages, parce qu'ils étaient aptes à la contemplation, nous avons démontré par l'histoire qu'ils s'étaient révélés impropres à l'action. »

La fable des climats veut illustrer la nature du régime proprement politique par opposition aux incartades de l'anarchie militantiste nordique et de la théocratie méridionale. « Aussi ne faut-il pas être surpris de voir le Khalife, c'est-à-dire le pontife suprême de la religion musulmane, revêtu d'une autorité telle que non seulement elle s'étende aux loix et à la religion, au gouvernement civil et militaire, mais qu'elle lui donne la propriété de tous les biens et à l'égard de tous ses sujets la capacité de les voir à son gré libres ou esclaves, et pour tout dire le droit de vie et de mort. » Trop absolus pour demeurer souverains, les princes du sud parviennent difficilement à établir un pouvoir autonome extérieur aux intérêts familiaux et célestes, témoin la « maison des Ottomans qui depuis deux cents ans ne cessent de s'entre-tuer jusqu'à ce qu'il n'y en ait qu'un ».

A mi-distance du midi-prêtre et du nord soldatesque, entre la religion et la force, le peuple des régions moyennes est gouverné « par justice » depuis que, dans la Grèce selon Bodin, « les hommes prudents s'emparent du pouvoir et entreprennent de gouverner l'Etat, tandis que les gens pieux et les philosophes se tournaient vers les sacrifices et la contemplation — et que le peuple s'exerçait à la guerre, à l'agriculture et aux diverses industries ». Le pouvoir politique ne se laisse pas réduire à l'image d'une force s'élevant au-dessus des autres forces pour mieux les régler et les maîtriser, tous les schèmes composant des grandeurs physiques et matérielles demeurent inadéquats. L'Etat ne se détourne pas sans plus des conflits privés et des querelles théologiques, il les désinvestit, il domine en délitant l'enjeu, il installe sa foudre entre le ciel et la terre et perpétue son autorité à les maintenir séparés.

Le climat tempéré est le signe extérieur de la philosophie qui anime les républiques bien conçues, celui d'une « certaine règle d'or qui s'appelle circonstance et qui tient le milieu entre la légèreté et l'obstination... de même qu'un navigateur doit savoir louvoyer sous la tempête et que s'il ne peut regagner le port il manifeste la plus haute prudence en tournant son gouvernail selon les sautes du vent et en modifiant en conséquence sa voilure, de même en ce qui concerne les choses humaines qui sont variées et changeantes (je ne parle pas des divines) un maître de la sagesse ne craint pas de trouver bon qu'on puisse changer d'avis ».

Nullement prise dans la vague orientée qui l'emporterait chrétiennement du pire au meilleur, ou cycliquement de l'aller au retour, la république moderne est « dans » le temps comme un navire dans l'ouragan. Les flux temporels battent l'extérieur dans le désordre (« Tous les jours en effet naissent de nouvelles lois, de nouvelles institutions, de nouveaux rites et les actions humaines nécessitent de conduire à de nouvelles erreurs... »). Conçue comme une machine à explorer les durées, elle négocie l'inattendu et intègre le nouveau sans s'obliger à l'écraser dans l'œuf. Gigantesque transformateur des surprises extérieures en événements intérieurement liés, la république est dans les temps tandis que l'histoire n'est que dans la république.

Sur la croûte terrestre, rien n'unifie souverainement des chronologies qui se croisent, s'envahissent et se détruisent, extrinsèques comme les corps et les tempéraments. « Les Scythes au contraire demeurent écrasés sous le poids de leurs humeurs épaisses qui ne permettent pas à l'esprit de prendre son essor. Quant aux Méridionaux la bile noire leur permet de s'absorber dans la contemplation la plus suave des choses élevées et d'apaiser ainsi les mouvements rapides de leur âme. C'est ce que nous voyons non seulement chez les Maures et les Carthaginois, mais aussi chez les Espagnols qui se rapprochent davantage du Midi : telle est la lenteur de leur langage, de leur attitude, de leur démarche et de toutes leurs actions qu'ils semblent fatigués par la paresse. Les Français mènent un tel train qu'ils ont souvent fini l'affaire avant que les Espagnols aient seulement pris conseil ; ils vont d'un pas si rapide que les Espagnols appellent cela courir et non marcher. Leur facilité et leur rapidité ne sont d'ailleurs pas moindres pour apprendre que pour

Éloge du suffrage universel

agir... Et César admirait déjà à bon droit cette aptitude à s'instruire. » L'espace disperse les temps. Les républiques ne s'accrochent pas les unes à la suite des autres en sage formation du train Humanité ; chacune, pour elle-même, est locomotive de l'histoire : « On ne saurait réunir en une seule république toutes les nations existantes. »

Le schisme et les guerres de religion, en une génération, précipitèrent un « mouvement de repli » du christianisme, il se retira d'immenses plages de vie sociale. Dans les terres nouvellement émergées, Montaigne explore les mondes intérieurs et renonce à l'anachronisme « de recourir à Dieu en tous nos desseins et entreprises et l'appeler à toutes sortes de besoins, et en quelque lieu que notre faiblesse veut de l'aide... » Bodin découpe le territoire du politique et balise l'autonomie des républiques avec autant de soin que Montaigne celle de l'individu. Les deux hommes se disent conservateurs, le catalogue des idées les étiquette définitivement tels sans creuser plus avant la singularité d'un conservatisme qui affirme : Tout change, rien ne se conserve, et cherche comment garder une vie, une conscience, un état au cœur des déluges.

La question n'est pas de préserver, dur comme fer, coutumes fort diverses et mœurs par définition muables. Inutile de figer toute forme d'administration ou de gouvernement ; la monarchie demeure elle-même tout en entretenant avec ses sujets des rapports tour à tour populaires et démocratiques, ou aristocratiques, ou royaux ; la plupart des républiques, suisses ou italiennes, fondées sur la souveraineté populaire, s'avèrent « gouvernées en apparence par le peuple et en effet par quelques-uns des citoyens ». La loi ne doit pas se vitrifier en idée éternelle et fixe, Bodin remarque que son changement est « toujours périlleux », mais il enchaîne d'un même souffle « non pas que je veuille que la république serve aux loix, qui ne sont faites que pour la conservation d'icelle ; et faut toujours avoir cette maxime générale et qui ne souffre point d'exception que le salut du peuple doit être la suprême loi... »

Cet étrange conservatisme connaît peu de choses dignes d'être conservées, sentiments, croyance, administration, lois sont embarqués dans une « branloir perenne », modifiables sans lèse-majesté. L'idéal d'une société immobilisée en musée Grévin n'affleure pas : l'Etat n'a rien à maintenir que lui-même. La tâche est complexe, Bodin lui dédie son gros ouvrage, en mille pages n'intervient nul intérêt plus terre à terre ou ciel à ciel que l'autorité publique d'un Etat profane.

Certaines lois, « en effect » ployables et éphémères, paraissent « fondamentales », elles permettent de penser et de maintenir l'Etat en tant qu'Etat sans recours et additions extérieurs. Ainsi la loi salique que Bodin n'accroche à nulle révélation divine ou fatalité historique. Le monarque est mortel ; pour que la monarchie ne meure pas avec lui, il faut quelque règle de succession propre à éliminer le péril des interrègnes illustré par les querelles qui longtemps accompagnèrent le décès des papes. « En toutes monarchies électives, il y a un danger qui advient toujours, c'est qu'après la mort du Roy, l'état demeure en pure anarchie, sans Roy, sans seigneur, sans gouvernement et au hasard de sa ruine comme le navire sans patron... » Entre Le-roi-est-mort et Vive-le-roi, un intervalle de souffle retenu éclaire qui interroge la nature d'un pouvoir que nul ne détient si tous le respectent, fût-ce en se le disputant.

Rappelons qu'on nomme monarque un individu investi de la souveraineté, « qui possède le souverain pouvoir de faire des lois, de créer des magistrats, de déclarer la guerre ou de faire la paix, de juger en dernier ressort ». Peu importe qu'à l'origine la force ait seule confisqué ces pouvoirs, « les empires nés du crime ne peuvent être conservés en dehors de la justice ». Celui qui considère l'Etat en son fondement doit fixer son attention sur la règle des successions plutôt que sur les contingences d'une première accession. Toute montée au trône se pare en grande première car « on voit ordinairement au changement des Princes, nouveaux desseings, nouvelles loix, nouveaux officiers, nouveaux amis, nouveaux ennemis, nouveaux habits, nouvelle forme de vivre ; d'autant que tous les Princes se plaisent ordinairement à changer et remuer presque toutes choses pour faire parler d'eux ». Tout se passe à la passation, quand la pièce est finie et le rideau de la suivante encore baissé. A la couronne acquise en héritage, Aristote préférait celle venue par élection, telle était la coutume « que l'on retrouve chez les Francs nos ancêtres, les Arabes, les Scythes, les Danois, les Norvégiens, les Polonais, les Hongrois ». L'élection s'accomplit à temps ou à vie, Bodin lui oppose toujours l'avantage d'une succession héritée supprimant les brigues des interrègnes. Le privilège exclusif de l'aîné mâle évite les querelles domestiques d'où l'excellence d'une « loi salique », ingénieux système D.

Purement politique et désenchanté, l'argument semble suivre la pente de la plus grande commodité. Ici, comme toujours, prime la conservation de l'autorité, loin des querelles, à l'abri de toute autre autorité qu'elle-même : « C'est pourquoi on dit en ce royaume que le Roy ne meurt jamais : qui est un proverbe ancien, qui montre bien que le royaume ne fut oncques électif et qu'il ne tient son sceptre du Pape, ni de l'Archevêque de Reims, ni du peuple, ainsi de Dieu seul. » Aucune règle n'est parfaite, si l'élection engendre des troubles, la biologie n'exclut pas les monstres et l'héritier peut être contrefait, « mais pour un inconvénient on ne doit pas enfreindre une bonne loi ». La vérité de la république ne tient pas en tel éphémère monarque, pas même en la loi qui organise un relais confortable ; rois et lois doivent se régler sur ce « Roy qui ne meurt jamais », un Etat qui n'a d'autre programme que lui-même, par là moderne.

Héritier ou élu, le roi qui meurt détient un pouvoir qui le dépasse ; le théoricien prend le plus grand soin à désintriquer son domaine privé de simple particulier des affaires publiques, qu'il régit à tout autre titre. La division opérée, il reste à expliquer pourquoi l'autorité impersonnelle du roi-qui-ne-meurt-pas est condamnée à s'incarner dans la souveraineté singulière, faillible, mais sans appel d'un individu mortel. Une couronne pour une seule tête, pourquoi ? Première et dernière réponse : la souveraineté est indivisible. Pourquoi ? Non par absolutisme, elle reste limitée, en fait et en droit, dans les affaires terrestres autant que célestes. L'impartageable ne relève pas d'un gouvernement muable et des choses de la vie dispersées, la souveraineté est indivisible moins dans l'acte qui gère que dans celui qui sauve. C'est pour se conserver, c'est-à-dire tenir tête à la mort, qu'une collectivité se donne un chef unique. A l'heure des grands périls les démocraties antiques s'accordaient le recours d'un demi-roi, intitulé « dictateur » ; quand les épreuves deviennent « fondamentales », le vice des régimes populaires rend hommage à la vertu des monarchiques : « Aussi est-il impossible au peuple et aux seigneurs de commander par puissance souveraine, ni faire aucun acte, qui ne peut se faire que par une personne, comme de conduire une armée et autres choses semblables. »

Après examen, en leurs fondements, de toutes les républiques connues et imaginables, Bodin conclut au dernier livre de son traité à l'avantage des institutions solides et commodes dont il crédite la monarchie française. Ce patriotisme théorique ne vient pas couronner, comme par imprévu, une comparaison détachée et universelle des différentes formes d'Etat possibles; dès le départ une vision franco-française de l'autorité publique règle le débat où les régimes étrangers filent en ombres portées et images dégradées d'un original autochtone. Quatre siècles plus tard, le mécanisme optique paraît encore fonctionner.

4. Du plus dissimulé des taciturnes.

Les journalistes parlent avec facilité de l' « Amérique de Nixon » ou « de Carter » ou « de Reagan ». Ils n'ignorent pourtant point les mécanismes subtils qui équilibrent les institutions américaines; ils prêtent à l'occasion une oreille attentive aux analyses socio-culturelles. Un chef d'Etat peut refléter, exprimer, déformer, représenter, masquer des réalités sociales dissimulées. Ces réalités « autres » viennent politiquement buter contre ou s'investir dans l'individu qui personnalise le pouvoir. Ainsi les journalistes invitent-ils à découvrir nos républiques modernes comme autant de monarchies déguisées : le monarque — oint ou élu — fait scaphandre pour les imaginations curieuses d'abysses.

Dans les républiques les plus populaires — suisses pour Bodin — « le peuple ne s'entremesle des affaires d'Etat que le moins qu'il sera possible et ne s'assemble guère que par quartiers ou paroisses... ». La population éparpillée en petites unités autogérées — l'unité d'un village montagnard — voit ses affaires d'ensemble hétérogérées par des notables, ces ultradémocraties

Éloge du suffrage universel

sont nécessairement gouvernées aristocratiquement. Les oligarchies fonctionnent correctement par temps paisibles et dans des dimensions réduites, « un petit Etat est bien séant à une aristocratie ». Les grands espaces hétérogènes de la politique moderne rompent les solidarités spontanées des élites au pouvoir, chaque crise les soumet à rude épreuve : « Il y a bien différence du conseil et du commandement ; le conseil de plusieurs bons cerveaux peut être meilleur qu'un, comme l'on dit que plusieurs voient mieux que ne fait un seul : mais pour résoudre, pour conclure, pour commander, un le fera toujours mieux que plusieurs. »

Est-ce là pure technologie du commandement, prémice du rationalisme industriel à la Taylor ? Ou industrialo-politique à la Lénine ? Derrière l'exigence opérationnelle — à décision unitaire, décideur unique — se repère l'intuition qui la fonde : difficile de décider à plusieurs, plus on est de chefs moins on rit. Les gros ensembles sociaux ne peuvent prendre ensemble des décisions d'ensemble, cet axiome théorique, que Bodin déploie, dans tous ses corollaires, pour la première fois, fera l'unanimité des penseurs modernes. Qu'ils le déplorent (Rousseau). Qu'ils en tirent des conséquences brutales (Lénine). Quelle que soit la manière dont ils le motivent. Les Grecs ne l'ignoraient pas, ils misaient sur l'imbécillité politique des gros ensembles (« barbarie » de l'empire perse). Les modernes partent de ces gros ensembles devenus condition d'existence politique et l'axiome devenu central discrimine le possible et l'impossible. Jean Bodin observe le gouffre mental qui sépare la cité autogérée, qui cherche à bien être, de l'Etat hétérogéré, qui veut être. « Si nous prenons en effet la définition de Cicéron : " La République est un ensemble d'hommes associés pour bien vivre ", elle indique la fin excellente de l'Etat, plutôt que son principe et sa nature. Les termes en conviendraient en effet aux assemblées pythagoriciennes et à tous ceux que réunit le souci d'une vie meilleure : on ne saurait cependant leur donner le nom de république sans une grande confusion entre collège et Etat. Notons en outre qu'il y a des familles de scélérats aussi bien que d'honnêtes gens, car l'homme méchant n'est pas moins répandu que le bon. Il reste à appliquer le même principe à l'Etat : quelqu'un douterait-il que les plus grands empires n'aient été fondés par la force au profit de brigands notoires ? »

De même toute république s'avère monarchie dissimulée (héréditaire ou élective, à vie ou à temps), de même tout monarque déclaré doit se cacher : « Ce grand Dieu, Souverain Prince du monde, a montré aux princes humains, qui sont les vraies images, comme il faut communiquer aux subjects ; car il ne communique aux hommes que par visions et songes, et seulement à bien petit nombre des élus et plus parfaits... Si donc le sage prince doit au maniement de ses sujets imiter la sagesse de Dieu au gouvernement de ce monde, il faut qu'il se remette peu souvent en vue de ses sujets. » Bref, précise brutalement Bodin, si le roi « n'a pas la grâce de parler, il vaut mieux qu'il se taise ». Le conseil pourrait refléter le « machiavélisme » le plus banal, mais ici le silence recommandé au monarque se déduit du principe même qui fonde la nécessité de son pouvoir. S'il n'y a pas de « volonté de tous », le monarque ne peut réussir à l'incarner. Si les sujets se donnent une autorité extérieure pour s'entendre, celle-ci ne peut se prétendre organe unique d'un peuple uni. Si tous les Français ne parlent pas d'une même voix, mieux vaut souvent qu'en tant que roi le monarque prenne ses distances. Conflits et inimitiés ne s'effacent pas du fait que l'autorité en émerge. Plus elle s'y immerge, plus elle se perd : « La belle règle qui peut entretenir l'état d'une monarchie, c'est que le Prince se fasse aimer de tous sans mépris et haïr de personne, si faire se peut. » Condamner et punir appartient aux magistrats ; au monarque la distribution des secours, grâces et assistances « car le Prince faisant bien à chacun et mal à personne sera bien voulu de tous ». Généralisons d'un cran, le dernier partage n'est pas entre le bon prince et les subordonnés auxquels il délègue le désagréable, mais entre l'Etat — nécessairement ou démocratique ou aristocratique ou monarchique — et le gouvernement — qui peut être les trois à la fois, mixte au meilleur des cas. Gouvernent ceux qui conjuguent les contraires, « harmonisent » les citoyens, gèrent la vie. Etat, celui qui tranche pour la sauver. La duplicité du monarque est inscrite dans la dualité fondatrice de la république moderne, Bodin le premier la dévoile et distingue radicalement « autorité

Éloge du suffrage universel

souveraine » (laquelle n'est jamais mixte) et « administration » (laquelle est mixte dans le meilleur des cas).

En tant qu'Etat toute république est monarchie dissimulée, en tant que gouvernement toute monarchie se dissimule en république mixte : le monarque ne statue qu'en dernier ressort, si nécessaire ; une élite d'officiers, de magistrats, de fonctionnaires expédient les affaires courantes. S'ajoute quelque institution où la population ait le sentiment de s'exprimer et d'être entendue, sinon gare aux séditions : « On voit les maisons, les familles, les royaumes, les empires tomber en ruine et pauvreté pour avoir méprisé les pauvres et abandonné les sujets aux voleries des soldats et larcins des gabelleurs. » La souple rigueur de l'appareil républicain permet d'affronter la nouveauté des temps, en renouvelant la forme du gouvernement, et de conserver la fixité de l'Etat garant de la survie collective. Les commentateurs — par exemple N. O. Keohane — remarquent combien la distinction entre forme d'Etat et forme d'administration se perpétue dans la pensée politique française. Jean-Jacques Rousseau en donne sa traduction propre dans les paradoxes d'une volonté générale qui ne se retrouve jamais volonté de tous et dans le miracle du législateur qui programme les lois d'une cité où il ne dispose d'aucun pouvoir.

Pour Tocqueville et Marx, le « pouvoir personnel » d'un Napoléon III surgit d'une hallucination collective, rencontre phantasmatique d'une anecdote et d'un anachronisme. Les impasses de l'heure, sans issues sur-le-champ, amenèrent la collectivité à évoquer les morts, elle se drapa de leurs dépouilles, barrant ses angoisses par un retour au temps de leur inexistence. C'était interpréter en hommes du XIXe : il n'est pas de question sociale qui ne contienne sa réponse dès l'énoncé. Tout passe pour affaire de gouvernement et les problèmes d'ensemble sont posés et résolus ensemble. A l'inverse, la pensée politique du XVIe siècle, comme les institutions de la Ve République, circonscrivent le domaine réservé des questions de survie ; ici le citoyen laisse à l'Etat le soin de décider en cas de force majeure et se consacre au terre à terre qui donne aux gouvernants et aux gouvernés le temps de changer et la latitude de partager les risques. Rabattant la sphère de l'Etat — où le souverain tranche

« en personne » — sur le terrain de l'ordinaire gouvernemental — où la direction est mixte, donc collective —, les meilleurs esprits du siècle dernier transfiguraient une constante de l'histoire en accident malheureux et une nécessité de la politique en illumination rêveuse.

Un siècle qui se prend pour la fin de l'histoire se méprend de deux façons selon qu'il personnalise trop ou impersonnalise tout à fait le pouvoir politique. Lorsque vivre équivaut à survivre et que les événements martèlent à répétition l'alternative du tout ou rien, chaque projet gouvernemental et toute initiative individuelle deviennent affaire d'Etat. Dans cette situation de guerre tendue à l'extrême, un César moderne se fait désirer, qui prend les choses en main et sauve une histoire pétrifiée au bord du gouffre. Ainsi furent les deux Napoléon. Non point en eux-mêmes, le premier libéral en économie et le second confusément saint-simonien. Mais tels le cœur de nombreux Français les élisait. Ainsi Staline, aimé de ses militants, professait l'inévitabilité des guerres mondiales, suggérant que la « guerre est le moteur de l'histoire et que, sans guerres, le monde croupirait » (Bataille). Au contraire, l'impersonnalisation progressive du pouvoir jusqu'à son automatisme final impliquerait que la guerre s'efface de l'horizon et que les marchands de canons se mettent au service exclusif des musées nationaux.

Marx analysa, avec une attention fiévreuse, en soignant passionnément sa documentation, les conflits qui, de son vivant, embrasèrent militairement la planète. Il omit rarement d'en lever une signification historico-mondiale, mesurant comme un signe inquiétant du destin la distance qui séparait les armées russes des principales capitales d'Europe occidentale. Pourtant, laboratoire par excellence de ses hypothèses sur le mécanisme des révolutions, la France lui parut toujours n'avancer de politique étrangère que comme prétexte à sa politique intérieure, ses fantaisies continentales colorant et mystifiant ses débats civils. Le jeune Marx commet une bourde et tient Napoléon pour un pur vestige historique dont l'échec annonce l'ère bourgeoise d'une Europe occidentale pacifiquement vouée aux grands travaux et à l'exploitation. Marx, âgé, salue la Commune comme une révolution essentiellement intérieure et

Éloge du suffrage universel

sociale négligeant qu'elle se déclenche, se mène, voire se perd au nom de la guerre nationale anti-allemande. Marx ne professait pas l'idée d'un progrès irréversible de la démocratie moderne, il comptait sur les révolutions politiques ; Tocqueville sur les associations civiles. Il n'est que plus frappant de constater combien pour tous deux la référence à la lutte pour la survie nationale risque d'interrompre le cours présumé normal des choses : « La politique extérieure n'exige l'usage de presque aucune des qualités qui sont propres à la démocratie, et commande au contraire le développement de presque toutes celles qui lui manquent... Mais la démocratie ne saurait que difficilement coordonner les détails d'une grande entreprise, s'arrêter à un dessein et le suivre ensuite obstinément à travers les obstacles » (Alexis de Tocqueville). La guerre est aussi absente du modèle « américain » de Tocqueville que du modèle « français » de Marx, mais le premier souligne le côté exceptionnel de l' « Isle » américaine pour conclure dramatiquement que la guerre — cet « accident » — promet de retourner en son contraire une société démocratique (déjà ambivalente par elle-même) : « C'est donc principalement dans la guerre que les peuples sentent le désir et souvent le besoin d'augmenter les prérogatives du pouvoir central. Tous les génies guerriers aiment la centralisation, qui accroît leurs forces, et tous les génies centralisateurs aiment la guerre, qui oblige les nations à resserrer dans les mains de l'Etat tous les pouvoirs. Ainsi la tendance démocratique, qui porte les hommes à multiplier sans cesse les privilèges de l'Etat et à restreindre les droits des particuliers, est bien plus rapide et plus continue chez les peuples démocratiques, sujets par leur position à de grandes et fréquentes guerres, et dont l'existence peut plus souvent être mise en péril que chez tous les autres. »

L'exigence d'un mouvement démocratique et l'impératif de sécurité de l'Etat semblent exclusifs au point qu'on ne peut penser l'une qu'à oublier l'autre. Le César moderne promet la sécurité toujours et partout en rassemblant tous les mouvements de la société sur sa personne, telle une citadelle assiégée, seul capable d'ouvrir au-delà des tumultes des temps le troisième millénaire de la race élue ou de la société sans classes.

Etrangement, l'impersonnalisation du pouvoir, au nom de la démocratie, suppose à son tour que l'histoire s'arrête sinon sur une personne du moins dans un sens unique. Tenant l'expansion de l'autogestion associative pour la force vive des temps nouveaux, Tocqueville conclut que l'armée forme une « petite nation incivilisée » campée dans la grande qui, toute à sa paix, s'émeut de ce retour du refoulé. Et quand on imagine une même expansion unidirectionnelle de la démocratie sous la forme d'un dépassement à gauche, la guerre à nouveau est gommée du tableau : « Dans la première Révolution française, la domination des *constitutionnels* fait place à la domination des *girondins,* et celle-ci à celle des *jacobins.* Chacun de ces partis s'appuie sur le plus avancé. Dès que chacun a poussé la Révolution suffisamment loin pour ne plus pouvoir la suivre et à plus forte raison la précéder, il est mis à l'écart par l'allié le plus hardi qui le suit, et envoyé à la guillotine. La Révolution se développe ainsi sur une ligne ascendante. » Comme au premier jour, dans l'inexistence des environs.

Les sociétés contemporaines ont subi la double tentation de sacrifier la vie démocratique à la fureur belliqueuse (août 14) ou à la peur de la guerre (39-40), comme si les épreuves de force entre nations, supposées impossibles parce qu'impensées, devaient tout emporter dès qu'elles forcent la porte de nos tranquillités. Les festins entrepris aux pieds de la statue du Commandeur risquent toujours l'interruption. La surprise paralyserait moins si nous n'égrenions les comptines du bout de l'histoire, vaticinant encore dans les avenues pacifiques, que le xixe siècle ouvrait au-delà de lui. La République conçue des centaines d'années auparavant agençait plus subtilement la double dissimulation d'un Etat s'effaçant dans le gouvernement quotidien et d'un gouvernement relayé par un Etat de crise. Cet appareil duel s'adapte aux situations extérieures et intérieures où paix et guerre s'entremêlent. Les hommes du xvie siècle se pensaient au milieu et non au terme de l'histoire, ils n'espéraient pas la dominer du concept au point qu'elle s'arrêtât de tourner en mille sens. Ils avaient le courage de la haute mer, nous fîmes après eux de la batellerie.

5. Stratégie de l'Etat, stratagèmes du citoyen.

Je reviens, Monsieur le Président, aux socialistes dont l'électorale victoire motiva votre demande d'explication. Si j'ai paru les oublier au cours de ces pages, veuillez croire que mon goût pour un siècle trop ignoré m'égare jusqu'à semer les points d'interrogation le long de mes allées buissonnières. J'eusse pu vous conter, mille fois édifiantes, *l'Iliade* et *l'Odyssée* du socialisme français, depuis 1900, où, mémorablement, les groupuscules qui en disputent l'étiquette se fondent en un parti ; ou plus arrière, car le siècle précédent pense souvent socialiste, construisant allégrement mille systèmes et respirant en leurs intervalles. Je vous épargnerai le compte rendu des trois grands décès de puissants mouvements sociaux et culturels autochtones ; ils butèrent, aveugles, contre la première déflagration mondiale, puis contre la seconde, enfin trébuchèrent sur la dernière guerre coloniale. Peut-être, demanderez-vous, le « mur d'argent » et le sabotage des « deux cents familles » expliquent-ils suffisamment l'étrange aventure d'une assemblée de Front populaire élue sur le slogan « A bas le fascisme et la guerre ! » qui trois ans plus tard, ayant perdu et sa paix et sa guerre, vote la confiance au maréchal Pétain (déduction faite des députés qui préférèrent le pacte Hitler-Staline, rares furent ceux qui s'abstinrent de donner leur voix et de légitimer Vichy). Je me permets, si le moment vous intrigue, de vous renvoyer à quelques commentaires énoncés à chaud, telle la note que Roger Caillois consacra en octobre 37 aux discours et articles publiés par Léon Blum. Le titre du recueil affichant *l'Exercice du pouvoir,* Caillois s'en saisit pour cristalliser une inquiétude diffuse mais générale : « Le pouvoir d'un être sur d'autres êtres institue entre eux une relation irréductible aux formes pures du contrat... Il est clair que, pour M. Blum, c'est la légalité qui fonde le pouvoir. Il faut craindre que ce soit au contraire le pouvoir qui fonde la légalité... » Sans le savoir, Caillois pensait selon Bodin.

L'occasion d'échapper à une traditionnelle faiblesse, les

socialistes actuels la découvrent dans l'autorité dont les institutions de la Ve République investissent la fonction présidentielle. S'ils semblent avoir, du même coup, manqué le retour au sacré originel et à la fête primitive recommandés par Caillois, Bataille et leur « collège », la faute incombe au père de la Constitution, un général cultivant la tradition, mais ignorant l'ethnologie.

Le socialisme français se trouve projeté comme par-dessus sa propre évolution et, malgré nombre de ses souvenirs, dans l'exercice d'un « pouvoir qui fonde la légalité ». La surprenante aventure illustre le destin des idées universelles du siècle dernier, elles ne marquent notre présent qu'à se mouler sur des passés qu'elles avaient prétendu ignorer. Le socialisme suédois n'est-il pas d'abord scandinave et protestant ? L'anglais, britannique ? Staline, constate Soljenitsyne, chausse les bottes de Pierre le Grand. La vieille Chine grimace dans les sourires que j'ai voulu imposer à la nouvelle, semble se désespérer Mao Tsé-toung. A l'échelle de deux siècles, l'observateur distingue mal entre des dictatures sud-américaines qui finissent sur diverses chansons par enfermer et liquider leur opposition. De 1945 à 1975, les chercheurs, souvent américains, publièrent nombre de livres proclamant achevé le dépassement de l'Etat-nation. Diplomatiquement, militairement, technologiquement donc économiquement, socialement et culturellement, l'ordre serait universel ou ne serait pas. La Terre tourne, ses différences priment, les projets de paix perpétuelle se périment, Etats et nations persistent et signent.

L'Etat français s'est explicitement constitué contre les guerres de religion. Même s'il néglige Bodin ou Montaigne, le citoyen ressasse le mot attribué au roi Henri : « Paris vaut bien une messe. » Il déplore, avec un scepticisme que le « bon roi » ignorait, l'épouvantable dépeçage des populations que la rencontre des religions du Livre provoque dans un pays — tel le Liban — où l'Etat siège non au-dessus mais au-dessous d'elles. Le projet d'imposer son opinion aux autres paraît contrecarré par le mécanisme des majorités présidentielles qui n'accordent l'autorité qu'à plus de 50 p. 100 des avis et semble exclure qu'un pouvoir ait pouvoir de « faire » une majorité. Les querelles qui déchiraient publiquement le parti socialiste avant sa victoire la

Éloge du suffrage universel

lui ont assurée, elles persuadaient l'électeur qu'il ne remettait pas son sort à des doctrinaires sacrifiant monolithiquement à des convictions nécessairement minoritaires.

Renvoyant la ligue catholique et espagnole et l'armée des princes protestants et anglo-allemands dos à dos, l'Etat français oppose très tôt un double veto à toute tentative de conquête idéologique extérieure ou intérieure, internationale ou partisane. Il n'introduit cependant nulle « fin des idéologies ». S'il « désenchante » les opinions qui, du dessus et du dessous, risquent de l'investir, s'il dépolitise en définitive la religion et la vie privée, il ne recherche pas moins l'adhésion du citoyen. Au religieux il se déclare athée en politique, à l'incrédule stupéfait il annonce une religion du politique qui conduit l'homme à mourir aussi naturellement pour la patrie qu'auparavant pour Dieu. Jeanne d'Arc, mystère en pleine lumière, figure l'énigme de la transition en se sacrifiant à l'un et à l'autre.

Machine critique, l'Etat marginalise, plus ou moins rapidement, les sectes partisanes qui prétendent mettre la main sur un appareil trop complexe pour leur simplicité. Il leur faut désormais suivre quelque armée étrangère pour saisir un éphémère pouvoir. Le désamorçage préventif, qui réduit le coup de cœur et désarme le coup de main, s'explique par la tenue à distance des opinions personnelles et célestes. La machine critique roule vite machine à vérité. La naissance de l'Etat moderne et la réapparition (après Thucydide) d'une histoire désenchantée sont à l'époque fêtées ensemble. « Nous limiterons aux seules actions humaines l'acception trop large du mot histoire » ; Bodin précise : « Donnons au mot action une étendue suffisante pour lui permettre d'embrasser tout ce qui sort de la volonté humaine : desseins, arts ou faits. » Loin que l'Etat se définisse restrictivement par rapport aux convictions du cœur et de la religion, il se présente seule prise sur une histoire désordonnée ; son intelligence, la « science politique », passe « norme suprême en matière de prescription et d'interdiction... régulatrice de tous les arts et de toutes les actions humaines ». La politique échappe aux partis pris étroits moins par la modestie de ses ambitions que par l'ambition de ses modesties : « La science politique régit également la balance des importations et exportations, l'agriculture, l'élevage, l'hygiène publique, l'industrie... Elle gouverne aussi les lettres par le truchement des jurisconsultes en droit sacré et humain. » Dans la mesure où la République devient, au sens fort, « fondée », elle repose sur sa propre vérité et la science politique qui la prend en compte s'avère à son tour « architectonique ».

Deux façons de concevoir cet ultime savoir : il domine de haut les autres connaissances, ou il les pénètre, les limite de l'intérieur. La première est celle que Bodin reprend des « Anciens », de Platon : « Les Anciens donnaient à l'ensemble de cette science politique le nom d'architectonique, indiquant par là qu'elle imposait ses lois aux maîtres de tous les arts afin qu'ils fissent concourir leur activité au bien commun et qu'ils n'entreprissent rien contre l'intérêt de l'Etat. » La seconde, Montaigne à son tour l'emprunte à Platon, à ses éveilleuses interrogations plus qu'à ses académiques conclusions ; il évacue une science de la science, trop prétentieuse, il propose d'interdire tout survol des savoirs : « Les difficultés et l'obscurité ne s'aperçoivent en chacune science que par ceux qui y sont entrés. Car encore faut-il quelque degré d'intelligence à pouvoir remarquer qu'on ignore et faut pousser à une porte pour savoir qu'elle nous est close. » Philosophie selon Montaigne, science politique selon Bodin, identique défi antifanatique (« J'ai vu de mon temps merveilles en l'indiscrète et prodigieuse facilité des peuples à se laisser mener et manier la créance et l'espérance où il a plu et servi à leurs chefs »), homologue défiance devant l'illusion lyrique individuelle (« Il n'est rien à quoi les hommes soient plus tendus qu'à donner voie à leurs opinions ; où le moyen ordinaire nous faut, nous y adjoustons le commandement, la force, le fer et le feu »).

Proches par leur situation sociale et leur horizon culturel, les deux penseurs divergent peu en leur engagement : pour l'essentiel ce sont des « politiques », le soutien que le catholique Montaigne offre au futur Henri IV encore huguenot s'inspire plus des « Six Livres de la République » que des écarts ligueurs qui terminent la carrière de leur auteur. En cette communauté de position éclate, ahurissante, la disparité des vues. L'accord sur la maladie, la dispute sur les remèdes, révèlent l'absolue différence

Éloge du suffrage universel

des diagnostics. La France est en crise, pas assez d'Etat, dit l'un, pas assez d'individus pensant par eux-mêmes, glisse l'autre — il faut de la science politique — il faut politiquement de l'inscience.

Monsieur le Président, je vous entretiens de ces illustres disparus pour parfaire votre connaissance des ambiguïtés que lève, en bon français, la seconde moitié du mot socialisme. Chantant la louange d'un Jean Jaurès qu'il plaçait à l'époque au plus haut (« il n'a jamais été pour personne un chef d'école »), Charles Péguy buta précisément contre la terminaison barbare : « Ce qui est préférable à tout, c'est de négliger les mots en isme ainsi que les mots en iste. Nous laisserons donc aux petits lycéens qui font leur première philosophie les discussions incessamment renaissantes sur l'idéalisme et le matérialisme historique et métaphysique, et nous écarterons de nos conversations, autant que nous le pourrons, tous les mots en isme, excepté un pour qui j'ai un faible, et qui est le mot socialisme, ainsi que tous les mots en iste, excepté un qui m'est cher, et qui est le beau nom de socialiste. »

La folie tapie dans les mots en « isme » menaça très tôt une pensée naissante à la langue française, la millénaire philosophie subit le couperet bien avant un séculaire socialisme : « C'est grand cas que les choses en soient là en nostre siècle, que la philosophie, ce soit, jusques aux gens d'entendement, un nom vain et fantastique, qui se treuve de nul usage et de nul pris, et par opinion et par effect. J'y crois que ces ergotismes en sont cause... »

Nous autres, Américains, qui commençons tout comme à nouveau, comprenons difficilement les continentaux qui ne connurent jamais d'origine que perdue, fêtent leurs naissances comme des renaissances, se fournissent d'idées aux puces et fouillent minutieusement toutes les décharges de la création. Récupèrent-ils l'option socialiste comme ils prétendirent sauver jadis la philosophie elle-même ? « C'est barroco et barolipton qui rendent leurs supposts ainsi crotez et enfumez, ce n'est pas elle. »

Les majorités modernes naissent entichées d'un « isme », leurs dithyrambes peuplent les journaux officiels. Peut-être ne saurait-on imaginer plus louangeuse gloire que de les feindre chuchotant avec M. l'ancien maire de Bordeaux : « C'est assés de s'enfariner le visage sans s'enfariner la poitrine. J'en voie qui se transforment et se transsubstantient en autant de nouvelles figures et de nouveaux estres qu'ils entreprennent de charges, et qui se prélatent jusques en leur garde-robe. Je ne puis leur apprendre à distinguer les bonnetades qui les regardent de celles qui regardent leur commission ou leur suite, ou leur mule... Le maire et Montaigne ont toujours ésté deux, d'une séparation bien claire. Pour estre advocat ou financier, il n'en faut pas mesconnoitre la fourbe qu'il y a en telles vacations. Un honnête homme n'est pas comptable du vice ou sottise de son métier, et ne doibt pourtant en refuser l'exercice ; c'est l'usage de son pays, et il y a du proffict. Il faut vivre du monde et s'en prévaloir tel qu'on le trouve. Mais le jugement d'un empereur doit estre au-dessus de son empire, et le voir et considérer comme accident estranger ; et luy, doit scavoir jouyr de soy à part et se communiquer comme Jacques et Pierre, au moins à soy-mesme. » Le déphasage des ordres du monde extérieurs et supérieurs condamne la politique à trouver en elle-même sa vérité, c'est-à-dire la condamne à la vérité. Aussi longtemps qu'un sage ou qu'un prêtre promettent de régler le bien-être de la Cité sur l'être d'un Bien extra-politique, le citoyen peut espérer vivre dans le vrai sans courir le risque de sa recherche. Quand le monarque vient à s'inscrire dans la solitude du maître après Dieu, il inaugure un jeu plus glacial que celui d'un machiavélique Borgia ; le vice, à tromper la virtu populaire, lui prête encore une existence. Sur une piazza désormais ouverte à tous vents, devant un peuple dispersé, le Prince de Bodin clame, comme dans le désert, sa devise empruntée à Homère. « Il n'est pas bon que plusieurs commandent ; qu'un seul soit le chef, qu'un seul soit roi », maître après Dieu, maître comme Dieu.

« La tragédie aujourd'hui c'est la politique. » La formule vient tard, Napoléon se croit le premier à la vérifier, alors qu'elle le fait flotter, entre l'apparence et l'apparaître, dans une ancienne mise en scène. Goethe, qui rapporte le mot, songe à Faust davantage qu'à l'esprit du siècle caracolant dans son salon. Pas de deus ex machina qui terminerait les drames politiques en beauté, bonté et comédie. Un dirige, non parce qu'il est bon, mais « parce qu'il n'est pas bon que plusieurs commandent ». La république, qui fait de cette impossibilité son principe, erre comme une étoile longtemps filante ou comme la pensée qui tourne sur elle-même :

« Nous voyons ici la philosophie placée dans une situation critique : il faut qu'elle trouve une position ferme sans avoir, ni dans le ciel ni sur la terre, de point d'attache ou de point d'appui. Il faut que la philosophie manifeste ici sa pureté, en se faisant la gardienne de ses propres lois, au lieu d'être le héraut de celles que lui suggère un sens inné ou je ne sais quelle nature tutélaire » (Kant).

La politique devenue souveraine n'a plus d'au-delà, Dieu sous peine de guerres de religion doit laisser César courir sa chance. Ni d'en deçà, le peuple goûte trop ses discordantes variétés pour ne pas abandonner à des tribuns la gestion de muables unanimités. A peine ce huis clos prononcé, La Boétie décrit la scène, désormais permanente, de la « servitude volontaire ». La volonté nomme le rapport détaché et absolu qui ferme la république sur elle. La servitude pointe le mouvement où des multiples font crédit à l'un sans l'être. La Boétie décompose, en cette dualité paradoxale, le fondement que Bodin (sept ans plus tard) recompose comme « souveraineté ». Le second ne répond pas au premier qu'il ne cite pas. C'est plutôt le *Discours sur la servitude volontaire* qui « correspond », s'ouvrant sur le postulat d'Homère, l'aggravant sous couleur d'irrespectueusement le réfuter : « Il fallait dire que la domination de plusieurs ne pouvait être bonne, puisque la puissance d'un seul, dès lors qu'il prend ce titre de maître, est dure et déraisonnable... avoir plusieurs maîtres c'est autant que d'avoir autant de fois à être extrêmement malheureux... » Bodin ne salue pas différemment les temps nouveaux et fonde ses raisonnements sur le principe du moins mauvais plutôt que du meilleur.

Désamorcer les guerres de religion, en les bridant par l'autorité d'une politique autonome, n'est-ce point transporter d'un lieu à l'autre l'explosif qu'enveloppe la citation d'Homère ? Dernière citation du dernier chapitre, elle couronne le plus important traité théologique d'occident, ce livre de la métaphysique d'Aristote, où la chrétienté tenta de lire une justification philosophique de sa révélation monothéiste. Du Dieu unique au roi solitaire, la fonction d'un point pivot ne se modifie guère, elle évite une multitude de principes qui transformeraient l'univers en « une série d'épisodes sans lien entre eux ». Le monarque selon Bodin manifeste sa majesté en se dissimulant derrière son gouvernement, ses ruses de Dieu caché, dernier recours, premier secours, tiennent à distance son administration, comme le premier moteur d'Aristote demeure extérieur au mouvement qu'il attire. La vérité, sous forme politique ou théologale, s'avance masquée.

Ulysse murmure au simple soldat : « Il n'est pas bon qu'il y ait plusieurs chefs. » Achille et ses amis se sont retirés, la peste frappe, la débandade gagne, le roi des rois, Agamemnon, craint que l'armée ne réembarque sans avoir livré bataille. Sur l'Olympe, le dieu des dieux se désole de manquer le spectacle du sang qui coule. Il envoie à l'Atride, son homologue terrestre, un rêve, celui-ci le communique à ses officiers, ceux-ci le transmettent à la troupe. Le songe « malfaisant » annonce aux hommes : les immortels « ne sont plus divisés », Troie sera la proie des Grecs unis. Songe trompeur ? La bataille, livrée et perdue, inaugure dix années de guerre. Songe prémonitoire ? Troie tombe, les Grecs ont-ils gagné pour autant ? Songe ambigu, nécessaire et non concluant, il convient de combattre et peut-être de mourir avant d'apprendre « si Zeus, le porte-Egide, est ou non un menteur lorsqu'il fait des promesses ». Que les immortels fassent front unique, voire ne soient qu'un, comme les mortels font corps derrière qui les conduit, voilà, politiquement comme religieusement, des vérités douteuses, n'en point douter liquide toute vie religieuse ou politique. Mais aussi bien sont-ce doutes véridiques.

L'apesanteur d'une république moderne, libérée de toute vérité extérieure, fait de son unité, de son être et de sa vérité une question intérieure et de sa vie intérieure, une vie philosophique jouée dans les habits politiques de rigueur. La duplicité du souverain se donne nécessaire, plutôt qu'anecdotique, fondée en raison par Bodin mieux qu'illustrée habile par Machiavel : son dispositif obéit au double défi d'avoir à être et de sauver l'être,

Éloge du suffrage universel

de gouverner et de préserver. L'Etat moderne balaie l'espace social comme un rigoureux capteur d'énergies, il concentre les volontés de vivre, il motive les servitudes du désir de sécurité ; il se propose « berger de l'être » et « sentinelle du néant ». Les *Essais* admettent d'être déchiffrés, Michel Butor l'a montré, comme une interminable amplification, un encyclopédique commentaire du paradoxe de La Boétie — pourquoi, comment, jusqu'où obéir ? Où Bodin rétorque « souverain », Montaigne prononce « coutume », pour tous deux, servitude et volonté ne se pensent pas huile et eau, mais mixture, l'obéissance religieuse s'offre indivisible à l'étonnement politique, la foi politique naît également entière : « Nous sommes chrétiens à mesme titre que nous sommes périgourdins ou alemans. »

Pourquoi obéir ? Pourquoi vivre ? Questions posées à l'autre, non à soi, la politique interrogeant la religion, la religion la politique aussi intelligemment qu'un continental s'interloque de ce que les Anglaises lui paraissent toutes rousses. Bientôt les contrecoups de l'offensive interrogation se révèlent décisifs. Nous ne sommes pas certains de rester nous-mêmes, ni chrétiens, ni périgourdins, ni alemans, cette incertitude nous rend semblablement aptes à la science politique et à la philosophie. Le paradoxe de La Boétie prend la république à son fondement, à ce zéro dont elle ne vient pas mais où elle menace de tomber. Il laisse différemment songeur, selon qu'on se prend au vertige du citoyen ou dans la chute de l'Etat, la rencontre n'a lieu qu'au bout de l'abîme.

Il est bon que l'Etat soit, bien qu'exceptionnellement bon, « il n'est rien si lourdement et largement faussés que les loix, ny si ordinairement. Quiconque leur obeyt parce qu'elles sont justes, ne leur obeyt pas justement par où il doibt... » La coupure opérée par Bodin se taille définitive, aucune idée du bien ne saurait soutenir l'autorité qui, pure, ne tient que de soi. Par conséquent, enchaîne Montaigne, nulle science politique ne saurait conseiller un monarque qui, roi, n'a que faire de la philosophie. (« Les loix se maintiennent en crédit, non parce qu'elles sont justes mais parce qu'elles sont loix ; c'est le fondement mystique de leur authorité : elles n'en ont point d'autre. ») Propulsé par miracle philosophe, un monarque moquerait sa majesté, car les lois « sont souvent faites par des sots, plus souvent par des gens qui en haine d'équalité, ont faute d'équité ; mais toujours par des hommes, autheurs vains et irrésolus », il lui faudra sans cesse soumettre la philosophie à sa royauté ou sacrifier la royauté à sa philosophie.

Bodin, sans étrangeté, ne saurait emprunter aux Anciens une science dont le magistère se justifie à définir un « bon » Etat désormais hors jeu. Après l'Etat idéal, à la trappe la science idéale. Un gouvernement ne se prive pas d'additionner les savoirs partiels, mais leur « architectonique » sera forcément boiteuse puisqu'elle part de l'impossibilité du parfait. « Notre bâtiment et public et privé est plein d'imperfections. Mais il n'y a rien d'inutile en nature ; non pas l'inutilité mesme... Notre estre est cimenté de qualitez maladives... Desquelles qualitez qui osteroient les semences en l'homme, destruiroient les fondamentales conditions de notre vie... ». Bâtiment, fondations et science maîtresse, condition de notre vie et condition de notre savoir, l'imperfection pèse sur les deux plateaux ; avec notre pensée de l'Etat doit changer l'état de notre pensée.

6. « Seul venu à l'heure parce que l'heure est sans cesse aussi bien que jamais, à la façon d'un messager, du geste il apporta le livre ou sur ses lèvres avant que de s'effacer... »

La reprise spontanée de l'architectonique des Anciens (i.e. l'idéal platonicien d'une science qui gouverne la politique) expédie allégrement la difficulté centrale qu'introduit la théorie de l'Etat désenchanté. Si l'autorité se fonde par deux impératifs, vivre et survivre, qui les départage ? Qui tranche entre le domaine « réservé » de la sécurité générale et la gestion mixte des affaires de tous ? Supposons qu'une science politique fixe rationnellement les lots, le problème est résolu, il suffit que le monarque soit bien — scientifiquement — conseillé, ce despote éclairé fera une moderne version du roi-philosophe. Au contraire, si le partage ne peut être scientifiquement défini, le citoyen se retrouvera contraint comme le monarque, sans avantage, ni désavantage, d'entrelacer les servitudes de la conservation de soi et les volontés de se conserver à soi.

L'individu s'invente comme Etat dans l'Etat. La république prouve sa jeune indépendance par l'épuisement des guerres religieuses, la microstratégie des *Essais* à son tour décramponne un Etat, pas moins censeur, guerrier et tortionnaire que ne l'étaient les pouvoirs célestes. Les *Essais* proposent de « mesnager sa volonté » en neutralisant nos disputes publiques comme l'Etat-nation décroche de la querelle du sacerdoce et de l'empire. Kant baptisera « révolution copernicienne » la volonté de retrouver dans la connaissance l'activité et les structures de l'esprit qui connaît. Au XVIe, déjà, la décision est prise de ne pas chercher « ailleurs » de raison aux malheurs des temps ; si « nous voyons flotter les événements », c'est qu'ils flottent comme et avec nous, d'une manière « commune et ordinaire », « nous n'y apportons rien que le nostre ». Retrouver dans l'événement muable nos investissements et désinvestissements, correler le cours des choses à la mouvance de nos tolérances et intolérances, c'est l'histoire vue par ceux, ni héros ni princes, qui s'y faisant la font, en « mesnageant » leur participation. La Boétie traduisit *l'Economique* de Xénophon sous le titre *la Mesnagerie*. L'auteur grec consacrait son œuvre à la gestion du patrimoine : au XVIe, paraissent affaires de « mesnage » toutes celles qui ne sont pas d'Etat, sans que cette autonomie de « l'économique » renvoie au fonctionnement automatique d'un marché libre dont le fantasme incube encore. Mesnager sa volonté ne signifie nullement mettre en parallèle, opposer, hiérarchiser, voire dialectiser l'économique et le politique. Cette savante activité en présuppose une autre, antérieure, qui trace des frontières. L'opération, qui sans cesse clive le privé et le public, n'est ni privée ni publique, Bodin en fait l'apanage du monarque, Montaigne la met à portée de chacun qui apprivoise ses élans.

La pensée politique lève l'autorité au-dessus de la force.

Même un chef de brigands dort, il doit capter la foi de ses subordonnés faute de tenir leurs brutalités. La leçon n'est pas perdue : qui auto-mesnage cette foi traite d'égal à égal avec la plus haute autorité du monde. Une petite puissance n'est pas moins souveraine qu'une grande lors qu'il lui appartient en propre de régler le rapport entre sa servitude et sa volonté, fixant par le prix de sa mort le coût de sa liberté.

Le courage cautionne pour Platon le fait d'armes ; pour Bodin le fait politique ; pour Montaigne la vie philosophique. En pleine guerre civile, il manie l'épée mais refuse de cadenasser son château, la précaution semble faible, elle occuperait son existence, et paierait l'incertitude d'un sauvetage par l'encasernement à perpétuité : « Nulle trempe de cuirasse vous couvre. » Est puissance — Etat ou individu — au sens moderne non le bon, ni le fort, mais celui qui a puissance sur lui-même de vie et de mort, qui se fait mesure de ce qui lui arrive, par la fermeture de ses sécurités et l'ouverture de ses insécurités : « L'utilité du vivre n'est pas en l'espace, elle est en l'usage : tel a vescu longtemps, qui a peu vescu... Il gist en votre volonté, non au nombre des ans, que vous ayez assez vescu. » Tout homme court des risques, il devient souverain quand il les prend.

Le sacerdoce ne peut disputer un empire du monde qui n'existe plus. Par une microstratégie parallèle l'individu nouveau-né tente de retirer à l'Etat le soin d'une sécurité imaginaire ; « à ceux qui nous régissent et commandent, qui tiennent le monde entre leurs mains, ce n'est pas assez d'avoir un entendement commun, de pouvoir ce que nous pouvons ; ils sont bien loing au dessoubs de nous, s'ils ne sont bien loing au dessus. » Nous enrobons les majestés de silence avec respect, elles s'y dérobent avec profit. Rêver leur mutisme moins impénétrable pour elles que pour nous les suppose extralucides, « la nature ne leur a pas donné la veue qui se puisse étendre à tant de peuples, pour discerner la prescellence, et percer nos poitrines, où loge la connaissance de nostre volonté et de nostre valeur ». Les majestés fixent notre prix quand notre volonté déménage en elles, suivant la pente descendue par « tant de peuples qui canonizent le Roy qu'ils ont fait d'entre eux ». Les

Etats cassent l'enjeu que l'Eglise leur dispute, aux individus d'émietter celui que l'Etat propose.

Un coup de pouce supplémentaire envoie l'origine actuelle des actes suprêmes et le monarque lui-même dans l'abîme d'insignifiance où Bodin projette les origines de la société :

> « Ayme l'estat tel que tu le vois estre :
> S'il est royal, ayme la royauté ;
> S'il est de peu, ou bien communauté,
> Ayme l'aussi, car Dieu t'y a faict naistre. »

Les hasards de l'intelligence veulent que les *Essais* démonarchisent la philosophie des « politiques » en s'autorisant de quelques vers du « bon monsieur de Pibrac », « un esprit si gentil, les opinions si saines, les mœurs si douces », à qui Bodin dédia les six livres de *la République*. Une volonté ne se détache pas de ses fixations, seule ; elle s'aide des autres dans « l'art de conférer ». La « conférence » excède l'ennuyeux unisson, elle croise la diversité des avis, invite à la contestation, donne l'occasion de penser contre son opinion, « quand on me contrarie, on éveille mon attention non pas ma cholère ». Qualité moins individuelle que de société, la tolérance naît du heurt contrôlé de nos diverses intolérances, l'art de conférer renoue, dans la vie sociale, le long travail de désenchantement par lequel la république découvrait son autonomie. Société de conférence et société des nations sont également hétérogènes : « Nulles propositions m'étonnent, nulle créance me blesse, quelque contrainte qu'elle aye à la mienne... Nous autres qui privons notre jugement du droict de faire des arrests, regardons mollement les opinions diverses et si nous n'y prestons le jugement nous y prestons aisement l'oreille. »

L'étiquette d'un relativisme bon enfant convient mal à ce jeu intersubjectif, parfaitement médité, qui vise à plonger adhérences, opinions et despotismes dans une libre circulation des monarques ; les unilatéralités doivent mutuellement se neutraliser et les certitudes réciproquement s'obscurcir : « Non seulement les reproches que nous faisons les uns aux autres, mais nos raisons aussi et nos arguments ès matières controverses sont ordinairement contournables vers nous, et nous enferrons de nos armes. » A toute contemporaine consultation électorale, près d'un votant sur deux déplore le résultat d'un scrutin dont le principe demeure unanimement chéri. Chacun, quelque soir, se retrouva gauchiste à proférer : « Election-piège-à-cons », se jurant de mourir pour défendre son droit à y participer si quelque dictature s'avisait de le limiter. Apparent paradoxe de préférer l'élection à ce qu'elle élit par lequel nous aimons la manière plus que la matière ; si Montaigne reconnaissait à nos campagnes un air de « conférence », il les priserait pour elles-mêmes au-delà de leurs provisoires issues : « L'agitation et la chasse est proprement de notre gibier : nous ne sommes pas excusables de la conduire mal et impertinemment ; mais de faillir à la prise c'est autre chose, car nous sommes nés à quester la vérité. »

L'art de conférer ne collectivise pas un non-savoir préalable, il l'instaure ; nulle tête, si méditative soit-elle, ne saurait suppléer la libre circulation des idées et son effet spécifique, la création d'un mode de vivre. Montaigne attribuait la mythique paternité de cette pratique à Socrate, mais il tira l'étonnante conclusion que l'absence de bien commun fonde seule la vie en commun : « Tous les jours la sotte conférence d'un autre m'advertit et m'avise. Ce qui poind, touche et éveille mieux que ce qui plaist. Ce temps n'est propre à nous amender qu'à reculons, par disconvenance plus que par accord, par différence que par similitude. » Banale histoire : l'intolérance triomphe au nom de la tolérance ; quand tous penseront comme moi que le monde peut penser comme il veut, les persécutions s'arrêteront. Entre-temps, entre-tuons. Bodin, dont l'Etat est garant de liberté, n'admet pas qu'on pense ailleurs. Et de composer un traité de « démonomanie », et d'allumer des bûchers, et d'y jeter des sorcières, femmes donc condamnables, mal-pensantes donc condamnées. Montaigne s'exhibe timide : « Après tout, c'est mettre ses conjonctures à bien haut pris que d'en faire cuire un homme tout vif. » L'absence de consensus qui renvoie chacun à l'équation personnelle de ses conjectures, les sceptiques gréco-latins, joyeusement pillés, l'explorèrent dans tous ses détours. Montaigne s'élance bien au-dessus ; son « après tout » décisif et

Éloge du suffrage universel

victorieux interrompt la lamentation critique et ouvre les temps de consensus sur l'absence de consensus.

Une société qui confère tranche peu. Elle avance « à reculons », règle ses décisions sur ses aversions faute de sacrifier à de bons modèles uniment aimables : « L'horreur de la cruauté me rejecte plus avant en la clémence qu'aucun patron de clémence ne me saurait attirer. » La tolérance se cultive à s'écarter d'une intolérance premièrement foudroyante : « estant peu aprins par les bons exemples, je me sers des mauvais, desquels la leçon est ordinaire ». L'art de conférer fait naître des âmes dans un monde sans âmes, nul ne saurait lui reprocher de mesurer le terrestre à l'aune de l'extraterrestre : il a suffi de ne pas craindre de trembler d'horreur devant l'horreur.

Vais-je me laisser horrifier ? De vastes programmes de bienfaisance mentale s'interposent ; grâce à eux, on ne meurt ni chez soi ni avec soi et on ne vit pas plus seul qu'avec les autres. Vais-je répondre aux offres de sécurité par une demande qui — ambition, avancement — m'accroche à quelque garantie politique ou économique ? Serviette, pouvoir, carnet de chèques, mandat, le malheur même d'en être dépourvu n'exclut pas le bonheur de savoir ce que je quête ; je mesure le chemin par le but, rien ne saurait m'atteindre en dehors de ce que j'attends, je suis fixé. L'horreur n'est alors qu'un embarras, elle ne me parle pas, je suis trop emporté : « Les actions qui se conduisent sans cette réflexion, s'entend voisine réflexion et essentielle, comme sont celles des avaricieux, des ambitieux et tant d'autres qui courent de pointe, desquels la course les emporte toujours devant eux, ce sont actions erronées et maladives. » Au nombre des saines : *mesnager,* conférer, s'exposer à reculer d'horreur. Les philosophes du XXe siècle n'utilisent plus les vocables « sain » et « malsain », ils distinguent de préférence authentique et inauthentique, voire comme les gnostiques droite et gauche ou comme les politiques gauche et droite. L'opposition demeure entre l'extérieur et l'intérieur, le rectiligne et le spiralé, entre la flèche qui file d'un point connu à un autre qui l'absorbe, et les traits de l'esprit qui savent qu'ils volent sans savoir d'où ni où : « La carrière de nos désirs doit être circonscripte et restreinte... et doit en outre leur course se manier non en ligne droite qui face bout ailleurs mais en rond, duquel les deux pointes se tiennent et terminent en nous par un brief contour. » Avoir un but dans la vie c'est bien, mais pour m'atteindre, il vaut mieux l'éteindre que l'étreindre.

Mesnager, mouvement d'une volonté qui part d'elle-même et de nul ailleurs, fût-ce l'Etat. *Conférer,* mouvement d'une société qui s'entretient de et dans l'incohérence qui la fait parler, hors de l'unisson que le silence du souverain impose. *S'horrifier,* expérience première, intérieure, de l'intolérable, avec promesse de s'extérioriser en tolérance. Trois cas de philosophie. Montaigne s'autorisait de l'exemple d'un Socrate socratique, soigneusement distingué d'un Socrate platonisé : « L'admiration est fondement de toute philosophie, l'inquisition le progrez, l'ignorance le bout... Il y a quelque ignorance forte et généreuse qui ne doit rien en honneur et en courage à la science, ignorance pour laquelle concevoir il n'y a pas moins de science que pour concevoir la science. »

La « science » adversaire de la savante ignorance est d'abord celle ossifiée des « sorbonnards et des sorbonnambules » (Rabelais), dits aristotéliciens. Deuxièmement, celle, beaucoup plus en honneur à la Renaissance, des élévations (néo-)platoniciennes venue de la mystique byzantine et arabe pour rayonner depuis Florence (Marsile Ficin). Troisièmement, celle de Luther et plus encore de Calvin qui entend réformer mœurs et coutumes par la connaissance du Livre enfin diffusée. Plus généralement la « science » nourrit les « ismes » doctrinaires qui bercent nos effrois : « Tous les abus du monde s'engendrent de ce qu'on nous apprend à craindre de faire profession de notre ignorance et que nous sommes tenus d'accepter tout ce que nous ne pouvons réfuter. » L'historien affine à l'envi cette classification, le déchiffreur d'énigmes devine des annonces contemporaines. Ils rendent, involontairement, de plus en plus douteuse l'unité de cet amalgame disparate coiffé du mot science au singulier péjoratif. Nous ne manquons pas d'équivalents : dogmatisme, esprit de système, scientisme, outrecuidance, suffisance, mais les synonymes d'une notion confuse sont synonymement confus. « On ne s'enivre ni ne se désaltère avec des étiquettes de bouteilles » (Valéry).

7. Ennemi fidèle et ami intime.

Définir la « science » par la cacophonie des anathèmes égare. Qui est-elle ? L'Autre de la méditation ? Un croire-savoir qui n'est ni un croire ni un savoir ? La fièvre sèche d'une pensée qui n'a plus besoin de penser ? Il fallut qu'un poète s'en effrayât pour désigner furtivement l'impalpable. « Le rien au contraire n'est pas ; c'est là que je t'exhorte à méditer. De ce chemin d'entrée ma parole t'écarte », et comme il méditait l'horreur, la philosophie naquit en son sillage telle Vénus de l'écume marine. Ni Parménide, ni Montaigne, ouvreurs de portes, ne se classent, ils restent terres inconnues pour les partages académiques : ceci est littérature, ceci philosophie, mais cela ? Le sage officiel révèle un goût fâcheux de la pensée binaire, il dit la vérité ou sa vérité, il se garde de l'opinion confuse du commun des mortels, « doubles têtes », enclins à la berlue. De rares hétérodoxes comptent trois voies et n'excluent pas l'errance en opinion de leur recherche de la vérité. Le chemin, qui selon le poème de Parménide « ne mène à rien », bien qu'impraticable, ne laisse pas d'être couru sur place, pareillement la science vomie de Montaigne : « Nous cherchons d'autres conditions, pour n'entendre l'usage des nôtres, et sortons hors de nous, pour ne savoir quel y fait. Si nous avons beau monter sur des eschasses, car sur des eschasses encore faut-il marcher de nos jambes. Et au plus eslevé throne du monde, si ne sommes assis que sur nostre cul. »

Les *Essais* affirment un nouveau socratisme face à une science politique qu'ils contestent. Le parti des « politiques » triomphe à peine des dissensions religieuses que, déjà, le schisme éclate. A l'autorité, récente et scientifique, de l'Etat contredit une revendication de souveraineté personnelle, formule de toute philosophie, car chacune procède de cette « voisine réflexion et essentielle » que Montaigne protège des « humeurs transcendantes ». Le peu aristotélicien Aristote inaugure sa *Physique* par des indications, dites de méthode : « Ce court chapitre est l'introduction classique à la philosophie. Encore aujourd'hui il rend superflues des bibliothèques entières d'ouvrages philosophiques » (Heidegger). Il décrit le chemin d'une « voisine réflexion » : « La marche naturelle, c'est d'aller des choses les plus connaissables pour nous et les plus claires pour nous à celles qui sont plus claires en soi et plus connaissables ; car ce ne sont pas les mêmes choses qui sont connaissables pour nous et absolument. » La traduction française de H. Carteron cartésianise « ces choses les plus connaissables pour nous » ; Heidegger propose : « des choses qui nous sont plus familières comme étant pour nous plus manifestes... » La méthode de Descartes balise mal le chemin (odos) tracé par Aristote, le « familier » ne relève pas de l'ordre des raisons qui oppose le premier connu de nous (cogito) au premier connaissable en soi (Dieu). La dangereuse identification témoigne néanmoins pour la parenté stellaire de pensées jaillies, différentes, d'une même « voisine réflexion et essentielle » conduisant de ce qui est le plus manifeste pour nous à ce qui se manifeste de lui-même. (Car tel est le sens du mot physis, l'être, que le XVIe siècle traduisit par nature ; avec une ambiguïté moins subie que voulue, Montaigne « emploie parfois les mots Dieu et nature comme presque synonymes ».)

Le bon voisinage ne diffère guère selon qu'il s'exerce avec autrui, dans la conférence, ou avec soi, dans le mesnagement de la volonté, « en soy-mesme ce sont encore deux : le comprenant et le comprins ». Si je deviens un autre, l'autre demeure lié par une « essentielle réflexion ». Maurice Clavel fait lire l'œuvre de Platon comme le dialogue sans cesse recommencé avec un Socrate, énigmatique et obsédant. La vérité biographique et psychologique du lien qui fixe Montaigne à La Boétie (« parce que c'était lui, parce que c'était moi ») redouble sa vérité philosophique. « L'ami est un autre soi-même », énonce Aristote sur la lancée d'une tradition aussi ancienne que la philosophie dont le nom (philein-aimer) élève l'amitié expérience de la pensée.

La philosophie parle une distance : « C'est le dialogue intérieur et silencieux de l'âme avec elle-même que nous avons appelé de ce nom de pensée. » Le lieu où l'on pense (l'âme, la psyché) n'est pas un réduit sans portes ni fenêtres, sa clôture

Éloge du suffrage universel

interdirait à l'événement dépaysant de pénétrer autrement que par effraction. L'âme qui pense « dialogue » donc se sépare, autant d'elle-même à l'intérieur que moi d'autrui en ce qu'il est convenu de nommer l'extérieur. Suivant son discours l'âme se rapproche d'elle-même, et moi d'autrui à débattre avec lui. L'âme ne brise pas quelque unité originelle comme poussin en œuf désirant s'entretenir avec sa coquille, car la pensée ne se soude jamais. Aussi altérée d'unité qu'on l'imagine, sa soif compte deux, son mouvement, son repos, l'être et l'autre se composent dans la vie de l'esprit comme les « grands genres » de Platon : « C'est la plus radicale manière d'anéantir tout discours que d'isoler chaque chose de tout le reste. » L'âme ne saurait venir au monde et à elle sans fissures, la pensée divine s'anime en ses fractures, cinq dit Platon, deux en la pensée qui se pense, dit Aristote.

Loin d'un rêve compact, la pensée se mire sans risquer de perdre une unité qu'elle ne s'attribue guère (« Je ne dresse pas ici une statue à planter au carrefour d'une ville, ou dans une église, ou place publique »). Contraire à l'œil de Descartes, l'œil de Socrate ne se connaît pas, il se contemple en un autre : « Quand nous regardons l'œil de quelqu'un qui est en face de nous, notre visage se réfléchit dans ce qu'on appelle la pupille... Ainsi quand l'œil considère un autre œil, quand il fixe son regard sur la partie de cet œil qui est la plus excellente, celle qui voit, il y voit lui-même. » Narcisse se noie dans une image qu'il voit et qui ne le voit pas, à moins qu'elle ne lui vole un regard où il se retrouve regardé : d'image à miroir, les prunelles ne se répondent pas. Vivante, la pupille socratique interroge la vie d'une autre pupille, les pensées se font écho : « L'âme, si elle veut se connaître elle-même doit regarder une âme, et dans cette âme, la partie où réside la faculté propre à l'âme, l'intelligence. » Se saisissant en cours de dialogue et à court d'immobilité monolithique, la pensée existe de répondre à l'invite de la nymphe. Echo abandonna Narcisse, elle soupçonnait que « l'œil ne peut se voir que dans l'œil et plus précisément dans ce qui de l'œil voit, c'est-à-dire dans l'invisible ». Les mystiques décelèrent « dans le divin lui-même quelque chose de *noir* qui le rend susceptible de me réfléchir ». L'œil se connaît à l'œil. Les pensées entre elles, en leurs taches aveugles, bien avant que chacune en elle-même. La philosophie s'inquiète du privilège exorbitant — en Grèce comme partout — de l'intimité engoncée d'elle-même. Il existe un dialogue vrai avec quelques êtres extérieurs — l'amitié. Il y a une manière antiphilosophique de vivre intérieurement en fuite, en « désaccord avec soi », celle des « vicieux qui n'éprouvent aucune amitié pour eux-mêmes, demeurent étrangers à leur propre joie et leur propre peine tant leur âme est un lieu de dissension et de guerre civile ». Aristote ici, Kant plus tard, semblent absurdement réduire le mal à une faute de logique et définir le vicieux comme individu incapable d'user correctement du principe de non-contradiction dans les affaires le concernant. L'apparente bévue signale que ledit principe gouverne la paix de l'âme avant d'ordonner la coexistence pacifique de propositions logiques non contradictoires. Ne pas dire le contraire de ce qu'on dit ou se dit, la règle fait chacun juge, installe un jeu entre égaux : dans le dialogue socratique, « il n'est pas besoin d'un président unique, vous présidez tous à la fois ». Et chaque auditeur de faire le départ entre les bluettes incohérentes de nos fantasmes et la recherche véridique d'une vérité. La loi d'amitié, nouée sur la place publique, n'est pas différente de celle, souscrite avec soi, jurant d'éviter d'objecter pour objecter afin de n'objecter qu'au contradictoire : « La démonstration ne s'adresse pas au discours extérieur mais au discours intérieur de l'âme. On peut en effet toujours trouver des objections au discours extérieur, tandis qu'au discours intérieur on ne le peut pas toujours. » Célébré et honni tour à tour par la tradition, le « père de la logique formelle » confie ainsi que son principe suprême n'a rien à voir avec les mécaniques de la déduction, et pas plus avec une introspection qui bouclerait sur soi. L'intérieur introduit l'intériorité d'un discours dialoguant, réglé aussi bien sur autrui que sur soi.

Qui s'entend — seul, plusieurs, qu'importe ? — suppose une société où l'amitié soit possible, pas forcément une société d'amis. L'œcuménisme, la concorde, le communisme des cœurs et des coffres ne représente nul préalable occulte, on peut s'entendre à peine ou à fonds perdus, on peut s'accorder sur l'évidence qu'on ne s'entend pas ; postuler l'amitié possible évoque la possibilité corrélative de l'inimitié. Pariant d'éviter l'absurde, le principe de non-contradiction n'implique nullement que toute contradiction s'évanouisse ; au contraire, il fait exister le contresens à part, en tant que tel. Toujours exposés à affirmer blanc et noir, en même temps, d'une même chose, nous ne garantissons pas d'éviter ces désagréables confusions. Le principe prétend que nous pouvons nous en apercevoir, car nous distinguons. Envisager la rencontre d'une non-contradiction permet de discerner les contradictions qui éblouissent et crèvent les yeux. A ne peut pas être, en même temps et sous le même rapport, A et non A. Avez-vous rencontré cet A identique à lui-même, immaculé, sans-peur-et-sans-reproche ? Peut-être pas. Mais A qui est non A court les rues. Vous l'étiquetez désormais : il n'est pas A l'identique. Vous le détaillez : il emprunte ici à B, là à C, ceci à D. Bien que vous ignoriez toujours A tel qu'en lui-même il repose tous contacts coupés, vous apprenez long sur ce qu'il n'est pas : « Honteux, insolent, chaste, luxurieux ; bavard, taciturne, laborieux, délicat... et libéral et avare, et prodigue, tout cela je le vois en moy... Je n'y ai rien à dire de moy entièrement, simplement et solidement, sans confusion et sans meslange, ny en un mot. *Distinguo* est le plus universel membre de ma logique. »

Le dialogue peut courir à l'échec. La plupart des questions socratiques cherchent encore leur issue. Des amis se quêtent au-delà de leur vie sans certitude de s'atteindre. L'épreuve pour être de vérité suppose l'absence de dessous de table, et que les dialoguants ne se glissent pas en douce la carte de la tendresse humaine, celle qui répond de tout sans problèmes. Une toujours singulière amitié (parce que c'était lui, parce que c'était moi) vérifie sans cesse son pari — ne pas vouloir des contradictions et braquer les projecteurs sur elles. La passion des philosophes pour le *philein,* aimer, laisse pressentir une sagesse de l'amour qui passe tout amour de la sagesse (Heidegger). Le retournement s'opère plus en douleurs qu'en douceurs, car certains philosophes ne savent pas cueillir leur vérité dans une bonbonnière. Ils partagent avec les dialoguants l'extraordinaire illusion de vivre au cœur des contradictions, en état de guerre, parmi des êtres qui parfois se lacèrent, parfois se torturent et à maintes occasions nationales, religieuses, civiles, humanitaires, se tuent. Bonjour, monsieur l'observateur sagace, vous expliquez, par les maux de l'époque et le poids des circonstances, le fait que les pensées philosophiques ruminent rarement dans les verts pâturages des amours enfantines. Les circonstances changent en effet, mais à la constance de leur brutalité répond l'endurance de l'enfant qui la fixe en philosophe inadapté. Montaigne écrit dans le même souffle pour La Boétie, contre les guerres de religion, le dialogue ne se fait pensée et la pensée n'invente sa non-contradiction, c'est-à-dire son amitié ou voisinage, qu'au beau milieu d'une guerre qui l'investit de toutes parts.

Monarque, celui qui dans la république affronte la plus directe peur. Bodin le projette cerné par les tempêtes et maître après Dieu. Toute menace d'annihilation pointe individuellement, une vie des plus communes peut, « en cet universel naufrage du monde », s'ériger en république indépendante : « Moy qui suis Roy de la matière que je traite et qui n'en dois compte à personne. » Plusieurs monarques ? Oui, dit Montaigne, ils conféreront. Non, interdit Bodin, ce crime est de sorcellerie, « crime de lèse-majesté divine et humaine et qui comprend tous les autres crimes qu'on peut imaginer », au nombre desquels l'inceste, le parricide, « manger les uns les autres et ruiner le genre humain ». La sorcière (l'époque brûle dix femmes sataniques pour un homme) représente l'animal antisocial par excellence, son pacte avec le diable est l'image inversée de celui qui lie au souverain. Bodin croit à la sorcellerie plus qu'à la magie, les poudres et les cires ne fabriquent pas un pouvoir physique maléfique, elles captent plus dangereusement, plus socialement la foi qui leur est accordée. « Et de faict tous les sorciers qui font profession de guérir les malades et oster les charmes demandent premièrement à celui qu'ils veulent guérir qu'il croye fermement qu'ils le guériront et qu'il s'y fie... aussi voit-on au procès d'Abel de la Rue exécuté à mort, l'an 1582 par arrest de la cort, que le diable ne lui parlait d'autre chose que d'avoir fiance en lui. »

Le sujet de la république semble loti d'un capital fixe de confiance qui peut être investi soit bien, soit mal, en Dieu et sur le souverain ou en Diable et sur le bouc. Il convient, par conséquent, de différencier la bénignité de l'hérésie et la malignité de la sorcellerie, « car il n'y a religion si superstitieuse qui ne retienne aucunement (quelque peu) les hommes ès barrières de la loi de nature pour obéir aux pères et mères, et aux magistrats... Or Satan veut arracher du cueur des hommes toute crainte d'offenser ». L'historien rapproche la politique d'extirpation de l'idolâtrie pratiquée en Amérique et la grande chasse aux sorcières qui ensanglante l'Europe. A la fin du XVIe siècle, l'union sacrée des bien-pensants contre les mal-pensants, dont Bodin fut un prophète, purge l'ancien et le nouveau monde. Le traité *De la démonomanie des sorciers* éclaire la visée implicite des élites gouvernantes, il ne s'agit pas d'extirper des pratiques magiques, irrationnelles, mais de lutter contre une *mauvaise* foi. Il faut retirer aux menus sujets la libre disposition de leur « fiance » et la possibilité d'orienter eux-mêmes leurs croyances. Désormais, on traque les sorcières sans se soucier de magie, sans y croire souvent, puisque c'est une initiative incontrôlée que l'on censure, un élément irresponsable qu'on élimine.

Le monarque se travestit en multiples personnages, l'administration additionne des savoirs partiels, la science politique est de bric et de broc. L'unité de pensée dans l'Etat paraît inconcevable à qui n'en perçoit la stratégie, elle cimente des appareils divers par une déclaration de guerre aux républiques individuelles suspectes de célébrer les messes basses, donc noires, d'une pensée incontrôlable. A la république il faut un œil exerçant la « censure temporelle » de la vie de chacun. L'exemple des censeurs est romain, « un regard, une parole, un trait de plume qu'ils donnaient était plus sanglant et touchait plus vivement que tous les arrests ». L'avenir s'annonce, l'Etat promet cet appareil de raison dont Michel Foucault étudia l'âge « classique » : « C'est qu'on peut cognaistre de quel état, de quel mestier chacun se mesle... afin de chasser des républiques les mouches guepes qui mangent le miel des abeilles et bannir les vagabonds, les fainéans, les voleurs, les pipeurs, les rufians... on les verrait, on les marquerait, on les cognaitrait partout... »

D'un côté la cohérence, toute d'inimitié, d'un savoir d'Etat enroulé sur son ennemi intérieur. De l'autre une inscience qui se déroule intimement, philosophique et souveraine. Bodin et Montaigne. Les modernes désenchantements se prennent par ces extrémités. Dans l'entre-deux, vous trouverez, hier comme aujourd'hui, l'histoire de France et d'ailleurs, le social et l'art de conférer, l'isme et la tentation de monarchiser, entre les deux le socialisme. Croyez, mon Président, à mes sentiments républicains.

8. « Pyrotechnique non moins que métaphysique, ce point de vue ; mais un feu d'artifice, à la hauteur et à l'exemple de la pensée, épanouit la réjouissance idéale. »

Montaigne appréciait Bodin, sans réciprocité. Les inéluctables nécessités d'un pouvoir en exercice n'échappaient guère au solitaire « libraire » qui, par-devers lui, ajoutait que les impertinences de la critique ne devraient pas sembler étranges à un pouvoir désireux de durer : « Quelque fois on me demandait à quoy j'eusse pensé estre bon... A rien fis-je... mais j'eusse dicté ses véritez à mon maitre... ce serait un office sans nom, autrement il perdrait son effect et sa grace. » L'impertinent contre le censeur. Le grand traité de Bodin, où l'autorité règne mille lieues au-dessus de toute récolte de suffrages, se veut soigneusement rédigé en langue vulgaire comme pour mieux convaincre les sujets d'une autorité par là même non absolue. Il ouvre avec les *Essais* une compétition mentale infiniment continuée. La vie politique française se partage, depuis, entre deux espaces ; dans le premier fulgure le Souverain, dans le second informations et arguments tentent de circuler avec une liberté qui leur est propre. Nul n'est parvenu à faire coïncider la trajectoire du principe de sécurité et celle du principe de liberté. L'impossibilité d'identifier celui qui tient et celui qui s'entretient ne se laisse pas monnayer en recettes faciles et en prohibition ad hoc : où tracer la frontière entre une action qui n'agit pas si elle n'est convaincante et une conviction qui perd tout crédit si elle est diffusable seulement quand inactive ?

Éloge du suffrage universel

On nomme localement « affaire » ou « événement » de curieuses conjonctions où les circonstances imposent de trancher, ici et maintenant, une question qui ne souffre pas de solution générale. Armées ou magistratures ne sauraient étaler leurs secrets en pleine lumière. Les populations évitent rarement le racisme des uns sans verser dans la xénophobie des autres. Toujours la tolérance se tisse d'intolérances. Quelques scandalisés incongrus bouleversent parfois un silencieux consensus. Voltaire pour Calas, d'autres pour un officier juif injustement condamné : « L'affaire Dreyfus fut une affaire élue », remarque Péguy, rétrospectivement (1910), sans pouvoir pressentir combien Auschwitz ajoute à ses raisons. Dix ans après, il désigne « mystique » la protestation solitaire qui avait brisé les calculs trop utilitaires et les prudences besogneuses des « politiques ». Soljenitsyne, dressé contre le système concentrationnaire soviétique, et H. Arendt, manifestant contre les massacres coloniaux yankees, se réfèrent également à la petite flamme d'une « conscience civique » qui se consume elle-même et troue d'un impalpable accroc la longue nuit des massacres.

Personne, pas même un individu muable, n'est propriétaire du souffle qui embrase une injustice et en fait une « affaire ». Une victime ou des millions, le nombre ne change rien, un œil s'ouvre sur l'impossible, un cœur cesse de supporter ce qui d'un coup se dénonce insupportable. Normalement le pouvoir peut et la communication communique, leurs deux espaces glissent l'un sur l'autre, à bonne distance théorique comme l'esprit sur les flots. Que le court-circuit d'une affaire les précipite l'un contre l'autre et ils risquent, dans un mois, dans quatre siècles, leur mutuelle désintégration. Nos agents du FBI ont remonté, avec assiduité, la filière d'une subversion qui parvint à annuler un immense effort de guerre au Viêt-nam. Ils firent valoir que l'armée la mieux équipée du monde était tombée sous les coups d'un ennemi intérieur, sans lequel les communistes vietnamiens eussent scientifiquement regagné des positions de repli préparées à l'avance. Au-delà des formules habituelles sur les meneurs doublés de services étrangers, je doute qu'on ait poussé l'investigation jusqu'à repérer dans l'anticolonialisme contemporain l'involontaire et inattendue réplique à quelques phrases semées par de rares esprits quatre cents ans auparavant : « Tant de villes rasées, tant de nations exterminées, tant de millions de peuples passez au fil de l'épée, et la plus riche et la plus belle partie du monde bouleversée pour la négociation des perles et du poivre ! méchaniques victoires jamais l'ambition, jamais les inimitiez publiques ne poussèrent les hommes les uns contre les autres à si horribles hostilités et calamitez si misérables. » Même surprise. Même tilt. Nulle contamination, de Montaigne à contestataires, ni de père à fils, ni de maître à élève, ni de manipulateur à manipulé, rien que la faculté d'écarquiller les yeux, de retenir sa respiration et de s'effarer. Elle se mit un matin, circonstances favorables aidant, à courir les rues pour regagner le soir venu son arrière-boutique.

La retraite risque d'être définitive, s'angoisse Péguy quand Jaurès, dans la foulée de la victoire dreyfusiste, fonde le parti socialiste. Parmi les groupes doctrinaires, réunis sous sa houlette, certains avaient catalogué l'affaire « bourgeoise » et n'avaient pas négligé les voix antisémites aux élections de 98 où Jaurès, trop dreyfusard, fut battu. L'association de ces frères ennemis exige que quelque règle maintienne les crabes dans le même panier, les tendances en querelles furent statutairement condamnées à laver leur linge en famille. Une résolution fixa les obligations des journalistes et écrivains amis : « La liberté de discussion est entière pour toutes les questions de doctrine et de méthode ; mais pour l'action, les journaux devront se conformer strictement aux décisions du congrès, interprétées par le comité général. De plus, les journaux s'abstiendront de toute polémique et de toute communication de nature à blesser une des organisations. » Cette discipline des porte-plume, différente du centralisme démocratique qu'instaure plus tard le monolithisme bolchevique, partage, loin de souder, le socialisme en deux sphères. D'un côté, la théorie où chacun croise à sa guise, domaine des libres penseurs, de l'autre les événements, les personnalités, les hommes dont l'état-major élu assume la stratégique conduite, régissant selon l'esprit de parti. Que l'inattendu survienne, il faut attendre, l'organisation répond et autorise l'isolé insurgé descendu dans l'arène publique. Les incendies ponctuels du cœur, s'ils se déclarent à la base, doivent grésiller tout au long de l'appareil, franchir de multiples relais, pour retrouver le jour par le sommet, intégrés dans la planification à long terme de l'action collective. L'effet d'amortissement d'un aussi lourd dispositif conduit à soigneusement éviter les secteurs chauds, contournant le bouillonnement de multiples révoltes. Aux moments critiques des luttes usinières ou anticoloniales, face à l'irruption des fureurs guerrières et nationalistes de tels partis se rétractent au rebours d'organisations plus dictatoriales qui canalisent les énergies vers un but intangible et sanglant. A l'inverse aussi de comités ad hoc qui s'organisent souplement, à courte vue et à court terme. Entre les urgences de l'à-propos et les embrasements des luttes finales, le parti socialiste se préparait une action longue, ample et pacifique. En 1900, belle époque, la victoire des dreyfusards est supposée tellement acquise qu'on juge démodé le recours dernier aux initiatives individuelles et spontanées. Le parti réagit pour tous et les journalistes agissent dans le parti : « Nous sentons venir la vérité d'Etat. Or nous avons passé vingt mois et plus à distinguer et à faire distinguer la vérité d'Etat de la vérité. »

Considérée comme nulle mais advenue, l'Affaire sera rituelle première pierre. Une étape. Dépassée comme toutes les étapes de l'édification d'une politique et d'une organisation. A clamer dans son désert rétrospectif, « ce qui est douloureux et intéressant c'est la radicale impuissance que les partis soi-disant révolutionnaires ont montrée », Péguy passe aux yeux des « unitaires » pour un ancien combattant. Il paiera son isolement plus tard en le redoublant paranoïaquement, ses adversaires glissent ennemis, Jaurès cerveau d'un complot allemand. En attendant, le responsable étudiant, qui faisait volontiers le coup de poing contre les nationalistes antisémites, s'invente le contre-feu d'un dreyfusisme intraitable, ni le sens de l'Etat hier, ni l'esprit de parti aujourd'hui ne mouche la petite flamme : « Dire la vérité, toute la vérité, rien que la vérité, dire bêtement la vérité bête, ennuyeusement la vérité ennuyeuse, tristement la vérité triste : voilà ce que nous nous sommes proposé depuis plus de vingt mois, et non pas seulement pour les questions de doctrine et de méthode. »

La crise intérieure ouverte ne se referme plus. Ostrogorski,

Roberto Michels, Rosa Luxembourg décèlent à la même époque dans la hiérarchie militante de la social-démocratie allemande des menaces parentes. Leurs études, plus élaborées sociologiquement que les travaux français, mesurent souvent les organisations existantes à l'aune d'une démocratie sans entrave, antimilitaire, directe, dont la surréalité suggère un final pessimisme : l'observateur, impuissant mais lucide, contemple l'irréversible bureaucratisation des espoirs modernes. Péguy ausculte dans les nouveaux partis moins leur capacité de transformer les rêves en réalité que leur faculté d'à-propos, la quotidienne aptitude à affronter l'événement quand la saisie d'une injustice le transforme en affaire. L'actualité fourre la dynamite de ses questions entre le pouvoir et la communication ; laissez-les s'entrecroiser, chacun avec sa logique propre, sinon vous supprimez le risque des affaires pour en courir un plus grand.

L'anecdote veut qu'une des premières chasses aux sorcières du siècle tint tribunal à l'Ecole normale supérieure de la rue d'Ulm, où d'anciens camarades se déchirèrent, mélangeant principes, gros sous et censure. Péguy comptait publier ses incontrôlables *Cahiers* sur les presses d'une maison d'édition socialiste, où ses économies s'étaient englouties. Lucien Herr, conscience pensante des têtes du parti, rendit l'arrêt d'excommunication : « Vous allez contre tout ce que nous préparons depuis plusieurs années. Vous êtes un anarchiste, — je lui répondis que ce mot ne m'effrayait pas — c'est bien cela, vous êtes un anarchiste ; nous marcherons contre vous de toutes nos forces. » Les intellectuels réunis dans une thurne pour condamner l'un des leurs ressemblaient peu au procureur Vichinski ou au sénateur Mac Carthy, l'époque connut depuis lors des procès autrement sanglants et des scandales — tel Watergate — plus fracassants. La psychologie individuelle et l'honnêteté personnelle des acteurs ne sont pas en cause, le petit drame s'élève plus pur si l'on imagine que les rôles permutent ; Léon Blum, côté censeurs en 1900, passe côté libre conscience en 1920 fondant, au Congrès de Tours, contre la majorité communiste, son nouveau parti. Au-dessus des fortuites circonstances et des incompatibilités caractérielles, une étincelle résume le désaccord dreyfusard par « l'obligation de

Éloge du suffrage universel

dire la vérité ». Soljenitsyne condense, cinquante ans plus tard, la dissidence en l'unique précepte : « ne jamais mentir ».

Sur le coup, devant le tribunal des « mystiques de l'unité », Péguy parle *raison :* « Cela porte malheur à la raison. » Dix ans plus tard, il estime avoir formé, avec de rares fidèles, le dernier carré des *mystiques* face au bataillon du rationalisme universitaire et de l'arrivisme politique. La querelle, jamais close, déchire des générations intellectuelles, procès et contre-procès se succèdent : la « révolution surréaliste » au « service de la Révolution » ? Comment ? Jusqu'où ? Les concepts volent aussi vite que les injures. Tu as les mains sales, tu n'as pas de mains, engagements et contre-engagement existentialistes s'apostrophent. Extrasidéraux les courants de pensée qui échappent au débat, plus rares encore les cercles sociaux, notaires et clercs de notaires exceptés, qui ne sont embarqués dans l'embarras des silences complices et des sincérités risquées. L'origine de la querelle ne saurait se résumer en « des théories, des imaginations de certains universitaires qui se proposeraient de gouverner la société comme une énorme université d'Etat ». Nixon, sur les indiscrétions du *Washington Post,* avance un point de vue analogue à celui de Lucien Herr sur les insolences des *Cahiers de la quinzaine.* Les psychologies respectives de l'universitaire français et du self-made man américain dissimulent plus qu'elles n'expliquent le point de concours de pratiques si différentes en leur motivation. Les remèdes simples (« la séparation de la métaphysique et de l'Etat ») paraissent trop simples, l'actualité monnaie en multicolores versions le trébuchement du pouvoir d'informer croisant l'information sur le pouvoir.

9. Radio Gutenberg.

Les drapeaux changent, les idéologies varient, et les emplois, et les stratifications sociales. Le drame se vit intérieur toujours quand les exigences du souverain et les libertés de la communication se touchent, en divers points de tragédie. Leur répétition, en affaires petites ou grandes, éclatantes ou modestes, fait événement dans la vie moderne. Il ne sert à rien d'incriminer les volontés mauvaises, ou la bêtise. Au-delà des idiotismes de la profession et de la conviction, faciles à relever, Péguy distingue deux « mentalités », soient les philosophies implicites de la communication que révèlent les façons de répondre au coup par coup et à l'actualité dans l'actualité. Jaurès attaque : « Je ne crois pas, malgré les trésors de talent et de sincérité passionnée que Péguy dépense à sa thèse ... qu'il nous suffise, en une sorte d'anarchisme moraliste, de susciter, de conscience individuelle à conscience individuelle, la fierté du juste et du vrai. Il faut forger encore, à l'usage du prolétariat, l'outil de gouvernement et de législation. » Et de programmer, dans l'enfilade des tâches organisationnelles et politiques, « une philosophie générale », une « encyclopédie socialiste et prolétarienne » qui « se communique peu à peu à l'élite consciente du prolétariat et de proche en proche au prolétariat tout entier ». Et de « reprendre le mouvement de la pensée humaine depuis Kant jusqu'à Renan, en passant par Hegel, Comte, et Marx ». S'ajoutent Laplace, Maxwell et Darwin afin de « projeter sur l'univers une ardente lumière où les clartés de la pensée individuelle se mêleront à l'ardent rayonnement de la vie sociale ». Jaurès doublait sa politique unitaire d'une philosophie moniste et œcuménique : « Tous les phénomènes de l'immense univers, toutes les forces en apparence les plus diverses et les plus contraires se ramènent à l'unité de principe, de substance ou de loi » (le monisme, de mona/ unité, privilégie le point de vue de la cohérence du grand tout : mon parti, mon pays, ma planète).

Ce n'est pas ainsi qu'on pense. La réplique de Péguy intéresse pour ce qu'elle vise plus haut que les étiquettes doctrinaires : « Il vous plaît que le mouvement de la pensée humaine soit un mouvement linéaire pour qu'il soit un mouvement unitaire, la ligne étant une. Il vous plaît de situer les grands philosophes et les grands savants à la queue leu leu comme les petits enfants des écoles. Il vous plaît de vous représenter et de nous représenter les grands cœurs et les grands esprits comme attachés à réaliser un progrès continu de la pensée humaine où chacun serait le continuateur du précédent et le prédécesseur exact d'un nouveau continuateur. Cette imagination scolaire ne me paraît pas

Éloge du suffrage universel

conforme à la réalité. » Accentuons l'éclectisme des grandes synthèses jaurésiennes, imaginons Kant et Renan, Hegel et Comte, Fichte et Spinoza tout à coup contemporains : « Ne croyez pas qu'ils feraient des comités, tiendraient des séances, ouvriraient et fermeraient des sessions, proposeraient des motions, rédigeraient des ordres du jour, procéderaient à des scrutins. Toute l'économie de la liberté philosophique repose d'abord sur ce fondement : qu'un seul peut avoir contre tous raison, et même qu'il peut y avoir des temps où aucun n'ait raison. » Derrière les querelles d'héritage du dreyfusisme socialiste, au détour des actualités syndicales et parlementaires, qu'appellons-nous « penser » ?

A. Robinet marque nettement l'irréductibilité de ce qu'il désigne, pour en déplorer la confusion, la « métaphysique » de Péguy : « Elle suppose que le monde ne puisse être un *univers*, elle suppose que, contrairement à la métaphysique de Leibniz et de Jaurès, être et un ne convergent pas : ens et unum non convertuntur, disaient les antileibniziens. Cette proposition impose une attention extrême aux petites différences, au disparate. Elle est avant tout la marque d'une extrême sensibilité... à la mouvance des événements, à la distorsion des préceptes de conduite. » Leibniz peut, non sans abusives approximations, figurer le point où la tradition occidentale de la « Providence chrétienne » verse en cette « providence laïque » que Péguy dénonce dans l'unitarisme jaurésien. Evoquer cette arrière-histoire découvre sa position plus solide que ne l'estiment ses commentateurs. Plus philosophique et traditionnelle qu'il ne la croyait lui-même. Ce « nous » éphémère qu'il lui arrive d'employer (« même en science, nous connaissons par l'histoire que les avancements se sont faits souvent par violence mentale, révolution intellectuelle, effraction, non pas seulement par la capitalisation lentement régulière de résultats modestes »), ce « nous » renaît dans toutes les révolutions coperniciennes qui déclosent nos mondes clos, dits aristotéliciens, pour ouvrir l'espace de la science moderne (Koyré).

La proposition que l'Etre et l'Un — et le Beau et le Bien — convergent et s'équivalent fut, non sans équivoque, empruntée à Aristote par saint Thomas ; elle introduit, dans un contexte tout chrétien, l'image d'une omnipotence divine qui gouverne un monde imparfait sans prendre part à son imperfection. Il suffit de faire tendre le mal vers l'inexistence (Marsile Ficin : « Partout on ne désire que le bien, partout on ne trouve que le vrai ») ; tout ce qui *est* plus ou moins bien, mais ce moins n'est pas mal non plus pour un œil néo-platonique : « Car de même que Dieu, qui est l'auteur des biens, est son propre bien à l'exclusion de tout mal, de même le contraire, le souverain mal, est privé de tout bien et par conséquent il n'opérera et ne connaîtra rien, ne vivra pas, n'existera pas du tout. En effet, être, vivre, connaître sont des biens et des biens qu'il faut rechercher » (*ibid.*). L'europlatonisme ici coule de source, irénique.

Le mal existe, non comme un petit bien au regard du grand bien, mais comme tel : crime et non illusion d'optique. Voilà l'axiome qui désenchante la politique moderne, l'œil au cristallin opaque qui ne voyait plus que du bien se trouve soudain opéré de sa cataracte. *La République* de Bodin fonde la souveraineté sur l'absence de consensus préalable, l'individu selon Montaigne ne symphonise à tout coup ni avec les autres ni avec lui-même. La guerre des Boers introduisit le camp de concentration dans l'ordinaire du siècle. D'où l'apostrophe anti-unitaire de Péguy : « Vous ne fondrez pas l'Anglais et le Boer parce que vous constatez qu'ils appartiennent à la même race blanche. Vous ne fondrez pas le tulliste et son patron quand vous constatez qu'ils sont de la même France. Vous ne fondrez ni avec Zévaès ni avec Vaillant quand vous aurez institué entre eux une artificielle et formelle unité socialiste. » La politique française, depuis le XVIe siècle, pose comme tâche première l'unification de ce qui n'est pas unifié, ni intrinsèquement unifiable. Devant toute programmation providentielle, qui suppose infra et pré-existante l'unité qu'elle entend produire, l'objection est identique : le mal existe le plus vulgairement et irréductiblement du monde. Ambitions et égoïsmes ne sont ni ombres conjurables ni reflets éphémères, l'opposition des individus, la lutte des classes, les guerres des nations et des empires ne se laissent pas évacuer d'un trait de plume, ni la mort d'un trait d'esprit. Prétend-on que l'histoire ait pour sujet et objet une humanité qui se produit elle-même de plus en plus universelle, aimante et pacifique ? Alors,

Éloge du suffrage universel

force est de conclure que l'homme moderne se déclare individu préhistorique. Il bute sur la nécessité de l'anarchisme moral : si le mal menace, il convient de distinguer la sphère du pouvoir et celle où l'on communique ses vérités, toute morale peut se retrouver non-pouvoir et, en ce premier sens, anarchique. Si la lutte contre un mal a lieu, les deux sphères se rencontrent, l'événement public devient Affaire pour la conscience privée, sa morale trouble les paix complices, anarchique en ce second sens.

La querelle, entre Jaurès et Péguy, n'oppose pas deux caractères, deux doctrines, elle est celle de Péguy contre Péguy, celle de Jaurès contre Jaurès, et de Blum contre Blum. A dresser en regard les exigences de la politique profane et la libre communication des individus, elle croise la stratégie de Bodin et les stratagèmes de Montaigne.

Lorsque le spectacle s'éloigne, le télé-électeur bute sur le dernier mystère : qui juge qui ? S'occupe-t-il de toiser son voisin : pour qui as-tu voté ?, il le jauge comme le candidat compte les siens et les assoit à sa droite, notre gauche, ou vice versa selon les cas. Nous nous payons, alors, un regard monarchique qui sonde les cœurs, les reins, et qui sur terre se nomme censure. Ou bien la question se retourne sur les gagnants, pour qui as-tu voté ?, se fait injonction de peser promesses, réalités, situations, paroles et actes ; incitation à poser des yeux non monarchiques sur une nouvelle monarchie : à nous d'être équitables, à eux de se faire acquitter. Rien ne sert d'ajouter qu'au pouvoir chacun, peu ou prou, participe ; si cela se vérifiait, nous aurions à nous diviser intérieurement, balançant la componction du jugeant-jugé par le comique de l'arroseur arrosé. Le choix entre les deux perspectives s'impose à tous, même au premier des premiers : « Les âmes des empereurs et des savetiers sont jettées à mesme moule... pareils appétits agitent un ciron et un éléphant. » Le risque de se croire est égal pour tous, bien que non les effets.

Deux manières de penser. La première espère dans le monarque sécurité et savoir, la seconde l'imagine convergence de nos incertitudes. Deux façons de réfléchir, de courir au plus certain ou de saisir l'incertain comme tel. Deux modes de cogito. L'une passe le doute pour toucher le roc d'une souveraineté certaine d'elle-même, éblouie par la nouvelle science politique (Bodin), ou la nouvelle géométrie analytique (Descartes). L'autre n'en a jamais fini avec le mauvais génie ; elle familiarise l'âme avec les « secousses et ébranslements », tant extérieurs qu'intérieurs, « sans leur agitation elle resterait sans action comme un navire en pleine mer que les vents abandonnent de leurs secours ». Dans un cas l'incertitude passe pour la plus grande des calamités, tout refuge est bon. Dans l'autre, l'incertitude est le dernier secours, le vent qui fait tenter de vivre. Les uns s'affrontent de certitudes à certitudes, à charge pour les inférieures de se soumettre aux supérieures, sous peine de feu, petites sorcières ! Les autres mirent leurs perplexités en celles d'autrui, compatissent aux sorcelleries et, s'offusquent seulement d'une science qui alimente l'autodafé.

Le principe de la certitude cheville notre pensée, à tout le moins notre langage. Un quidam ne saurait proférer : je doute sans se faire reprendre. « Je vois les philosophes pyrrhoniens qui ne peuvent exprimer leur générale conception en aucune manière de parler ; car il leur faudrait un nouveau langage. Le nostre est tout formé de propositions affirmatives qui leur sont du tout ennemies. De façon que, quand ils disent *je doute* on les tient incontinent à la gorge pour leur faire avouer qu'au moins assurent et sçavent-ils cela, qu'ils doutent. » Montaigne ne soupçonnait pas Descartes à qui ces raisons donnent l'assurance de se trouver hors de doute, son cogito faisant version trop certaine d'un Que sais-je ? laissé interrogatif. Averti que toute affirmation est soumise à purge, l'auteur des *Essais* anticipe l'inébranlable *donc* cartésien (je doute *donc* je pense, et ergo sum) pour n'y reconnaître qu'un innocent digestif : « Quand ils prononcent *j'ignore* ou *je doute* ils disent que cette proposition s'emporte elle-mesme... ny plus ne moins que la rhubarbe qui pousse hors les mauvaises humeurs et s'emporte quant et quant elle-mesme. »

Hospitalisée en diverses sciences de la science, baguenaudant à travers systèmes et monismes, épousant toutes les convictions fortes et supracélestes, la certitude fit l'horizon indépassable du XXe siècle. Le marxisme, auquel Sartre un temps réserva ce privilège, n'en est qu'une figure particulière. L'expert, inhabile à se croire, ne se montre guère expert. Qui ne sait pas se tait. « Que nul n'entre ici s'il n'est certain. » L'académie ne s'ouvrait qu'aux seuls géomètres. Le fronton du siècle, les portes du savoir et du pouvoir affichent une version remaniée de l'adage platonicien. Husserl baptisa « nomologie » l'exigence de certitude, stricte et exhaustive, supposée gouverner la plus science des sciences, la mathématique ; elle trouvait, dans le principe de non-contradiction, le fondement de son assurance déductive et la garantie de son unité. Telle perspective avait pour elle l'évidence du ça va de soi culturel. Et bien qu'elle s'appuyât sur toutes les ressources de la géométrie et les rigueurs de l'axiomatisation (Hilbert), elle buta sur les puissances du langage le plus commun. Cet ordinaire-là, inévacuable de la formation logique (Tarski), tempère les privilèges du principe de non-contradiction qui règne sans gouverner, contourne les paradoxes mais ne les élimine pas, tient en respect l'absurde sans en effacer la possibilité. La « crise » continuée des « fondements des mathématiques » entraîna la remise en cause douloureuse et irréversible de leur idéal nomologique. Qui, à se révéler purement idéal, n'éclaire plus leur déploiement effectif.

Depuis deux mille ans, le géomètre passe pour le parangon des savants et les certitudes cultivées en divers états-majors renvoient aux mathématiques comme à l'état-major de la certitude. A juste titre. Dans ce savoir la bombe éclata. Elle déterra sous les paradoxes amusants des philosophes un roc plus dur que les diamants d'évidence nomologique portés en sautoir par d'hétéroclites docteurs.

« Tout ne se dit pas », et bien cela se dit. « Il existe au moins un lieu où l'on parle de ce dont on ne peut parler », ce lieu est la langue maternelle, précise le linguiste. Et la poésie, car le vers « rémunère le défaut des langues » (Mallarmé). Et les mathématiques qui ne peuvent sans contradiction éliminer la possibilité d'un énoncé contradictoire (Gödel). C'est trois fois placer une incertitude au plus haut, l'ériger en principe de la pensée plutôt que de sa défaillance. Les philosophes n'ont jamais inventé qu' « une forme d'écrire douteuse en substance et un dessein enquérant plutôt qu'instruisant, encore qu'ils entresèment leur style de cadences dogmatistes ». L'essayiste évite au maximum ces cadences — d'où son écriture en « exercice », work in progress —, il n'invente nul style particulier. Toute philosophie fait essai, comme la poésie, les mathématiques modernes ou les propos tenus en langue maternelle.

A quoi sert la philosophie en temps de crise ? Elle ne révèle pas aux civilisations qu'elles deviennent précaires, elle tourne leur fragilité en raison et façons de vivre. Depuis deux mille ans il n'est d'autre temps pour penser que celui des crises, exceptées les années 1945-75 où une fraction priviligiée de la planète crut pouvoir projeter à l'infini son exponentielle croissance. Les populations européennes cultivèrent alors une nomologie naïve et spontanée. Au départ les ruines de deux guerres mondiales, à l'horizon le projet fixe de rattraper le niveau de vie américain, en garantie le prix bas et stable de l'énergie et des matières premières importées : la croissance allait de soi, les experts disputaient de ses taux et de son accélération, rarement de sa conduite, jamais de son existence qu'ils présumaient éternelle. Après trois décennies la France atteint le niveau de consommation américain par tête d'habitant et, tandis que le modèle des Etats-Unis ne centre plus programmes et défis, l'Europe occidentale doit faire face directement aux menus chaos du monde

Le souci d'ordonner le cours des événements comme s'il était parfaitement dominable permane. Puisque la crise est têtue et que le désordre des autres vient rompre le bel automatisme de l'expansion, il faut désormais produire dans le discours le chapelet d'évidences que les faits n'égrènent plus. Un gouvernement qui trouvait dans l'irrésistible développement économique le support de ses convictions pouvait laisser dire les intellectuels péremptoires sans avoir à paraître plus intelligent qu'eux : les faits parlaient pour lui. Les circonstances viennent-elles à se troubler, l'autorité nomologique est contrainte de s'expliquer en se donnant pour la plus avertie. Si le meilleur économiste (qui sait qui ?) n'est pas nommé premier ministre, du moins baptise-t-on le premier ministre « meilleur économiste ». Tant pis pour les autres. Le dernier chef de gouvernement du président passé inaugura le règne des meilleurs et invita, quand l'administration tranche, à reconnaître en ses décrets la sollicitude des savants docteurs. Qui n'est pas d'accord avec la politique devenue science exacte manque de jugement, moins qu'un ennemi c'est un crétin. La prétention de savoir qui habitait silencieusement les choses s'érige, depuis la crise, en principe de gouvernement. Un public qui évoque avec regret la rive gauche oppositionnelle de jadis méconnaît la nouvelle division du travail mental. Puisque le désordre est dans les événements, nul besoin d'esprits forts pour le susciter ; puisque la nomologie plane au-dessus des faits, elle doit être prise en charge par les ministères et, dans ces forteresses assiégées par les embarras du jour, de grands cerveaux l'assument en pensant pour tous. L'intellectuel qui répond à la demande, ex-fonctionnaire inébranlable du négatif, doit travailler désormais dans le positif. Il assure, de plus en plus imperturbable. Seul Montaigne a pu suggérer, au-delà de Bodin, qu'un Etat conçu pour parer à l'imprévisible se désarme et meurt idiot s'il postule que sa science domine l'événement et interdit la surprise.

Le débat n'est pas entre nostalgiques du négatif et programmeurs positifs, tous deux ancrés indiscutables, mais entre nomologie et philosophie. Euphorie platonique et ironie élective font deux. Deux quoi ? Manières de penser ? Ou, Montaigne propose, « forme d'écrire », « dessein », ou également « discours de la raison » (traduction par Amyot du logos grec), puis « méthode » (« pour bien conduire mes pensées », Descartes), ou encore « esprit » (« de géométrie », « de finesse », Pascal, « des lois », Montesquieu). L'opposition Bodin-Montaigne a rebondi, elle marque qu'au-delà du style et de la psychologie deux a priori se font face. Deux rapports à la souveraineté, deux ouvertures sur l'événement, deux accueils pour l'imprévisible. Le cogito se dédouble, vivant non sans cynisme la certitude. Ou bien, avec pudeur, trouvant le temps et sa passion.

II

CYNISME
OU COMMENT JE ME PENSE EN CERTITUDE

« ... détruire signifie ouvrir notre oreille. »
HEIDEGGER.

Le murmure des mœurs
et le détachement de l'intellectuel.

Est-il trop tôt pour décrire un Européen ? Accordons-nous une génération, conduisons-nous correctement, intelligemment, conjuguons l'intérêt bien compris et une générosité de moins en moins empruntée. Le vieux continent pacifié par la force des choses et des empires extérieurs redevient le flambeau de la civilisation, il éclaire l'Est et l'Ouest, le Nord et le Sud, déjà les hommes cessent de se bombarder et se prennent à manger tous à leur faim, la planète scintille comme un palais de cristal. Pourquoi pas ? Vingt années de paix et d'entraide. Voilà une promesse vieille de deux mille ans. Un court délai, une once de sagesse, un zeste de charité, pour que le rêve devienne réalité. A moins que le rêveur ne vaticine tant qu'il conserve la réalité telle. La demeure transparente — SDN, ONU, UNESCO, Internationale 1, 2, 3, 4, 5 — tourne immanquablement à la baraque foraine. « Ne se peut-il pas qu'il aime tant la destruction et le chaos (il les aime parfois ; ceci est indiscutable), parce qu'il a instinctivement peur d'atteindre le but et de terminer l'édifice qu'il construit ? Qu'en savez-vous ? Il n'aime peut-être cet édifice que de loin, et non de près. Cela lui plaît, peut-être, de le construire et non d'y vivre, et il est prêt, peut-être, à l'abandonner aux animaux domestiques : aux fourmis, aux moutons, etc. » (Dostoïevski).

La concurrence des exportateurs d'armes bat son plein en un occident cristal dont les contours varient selon les lieux d'où on l'observe. L'Est y loge l'Ouest, les tiers mondes les deux autres et les malheureux les nouveaux nantis d'où qu'ils viennent. De l'extérieur fusent les dénonciations fascinées, doublées à l'intérieur d'autocritiques pas toutes dépourvues d'orgueil.

Les Européens en ce jour s'acceptent probablement tels qu'on les conteste, sans qu'il y ait lieu de leur supposer plus de forfanterie que de mauvaise conscience, ils reviennent conquis par leurs conquêtes et retournés par des abominations dont nulle culture ne détient l'exclusive. Ils ne sont pas devenus saints à l'épreuve du ventre gonflé des enfants affamés, ni dieux capables de distribuer amicalement, paisiblement, équitablement, l'ensemble des ressources entre les habitants des deux hémisphères. Ils soupçonnent que la toute-puissance, exigée par une telle opération, rend l'existence d'un bureau de distribution difficile à concevoir ; ils goûtent, à leur tour, d'être scrutés par l'œil désabusé qu'ils ont jeté sur l'univers. Le vieux continent s'entre-déchire depuis vingt siècles, le feu qui s'étend, rebroussant sur lui, témoigne que le monde s'éclaire à d'anciens incendies.

Les enfants jouent à cache-cache, il leur arrive de, brusquement, se figer, appliquant avec maladresse un vrai principe : ce qui demeure planté ne paraît guère. Le mouvement de l'histoire fait d'assez gros titres pour qu'on tente de découvrir ce qui en lui ne bouge pas, comme le recommandait un sage d'Ispahan, Quazi Sa'id Qommi (1639-1691) : « Reste une heure au bord du fleuve qui s'écoule. Tu ne penseras certainement pas que l'eau qui s'est éloignée de toi a cessé pour autant d'exister. Eh bien, il se peut que pour un groupe d'entre les hommes au cœur pur, il en aille pour le cours du temps comme pour le cours du fleuve. » A défaut de cœur pur, de bonnes archives avivent l'impression saisissant la gorge d'une immobilité tremblée du temps. L'accélération semble fixée une fois pour toutes, chaque jour s'affirme maintenant en jamais, d'année en année sonne l'heure des bilans, chaque siècle naît dernier.

S'il revient souvent au même de se penser occidental et de s'admettre cynique, quelques complications suivent. Le cynique ne s'épingle guère à une place ; qui le cloisonne, le refoule. Il ne campe pas aux portes de la civilisation, vestige d'un mythique état de nature où la guerre de tous contre tous ferait rage, il ne figure pas plus la retombée finale, en laquelle une communauté se dissout et produit une barbarie qui la dévore. Il ne fait pas les entrées et les sorties, il hante les centres villes, au beau milieu des actualités.

Tu te postes au croisement, tu apostrophes le passant, tu agites les masses, tu promets ta révolution dans la révolution, tu te crois au sommet, tu te dis : « Ce qui fait le cynique c'est une misérable besace, un bâton, de fortes mâchoires, c'est dévorer tout ce qu'on lui donne ou le mettre en réserve ou insulter à tort et à travers tous ceux qu'il rencontre, ou rouler des mécaniques... » Tu n'as pas compris. La force du cynique ne réside pas dans l'indécence affichée mais dans la nudité. Le plein air « voilà sa maison à lui, voilà sa porte, voilà les gardes de sa chambre à coucher, voilà ses ténèbres. Non il ne doit rien vouloir cacher de ce qui le concerne (sans quoi il a disparu, il a détruit en lui le cynique, l'homme qui vit au grand jour, l'homme libre, il a commencé à craindre quelque objet extérieur, il a commencé à avoir besoin qu'on le cache), et quand il le veut, il ne le peut. Où en effet se cacher, et comment ? Et si, par hasard, il vient à être pris, lui, l'éducateur universel, le pédagogue, ce qu'il doit souffrir ! »

Épictète, le sage stoïcien, précise, ce n'est pas l'habit qui fait le cynique mais un serment d'intellectuel : « Désormais la matière sur laquelle je dois travailler c'est ma pensée, tout comme celle du charpentier c'est le bois ; celle du cordonnier le cuir... »

Le cynisme est contagieux, moins par l'indécence qu'il affecte que par la vérité qu'il infecte. Tout est ouvert ! Rien n'est caché ! Si la matière sur laquelle il travaille est la pensée, la manière est la lumière, son ascèse poursuit l'élimination patiente et systématique des ombres et des poussières. « Et comment est-il possible à un homme qui n'a rien, ni vêtements, ni abri, ni foyer, qui vit dans la saleté, qui ne possède ni esclave, ni patrie, de passer ses jours avec sérénité ? Voici que Dieu vous a envoyé quelqu'un pour vous montrer par l'exemple que c'est possible. Voyez-moi, je suis sans abri, sans patrie, sans ressources, sans esclaves. Je dors sur la dure. Je n'ai ni femme, ni enfants, ni palais de gouverneur, mais la terre seule et le ciel et un vieux manteau. Et qu'est-ce qui me manque ? Ne suis-je pas sans chagrin et sans crainte, ne suis-je pas libre ? Quand l'un de vous m'a-t-il vu frustré dans mes désirs ou rencontrant ce que je voulais éviter ? Quand ai-je adressé des reproches à Dieu ou à un homme ? Quand ai-je accusé quelqu'un ? L'un de vous m'a-t-il vu le visage triste ? Comment est-ce que j'aborde ceux que vous redoutez et qui vous en imposent ? N'est-ce pas comme s'ils étaient des esclaves ? Qui, en me voyant, ne croit voir son roi et son maître ? » Les loqueteux qui habitèrent les ruelles de la Rome impériale durent rarement s'abandonner à si sublimes élévations. Le portrait flatté que brosse Epictète manque d'exactitude documentaire mais fait soupçonner dans le prédicateur de carrefour un ressort dont la suite des événements témoigne. Le maître d'école se plaît à reconnaître une version populaire, voire populacière, de sa propre sagesse dans l'invective et le bâton du penseur faubourien. La foi chrétienne des premiers siècles trouve en lui un véhicule prédestiné ; le franc-parler, avec lequel le moine moyenâgeux apostrophe son Dieu, tire origine de cette « basse » extraction, et le nom « parrhésia », et le ton, et l'intention.

Dans tout cynisme, une « ascèse », une élaboration dont l'ouvrier est l'œuvre ; elle rappelle la « montée » recommandée par Platon vers quelque instance solaire et intuitive : « C'est quand on a longtemps fréquenté ces problèmes, quand on a vécu avec eux que la vérité jaillit soudain dans l'âme comme la lumière jaillit de l'étincelle et ensuite croît d'elle-même. » Les philosophes mendiants défient privilèges, prétentions et honneurs. Ils émettent la première théorie radicale d'une aliénation attribuée à la peur superstitieuse de la mort, à la soumission au qu'en-dira-t-on, à la clôture des cités, à la fascination des richesses matérielles, à la folie de se penser comme une chose et de s'évaluer comme une marchandise. « Il disait encore que lorsqu'il voyait des pilotes, des médecins ou des philosophes, il jugeait que l'homme est le plus intelligent des animaux ; quand par ailleurs, il s'arrêtait aux interprètes des songes, aux devins et à tous leurs assistants, ou tous les gens gonflés de gloire et de richesses, il ne trouvait rien de plus idiot qu'un homme » (Plutarque). Etre soi c'est être tout à soi. Diogène, qui n'est

Cynisme

esclave ni de l'argent, ni de la renommée, est plus grand qu'Alexandre et plus heureux que le roi de Perse. « Et pour preuve de ce qu'il avance, il apporte sa propre assurance, son imperturbabilité, sa liberté et, en outre, son petit corps trapu... » (Epictète).

Le sage cynique jubile de « transformer en conscience la plus grande expérience possible » (Malraux). Le dépouillement du vagabond publie l'acte d'affranchissement où s'invente le « citoyen du monde », Diogène le baptise. Il fut le premier à s'afficher cosmopolite. Sachant ce que je ne suis pas, j'apprends qui je suis, « la nudité est préférable à la toge pourprée » pour le tout nouveau, tout beau, héros de la certitude ; son annonce inaugure un mouvement désormais ininterrompu. Le sage diogénisant se dépouille de ses peurs et investissements, « il est sans trouble comme nous disons de certains fruits qu'ils sont sans noyaux » (Sénèque). Se fourvoie-t-il ? Peut-être pas. D'un oignon qui s'éplucherait lui-même, il ne reste effectivement rien, sinon l'acte d'éplucher où nichent impassibilité et liberté. Il y a, entre la contestation de la besace et la réduction phénoménologique, la sensible différence du camelot et de l'universitaire. Peut-être pas davantage. La mise entre parenthèses de l'affirmation dogmatique des biens de ce monde et du monde de ces biens fixe, plus certaine que les évidences mondaines, la certitude de les pouvoir suspendre. Diogène trouvait, dans le sentiment de notre mortalité, cette intuition pré-réflexive et comme préhistorique que Husserl distingue conscience interne du temps et intentionnalité : « Contrairement à tout le monde, il entrait au théâtre par le côté d'où l'on sort, ce dont on lui demandait la raison : c'est, dit-il, ce que je me suis efforcé de faire toute ma vie. »

Pauvreté fait vertu. Rien de déficient, de privatif, de péjorativement négatif dans la morsure fière et affirmative de ce *je suis* qui n'a pas oublié son *je doute* en cours de route. Le cynisme ne constitue certes pas un modèle de pensée déductive, ni de vie bien ordonnée. Il s'installe au carrefour de tous les carrefours, il interpelle la vie par la mort et la mort par la vie. (« N'avez-vous pas honte de me reprocher d'aller à reculons, dit Diogène en marche arrière sous un portique, vous qui parcourez à reculons le chemin même de votre vie ? ») Et la théorie par la pratique. Et les choses par les mots. Plus nominaliste que tout nominalisme subséquent, le père fondateur (Antisthène) avait affirmé que seuls les noms correspondaient à quelque chose ; dès qu'ils font discours en s'assemblant, ils ne sont ni vrais, ni faux, ou les deux ensemble, parce que trop communs pour renvoyer, en propre, à une existence précise. Plus réaliste que tout réalisme, il n'avait d'yeux que pour le cheval sans rien vouloir connaître de l'idée de cheval que les chevaux ont en commun, leur « hippéité ». Les discours valent par la vie, non la vie par les discours. La vie vaut par une vie, celle de celui qui parle, celle à qui il s'adresse. Une vie vaut par le moment où on la vit, je te fais une scène et ne suis rien d'autre que cette scène. Reconnaissons dans cet ultra-existentialisme une stratégie spirituelle, nullement désespérée, qui lutte sur deux fronts à refuser les apparences pures et les réalités cachées, poursuivant l'apparaître des unes dans les autres. Sa visée, l'objectif devant lequel elle tourne en ridicule conduites d'apparat et croyances outremondaines, son alpha et son oméga, est l'exigence du maximum de conscience possible.

Le cynisme cultive l'ambiguïté, ses historiens peuvent s'offusquer ou admirer, selon qu'ils explorent sa face noire ou son versant immaculé, il y a en Diogène du Docteur Mabuse mais aussi du saint François d'Assise : « Une telle philosophie, admettons-le, répugne à se voir comparer aux synthèses magistrales des grandes écoles de son temps. Il n'en demeure pas moins qu'elle a ses titres de noblesse. Les idées de fond qu'elle véhicule appartiennent, à notre avis, à l'héritage humain et spirituel de l'occident : on ne saurait donc s'étonner de les retrouver ici et là en filigrane dans la trame de notre civilisation. Sans nous prononcer déjà sur une hypothétique relation de cause à effet, notons tout de même que les impératifs fondamentaux du cynisme ancien — la liberté intérieure, l'esprit d'indépendance, le franc-parler, la contestation des opinions reçues, de l'ordre social et des puissances établies, la " fuite du monde ", le retour à la nature, le cosmopolitisme — se retrouvent, à des degrés divers, parmi les idées-forces qui ont inspiré le monachisme primitif, les ordres mendiants du Moyen Age, les

Cynisme 127

réformateurs du XVIᵉ siècle, et certains révolutionnaires du XVIIIᵉ et XIXᵉ siècle. On admettra d'ailleurs que ces idées sont loin d'être étrangères à quelques aspirations fort caractéristiques de notre monde contemporain », commente l'historien.

Pouvons-nous sans trop d'anachronisme repérer le fil d'Ariane d'une continuité cynique courant à travers l'histoire de l'occident ? Pourquoi pas. L'Europe est-elle moins particulière et originale que les nombreuses cultures qu'elle étudie en ses musées ? L'homme du XXᵉ siècle désigne comme civilisation grecque une multiplicité d'événements qui se succèdent du linéaire B aux néo-platoniciens, durant deux mille ans et plus. Il n'hésite pas à éclairer d'un commentaire de Proclus tel passage de *l'Iliade* ou de *la République,* théorisant une conception grecque de l'homme, de Dieu, de la Cité ou de la création du monde. Brejnev est deux fois plus contemporain de Charlemagne que Proclus d'Hector. Mît-on le maximum de précautions à penser « Grèce » ou « occident », on risque néanmoins de succomber à une illusion double et tenace : dans le temps comme dans l'espace, l'éloignement fait s'estomper les différences et la proximité les exagère. L'erreur d'optique accorde trop vite l'unité du « monde grec » et acquiesce avec trop de nonchalance au refus d'identité de l'occidental contemporain. Ce « je » qui ne ressemble à personne demeure, son histoire aidant, tout le portrait de lui-même.

Le cynisme apparaît plus et moins qu'une doctrine : une société d'historiettes, de mises en scène rapides, de traits d'esprit, de comportements inattendus, d'apophtegmes, contraint l'historien de la pensée à retranscrire les petits scénarios de cette commedia dell' arte ; inutile de reconstituer les grandes lignes d'un échafaudage spéculatif et scolaire, il brille ici par son absence. Les manuels les plus académiques désespèrent de classer ces fariboles étranges, ils dérapent et se prennent à imiter Freud pour traiter du mot d'esprit dans ses rapports avec la pensée ou de la psychopathologie de la philosophie quotidienne : le cynique est sérieux aux dépens du sérieux habituel.

Le paradoxal, discontinu, éparpillé de ces attitudes élimine le faux problème des généalogies. Le XXᵉ siècle s'est multiplement bercé de discours définitifs, dénonçant la mauvaise influence du cinéma et de la télévision sur les enfants en bas âge et des livres sur les personnes présumées grandes. Dans le premier cas, les accusations naissent avec le cinéma populaire (le « Nickel Odeon » des années 20), dans le second, elles trouvent un regain de virulence à l'invention de l'imprimerie; le roi François Ier, fort de leur évidence, interdit deux années durant toute publication sur l'ensemble du territoire; de nos jours, on préfère, quelquefois, éparpiller les bibliothèques sur la voie publique. Laissons les pédagogues pester contre les images qu'ils durent regarder jadis comme tout le monde et sans plus de conséquence. Un livre ne s'imprime qu'une fois : sur du papier; le papier ne s'imprime pas. Les cervelles se douent d'un fonctionnement plus complexe qu'un écran de télex et qu'une motte de cire molle. Le lecteur, ou spectateur, ne découvre de modèle que s'il désire se modeler; avec l'élégance du Dieu de Pascal chaque livre lui glisse : tu ne me chercherais point si tu ne m'avais déjà trouvé.

La permanence d'une philosophie ne relève jamais de sa transmission de maître à élève, d'ailleurs le cynisme nulle part ne se laisse épingler comme « leçon ». Hegel et Marx épaississent l'illusion pédagogique, ils gonflent leur cohérence stratégique. L'Européen qui réagit comme eux à l'événement — révolution, guerre, édification de l'Etat national — peut leur attribuer la paternité d'un comportement qu'ils se bornèrent à mettre au jour. Ce sont bougies qui nous peuvent accompagner plus que phares qui nous guident. Les glorifier, les maudire oublie la main qui tient les flambeaux, le cœur qui épelle d'analogues pensées. Toute censure est inutile et imbécile, s'agiter philosophiquement n'est rien d'autre que s'interroger et décider à livre ouvert et à bouche que veux-tu.

La plupart des penseurs se défendent mal contre les bonnes volontés qui les réduisent à d'académiques testaments. Platon court le risque d'un enterrement platonique, Descartes, cartésien. Diogène (comme Socrate ou Montaigne) paraît immunisé. Le cynisme n'est pas un diogénisme. Plus mode de vie que doctrine, il ne se laisse pas condenser en dogme et quand il s'y prête, il retrouve aussitôt l'équivoque. Témoin : ce fameux machiavélisme qui enseigna au Prince à tromper le peuple et au peuple qu'un prince nécessairement le trompe. Insufflant la démagogie au tyran et la méfiance au républicain, Machiavel annule ces pédagogies l'une par l'autre et invite à chercher ailleurs l'impact de son discours. Socrate, Diogène et tous les « moralistes » montrent qu'aucun combat philosophique n'a lieu dans l'administration et la réception des leçons : ces rapports de récitation manquent et le champ et les enjeux des batailles intellectuelles. « Ils pensent que philosopher soit seulement discourir et disputer de la philosophie dessus une chaire en une escole, ou bien en écrire et composer des livres : et cependant ils ne connaissent point... la philosophie continuelle qui se void es œuvres et actions quotidiennes... Socrate ne philosophait pas seulement quand il avait fait apprester des bancs et qu'il se mettait en sa chaire, ou qu'il observait l'heure de la lecture et de la conférence, ou de promener qu'il avait assigné à ses familiers ; mais aussi quand il jouait, quand il buvait et mangeait, quand il était au camp ou quand il marchandait avec eux et finalement alors qu'il était en prison, et qu'il buvait le poison de la ciguë, ayant le premier montré et fait voir, que la vie de l'homme en tout temps et en toute partie, en toutes passions et en tous affaires universellement reçoit l'usage de la philosophie » (Plutarque).

Un individu prend les événements avec *courage* ou lâcheté, réagit avec fièvre ou *tempérance,* s'accorde ou non le suspens et la distance d'une *sagesse* pratique (prudentia), il s'inquiète de rendre *justice* à ce qui l'entoure ou s'en moque. Les Anciens désignaient comme « mœurs » le terrain où ces choix jouent, comme « vertus » les qualités en jeu. Une écriture plus moderne et pompeuse évoque les « dimensions existentielles de la condition humaine ». Les diverses écoles philosophiques importent peu par l'imaginaire « influence » de leurs « leçons », elles comptent par les stratégies et les conduites dont elles se réclament (et dont elles font la réclame) sur le champ des mœurs. Chacune articule de façon originale notre prise sur la surprise et propose son interprétation de la sentence « Saisis l'occasion », qui permit à Pittacos, un des Sept Sages, de fixer le cadre général du débat. Mœurs et vertus sont à géométrie variable. Une philosophie, le plus souvent implicite et terre à terre, les investit autant qu'elle nous caractérise. Elle règle à la vie, à la mort, notre rapport au monde. Socrate déclinait sa profession : « Rechercher ce qui va bien et ce qui va mal dans les maisons. »

Vertus et mœurs se laissent percevoir en des figures tremblées, reflets exagérés de notre propre trouble. Les amateurs de convictions fortes en concluent que la philosophie est produit d'une époque de décadence où les dogmes indiscutables et les recettes traditionnelles sont ébranlés. Leur analyse, toujours corroborée, vérifie que l'occident ne connut jamais qu'époques de décadence. Il y a philosophie quand les vertus font problème et ce que nous désignons comme vertu fait toujours problème. Lorsque Socrate demande à Lachès : « Qu'est-ce que le courage ? », il ne cite pas un général valeureux et vieux devant le nouveau et irrespectueux tribunal de la philosophie. C'est un deuxième classe qui interroge son chef et celui-ci se doute qu'à manquer de répondre, il risque, malgré sa hiérarchique supériorité, d'avoir demain à chercher, antique Soubise, ses soldats à la lanterne. Philosophez, philosophez, recommande le cynique Cratès, « qu'on voie enfin que les généraux ne sont en fait que des meneurs d'ânes ».

Et les Grecs d'attribuer leur victoire sur les Perses à ne pas toujours se battre comme des animaux obéissant servilement aux puissants et à la tradition. Si Socrate et Diogène interrogent les vertus quant à leur vérité, ils n'ont pas inventé la question, ne l'ont pas introduite par effraction dans le corps sain d'une société satisfaite. Ils n'ont pas attendu qu'une décadence l'emporte qu'ils accompagneraient en parasites. Avant eux, Achille se demanda s'il convenait à son courage de lever le siège de Troie ou de céder à Agamemnon ; sans le courage de la question, il n'eût été que bravache. Les historiens et les tragiques font écho. Et les poètes et les simples soldats. Qu'est-ce qui fait un courage ou un amour non illusoires ? L'histoire occidentale noue, pour les millénaires, le rapport des vertus et de la vérité, elle réussit à l'imposer au reste de l'univers qui subit à son tour les effets d'une question par excellence philosophique, à l'occasion subversive : sommes-nous des ânes ?

Soljénitsyne, face au tyran, n'interroge pas la barbarie du Géorgien, mais lui-même. Les causes du stalinisme se nichent

Cynisme 131

moins en Staline qu'en son for intérieur, il les piste chez tous ceux qui font mine de s'opposer et n'épargne aucun antistalinien, Boukharine ou l'homme d'une rue new-yorkaise. Des anciens Grecs aux dissidents soviétiques se perpétue un indécrottable préjugé démocratique qui ramène sans cesse l'histoire des grands à l'histoire de ceux qui les laissent grandir au-dessus d'eux. Plutarque — source de Shakespeare et de Montaigne — distingue deux manières de comptes rendus. « Je n'ai pas appris à écrire des histoires, mais des vies seulement ; et les plus hauts et les plus glorieux exploits ne sont pas toujours ceux qui montrent mieux le vice ou la vertu de l'homme ; mais bien souvent une légère chose, une parole ou un jeu mettent plus clairement en évidence le naturel de personnes, que ne font pas des défaites où il sera demeuré dix mille hommes morts, ni les grosses batailles, ni les prises des villes par siège ou par assaut. » Que l'apparente modestie de la préférence plutarquienne n'égare pas. L'auteur pense tenir le principal : la « vie » des hommes illustres découvre comment ils saisissent l' « occasion » par l'usage de leurs vices et vertus ; ils sont illustres mais ils vivent : ils se conduisent avec les ressources de tout un chacun dans des circonstances qui ne sont pas celles de tout le monde.

L'homme occidental ruse et bricole avec son histoire. Libéré de l'hypothèse d'un astronomique mécanisme tournant dans les coulisses quoi qu'il fasse, pas encore disposé à confier aux ordinateurs le soin d'élaborer une stratégie imparable, il s'invente face à l'imprévisible des qualités et des défauts improbables, délicats. « Encore y a-t-il différence de prouesse à prouesse, comme il y eut celle d'Alcibiade et celle d'Epaminondas ; et de prudence à prudence, comme de celle de Thémistocle à celle d'Aristide ; et de justice à justice, comme celle de Numa à celle d'Agésilas... Il faut un bien subtil et délié jugement... pour en trouver et savoir discerner les diversités. » Explicites ou implicites, avérées ou secrètes, et jamais tout l'un ou tout l'autre, les philosophies ne produisent pas leurs effets, quand elles en ont, sur les salles de classe, mais dans le moral ou l'absence de moral des troupes. Par quoi, le cynisme ne laisse pas d'en être une.

Parmi les élèves du successeur de Diogène, se trouvait une

jeune fille bien et richement née, Hipparchia. « Elle s'éprit si passionnément de la doctrine et du genre de vie de Cratès, qu'aucun prétendant, fût-il riche, noble ou bien fait, ne put la détourner de lui. Elle alla jusqu'à menacer ses parents de se tuer si elle n'avait pas son Cratès. Cratès fut invité par eux à la détourner de son projet : il fit tout ce qu'il put pour cela, mais finalement, n'arrivant pas à la persuader, il se leva, se dépouilla devant elle de ses vêtements, et lui dit : " Voilà votre mari, voilà ce qu'il possède, décidez-vous, car vous ne serez pas ma femme si vous ne partagez mon mode de vie. " La jeune fille le choisit, prit le même vêtement que lui, le suivit partout, fit l'amour avec lui au grand jour, et alla avec lui aux repas. » A Théodore l'Athée qui la moquait, elle répondit : « Crois-tu donc que j'ai mal fait, si j'ai employé à l'étude tout le temps que, de par mon sexe, il me fallait perdre au rouet ? »

UNE DERNIÈRE AVENTURE DU BIPÈDE SANS PLUMES

Quelques siècles avant Jésus-Christ, de nombreux clochards encombrent Athènes. Brandissant besace et manteau, sans autre feu ni lieu que la place publique, ils déclinent une identité de philosophe revendiquée également par quelques fils d'excellentes familles. Travaillant à ciel ouvert, polissant leurs raisonnements, égratignant ceux du voisin, ils rebutent de leur remue-ménage l'auditeur sérieux. La même odeur de désastre flotte sur les fichiers de la Bibliothèque nationale et du British Museum, dès qu'un chercheur tente de produire une opinion définitive. Thèses et doctrines multiplient les commentaires, on compte autant de platonismes qu'il existe de platoniciens et d'antiplatoniciens. La bibliomanie indigène faiblit rarement, chaque interprétation vaut un exercice spirituel, on laisse résonner en soi une pensée étrangère, les textes parlent dans une conversation que l'incompréhension et les faux sens ponctuent sans rompre. Rien de plus inexact que le commentaire de Platon par Aristote, de Descartes par Kant et de Hegel sur ses prédécesseurs. Aux historiens de dresser interminablement la carte des bévues, elle couvre tout le territoire : les pensées naissent en ces tête-à-tête et frottent les unes aux autres leur réciproque injustice.

Platon, premier fondateur d'école, fait une démonstration publique : Qu'est-ce que l'homme ? Entouré des jeunes académiciens, il détaille : l'homme participe du genre animal, des espèces à deux pieds. Il aligne une différence spécifique : c'est un bipède sans plumes. L'auditoire opinant, Diogene le Cynique lâcha dans le cercle un poulet aux ailes coupées : « Platon, voilà ton homme ! » L'histoire veut que le maître jugea utile de compléter sa démonstration, il ajouta « des ongles plats et larges » au bipède idéal, signe qu'il ne tint pas l'objection plumée pour tout à fait négligeable.

Premier tableau.

> « Quand les souffles de ses ancêtres veulent souffler la bougie (grâce à laquelle peut-être subsistent les caractères du grimoire), il dit : " Pas encore ! " »

La brutalité de Diogène porte un coup d'arrêt à ce qu'il est seul à saisir : le sage jouit. Les élèves sont courbés sur les détails d'un raisonnement, chacun ausculte, innocent, la définition qui lui dit — je pense ce que tu es, tu es ce que je pense. Diogène ne vise pas un porteur de doctrine, le Platon historique et son platonisme, mais la folie qui couve en toute doctrine. A moins qu'on ne nomme platonisme, comme incline Aristote, la paranoïa qui prétend saisir l'homme au bout de sa définition ; celle même que Descartes prête à Aristote, que Hegel reconnaît dans le « je pense donc je suis » de Descartes, que Marx retrouve dans l'idéalisme hégélien, maladie congénitale qui ne l'épargne guère. Diogène n'a nul besoin de lire dans l'avenir, l'intense jouissance est évidente à qui sait voir, en ce « Platon », un grand prêtre des mots, invoquant pour cerner sa proie toutes les puissances que les mythologies indo-européennes attribuent à la haute magie royale censée instituer les sociétés. Qui entreprend de définir l'homme respire l'air du sommet des sommets.

Le Platon de cette histoire de fou inaugure doctement des considérations sur « la situation de l'homme dans l'univers » que l'on n'arrêtera plus de filer. Le Platon de l'histoire de la philosophie nous a laissé des descriptions détaillées et humoristiques d'une machine à débiter l'homme en tranches. Elle part du point de vue le plus universel, plongeant du plus haut : tout ce qui est. Puis, elle divise : tout-ce-qui-est est soit animé, soit inanimé. Tout animal vit sauvage ou en troupeau. Tout troupeau déambule aquatique ou terrestre. Le terrestre a quatre ou deux pieds. Les deux pattes sans plumes font l'homme. Les variantes abondent, le procédé reste identique qui rend dernier de l'ensemble des êtres l'unique objet de notre recherche : Homme ! le monde entier conspire à ta définition.

Présentant son engin à faire graviter l'univers autour du bipède, Platon n'omet pas de mentionner qu'un vertige menace notre héros. Un élève, pressé de franchir les étapes, veut diviser d'un coup : genre humain d'une part, de l'autre le bloc des bêtes. Le pédagogue le met en garde contre ce racisme naïf : « Cela, homme intrépide, c'est ce que ferait, peut-être, tout autre animal que nous pouvons nous figurer doué de raison, comme la grue, par exemple : elle aussi distribuerait les noms comme tu fais, isolerait d'abord le genre grue pour l'opposer à tous les autres animaux et se glorifier ainsi elle-même, et rejetterait le reste, hommes compris, en un même tas, pour lequel elle ne trouverait, probablement, d'autre nom que celui de bêtes. »

La grue manifeste la maladie professionnelle de l'automate définissant ; il s'emballe, moud à vide ses propres présupposés, tourne sur lui-même et produit l'illusion qu'il égocentre le mouvement des mondes. Tout me concerne, rien ne m'échappe, cela se catalogue paranoïa : « De nombreux événements, qui surviennent à la portée des malades et attirent leur attention, éveillent en eux des sentiments désagréables à peine compréhensibles. Ce fait les préoccupe fort et les ennuie. Quelquefois tout leur paraît si fort, les conversations résonnent avec trop de véhémence à leurs oreilles, quelquefois même n'importe quel bruit, un événement quelconque suffit pour les irriter. Ils ont toujours l'impression que c'est eux qu'on vise là-dedans. Ils finissent par en être tout à fait persuadés. Ils observent qu'on médit d'eux, que c'est à eux précisément que l'on fait tort. Mises sous forme de jugement, ces expériences engendrent le délire de relation. »

A l'entrée (in-put) vous investissez tout et n'importe quoi, un traitement compliqué vous offre à la sortie (out-put) l'homme achevé. L'occident dispose d'un parc immense de telles machines paranoïaques. Certaines sont célèbres, romans de la nature qui absorbent tout l'espace (Cosmogonies, *De natura rerum*), romans de l'histoire qui embrassent le temps (la Politique tirée de l'Histoire sainte, les 120 Journées de Sodome, la Phénoménologie de l'esprit). En d'autres logements, plus modestes, d'innombrables machines à éduquer avalent un bambin supposé amorphe ou polymorphe et le restituent civilisé accompli. Chaque programme ne laisse d'autre embarras que celui d'avoir été sélectionné dans une gamme infinie d'appareils d'emploi égal. Le point de vue de la grue n'est pas délirant par incohérence, mais par trop de cohérence ; rien ne surprend vraiment un paranoïaque. Pas même un autre paranoïaque, il tentera encore d'en rendre compte, « il » n'est arrivé que pour « me » définir : « Le fou n'est point l'homme qui a perdu la raison ; le fou est celui qui a tout perdu, excepté sa raison » (Chesterton).

Deuxième tableau.

Scènes de chasse à l'homme.

Diogène stoppe la folie de Platon par une folie égale : voilà ton homme ! Il dit et martyrise un poulet. Armes de l'esprit, esprit des armes, cruelle parenté. Il ne réfute la pensée de Platon qu'en la réalisant, il en exécute la définition sur un corps, il unit la théorie et la pratique et regarde le monde avec des yeux désabusés. Cynique parce que homme d'action, homme d'action parce que penseur cynique. L'histoire veut que Diogène fut prisonnier et vendu. On lui demanda ce qu'il savait faire ; il répondit « commander » et apostropha le marchand d'esclaves : « Demande qui veut acheter un maître. » Les militaires semblent parfois cyniques, le cynique se veut radicalement militaire, il se choisit libre et tranchant. Diogène émancipe de son coutelas une deuxième fonction (selon Dumézil) du panthéon indo-européen comme si, en s'estompant, les hiérarchies mythologiques dressaient face à face la magie paranoïaque du penseur et la schizophrénie du galonné.

L'affaire se complique : chacun se découvre seul au monde... face à l'autre. Le guerrier affranchit le penseur : je ne te montre que ce que tu fais ; par un ensemble de négations tu viens de découper l'homme sur fond d'univers, il n'est pas inanimé, il n'est pas quadrupède, ni oiseau... Le couteau qu'enfin je brandis, tu l'as manié sans cesse. Je ne suis pas celui que ta définition rêve. Je suis celui qu'elle produit en divisant inépuisablement, je suis la différence qui s'autodéfinit.

Le penseur prend son temps et réplique. Qui manipule qui ? N'est-ce pas celui qui affranchit le premier, lui le Définissant dont la longue ascèse détache l'homme ; l'autre le Défini fait le détaché, que saurait-il de sa neuve liberté faute du premier décrochage où le penseur-pygmalion parie pour une sculpture à coups de couteau ? Il n'y a rien que j'ignore, je ne laisse aucune brindille de côté, je fais feu de toute différence, omnis negatio determinatio est. Si finalement le guerrier retourne son arme contre le penseur, il parachève comme un point final accomplit un énoncé exhaustif. La définition menée à bien, le guerrier prend la parole sans savoir quoi ajouter — pensée et musique triomphent dans le silence qui leur succède.

L'un prémédite l'autre, l'autre couronne l'un. Il faut les faire fonctionner ensemble sous peine de ne pas comprendre. Diogène *et* Platon, comme l'athlète inséparable du gringalet. Ou le prince indissoluble de son homme de main. Ou la matrone flanquée d'un ange de douceur. Ou l'intellectuel délicat uni au dur inculte. Quand ils se martyrisent l'un l'autre et provoquent une jouissance commune, psychiatres et analystes les baptisent « couples pervers ».

Troisième tableau.

Bain de soleil.

Ce théâtre exhibe un transformateur de civilisation. On y pénètre indo-européen, on en sort grec (plus tard, occidental). Dans l'univers échelonné des mythologies, les magiciens de la parole, les divinités du combat et les héros des grands travaux parviennent finalement à se répartir les puissances du savoir, de la force, de la sexualité. L'intrigue, entre Platon et Diogène, se noue de ce qu'il n'y a plus qu'une place pour trois personnages ; entre l'animal et le dieu, l'homme de la parole et l'homme de l'épée se disputent un centre indivis où circule, troisième, l'éternel plumé. Diogène enseigne cette nouvelle topographie au tout-puissant Alexandre qui lui offre « tout ce que tu veux, tu l'auras », et s'attire le fameux « ôte-toi de mon firmament ». Au soleil occidental la place est la même pour tous et il n'y a pas lieu de l'imaginer idyllique.

Casser la définition du penseur avec une brutalité soldatesque, récuser les avances du conquérant avec la suffisance de l'intellectuel, vagabonder en plein jour une lanterne à la main et répéter « je cherche un homme », voilà le virus cynique dont les Etats bien policés ne s'estiment pas prémunis aux alentours de l'an 2000. Que ceux qui nourrissent les autres, ceux qui combattent et ceux qui font profession de penser ne tiennent pas en place, qu'ils échangent leurs rôles, qu'ils mêlent leurs fonctions, ils provoquent bouchons, accidents et inextricables embarras de circulation. Risques d'immobilisation mortelle ? En premier lieu pour les autres. L'occident trouve sa force de frappe moins à inculquer des convictions qu'il partage rarement qu'à exporter une légèreté qui destabilise les cultures environnantes.

Diogène ne veut rien cacher. Il se masturbe en public. Il revendique les lauriers de la sincérité, quand on ne lui accorde que les palmes d'un exhibitionnisme décadent. Une civilisation qui affiche son alcoolisme et ses partouzes s'élève au-dessus de celles qui l'accusent de corrompre. Ou bien il n'est pas vrai qu'elle corrompt et elle est entourée de menteurs. Ou bien c'est exact, et les civilisations qui se laissent séduire recèlent, puisqu'elles se trouvent tentées, les mêmes défauts, avec en prime celui de les vouloir dissimuler.

« Platon » et « Diogène » peuvent ne s'entendre jamais. Ces conquérants sont déjà de connivence à installer leurs tréteaux au centre virtuel de toute histoire. Je définis l'homme à partir de tout, je peux tout dire, suggère l'un. Je peux tout faire, fait l'autre. Le couple se clôt et les partenaires ne songent nullement à se convertir puisqu'ils auront le sentiment d'épuiser les possibles, si chacun vérifie en l'autre l'image inversée de sa propre perversion.

Quatrième tableau.

Une panne dans l'ordinateur.

Vingt-cinq siècles tentèrent de perfectionner la définition de l'animal, lui collant, outre les ongles plats, une raison latine, un sentiment judéo-chrétien de la liberté et un rôle socialiste dans la production. Aucune de ces cartes d'identité ne parut incontestable, ceux mêmes qui s'accordaient à en brandir un modèle s'entr'égorgeaient pour la dernière signature. De quoi désespérer tous les amateurs d'épinglage en bonne et due forme. Ils se prennent à soupçonner qu'Aristote avait vu juste : s'il n'y a pas d'animal en général, à part les animaux, s'il n'y a pas d'homme en soi à part tel ou tel individu, on perçoit « l'impossibilité qu'il y a de définir les êtres individuels ». N'est-ce point la morale de notre petite scène : l'homme est un drôle d'oiseau qui falsifie la tentative d'identification.

Se deciderait-on à subtiliser — Locke par exemple — en distinguant les modestes définitions « descriptives » (l'homme bipède, etc.) et les imposantes définitions « réelles » supposées donner l'essence (l'homme animal raisonnable) ? Le pouvoir, nominaliste ou substantialiste, de tenir un animal sous des regards qui le circonscrivent tout en demeurant les siens, stupéfie, également abusif.

Sous l'aspect, naïf, d'une vulgaire faute de logique la définition manigance un subtil piège. Une charrette de négations semble caractériser l'être humain par ce qu'il n'est pas : la nature, l'animal voire l'ange qui se pare des ailes de l'âme et des plumes de la divinité. La charrette avance, tirée par son postulat : il y a quelque chose à définir, cousin de singe ou bâtard de dieu. Imaginons un instant que ce par quoi les hommes se différencient d'autre chose est identique à ce par quoi ils se différencient entre eux. Ainsi l'homme tue l'animal, mais aussi bien l'homme tue l'homme ; il domine la nature, mais également son prochain. « Je maintiens ordinairement qu'il se trouve plus de différences de tel à tel homme que de tel animal à tel homme » (Montaigne). Patatras ! La déduction n'aboutira jamais ; ou elle devient infinie, ou elle se dévore elle-même. S'il faut faire monter sur l'échafaud des négations tous les autres-que-l'homme, ils seront vite rejoints par les autres hommes. La proposition de définir fascine : elle promet que ce par quoi les humains se distinguent entre eux (la violence, la domination) compte moins que ce par quoi ils se distinguent du reste des êtres. Prétendant substituer au gouvernement des êtres le gouvernement des choses, le « nouveau christianisme » des saint-simoniens explicite le décret énoncé vingt-cinq siècles auparavant. Ainsi rêvent les mortels : les parties qu'ils jouent entre eux (« jeux stratégiques ») importent peu au regard de celles qui les opposent ensemble au monde extérieur (jeux contre la nature). Je dis les hommes et nous voilà entre nous, j'ai aboli en esprit l'exploitation et l'oppression de l'un par l'autre (les politiques moralisateurs programment ma sentence), il ne reste à projeter que la gestion de ce qui n'est pas nous (la parole aux techniciens !).

Nous nous définissons ; ce qui officiellement permet de reconnaître les siens — les ongles plats, le drapeau, le trône et l'autel, la faucille et le marteau, une étoile, un croissant, une kalachnikov, — peut se cueillir n'importe où. A condition de marquer la fin des différences il représente tout pour nous, c'est nous comme tout. « Ongles plats et durs », le signe distinctif devient symbole de notre indistinction dernière, pur artifice de procédure définitionnelle. Sa légèreté fait sa force, plus rien d'extérieur ne s'introduit, nous touchons donc au but, nous nous touchons à huis clos. Ceux qui veulent se reconnaître une humanité, seconde et supérieure, allongent leurs ongles, les peignent ou les maculent, ou les coupent. Ils ajoutent peu au secret du fétiche moderne qui s'active toujours comme le démenti de nos séparations. Fouet ou bottine, mon désir doit être ton plaisir. Mon émoi nous identifie en ce point de concours, entre tous dérisoire, sauf de paraître carrefour où les différences sexuelles et sociales disparaissent. Dans *le Journal d'une femme de chambre,* une gentille soubrette entre au service d'un bourgeois provincial, il lui annonce quelques exigences particulières : « Comprenez-moi, mon enfant. Je suis un peu maniaque. Aussi je ne trouve pas convenable qu'une femme cire ses bottines, à plus forte raison les miennes. Je respecte beaucoup les femmes, Marie, et ne peux souffrir cela. C'est moi qui les cirerai vos bottines, vos petites bottines... » Son patron meurt un beau matin. « Monsieur tenait, serrée dans ses dents, une de mes bottines, si durement serrée qu'après d'inutiles et horribles efforts, je fus obligée d'en couper le cuir avec un rasoir... » Monsieur était fétichiste à la manière européenne, Monsieur est mort avec un bout d'humanité entre les dents.

Humain. Est-ce masculin ou féminin ? Affaire de tête ou de bras, lard ou cochon ? Les deux, mon capitaine. Aucun des deux, donc pourquoi pas une bottine ? Le fétichisme occidental jamais ne consista à adorer un objet, mais à humer la saveur de sa propre définition avec la jouissance d'en être et le père et la mère.

Cinquième tableau.

« Ce conte s'adresse à l'intelligence du lecteur qui met les choses en scène, elle-même. »

Imaginons « Platon » parvenu, applaudi, victorieux, incontesté, au bout de sa définition. Bonsoir, mesdames, messieurs, bonsoir moi-même. La savante déduction absorbe celui qui la file ; terminée elle s'exhale, reflet magique où Dr Jekyll s'évanouit en Mr. Hyde. L'homme c'est tout le monde et celui qui le dit. Le penseur amoureux de son idée, nouveau Narcisse, sombre dans la rencontre.

Diogène, à sa façon, lui sauve la vie en lâchant le volatile irrespectueux des divisions sages. Ton testament n'est pas clos, encore quelques concepts à engendrer. Diogène lance une indéfinition douée d'analogues propriétés réflexives, elle bondit sur celui qu'elle interrompt (il y a toujours un couteau pour couper ta définition en quatre, le travail n'est pas inachevé mais inachevable). Elle se retourne sur celui qui interrompt (couper une parole sans fin est une tâche interminable). Aussi courte passe-t-elle — seul Beckett atteint l'intense brièveté de l'altercation Diogène-Platon — la pièce est complète lorsque chaque protagoniste atteint dans les autres les limites de son personnage. La vérité de Platon s'achève à ne pouvoir être Diogène qui ne peut pas être Platon : aucun des deux ne parvient à rattraper le résidu plumé qui fait courir la comédie. Le Sage, le Cynique et le Simple n'ont plus qu'à se contempler dans une histoire « pleine de bruits et de fureur... » Ainsi imbriqués, ils serrurent le théâtre occidental, comme les trois fonctions de Dumézil organisent le panthéon indo-européen ; leur complémentarité d'un type nouveau, à la vue et au su de tous scénique, provoque, plutôt que la structure cachée d'un mythe édifiant, un drame ouvertement pervers.

« Platon » cherchait une définition, Diogène le débusque et tend une souricière. On capture l'homme, non sans que tel soit attrapé qui se croyait trappant. Nombre des meilleures têtes mobilisèrent pour ou contre la toute-puissance de la logique — ou de ses acolytes synonymes : science, raison, calcul, quantitatif. Comme si, au-delà d'une pensée qui gomme les désaccords, ne régnait, silencieuse, une arrière-pensée qui s'accorde le corps à corps. Inséparablement concept sans intuition et intuition sans concept, l'homme se déclare en ce théâtre dont l'objet fut dès l'origine, et demeure encore, « de présenter pour ainsi dire un miroir à la nature et de montrer à la vertu son portrait, à la niaiserie son visage et au siècle même et à la société de ce temps quels sont leurs aspects et leurs caractères ». Hamlet monte un théâtre dans le théâtre, une souricière, confie-t-il, pour « attraper la conscience du roi » et le contraindre à s'avouer assassin. Freud n'emprunte pas à la tragédie les seuls référents de sa topique, les clés de son inconscient (Œdipe, Hamlet), mais cet inconscient même qui ne parvient pas à quitter les planches. Analystes et analysants, enfants de la balle jusqu'au bout, ne peuvent pousser leurs secrets que de l'une à *l'autre scène* (ainsi soit l'inconscient ! dont on commente l'altérité, négligeant que derrière les coulisses « l'autre scène » est encore une scène). L'occidental se repère de loin à l'éclat de son essentielle théâtralité.

La subdivision logique avance, tout comme l'histoire progresse et le roman rose finit bien. Elle abandonne dans son sillage l'inanimé, l'animal aquatique, le quadrupède, que l'homme arrivé met quelque fierté à ne pas être. Le théâtre, spirituellement toujours rond, confronte, au contraire, ses personnages à ce qui les exclut. Se retrouvant plusieurs, ils deviennent l'un pour l'autre la paix aquatique du liquide amniotique, le cochon à quatre pattes qui sommeille dans les yeux amis, et l'inanimé suprême qui fait concevoir tous les crève-cœur et déclore toutes les déceptions, la mort, puisque d'un mot il faut la nommer. Abusif serait réduire cette théâtralité à l'historique des mises en scène ; le Platon des *Dialogues* et le Dostoïevski des romans montrent autant que les grands dramaturges. Que reste-t-il de la définition de l'homme, une fois qu'elle bute sur son indéfinissabilité ? Que la réponse soit politique, philosophique, romanesque ou psychanalytique, elle se promet complexe puisqu'elle définit sa non-finition et joue de ses antinomies dans un espace unique.

Diogène et Platon disputent le titre de meilleur sophiste d'Athènes, et plus encore. Il y va de l'humanité de l'homme, c'est de leur image qu'ils prétendent s'assener le secret. En jeu, une seule carte d'identité ; mais s'ils se querellent, ils ne paraissent pas identiques ; si leur identité s'évade, leur querelle devient sans objet. Chacun entend prouver sa supérieure différence à détenir seul la formule qui les rende « homme » tous deux, c'est-à-dire indifférents et équivalents. Logiquement leur situation n'est pas seulement sans issue, elle est sans commencement ; ils ne se rencontrent jamais puisqu'ils ne peuvent, en même temps et sous le même point de vue, s'affirmer à la fois pareils et dissemblables. Théâtralement, par contre, leur match tourne autour d'un fétiche moderne, clé unique de l'identité et de la différence, où les psychanalystes aiment à faire reconnaître un « substitut du phallus de la femme ». Sur le théâtre freudien, l'enfant file un écheveau de contradictions (ma mère est différente, ma mère n'est pas différente, c'est mon père qui l'a rendue différente). A charge pour le fétichiste de distribuer les antagonismes entre plusieurs personnages (les « pervers ») tournant autour d'un même objet (ex : les fameuses bottines).

Hamlet, donc, bâtit sa petite pièce policière (le meurtre de Gonzago) dans la grande. Il veut que Claudius, touché, confesse sa vérité et son méfait. Plus exactement, il entend faire rebondir son théâtre comme Platon sa définition, il prétend talonner Claudius dans le sans-issue de son crime, jusqu'à ce que l'homme se retrouve réduit à ses ongles plats et durs. L'échec de Hamlet, qui ne coince personne sinon lui-même, annonce le fiasco des pièces à thèse et la victoire du théâtre sur la logique. Hamlet ne pousse pas Claudius dans ses derniers retranchements, mais dévoile, derrière son ennemi, sa propre image : « L'adolescent évanoui de nous aux commencements de la vie... je le reconnais qui se débat sous le mal d'apparaître » (Mallarmé).

De Diogène et du pseudo-Platon, lequel joue Hamlet ? Peu importe. Les rôles s'échangent et le scénario noue, inéluctable, trois bipèdes qui se retrouvent à deux pour n'en faire qu'un.

INTERMÈDE

Changement de décors. — Où Platon et Diogène se savent complices. — La scène se passe n'importe où.

Qu'une sagesse trouve en elle-même les limites de la volonté de savoir fait un lieu commun, ourlé de fausse modestie. « Platon » a besoin d'être stoppé par un élément extérieur ; cette castration s'opère, probablement, dès les Sept Sages de la Grèce. Un jour fut où des marchands de Milet achetèrent à des pêcheurs de Cos le contenu des filets pas encore relevés. Ils découvrirent un trépied en or massif. Plutarque raconte : « Si y eut débat pour ce trépied, premièrement entre les pêcheurs et les étrangers, à qui l'aurait, mais puis après les villes mêmes prirent la querelle pour leurs gens respectivement, laquelle eût procédé

Une dernière aventure du bipède sans plumes 145

jusques à guerre ouverte, n'eût été que la prophétesse Pythie leur rendit un même oracle à tous deux, *qu'elles donnassent ce trépied au plus sage.* »

Quelle guerre ? *La* guerre. Ni la première, ni la dernière, ni la finale, pas celle du roi Tartempion, incomparable comme le roi lui-même, pas non plus celle de la nation tartempionne, juste, comme tout ce qu'elle entreprend ou injuste comme la reçoivent les populations voisines. Les Grecs pensèrent les conflits avec une exceptionnelle équité : « Toute *l'Iliade* est sous l'ombre du malheur le plus grand qui soit parmi les hommes, la destruction d'une cité. Ce malheur n'apparaîtrait pas plus déchirant si le poète était né à Troie... Tout ce qui est absent de la guerre, tout ce que la guerre détruit ou menace est enveloppé de poésie dans *l'Iliade ;* les faits de guerre ne le sont jamais. Le passage de la vie à la mort n'est voilé par aucune réticence :

" Alors sautèrent ses dents ; il vint des deux côtés
Du sang aux yeux ; le sang que par les lèvres et les narines
Il rendait bouche ouverte ; la mort de son noir nuage l'enveloppa. "

La froide brutalité des faits de guerre n'est déguisée par rien, parce que ni vainqueurs ni vaincus ne sont admirés, méprisés ni haïs » (S. Weil).

Finalement le tabouret précieux est retourné aux dieux. La fable place les hommes de savoir face à ce qui les excède : une violence, une cruauté. Une des versions fait du tabouret un piège d'Hélène, la belle allumeuse de discorde. Renvoyer les attributs de la sagesse, en abandonner aux célestes les prétentions passe pour commencement de la sagesse aux yeux qui découvrent la condition des vies. Guerres de Troie (Homère), des Perses (Hérodote), du Péloponnèse (Thucydide), dispute des dieux, querelles de rois, révolutions et égorgements : l'existence grecque gravite autour de heurts meurtriers. D'y prendre sa mesure, la pensée devient modeste, entre elle et la plénitude sage l'horreur s'interpose. La philosophie naît de tenir la guerre pour l'évidence la mieux partagée. « ... La guerre, qui retranche les facilités de la vie quotidienne, est un maître aux façons violentes, et elle modèle sur la situation les passions de la majorité... On changera jusqu'au sens usuel des mots par rapport aux actes, dans les justifications qu'on donnait. Une audace irréfléchie passa pour dévouement courageux à son parti, une prudence réservée pour de la lâcheté déguisée, la sagesse pour le masque de la couardise, l'intelligence en tout pour une inertie totale... Bref, être le premier dans cette course au mal vous valait des louanges et aussi d'y pousser qui n'y songeait pas » (Thucydide). Les saletés de la guerre font la première critique de la raison pure.

Fin de l'intermède.

Sixième tableau.

> « Le conscient manque chez nous de ce qui là-haut éclate... »

La limite du penseur est le guerrier. Rien à voir avec le pieux combat de la « raison » et des « passions », le geste des Sept Sages implique d'autres partages dans un univers mental plus complexe. Comment comprendre sinon que leur inscience interrompe l'ascension belliqueuse en affirmant la faiblesse voulue et non la supposée force de la sagesse ? Ils n'ignorent ni la soif de l'or, ni le superlatif passionnel (la plus belle, Hélène, est la plus disputée) : mais ils invitent à une déflation de la raison. Leur renoncement n'a d'effet que si la prétention de savoir s'avère folie aussi incendiaire que les « causes » classiques, économiques et psychologiques, des conflits. L'homme en quête de savoir découvre l'homme du pouvoir comme son alter ego. « Je suis le plus sage » fait pendant à « Je suis le plus fort. » L'un choisit de s'arrêter en chemin à inventer une philosophie imprévue, l'autre s'empare d'une force imprévisible à poursuivre le même chemin. Dès le commencement de l'occident, un subtil retournement des jeux : c'est le pouvoir qui affiche le savoir le plus long et regroupe ses sujets sous une vérité devenue drapeau.

Le bipède sans plumes circule sous un maître contrôleur qui s'emploie à lui construire une identité. Des couteaux s'aiguisent

Une dernière aventure du bipède sans plumes 147

au tranchant des définitions, inaugurant de grandes mobilisations persuasives. Les rôles, discrètement, s'inversent, l'inspiration (le « démon ») de Socrate ne le pousse pas, mais le retient ; lorsque s'annonce le grand envol idéologique, lorsque commence la conquête du monde, la pensée se découvre coupeuse d'ailes.

Septième tableau.

> « Réduire l'horizon et le spectacle à une moyenne bouffée de banalité. »

Le cynisme, en premier lieu, fut doctrine d'une école qui critiquait la société, récusait les biens matériels, mettait en question la civilisation dans son ensemble et prônait le retour à la vie simple des premiers hommes mangeurs de fleurs et buveurs d'eau douce. La secte se bornerait à cultiver une technique de salut privé entre mille autres, si elle ne comptait quelques alliés de taille au cœur d'une cité qu'elle proposait de fuir.

Le penseur tient les autres pour des cyniques qui s'ignorent. Certes, les « sophistes » qu'affronte le Socrate de Platon n'osent pas prôner, comme Diogène de Sinope, l'inceste, le cannibalisme et le parricide. Lorsqu'ils font l'apologie de la loi du plus fort et qu'ils chantent le bonheur sans mélange du tyran absolu, une honte les retient. Alcibiade est soupçonné de mutiler les statues, mais la nuit abrite ses sacrilèges. Diogène, lui, opère en plein jour, sur la place publique — regardez-moi, regardez-vous. C'est lui ou moi, profère le penseur, qui de Diogène fait le mauvais exemple. Un professeur par la négative. « Un Socrate devenu fou », aurait dit Platon.

Le conquérant, au nom des « politiques », opine en parallèle. « Si je n'étais pas Alexandre, je serai Diogène. » La formule, attribuée à l'unificateur de la Grèce, respire moins l'admiration que l'effarement. L'esprit incapable de vivre en société (Diogène) ou de se défendre devant le tribunal (Socrate) incarne, flagrant, tout ce que l'homme d'action s'acharne à ne pas être.

Renvoi à l'expéditeur : l'animal sauvage, que le penseur décèle dans le maître politique, se repère dans le penseur lui-même : « Le philosophe ignore les lois qui régissent la cité ; il ignore la manière dont il faut parler aux autres dans les affaires privées et politiques ; il ne sait rien des plaisirs ni des passions... Il devient moins qu'un homme à fuir toujours le cœur de la cité... Un tel homme, passe-moi cette expression un peu rude, on a le droit de le souffleter impunément. »

Le maître croit savoir et s'autorise ingénieur des âmes, le penseur croit pouvoir et devient militant. Leur concurrence ouvre le marché commun du cynisme. Chacun justifie le sien par celui de l'autre ; une sagesse, découverte insuffisante devant le meurtre, doit laisser la guerre répondre à la guerre. « On ne guérit pas des membres gangrenés avec de l'eau de lavande » (Hegel).

La Grèce, puis l'occident trouvent leur puissance intellectuelle à reconnaître franchement l'inévitabilité du cynisme. Ils en expédièrent, tous azimuts, le colis piégé, disséminant une nouvelle distribution du savoir et du pouvoir. Les pires ennemis furent les premiers imitateurs : pour combattre à armes égales. Les âmes les plus pures mirent toute leur pureté à ne pas contourner le scandaleux et incurable cynisme des combats, lorsqu'ils ne sont pas imaginaires. La Grèce, puis l'occident trouvent leur faiblesse dans ce cynisme, non à en prendre acte mais à s'en satisfaire, laissant une nécessaire écorce dévorer le fruit.

Diogène creuse l'espace grec autour d'un point de fuite ; il ouvre les portes de la nuit sur la menace d'anéantir les humaines relations. Cynisme encore miniaturisé : celui de l'autre. Diogène se donne pour l'exception, il participe de l'aura ambiguë du sacré ; Œdipe n° 2, il se charge d'abomination et de souillures et sa présence purge Athènes. Le maudit bénit, la profanation consacre un fou du roi, un pouilleux de dieu. Bientôt Diogène envahit, il règle l'économie où un billet vaut une livre de chair, il domine les eaux glacées du calcul capitaliste ou socialiste, il gouverne l'univers politique ; toute la ouate du monde ne peut plus assourdir la guerre de tous contre tous. Il investit l'extérieur, il gagne l'intérieur, ce n'est plus l'ensauvagé qui seul porte la mort, un regard moderne donc froid égalise tout : « La mort... est la chose la plus redoutable et soutenir ce qui est mort est ce qui exige la plus grande force » (Hegel).

Le cynisme triomphe quand le maître et le penseur s'identifient. Non point à la manière héroïque du xixe siècle allemand qui tente encore des différences : la vieille pensée annonce un nouveau maître et le nouveau maître liquide la vieille pensée, avec l'espoir d'enfermer Diogène, sinon dans un tonneau, du moins dans le passé. L'identité du maître et du penseur s'achève en chacun dans l'équanimité d'un cynisme établi, où la nouvelle pensée succède à l'ancienne, et le jeune maître au vieux, parce que toutes choses étant égales, c'est l'âge des artères qui décide.

Huitième tableau.

> « Lui-même à la fin, quand les bruits auront disparu, tirera une preuve de quelque chose de grand (pas d'astres ? le hasard annulé ?) de ce simple fait qu'il peut causer l'ombre en soufflant sur la lumière. »

Je suis Platon, la pensée qui coupe. Je suis Diogène, le couteau qui pense. Je suis poulet, la plaie et le couteau. Je suis les trois ensemble, je suis la définition. Maître et penseur continuent à se distinguer, chacun présente la mort à son prochain et poursuit dans l'autre sa propre fin. Il existe pourtant une tache aveugle où la paranoïa de l'un ne double pas mais redouble la schizophrénie de l'autre. Je pense et je suis ne s'y séparent même plus du souffle qu'il faudrait pour le dire. Tel est le dernier mot, retenu, de Diogène, le sommet d'une pensée devenue pure maîtrise, l'absolue maîtrise pure de toute arrière-pensée, la toupie de l'espace sur une pointe de temps. La forme enfin trouvée de l'identité sans ombre du maître et du penseur.

« On rapporte qu'il mourut à près de quatre-vingt-dix ans, mais tout le monde n'est pas d'accord sur la façon dont il mourut. Les uns veulent que pour avoir mangé tout cru un

poulpe il soit mort du choléra, les autres et parmi eux Kercide de Megalopolis qu'il se soit volontairement asphyxié en retenant sa respiration. Ce dernier le dit en vers :
 ... Il est monté au ciel pour avoir de ses dents
 Mordu ses lèvres et retenu son souffle, c'était
 Diogène, un vrai fils de Zeus et un chien céleste. »

Un suicide prouve peu quand la pensée ne tue mais une arme. Aussi infime soit l'intervalle qui sépare la décision de mourir et le décès, un instant les scinde, qui laisse libre cours aux commérages. Et s'il s'était raté, eût-il persévéré ? En tout suicide, la pensée qui médite la mort et la maîtrise qui l'exécute font deux. Le chevalier japonais se fait hara-kiri en compagnie d'un serviteur qui se charge si nécessaire, au dernier instant, d'accomplir le geste. Il en détient le mérite. Seul Diogène passe l'intangible limite, maître jusqu'à ce que la vie la plus intérieure du cynique touche le plus profond cynisme — ne plus rien faire, ne plus rien penser que garder sa respiration.

A la fin du XXe siècle, une puissance se qualifie en consacrant un quart de son budget et quelques réflexions à l'armement thermonucléaire. On pourrait croire qu'elle vise, de manière classique, un avantage dans un rapport de force. Pas vraiment, les adversaires potentiels disposent, s'ils vont au bout de leurs forces, de quoi faire sauter plusieurs fois la planète. On pourrait imaginer, à l'inverse, cet appareil simple moyen au service d'une détermination morale : à défendre le droit dans les petits conflits, une grande puissance persuaderait ses rivales qu'elle ne cède pas sur les grandes questions. Pas du tout. On exhibe le danger nucléaire pour abandonner individus et petits peuples aux plus entreprenants. Le calcul qui paraît gouverner les stratèges du « contrôle des armements » (arms control) ne se laisse décrypter ni en grandeurs morales ni en mégatonnes simplement physiques, il combine les deux pour se rendre plausible. Capable de gagner parce que le plus fort, toutes armes mises à feu ? Il n'en est plus question. De tenir quoi qu'il en coûte, parce qu'on ne cède pas sur la justice ? Rien de tel ne s'évoque sérieusement. Alors ? Ni la force ni le droit ne mesure la puissance qui résulte des combinaisons d'alliances politiques et des systèmes d'armes. Chacun prétend persuader l'adversaire qu'il est capable d'aller aussi loin que lui et de s'arrêter aussi rapidement sur la voie de la conflagration générale.

Une grande puissance entend se démontrer aussi maître de l'escalade que du contrôle, pareillement capable d'aller à la mort et de revenir à la vie. Sous le nom de « crédibilité », elle unifie ces deux aspects contradictoires dans un même système d'options stratégiques et les présente comme le recto et le verso d'une gestuelle diplomatique. D'un seul coup tu intimides et rassures un adversaire censé en faire autant.

Les stratèges nucléaires évoquent volontiers le jeu de « poule mouillée » : un conducteur dans chaque voiture, toutes deux dévalent vers un précipice, le dernier à sauter de son véhicule se couronne des palmes du courage, l'autre échoue poule mouillée. Entre ce jeu et les finesses de la stratégie nucléaire, il y a la même différence qu'entre un suicide ordinaire et l'extraordinaire. Le conducteur ne peut pas faire marche arrière, il ne peut sauter que si la portière s'ouvre ; la signification de son acte ne dépend pas entièrement de lui, il la partage avec les caractéristiques physiques de l'automobile comme le suicidé avec les aléas de son arme. Sorti un peu plus tôt, il apparaît raisonnablement lâche ; un peu plus tard, il laisse le souvenir d'une folie téméraire. S'il trouve le moment juste, il triomphe, à moins d'en remercier sa portière, ou le hasard.

Le stratège nucléaire, bien plus ambitieux, ne joue pas un coup, mais une infinité ; il ne tente pas sa chance, il s'installe, en permanence, dans la sécurité de ses manœuvres « décisives » ; il veut garder la possibilité de revenir en arrière ou d'accélérer. Se déplaçant dans les deux directions de l'échelle du risque, mobile et souple, il se contrôle face aux mouvements adverses ; élastiquement il s'installe au point médian entre lâcheté et folie, en cet éclair où courage et intelligence font un, en l'instant que le desesperado de la voiture n'atteint qu'une seule fois. A l'évidence l'ambition, finement travaillée, de la puissance nucléaire tend au contrôle absolu de la faculté de mourir, donc de vivre. Et l'image qu'elle évoque renvoie à Diogène retenant ses souffles jusqu'au dernier.

Embarras des grands de l'atome : plusieurs à diogéniser,

chacun à l'affût de l'autre, ils économisent leur respiration, ignorant si c'est déjà stupeur ou encore maîtrise. Version moderne d'un problème classique : le cynique étant par définition, de part en part, antisocial, l'idée de garantir la sécurité du monde par la seule association des cyniques laisse perplexe.

Neuvième tableau.

> « Il ferme le livre — souffle la bougie...
> et croisant les bras, se couche sur les cendres de ses ancêtres. »

Diogène, K.O. de lui-même, l'emporte sur le divin Platon, il part dans la jouissance de posséder l'insaisissable définition. Plus maître que le maître. Plus penseur que le penseur. Les deux en un et rien que cela, mais mort.

« D'autres auteurs racontent encore que, voulant arracher aux chiens un morceau de poulpe, il fut mordu au pied et en mourut. Les amis de Diogène toutefois croient à la tradition de la respiration retenue. Car il vivait au Cranion, gymnase situé aux portes de Corinthe, et quand, à leur habitude, ses amis vinrent le voir, ils le trouvèrent enveloppé dans son manteau. Ils crurent d'abord qu'il dormait, puis le sachant peu enclin au sommeil, ils soulevèrent le manteau et trouvèrent le philosophe inanimé et sans souffle. Ils pensèrent qu'il l'avait retenu volontairement par désir de la mort. Alors ils se disputèrent pour savoir qui l'enterrerait, et peu s'en fallut qu'ils en vinssent aux coups. La discorde fut apaisée par la venue de leurs parents et des gens influents de la ville, qui firent enterrer Diogène près de la porte qui conduit à l'Isthme. »

Un soupçon d'ironie pimente ce compte rendu. Faut-il l'imputer au mauvais esprit de l'historien ? N'est-ce point involontaire effet, somme toute mécanique, de l'inévitable distance qu'une chronique entretient avec ce qu'elle rapporte ? Le fin du fin du cynisme et son mot de la fin ne pouvait être prononcé par

Une dernière aventure du bipède sans plumes 153

Diogène, tout à sa respiration. Ses fidèles s'en portent garants, et déjà se disputent; même l'apôtre est condamné à devenir chroniqueur :

« Le temps ronge le bronze, mais
Ta gloire, Diogène, sera éternelle
Car seul tu as montré aux hommes à se suffire eux-mêmes,
Et tu as indiqué le plus court chemin du bonheur. »

Toute la vie cynique témoigne pour cette mort, mais seule une telle mort fait de cette vie un tout et de sa doctrine une cohérence. Nous sommes au tourniquet. Normal. En vingt-cinq siècles, le cynique a prouvé sa capacité inouïe et probablement unique à entraîner le monde entier en son tournis : « Je profère la parole pour la replonger dans son inanité. » Mallarmé-*Igitur,* en ses premières versions, annulait le hasard en buvant, dans une fiole transmise de génération en génération, la « substance du néant ».

L'univers du cynique tourne sur ce centre où le maître et le penseur s'avèrent enfin le même. Que cette identité ne puisse se prouver ne la rend pas improbable ; qu'elle soit invérifiable ne la prive pas de vérité. Dieu touche le croyant sans se laisser embrasser par lui. Ainsi, peut-être, la vérité du cynisme, comme toute grande vérité : le fondement de la preuve ne se prouve pas, le principe de la vérification ne se vérifie pas. On peut les « saisir et énoncer qu'on saisit » (Aristote), ou bien ne pas les saisir, c'est-à-dire ignorer. Un cercle renvoie de l'essence du cynisme à l'acte de Diogène ; il n'est pas vicieux, il trahit le sillage de la pensée, quand elle touche quelque chose d'important, et entre autres, elle-même.

Le cynisme est-il faux ? Diogène a l'astuce de rendre l'interrogation sotte, elle prétend nous faire juger de sa dernière pensée sans la connaître. Est-il exact ? Il suffit de regarder autour de soi pour se surprendre à regarder cyniquement. Reste à expérimenter si le non-cynisme est possible.

Au point de départ, ils étaient trois à figurer l'homme, le penseur, le maître et le poulet. Diogène réduit le drame à l'opposition des deux premiers et rétracte l'opposition à leur identité dans le troisième, un oiseau qui s'arrache lui-même toutes ses plumes et la vie.

Le bipède sans plumes peut-il ouvrir sur la scène une perspective propre, ignorée de ses deux inquiétants acolytes ? La question est philosophique, par excellence.

Dernier tableau.

> « Comme l'arc-en-ciel, le délicat poème ne se déploie que sur un fond d'obscur » (Goethe).

Le penseur veut définir, le maître finit, le bipède sans plumes ne peut échapper sans ruser ; divisant pour survivre, il invite les deux puissances à penser l'indéfinissable et à maîtriser ce qui ne peut se maîtriser : philosopher c'est s'exercer à mourir.

Animal dispersé ou diasporique, A. Dupont se distingue du triangle. D'un côté, les êtres qui se laissent définir (par là : « mathématiques »), tout entier déterminés dans le savoir qu'on peut en acquérir et transmettre sans perte d'information. De l'autre, les êtres rebelles à cette détermination complète, des « natures » qui ne se laissent pas épuiser dans le savoir qu'on a d'eux : « Le principe des individus, en effet, c'est l'individu ; de l'homme en général ne sortirait que l'homme en général, mais l'homme en général n'est pas ; c'est Pélée qui est le principe d'Achille, c'est ton père qui est ton principe » (Aristote). On peut se mettre à décrire ces natures (« substances ») individuelles, on sait qu'on ne finit jamais. C'est le commencement de toute littérature, faute de définir juste, on énonce sans cesse trop ou trop peu. « Si on te définissait, toi, par exemple, et qu'on dise que tu es un animal maigre et blanc, ou telle autre qualification, ce serait là un caractère qui pourrait aussi s'attribuer à un autre » (Aristote). Où l'on constate que désespérer de définir l'homme, n'est pas désespérer de A. Dupont ou du lecteur qui n'apparaissent, au contraire, que sur fond de ce désespoir-là.

Nul ne se laisse condenser en ce qu'on sait de lui et à ce qu'il sait de soi ; Socrate l'a saisi mieux qu'André Breton, malgré les secours que ce dernier puisa chez Sigmund Freud. L'inconscient moderne risque, à tout instant, de sombrer dans le pas encore su, comme tel surréel, en attente d'être découvert. L'inscience socratique, elle, ne constitue pas une base de départ pour hardis explorateurs, ni un point de retour pour voyageurs désabusés. Elle est le voyage lui-même. L'analyse de celui qui creuse l'ombre sans se refaire de personnalité synthétique. La psychanalyse qui récuse toute psychosynthèse en se faufilant « interminable » (Freud). Sais-tu ce qu'est le courage ? demande Socrate au général, et au prêtre, la piété ? Au poète, la poésie ? « Je sais que je ne sais rien », dit-il. Ce n'est pas un départ. Les autres croient savoir et soupçonnent qu'il en sait déjà trop long, d'un savoir terroriste qui sape les autorités compétentes et pose ses bombes idéologiques au cœur de la ville. Non. L'inscience n'est même pas le mot de la fin. Pour avoir le dernier mot, il faut savoir ce qui vient le dernier. Socrate se tue d'affirmer qu'il l'ignore. L'inscience ne se dévoile ni au début ni à la fin, elle fait qu'il n'y a ni début ni fin, elle est le cours de la conversation. Socrate parle comme Diogène respire, mais il ne faut pas lui demander de s'interrompre : tout le monde, certes, peut l'arrêter, mais lui ne s'en occupe pas.

Je se décharge de l'interruption sur le tribunal d'Athènes, sur celui des artères, des accidents du travail ou de circulation. Non sans le savoir. C'est même la seule science que Socrate ne récuse pas, elle ne concerne nullement l'outre-tombe. La science de la mort n'est pas science de l'après ou de l'avant. La camarde survient n'importe où, n'importe quand ; elle frappe qui elle veut, comme elle veut. Faisant de l'événement un avènement (à la conscience de soi), Diogène en gomme l'arbitraire avec le même acharnement que le savant de l'au-delà ou le technicien de l'en-deçà : bon ou mauvais moment qu'importe, le seul souci est de le faire passer. Avec Socrate, ça ne passe pas. Il impose sa mort. On en parle préalablement (O Aristophane !) ; avec lui à l'occasion (O Calliclès !) ; on l'évoque longtemps après (quel coup ! Boukharine rate une sortie parente : je me confesse, j'ai comploté, longue vie à ceux qui me tuent !). On n'a pas fini d'interpréter : sa fuite était préparée, les portes étaient ouvertes, il refusa ce blanc-seing aux juges qui le condamnaient, il tint à infliger sa leçon jusqu'au bout. Un dernier cours sur ce qui compte et ne compte pas ? Le passage de la théorie à la pratique ? Socrate meurt-il pour un Etat à qui il concède le droit de tuer injustement ? Si l'Etat tolère sa fuite, Socrate est plus intolérant que lui, il croit appeler une cité plus juste et ne l'annonce que plus forte. D'Athènes ou du philosophe, qui est le plus fanatique ? Il y a de quoi jaser dans les universités nietzschéennes. Socrate est-il un héros de la pensée ? Il pose quelque peu, face au tribunal il joue les inflexibles, l'incorruptible ; il brave peut-être à dessein, pour exaspérer les juges et décrocher la timbale mortelle. Socrate est-il un professeur, trop professeur ? Dans le *Phédon,* le jour de la mort venu, il lui arrive de motiver la détermination qui l'anime par son absolue conviction que le pair n'est pas l'impair. Citoyen trop respectueux ou anarchiste trop ironique ? Agent de l'ennemi ? Ne fait-il pas tout pour qu'Athènes se tue de le tuer ? Le voilà démoralisateur publique n° 1 : « Je voudrais trouver un crime dont l'effet perpétuel agît, même quand je n'agirai plus, en sorte qu'il n'y eût pas un seul instant de ma vie où, même en dormant, je ne fusse cause d'un désordre quelconque, et que ce désordre pût s'étendre au point qu'il entraînerait une corruption générale ou un dérangement si formel qu'au-delà même de ma vie l'effet s'en prolongeât encore », supplie une héroïne de Sade. Corruption de la jeunesse, mise à mort des dieux, telle est l'exacte accusation d'Anytos contre Socrate, l'attendu du jugement. La camarade Juliette répond à Clairwil : « Essaie du crime moral auquel on parvient par écrit. » Socrate découvrit-il que l'acte qu'il poussait à commettre sur lui-même était plus corrupteur et destructeur que tous ceux qu'il rêvait d'accomplir ? Repéra-t-il dans l'assistance un jeune écrivain, un Divin Marquis définitivement fasciné ? Les ailes de la vengeance se déploient. L'ange exterminateur prend son envol. Socrate essaie du crime moral, Platon l'achève par écrit, Sade est depuis longtemps dépassé. A moins que mozartien, Don Juan de la politique, Socrate ne laisse à un Leporello d'élève le soin de collationner les mille et trois significations socio-ethno-économico-juridico-mondiales de son geste. A trahir toutes les causes les unes par les autres ne resterait-il fidèle qu'à lui-même ? Intellectuel sacré, sacré intellectuel, se moque-t-il ?

De qui ? De quoi ? Sinon de la mort. Et elle de lui. Ils en rient ensemble. Son geste n'a pas d'ultime signification, car l'ultime s'insignifie. A la fin du *Gorgias,* après s'être expliqué avec le plus cynique des sophistes, Calliclès, Socrate conte une fable, une « histoire de bonne femme ». Il était une fois un jeune Zeus qui décida de réformer le tribunal de dernière instance. On s'était plaint, trop de bons se retrouvaient au Tartare quand les mauvais, tous frais payés, débarquaient aux îles des Bienheureux. Zeus découvrit l'origine de ces méprises : « On juge les hommes encore vêtus », chacun se présentait attifé de ses atours physiques et spirituels et brillait. Les juges se laissaient éblouir. On se déguisait, on s'ingéniait à circonvenir le jugement dernier. Le remède fut d'une simplicité plus qu'évangélique : « La première chose à faire est d'ôter aux hommes la connaissance de l'heure à laquelle ils vont mourir ; car pour l'instant ils la prévoient... » Les mortels n'ayant plus loisir de se parer seront révisés nus. Désormais la camarde effeuille sans cérémonie, démocratiquement.

Les jeunes ambitieux grommellent autour de Socrate : avec son mode de vie philosophique, sa « moraline », il ne réussit pas dans la cité ; soumis aux attaques injustes, il ne parvient pas à se défendre ; qu'il cherche une vie juste, soit, mais qu'il apprenne d'abord à vivre ! Leur étonnement n'est pas sans rappeler celui de chroniqueurs du XXe siècle : pourquoi les jeunes prolétaires, pour la plupart, dédaignent-ils de faire carrière dans la police ? Les qualifications exigées ouvrent grandes les portes, la paie est supérieure, le labeur moins pénible, les accidents de travail moins nombreux que dans d'autres corps de métier. Une majorité de travailleurs manuels n'est pas tentée par cette ascension sociale, une majorité de policiers ne profite guère de vastes possibilités, sans risque, d'abus de pouvoir et peu de militaires vont jusqu'au bout de leur militarisme. Qui retient toute cette population de glisser sur la pente savonneuse de l'arrivisme à tout prix ? L'absence d'idée, la morale du troupeau et la bêtise, disent les uns. Une morale supérieure, affirment d'autres, bien en peine de s'accorder à la désigner.

La réponse de Socrate au jeune ambitieux est plus subtile ; il n'oppose pas à l'arrivisme social un autre arrivisme, éthique, ou religieux, ou ultra-sidéral. Il remet sur la sellette ce que la question tenait pour acquis, l'idée même d'arriver. Je ne sais pas me défendre. Soit. Qui le peut ? Je veux m'efforcer de « me rendre aussi parfait que possible dans la vie, et, quand viendra l'heure de mourir, dans la mort ». Cette heure sonne sans prévenir, inutile de passer sa vie à défendre sa vie comme un quartier de haute sécurité. Elle s'avère indéfendable, depuis que Zeus ôta aux hommes « la connaissance de l'heure où ils vont mourir ». Tout instant est pénultième. Toute planification anticipe du non-mesurable. Celui qui veut « arriver » doit s'en donner les moyens et ne pas être interrompu. Si cela dépend de nous, vous avez raison de m'imputer quelque négligence ; sinon l'idée d' « arriver » se découvre la moins réaliste qui soit ; vos outrecuidants calculs de carrière et de retraite s'épanouissent en comptes d'apothicaires immortels. La décision ne nous appartient pas. Nous ne lui appartenons pas plus. Parlons.

Indubitablement exposé aux hasards de sa mortalité, le bipède sans plumes ne saurait exiger de la vie la sécurité qu'il trouve absurde de demander à sa fin. La maîtrise absolue et la pensée définitive lui échappent de naissance. La maladie est congénitale mais pas mal venue, Socrate se fait « courageux en la mort, non parce que son âme est immortelle, mais parce qu'il est mortel » (Montaigne).

Extérieurement, la ciguë et le philosophe nouent un événement héroïque et unique. Intérieurement, Socrate meurt comme tout le monde. Extérieurement, Diogène périt en dormant, cela arrive à n'importe qui. Intérieurement, il touche le sommet de son existence ; tandis qu'il se mordait les lèvres, la vie la plus intense embrassait la mort la plus vivante.

Qui croire ? Nos yeux ou le spectacle qu'ils donnent en leur dernière représentation ? Nos oreilles ou le témoignage des fidèles ? Les actualités nous présentent des soupirs d'agonie qui ressemblent à bien d'autres ; la caméra, installée dans le crâne illustre, filme l'incomparable, mais en fiction. Le maître et le penseur que Socrate renvoie dos à dos, Diogène les unit comme les lèvres et les dents.

Le divorce de Diogène et de Socrate se prononce autour d'un trou noir que tant de civilisations contournent. Qu'est-ce qui fit prendre soudain l'abîme au sérieux ?

La sortie de Socrate.

> « A votre avis, la mort c'est quelque chose ?
> — Hé ! absolument. »
> (*Phédon* 64 c.)
> « — Car le terme mourir, je suppose, est hors de doute ?
> — Absolument ! »
> (*Phédon* 71 e.)

Les immortels ne peuvent pas, les animaux semblent rarement jouir du seul passe-temps qui, dès sa naissance, passionna l'Européen, le trictrac avec la mort. Jurer avec Novalis que « l'acte philosophique par excellence est le suicide » laisse planer l'équivoque. Œdipe ne se tue point, il s'aveugle, comme si s'atteignant enfin à s'exorbiter, il voyait et faisait voir ce que ses dieux ne sauraient contempler. Pour s'être, tout entier, voué à sa déesse, l'Hippolyte d'Euripide agonise ; Artémis perçoit sa misère, l'œil irréductiblement sec, « à mes yeux divins les pleurs sont interdits », elle le quitte : « Adieu, il ne m'est pas permis de contempler ce que flétrit la mort et de souiller ma vie au spectacle d'un corps expirant. » Retranché dans sa différence, le mortel oblige le dieu, grec ou chrétien, à partager sa fin, s'il prétend s'immiscer en son aventure de bipède sans plumes. Les problèmes dogmatiques et spirituels que soulève une divinité éternelle affectée d'une soudaine humanité se laissent contourner si on les renverse : les mortels apprennent vite à vivre en célestes et inventent hospices et maisons de retraite, l'insupportable y est laissé pour compte. Il ne reste qu'à célébrer les conquêtes de la science, le progrès social et, peut-être, le triomphe du cynique.

Epictète saisit son personnage avec des pincettes philosophiques ; il présente un cynique qui promeut matière de son travail sa propre pensée et plus précisément celle de la mort, enjeu commun des stratégies concurrentes de Diogène et Socrate.

Aucun arbitre ne saurait « objectivement » les départager. On ne se voit mort qu'en se dédoublant ; il faut se figurer deux fois vivre, pour se tenir en train de s'effacer. Distribuée nécessairement entre plusieurs acteurs, la rencontre ne se peut que théâtrale ou, sur tréteaux intérieurs, littéraire. Insaisissable en personne, la faucheuse hante les personnages. Point de fuite que chaque bipède sans plumes s'estime sûr d'atteindre bien que nulle confirmation n'en rebondisse. Point de non-retour dont tout le monde semble déjà revenu, avec un savoir qui précède tous les autres (étrange savoir qui fonde tout scepticisme mais sur lequel aucun scepticisme n'a de prise, qui connaît la limite bien qu'il ne l'ait jamais atteinte et ignore ce qu'elle limite bien qu'il y soit tout entier contenu). Cette expérience, hors d'accès, n'en constitue pas moins l'accès à toute expérience : je me touche, je suis bien vivant, je ne suis pas mort, mais d'où sais-je que je pourrais être mort ? Où puis-je toucher ce sentiment de pouvoir n'être pas, aussi fort que mon sentiment d'être ? L'animal mortel existe en se rendant contemporain d'un événement qui n'admet pas de contemporain. Le déphasage introduit les nécessités d'une machination proprement littéraire ; il faut de l'imagination pour se serrer sursitaire. Non s'élever sur des cimes et crever quelque plafond spirituel, mais baisser les yeux pour scruter une fosse : telle est la première sublimation. Il n'y a rien de plus simple, et rien de plus impossible à concevoir que cette simplicité : « Mourir veut dire : mort, tu l'es déjà, dans un passé immémorial, d'une mort qui ne fut pas la tienne, que tu n'as donc connue ni vécue, mais sous la menace de laquelle tu te crois appelé à vivre, l'attendant désormais de l'avenir, construisant un avenir pour la rendre enfin possible, comme quelque chose qui aura lieu et appartiendra à l'expérience » (Blanchot).

Difficile de coller Socrate et Diogène au pied du mur. En son évidence têtue, mais insaisissable, l'expérience qui coupe tout ne saurait trancher de rien. « Lorsque nous sommes, la mort n'est pas, lorsque la mort est, nous ne sommes plus », Epicure détache l'étrange rencontre où ce qui définit intimement l'homme comme mortel lui demeure extérieur. L'événement est inconcevable, donc nous l'imaginons, et vite il s'avère inimaginable : « Le fait est qu'il nous est absolument impossible de nous représenter notre propre mort, et toutes les fois que nous l'essayons nous nous apercevons que nous assistons en spectateur... Au fond personne ne croit à sa propre mort » (Freud).

Si la mort était à portée de regard ou d'imagination, nul ne l'élèverait à l'éminente dignité d'un enjeu philosophique. Si elle était simplement ce qui nous échappe, il n'y aurait pas davantage sujet de dispute, les étoiles ignorées ne bouleversent guère. Par quelque côté elle se doit crédible pour préoccuper, et par tous côtés convaincante pour être couronnée souci n° 1. Tertullien réfute Epicure et raisonne par l'absurde : « Si la perte du sentiment n'est rien pour nous, l'acquisition du sentiment, elle non plus n'est rien pour nous » ; l'animal qui ne meurt pas ne saurait naître à quoi que ce soit. Si la mort est nulle, la vie glisse non avenue. L'apologiste chrétien, en prétendant réfuter le philosophe païen, l'illustre et le commente ; toute la mythologie antique confirme que les Dieux s'ennuient, à moins de se divertir avec les éphémères, d'éveiller une passion là seulement où cela se peut allumer. La crédibilité d'un événement excède toute saisie directe ou feinte, lorsqu'on pense en lui, plutôt qu'une expérience entre autres, la condition de possibilité de chacune.

S'il s'avère impossible de vivre sa mort, est-il possible de vivre sans mourir ? Ce qui intrigue la pensée n'est pas la vie sans souci (« avant »), ni la mort établie, sans tracas (« après »), mais le passage, constate saint Augustin dans la foulée d'Epicure : « Tant que l'âme est dans le corps, tant que nous sentons, l'homme vit sans aucun doute, en bon composé d'âme et de corps qu'il est, il faut dire qu'il se trouve donc avant la mort et pas dans la mort ; mais lorsque l'âme est partie, privant le corps de tout sentiment, il se trouve après la mort et l'on dit qu'il est mort. Je ne vois pas comment il peut être mourant, c'est-à-dire dans la mort. » Etre mourant fait précisément l'originalité du bipède, son imperceptible perception et sa presque impensable arrière-pensée. Il en va du trépas évanescent comme de la présence du présent, poursuit saint Augustin : on le cherche et il fuit, le futur glisse passé sans faire de pause. Mourir ne se laisse pas circonscrire, ne prend pas un moment du temps, mais, à sa manière, occupe entièrement le temps : « Si donc nous commençons à mourir, c'est-à-dire à être dans la mort, du moment que nous commençons à avancer vers la mort, il faut dire que nous commençons à mourir dès que nous commençons à vivre. » Imprévu retournement : si on ne meurt pas *avant* ou *après* on meurt sans cesse et c'est la vie.

Cela va de soi : si celui, placé *avant,* ne peut entrer *dans* la mort, réciproquement celui qui naît *mourant* ne peut sauter au-dessus de son ombre dans un sentiment antéconceptionnel, préhistorique, ou en quelque vision post mortem expédiée d'outre-tombe. Beaucoup de peuples, mieux adaptés, s'enorgueillissent de connaissances sur l'en-deçà et l'au-delà, l'événement, par là même, se « réduit » et se manipule. Le bipède sans plumes exclut, lui, ce qui exclut la mort et passe son temps sans prétendre le tenir par l'un ou l'autre de ses bouts.

L'animal mourant renverse la conclusion tirée à contresens du paradoxe d'Epicure : si l'étreinte de la mort ne se laisse chronométrer, elle n'implique nullement que nous ne la croisions jamais, mais toujours ; ni que la mort n'existe pas mais bien plutôt qu'elle risque partout. Elle ne constitue pas un point de présence dans le temps, mais la présence insistante du temps. Impossible de fixer la mort dans une date — qui trancherait l'avant de l'après ; dans un corps vivant — qui serait déjà mort ; dans un corps mort — qui vivrait encore son essoufflement ; dans une pensée — qui serait pensée de la non-pensée. Le bipède extrait de ces bizarreries l'inattendue conséquence qu'elles entraînent l'inexistence non point de la mort, mais de sa fixation. L'événement est déplaçable, l'animal mourant n'arrête pas de jouer son existence physique et spirituelle. Il acquiert l'impression de vivre en se débattant contre diverses nécroses. Si l'instant du décès d'autrui est inassignable, son immortalité n'en semble pas plus proche et l'inquiétude saisit qu'il ne se soit déjà absenté. La mécanique corporelle mime encore un esprit expiré. L'individu sans cesse redécoupe en lui, comme en ses proches, l'étrange et évanescente frontière. « Je n'ose nier en effet que le corps humain, bien que le sang continue de circuler et qu'il y ait en lui d'autres marques de vie, puisse néanmoins changer sa nature contre une autre entièrement différente. Nulle raison ne m'oblige à admettre qu'un corps ne meurt que s'il est changé en cadavre ; l'expérience même semble persuader le contraire. Parfois en effet un homme subit de tels changements qu'il serait difficile de dire qu'il est le même. »

Spinoza inscrit la déflation du savoir qu'impose le périssable en tant que pensable. Aucune technique d'approche n'en maîtrise l'apparition et la disparition. Il omet le corollaire : aucune technique d'évitement n'a puissance de nous en épargner la rencontre mouvante et émouvante. L'individu miné ne se laisse pas fixer, même en ses refus, et ses fluctuations peuvent donner à la connaissance sa chance et signifier l'échec de ses prétentions.

> « O nuit qui me guide
> O nuit plus aimable que l'aube
> O nuit qui joignit l'aimé avec l'aimée
> L'aimée en l'aimé transformée. »

L'expérience de la mort engendre un ensemble de doubles négations qui se neutralisent réciproquement. Saint Augustin cerne le mourir par l'exclusion biface d'une existence qui serait ignorance préalable et végétative, ou posthume et angélique. Dans l'irrationalité foncière d'un être qui n'arrive à se penser ni ange ni poireau, reconnaissons le tourniquet qui signale une rencontre incontournable. S'il y a *expérience,* c'est parce que et en ce que la mort ne se laisse pas définir : « Nous n'avons jamais besoin de l'expérience, sinon pour ce qui ne peut se conclure de la définition d'une chose... mais nous n'avons pas besoin de l'expérience pour connaître ce dont l'existence ne se distingue pas de l'essence et, par suite, se conclut de sa définition » (Spinoza). L'homme esquive la définition parce que mortel.

Ineffectuable expérience vécue, la mort demeure indépassable expérience de communication. Tout le monde trouve « naturelle » celle des autres, quitte à y mettre la main. Jamais la stabilité du résultat n'est remise en cause. Je ne l'ai pas tué, j'ai sauvé son âme empoisonnée par pourriture corporelle, opine le fanatique. Le disparu a entrepris un long voyage, enchaîne la bonne âme. Les rebondissements d'outre-tombe prêtent à maintes hypothèses ; elles s'aiguisent toutes au tranchant du dernier instant. Le bipède sans plumes ne connaît d'interlocuteur valable que mortel. Astrologies, gnoses et religions le séduisent, mais l'avenir conjectural qu'elles dessinent témoigne que leurs temples s'édifient sur une croyance plus généralement et préalablement partagée. Si tant s'inquiètent de ce qui se passe après, le trépas, lui, ne prête guère à contestation. Aussi s'acharne-t-on, traditionnellement, à prouver l'immortalité de l'âme sans se mettre en peine de démontrer sa mortalité. Le départ, la fosse sont « hors de doute », confie Socrate, et d'inviter au voyage, puisque indubitablement on lève l'ancre.

L'intuition d'une mort qui ne se laisse pas sentir, mal imaginer, à peine concevoir, suffit à dévaloriser les trésors, jalousement conservés par d'autres civilisations. Désormais, les royaumes spirituels se séparent de l'occidental, en un point insaisissable et sans épaisseur, par une ligne infranchissable parce qu'idéale, par un voile impalpable donc indéchirable. L'autre monde, cette réalité première, que content mythologies et religions extra-européennes, n'est plus qu'un au-delà de l'au-delà, un beau risque (Socrate), un pari (Pascal).

Dès que la foi raisonne, elle ne peut que repartir d'une intuition qui fonde tout raisonnement, les résurrections ne sont perçues que résurrection des morts. « Qui pourrait être assez stupide pour nier que Dieu, qui a pu former l'homme une première fois, ne puisse le former une seconde ? N'être rien après la mort et n'avoir été rien avant la naissance sont deux choses toutes pareilles. Ainsi comme l'homme a pu naître du Néant, il peut aussi ressusciter du Néant. »

Entre Diogène et « Platon », ni la sexualité, ni la politique ne distribuent les premières donnes et ne fixent les principaux enjeux. Avant que les corps, et les citoyens, ne se heurtent, une rencontre a lieu qui les annonce les uns et les autres vulnérables. Ondoyants au gré des circonstances biologiques, sociales, biographiques, les bipèdes sans plumes se pensent égaux devant la mort dans l'inégalité de leurs vies. Lorsque le seuil d'injustice acceptable est atteint (le degré d'acceptabilité varie selon les époques), ils infligent aux « grands » le souvenir de leur

Une dernière aventure du lipide sans plumes 165

fragilité : couches sociales et nations se menacent, alors, mutuellement de tyrannie, de révolution, de guerre, voire de crime et de trahison. La lutte des classes est un des « moteurs » de l'histoire occidentale — de ses tours, détours et retours —; le spectre du communisme la hante moins que celui de la mort dont chaque camp fait entendre la menace avant de passer à l'exécution.

L'égalité devant la mort se peut penser « négative », elle n'égalise pas le contenu positif et concret de chaque vie, elle le limite à l'occasion. Principe d'une liberté, pareillement négative ou formelle, garantissant (dit-on) à tout citoyen — homme libre de ce fait — qu'aucun autre n'exerce sur lui, à titre privé, un pouvoir de vie et de mort. On ne finit jamais de tirer les subversives conséquences politiques, sociales, informatiques d'une idée aussi banale en apparence. La fraternité, ainsi négativement définie devant le désastre, semble seule réunir occasionnellement les barbares européens. Pestes et tremblements de terre rappellent cette humanité à sa croyance la plus fondamentale. « Tous les hommes exhalent le même vent », relate un traité hippocratique sur les épidémies. Le thérapeute fascine souvent le politique car il y a lieu de comprendre : « Tous les hommes inhalent la même mort. » Terrestres et Olympiens se singent tant qu'entre eux existerait seulement une quantitative différence de degré, n'était le point unique où chez Homère deux règnes, du coup irréductibles, se séparent : « L'homme ne se dévoile homme qu'en ce qu'il meurt ; dès qu'une immortalité lui échoit, il entre dans la sphère du divin. »

La profession de mortel accueille des vocations diverses. Certains affirment qu'il convient, face à l'imprévisible, de se rendre imprévisible, l'âme protège un bonheur à « devenir indifférente aux choses indifférentes » (Marc Aurèle XI,16). D'autres chantent la grandeur du vertige volontaire, « le frémissement, la vacillation font la meilleure part de l'homme. Si cher que le monde lui en fasse payer l'émotion, son cœur, saisi, s'ouvre alors à la dimension insoutenable et prodigieuse de la réalité » (Goethe). Plus glacé, Pascal trouve en ce vertige l'intelligence de son être double, « contradictoire », « monstre » à rester lui-même, donc à osciller plutôt qu'à *faire le dieu*

(« Tout le monde fait le dieu en jugeant : cela est bon ou mauvais »). L'ancien Grec naissait en ce lieu commun, indéterminé, informe où demeure un inévacuable « état de déraison » (*Timée* 44 a 8). D'autres pressentent derrière les limites de la raison l'inépuisable de la Création : le Dieu de Descartes, à son tour imprévisible, pouvait décider que 2 + 2 ne fissent pas 4 en un point où les mathématiques deviennent mortelles. Enfin, telle une maîtresse de maison affable, l'homme occidental se veut-il simplement « sans qualités » pour accueillir celles des autres ? Dans la discrète fierté de savoir recevoir, se distingue l'écho aimable et ménager d'une inquiétude des premiers temps du christianisme : « Sige, (« la taciturne », mère de tous les êtres émis par l'Abîme), pour autant qu'elle ne pouvait s'exprimer sur l'indicible a gardé le silence ; pour autant qu'elle a compris, elle l'a défini incompréhensible » (Clément d'Alexandrie).

On peut collationner les multiples règles de vie, au hasard des bibliothèques européennes, seule ne se modifie pas la nécessité de les concevoir face à l'inconcevable et de compliquer le désordre des événements par celui des âmes. « Vous, les Grecs, vous demeurez d'éternels enfants. » Ainsi parla le mage mythique d'une Egypte antérieure. Il est mille façons d'échapper aux prévisions ; les moutons sans berger tournent en rond, les bergers sans troupeaux vaticinent, garçons et filles jouent à la croisée des chemins. Une bouche d'ombre fixe, peut-être, l'enfant Europe en son goût des renouveaux et le fascine d'autant plus fort qu'il la méconnaît plus sereinement. Quand l'invisible condescend au visible il nous fait imprévisibles.

Cyrus (selon Hérodote) cherchant des yeux son alter ego — le despote, le « tyran », le monarque — découvre sa propre absence au centre de la cité nouvelle des Grecs et dans leur tête. Regards, visées, ambitions se croisent dans le champ clos creusé par la disparition du pouvoir unique. Libéral, saint-simonien ou marxiste, le XIXe siècle explique la place publique par le marché et le destin de l'occident par les ressorts de l'économie. L'histoire moins unidirectionnelle ajoute au commerce et à l'industrie, aux lettres et aux arts l'origine militaire et politique de la place du marché.

Le plan d'une cité dont toutes les constructions s'alignent

Une dernière aventure du lipide sans plumes   167

autour d'un centre « agora » apparaît pour la première fois dans le monde grec. Pas chez les Phéniciens dont les navires marchands sillonnent la Méditerranée depuis des siècles. Pas chez les Babyloniens, plus experts ès techniques financières et bancaires. Pour les Grecs, le centre ville existe avant la ville, il s'esquisse dans le cercle des guerriers qui délibèrent et se partagent le butin. « Cette assemblée d'égaux que constitue la réunion des guerriers dessine un espace circulaire et centré où chacun peut librement dire ce qui lui convient. Ce rassemblement militaire deviendra, à la suite d'une série de transformations économiques et sociales, l'agora de cité où tous les citoyens (d'abord une minorité d'aristocrates, puis l'ensemble du démos) pourront débattre et décider en commun des affaires, qui les concernent collectivement. »

D'où vient l'égalité (isonomia) entre inégaux ? D'où l'équilibre, la symétrie et la réciprocité entre forces naturellement dissemblables ? Achille doit en rabattre sur sa colère et Agamemnon sur sa morgue, sinon la catastrophe se charge de les rappeler à leur similitude. L'égalité dans le partage du butin n'est que seconde, effet d'une réversibilité devant la défaite, la peste et la mort. Dans les querelles intestines, les partis doivent se tenir en respect (« Moi comme entre deux armées, je me suis tenu aussi ferme qu'une borne », dit Solon père des lois athéniennes). Les adversaires se toisent (« malgré la tolérance qui règle nos rapports privés, la crainte nous retient dans le domaine public de rien faire contre les lois », Périclès). La cité grecque est menacée d'éclatement, à l'intérieur par la lutte des classes, à l'extérieur par la jalousie des voisins. L'espace urbain que peaufinent sciemment Hippodamos de Milet et Clisthène l'Athénien est cerné par les dangers, fissuré par des terreurs réciproques, creusé dans l'angoisse. Monuments et sculptures tournent une ville occidentale vers son centre et ne sont beaux qu'à paraître nimbés d'une essentielle fragilité. Construire à « l'échelle humaine » exclut moins l'immense que le solide ; si haut soit-il le gratte-ciel s'affiche précaire, pas la pyramide. Et Manhattan témoigne pour la nuit qui hante New York. Une ville se rassemble autour de sa destruction possible.

La ronde des citoyens armés, qui ne se donnent pas la main, se boucle devant « la neutralité égale du gouffre » (Mallarmé).

Les historiens repèrent, dans la mentalité grecque, quatre groupes de marginaux esquivant l'ordinaire de la vie sociale. Deux, en haut, élitaires, les adeptes d'Orphée qui s'abstiennent de toute consommation carnée et sexuelle et les pythagoriciens, plus modérés dans leur prohibition. Deux, quelque peu va-nu-pieds, font mine de s'échapper par « en bas », du côté de l'animal. Ce sont les fidèles de Dionysos, leurs fantastiques bacchanales suggèrent de pratiquer l'alimentation carnée jusqu'à l'anthropophagie et la ferveur sexuelle au point où l'inceste s'autorise. Ils possèdent à leur tour des doubles moins extrêmes, les cyniques lèvent l'interdit de la parole plus que de l'acte. Orphiques et dionysiaques tournent le dos à la vie sociale, leur totale abstinence ou leur radicale permissivité figurent la rupture de toute possibilité de lien collectif par un mouvement centrifuge de révolte, ascétique ou cannibale, sans espoir de retour. Les fidèles de Pythagore et de Diogène ne descendent pas aux enfers, ni n'abritent leurs ébats champêtres dans une nuit apolitique. Réformistes, ils demeurent dans la cité, inconfortablement. Les pythagoriciens cultivent une science rationnelle, mais occulte, des ambitions civiques mais dissimulées. Ils constituent la cinquième colonne de la sagesse et le service secret de l'intelligence. Ils manigancent, interminablement, le coup d'Etat qui fera les philosophes rois. A l'inverse, les cyniques abusent non de l'obscurité mais de la lumière, et transforment les commerces les plus privés en exhibitions publiques. A l'instar de leurs alter ego pythagoriciens, ils refusent de décrocher vers l'outre-cité. Ils campent au bord du gouffre centre ville, pas dedans. Leur jouissance est dans le mot, l'image, la scène. Leur stratégie vise autrui et non la solitaire et ténébreuse assomption du rapport de soi à soi. Le cynique ne platonise pas à promettre au philosophe le trône d'un roi, il préfigure l'énigme, encore plus moderne et bouffonne, des rois qui se mettent à faire les philosophes en s'illuminant de nuit noire.

QUATRE THÈSES PHILOSOPHALES RÉSOLUMENT MODERNES

> « Non seulement je transmue les métaulx, comme l'or en plomb (je vous dy le plomb en or), mais aussi j'en fay transformation sur les hommes, quand par leurs opinions transmuées, bien plus dures que nul métal, je leur fay prendre autre façon de vivre ; car, à ceulx qui n'osaient guères regarder les vestales, je fay maintenant trouver bon coucher avec elles. »
>
> BONAVENTURE DES PERIERS, *Cymbalum Mundi.*

> « Au vieux droit de *faire* mourir ou de *laisser* vivre s'est substitué un pouvoir de *faire* vivre ou de rejeter dans la mort. »
>
> MICHEL FOUCAULT.

Diogène a rencontré dans la mort plus cynique que lui. Il ne la possède, ni ne la fait parler, elle glisse et le saisit comme n'importe qui, le sable qui effrite les monuments ne prête pas à nouvelles sculptures. La définitive nous refuserait sa définition, si l'incapacité de constater : je me meurs, ne semblait balancée par l'affirmation : je te tue. Tu parles, je ponctue tes derniers mots, ensemble nous nous rendons aussi incontestables que la trajectoire des balles dans une cervelle. Diogène ne maîtrise pas la fin qui le maîtrise, mais peut-être n'y songeait-il pas, abusant ses élèves par une image trop édifiante. Son apparent échec insinue à l'entendeur cynique : inutile de dominer la mort, il suffit de régner avec elle, et faute d'en faire sa chose, devenir son alter ego.

Enterré vif dans le retenu de sa respiration, Diogène porte à incandescence l'inévitable activisme d'un suicide. Cette poursuite de soi jusqu'à la dernière extrémité l'empêtre dans une entreprise singulière, il manque le côté universel, impitoyable et impersonnel de la tombée du rideau. On soupçonne une mascarade à visée pédagogique, un examen de passage pour fidèles trop fidèles. Derrière le fantasme de vivre sa mort, on suppose l'invite à mourir la vie, sous le contre-exemple d'un suicide absolu, la défense et l'illustration ininterrompue de la vertu suprême du cynique : l'apathie, l'insensibilité ou l'indifférence, au gré des traductions fragiles. Le maître de Diogène, Antisthène, « est responsable de l'insensibilité de Diogène, de la continence de Cratès et de la force d'âme de Zénon. Il jeta le fondement de leur secte ».

Le cynique ne se cherche pas lui-même, s'il se rencontre, c'est de surcroît et sous bénéfice d'aventure. Avant tout il se veut vrai ; coupant court, il se modèle sur la première vérité du bipède sans plumes, sa mortalité. On ne se sent jamais tout à fait mourir, donc exerçons-nous à mourir au sentiment, dépassionnons. L'apathie ou l'insensibilité (que les stoïciens baptiseront force d'âme) requiert une énorme dépense de puissance pour imposer aux sentiments le sentiment de l'absence. Elle n'ôte aucune passion, elle en ajoute une qui les exacerbe toutes, celle d'en finir. Le mot apathie (non-passion), comme le mot vérité (non-oubli), ouvre un classique piège grec construit sur un préfixe (a...) qui, sous une apparence grammaticale privative, implique une activité suprêmement « positive », engageant un mode de vie, voire une vie entière. Platon découvre, sans forcer le sens, dans le non-oubli l'exercice de la mémoire : la vérité se donne comme réminiscence. Sade fait reconnaître dans la négation des sentiments le contraire d'une vie végétative, une suprême preuve d'énergie. La volonté du libertin poursuit le crime non passionnel, « commis dans l'endurcissement de la partie sensitive » ; rien de grand ne se fait avec l'émotion. « L'apathie, l'insouciance, la solitude de soi-même, voilà le ton où il lui faut nécessairement monter son âme. »

Le héros sadien tient au plaisir, pas à la vie. Et par-dessus tout au plaisir de ne pas tenir à la vie. La peur de la mort lui semble tache indélébile et irrémédiable déchéance : la Durand, empoisonneuse parfaitement corrompue, n'ose pas répandre la peste à Venise. Elle craint pour elle-même, les libertins la condamnent. Incapable d'agir « à froid », « l'énergie lui a fait défaut, elle a trouvé son maître, et ce maître c'est la mort » (M. Blanchot). Les histoires, les actions et les passions, les plaisirs et les peines se retournent comme un gant. Justine et Juliette passent par d'identiques péripéties, traversent « les mêmes épreuves » (*ibid.*), subissent des horreurs semblables. L'une déplore dans l'aventure l'infortune de la vertu. L'autre y célèbre les prospérités du vice : implacable parce que sans attache, elle goûte le plaisir de s'élever au point où toutes choses se font étales. Dans le regard froid de la liberté apathique, la mort nous contemple. Anéantissement de l'autre, disparition de soi, au moment où les deux s'équivalent, le cynique fête son plus étourdissant triomphe. « L'âme passe à une espèce d'apathie qui se métamorphose bientôt en plaisirs mille fois plus divins que ceux que leur procureraient des faiblesses. » Diogène savait qu'il raterait son suicide-pour-la-maîtrise, il triomphe dans le plaisir, de plaisir, et du plaisir de mourir.

On ne saurait concevoir le cynisme occidental sans le penser sadien. La place du divin marquis, dans la bibliothèque, embarrasse, écrivain ? théoricien ? S'il faisait défaut, beaucoup manqueraient l'appel : « Tous les écrivains ou presque, tous les écrivains du xixe siècle, ceux qui sont représentatifs, sont sortis du marquis de Sade, à partir de Lamartine qui reconnaît que sans la lecture du marquis à dix-neuf ans, il n'aurait jamais écrit de poèmes, en continuant évidemment par Baudelaire et par des philosophes étrangers comme Nietzsche » (J. Paulhan). Cette liste, non exhaustive, néglige l'inquiétante vérité révélée par la critique du xxe siècle, lorsqu'elle dénude le ressort des philosophies postérieures, à l'œuvre dans un univers qu'elles ignorent, qui les précède, et donc les prémédite. Hegel est dans Sade, remarque Bataille, l'histoire de Juliette développe, à l'état endémique, une phénoménologie de l'esprit.

Ni grand écrivain, ni grand philosophe, parce que les deux,

trop l'un pour être l'autre, trouble donc, Sade construit ses grandes machines cyniques au carrefour de l'écriture et de la pensée, seules expériences intérieures qui comptent pour ses contemporains (et pour les époques à venir). Sa scène unique, l'enfer, est empruntée à la grande littérature européenne née dans le défi d'avoir à nommer l'innommable. Dante n'hésite pas à faire le métaphysicien, l'astronome, le théologien ou le grammairien. Précession des équinoxes, hiérarchies angéliques, querelles de rhéteurs, ordonnance des sphères : les questions agitées par les sciences techniques ou spéculatives n'intimident aucunement le poète ni ne lui semblent excéder ses moyens d'expression. Il ne doute de son art qu'en butant sur l'immonde, condensé dans les derniers cercles de l'enfer :

> « Qui pourrait jamais fut-ce en parler courant
> redire pleinement le sang et les blessures
> que je vis lors, fit-on vingt fois le compte ?
> ci défaudrait, j'en jure, toute langue. »

Enfer, chant XXVIII.

Jurant de ne pas fermer les yeux, le savoir occidental s'évertue littérature. Il doit trouver ses mots quand la respiration s'arrête, tisser ses concepts si le cœur lui éclate. Marx, projetant de penser jusqu'au bout l'exploitation de l'homme par l'homme, Soljenitsyne, décrivant le stade suprême de l'anéantissement du prochain par le prochain, invoquent tous deux « le » poète, comme s'il n'était que les bougies de la littérature pour éclairer les flammes des catastrophes mondiales et qu'il faille désespérer des croyances habituelles, des morales édifiantes et de tout savoir établi pour entreprendre de reconnaître les fonds du bas-fond :

> « Vous qui entrez, laissez toute espérance. »

Enfer, chant III.

Diogène, en son insensé suicide, eût-il voulu être cynique qu'il le fût demeuré à demi. La tête tourne trop naïvement qui prétend ramasser en une seule personne, atteindre d'un seul geste, le comble Une description véridique, à plus forte raison

Quatre thèses philosophales 173

une critique de la dépravation, doit s'accepter toujours dépassée par ce qu'elle vise : « On nous parle de l'immoralité des *Liaisons dangereuses* et de je ne sais quel autre livre qui a un nom de femme de chambre ; mais il existe un livre horrible, sale, épouvantable, corrupteur, toujours ouvert, qu'on ne fermera jamais, le grand livre du monde... » Les protagonistes de ce roman que Balzac fait mine de ne point nommer — *Justine* — n'affirment rien d'autre : la réalité passe la fiction cynique, qui y introduit d'autant mieux que censurée par le siècle avec un très certain cynisme.

Si la littérature noue un pacte avec le diable, par cela même qu'elle donne à penser l'enfer, ses procédés intellectuels, les concepts qu'elle sélectionne, et les méthodes qu'elle bricole, relèvent de la plus parfaite innocence. Rien n'est plus hypocrite que le reproche fait à Sade d'énoncer ce qui, en bonne société, va sans dire. Rien de plus sot que de lui imputer la diffusion de doctrines susceptibles de pousser à mal l'immaculé lecteur. La pensée de Sade ne semble naïve que pour ce qu'elle emprunte aux lumières de son siècle, le fond est des plus classiques.

1. La suprême adéquation.

Diogène, devenu sadien, ne songe plus du tout à parachever un suicide parfait, sauf s'il traîne avec lui le genre humain et la nature tout entière : « Je voudrais être la boîte de Pandore, dit Saint-Fond, afin que tous les maux sortis de mon sein détruisent tous les êtres individuellement. » Diogène a compris, on ne possède pas la mort, on ne s'approprie pas autrui, ni le monde sinon en exerçant le seul pouvoir auquel nul ne résiste, en tuant. Avant la mort, la victime a mille échappatoires. C'est l'aventure de la « crédule » Justine, qui ne se conte jamais l'histoire que racontent ses bourreaux. Après le meurtre, le libertin connaît une déception : « Le plaisir de tuer une femme est bientôt passé ; elle n'éprouve plus rien quand elle est morte, les délices de la faire souffrir disparaissent avec sa vie... Marquons-la, flétrissons-la ; de cet avilissement elle souffrira jusqu'au dernier moment de sa vie et notre luxure indéfiniment prolongée en deviendra plus délicieuse. » On s'interroge, la torture ravage les conflits du XXe siècle, le tortionnaire prétexte les renseignements à recueillir ; plus il ignore ce qu'il cherche, plus il met d'électricité à supplicier ; il n'a cure de demander s'il est quelque secret à faire avouer. Comme s'il n'attendait que l'aveu d'une souffrance, intense et long. Pour introduire aux servitudes de la vie militaire et partisane, mieux vaut Sade que Vigny, à condition de savoir lire plutôt que censurer. Déjà Montaigne : « Les tyrans, pour faire tous les deux ensemble et tuer et faire sentir leur colère, ils ont employé toute leur suffisance à trouver moyen d'allonger la mort. Ils veulent que leurs ennemis s'en aillent, mais non pas si viste qu'ils n'aient loisir de savourer leur vengeance. Là-dessus ils sont en grande peine : car, si les tourments sont violents, ils sont courts ; s'ils sont longs, ils ne sont pas assez douloureux à leur gré : les voilà à dispenser leurs engins. »

Le tortionnaire modèle courant n'est qu'à demi cynique. Il se croit fort, il s'imagine d'une autre étoffe que sa victime. Il demande que sa supériorité soit reconnue par les massacrés, avant qu'ils n'expirent, ou par ses pairs avec esprit de corps et coexistence pacifique. Diogène, des siècles avant Hegel, signale que ce type de maître se retrouve l'esclave de l'esclave dont il attend, comique, le mot de la fin. « Car il serait étonnant que l'esclave Manès puisse vivre sans Diogène, tandis que Diogène ne pourrait aller loin sans Manès. » Le meurtrier ordinaire s'épargne lui-même, pas le cynique qui se veut universel : « La capacité d'endurance du cynique doit être telle qu'il passe aux yeux du vulgaire pour insensible, pour une véritable pierre. Personne ne peut l'injurier, lui, le frapper, l'outrager. Quant à son corps, il l'a livré lui-même à qui le désire, pour le traiter comme il lui semble bon » (Epictète).

Avec Juliette, le cynique milite dans la « société des amis du crime », et s'engage à « se prêter à toutes les fantaisies et à tout faire ». Il s'expose en permanence, non pour montrer son courage (à qui ?... d'ailleurs il se proclame lâche avec délices), mais par discipline intellectuelle. Il trouve dans la menace de la mort le principe de sa souveraineté, il l'impose aux autres et autant à lui-même. Ce serait ébrécher son pouvoir que de prétendre y échapper.

Il vérifie sur sa victime qu'elle ne vit pas *en deçà* et qu'il domine son esprit, tout entier fasciné par le trépas qui s'annonce. Larmes et cris animent la preuve. Sur lui-même, il corrige toute pulsion qui l'entraînerait *au-delà*. Il redoute que le bourreau ne solidifie sa différence en prouvant la mortalité de sa victime. Il croit effacer toute parenté ; il résiste mal à la tentation de s'immortaliser. Tel compte sur sa renommée pour éclabousser les siècles des siècles. Tel autre se figure un Dieu mauvais qui sanctifie ses complices. Tel encore se plaît à croire au Dieu bon pour « l'irriter perpétuellement ». Et, par une autre manière de superstition, aucun n'est tout à fait à ce qu'il fait : la religion des maîtres qui s'éternisent maîtres dispute à celle des esclaves qui se perpétuent esclaves les palmes de la sottise et de la superstition.

Le cynique sadien se tient sur le fil du rasoir, il a besoin de la victime pour la détruire, non pour qu'elle le reconnaisse. Il s'affirme jusqu'à sa disparition, mais pas au-delà. Il ne s'estime pas différent, il croit que tout le monde se croit différent de lui, et qu'il peut, par le chantage de mort, réduire cette différence à zéro. Il ne s'espère pas le seul immortel, mais l'unique à authentiquement se savoir et vouloir mortel. Son horizon est la catastrophe — la boîte de Pandore, la peste à Venise, la dévastation de la planète — il attend le sinistre, il entasse promesses d'hécatombes sur projets de cataclysmes. Pourquoi ? Le crime n'est pas une épreuve de courage — toujours douteuse. Ni une preuve de la vanité des choses, des croyances, des religions — toujours inachevée. Le meurtre apparaît épreuve de vérité. Le libertin n'a pas besoin de Dieu, fût-ce pour l'injurier. Il se passe de la religion de ses victimes qu'il aime blasphémer et se risque volontiers, sans se suicider. Il fait de la menace mortelle sa loi propre, en même temps qu'il l'impose au monde. « Nulle conduite ne sort de là privilégiée : on peut choisir de faire n'importe quoi ; ce qui importe c'est qu'en le faisant on soit capable de faire coïncider la plus grande destruction et la plus grande affirmation » (Blanchot).

Lucifer a sans doute besoin de Dieu, pas Sade. Il n'est pas à la recherche du mal (et donc du bien, à titre de repoussoir), mais plus traditionnel, presque académique, voire scolaire, il cherche la vérité. Maurice Blanchot le fait pressentir, pourtant il laisse flotter comme un parfum d'héroïsme spéculatif sur une affaire d'autant plus troublante qu'ordinaire et courante. Pourquoi la « plus grande » destruction ou affirmation ? Hegel et Nietzsche l'entendent ainsi. Mais Sade, à qui d'aussi lyriques envolées ne sont pas étrangères, suggère une situation où ne règne ni plus grand ni plus petit, tout s'équivaut au bout du compte. La foudre qui tombe par hasard sur Justine manœuvre aussi bien que les plus savantes machines apocalyptiques, rêvées par des esprits en surchauffe. La mort cynique, anodine et sublime, ne tire pas sa valeur du crime — ce qui couronnerait le plus grand forfait plus haute connaissance ; elle s'offre vérité première et n'introduit les crimes que comme moyen, ouvre-cervelle pour mentalités rétrogrades. Méthodiquement brandie pour interdire de fuir, elle ne se découvre pas au terme de la preuve administrée par le libertin, elle est au départ de l'épreuve qu'il subit et fait subir. Elle ne le révolte pas, proprement elle le retourne et, à travers lui, toutes choses désormais mortelles, maniables, égales. La mort est toujours déjà là. Les héros agissent, produisent, créent, bâtissent ruine sur ruine, le cynique prend acte, fait toucher du doigt, n'invente rien. Le héros sadien paie son tribut au romanesque et passe ; le cynique sadien ramasse derrière lui les miettes de vérité et s'installe. Plus encore que les grandes fresques historico-mondiales du xixe siècle, c'est l'indifférence sans héroïsme qui va suivre, l'acceptation passive et la culture bureaucratique de la banalité du mal que dévoile D.A.F. de Sade. Grande ou petite, toute affirmation vaut son pesant de destruction. Qu'il fasse ou laisse faire, le cynique s'en lave les mains : puisque toute heure peut marquer la tombée de la nuit, c'est en même temps que Pénélope fait et défait une éternelle tapisserie. Le cynique a trouvé son arme absolue. Les décors où il la produit varient, querelles de ménage valent d'empire, son cogito demeure implacable. Sade sème à tous vents les poussières de sa spiritualité thermonucléaire — thèse n° 1 : je détruis donc je suis, je suis donc je détruis.

2. Apathe roi.

La mesure des choses est plaisir et douleur. Rien là que de très philosophique. Les commentateurs et l'auteur renvoient à l'hédonisme, au sensualisme, bref à des « systèmes » philosophiquement frustes. Mais le plaisir selon Sade n'est rien s'il ne se réfléchit à jouir de lui-même, la douleur ne reste pas une donnée brute, physique et irréductible, le libertin la travaille jusqu'à la tirer vers des hauteurs que n'imaginent pas les matérialismes en vogue. Le plaisir et la douleur nous fixent intérieurs, et nous tournent sur l'extérieur, à la fois promesses des choses et ouvertures à nous-mêmes, sensation et connaissance de soi. Sade n'inquiète guère par une apologie aimablement épicurienne. Il choque, en investissant l'intelligence dans la jouissance ; le mélange, qui définit proprement l'érotisme, paraît au censeur le comble du vice. La conception passe bien au-dessus des doctrinaires de l'époque, elle était déjà celle de Platon, dans les propos les moins ambigus d'un de ses dialogues-testaments : le *Philèbe*. On y découvre que plaisir et douleur s'entrepénètrent, qu'un plaisir privé de toute connaissance de soi est impossible et absurde, qu'une connaissance étrangère à tout plaisir est inhumaine, que le mixte du plaisir, de la douleur et de l'intelligence circonscrit l'inéluctable dans la condition mortelle. Plaisir et douleur, nos retrouvailles, sont les modes fondamentaux, les coordonnées ontologiques de l'existence. (Excusez la lourdeur inévitable du commentateur : « Hedone und Lype sind bei Plato deshalb die Grundmodi des sichbefindens des Dasein », H. G. Gadamer.)

Et Socrate de se moquer, par avance, du héros sadien. Il évoque le roi plaisir qui « contracte tout le corps, le crispe parfois jusqu'aux sursauts, et le faisant passer par toutes les couleurs, toutes les gesticulations, tous les halètements possibles, produit une surexcitation générale avec des cris d'égaré... et le patient en vient ainsi à dire de lui-même, ou les autres de lui, qu'il jouit de tels plaisirs jusqu'à en mourir ». Combien de lignes de *la Philosophie dans le boudoir* semblent directement démarquées ! A une différence près. Clairwil, docteur ès débauches, l'enseigne à Juliette : tant que l'élève primesautière se jette dans le crime avec enthousiasme et viole les interdits avec fougue, elle déçoit son professeur. « Je veux plus, j'exige d'elle de faire le mal, non pour s'exciter à la luxure, comme je crois qu'elle le fait, mais pour le seul plaisir de le commettre, je veux qu'elle trouve dans le mal dénué de toute luxure l'entière volupté qui existe pour elle dans la luxure. » Le parfait libertin ne veille pas simplement à prendre son plaisir sans être pris par lui ; plus platonicien encore, il sculpte dans sa vigilance son plaisir premier, il met à son tour la connaissance de soi au poste de commandement.

Sade inquiète quand ses personnages réfléchissent en usant de toutes les ficelles et subtilités des sagesses d'occident. Pour le Platon du *Philèbe,* comme pour Juliette ou Justine, le plaisir s'irradie dans l'affirmation de la vie et la naissance à ce qui naît. La douleur a partie liée au manque, au dérangement, à la destruction. Le bipède sans plumes n'est pas seulement mortel, mais dure en mourant, et tisse indissolublement — quitte à les inverser — plaisir et douleur, génération et corruption, jusqu'à connaître la joie du soleil qui se couche : « L'échafaud même serait pour moi le trône de mes voluptés, j'y braverais la mort en jouissant du plaisir d'expirer victime de mes forfaits », profère Olympe Borghèse, paraphrasant Socrate devant la ciguë. Il existe un plaisir pur, écouter de beaux sons, voir de belles couleurs, surtout connaître, enseigne le *Philèbe.* Le manque de connaissance est indolore, il s'ignore. La disparition de la connaissance s'opère sans déplaisir, elle ne peut s'effacer qu'à ses propres yeux. Elle ne saurait se regretter, qui donc le pourrait pour elle ? On voit la parenté de l'*apathie* sadienne et le *plaisir pur* platonicien : ils retrouvent dans le vécu de la douleur leur plaisir suprême, celui de se savoir. Le plus infime plaisir et la plus grande douleur n'existent qu'à se manifester tels, ils abritent une inéluctable connaissance de soi : ce *pur plaisir,* socratique ou sadien, ne nous quitte pas, même si nous ne cessons de nous en détourner. Il ne se désire, ni ne se regrette, il

Quatre thèses philosophales

fait notre manière d'être là, présence du présent. Goût du vivre, il se détache sur l'inconnaissance radicale — la mort.

A travers Sade, la grande figure du cynique retrouve ses lettres de noblesse philosophiques. Un de ses tours consiste à paraître animal, sauvage, sans esprit; mais lorsqu'il promet de pervertir toutes les sagesses du monde et qu'on le redoute, force est de l'imaginer aussi bardé d'intelligence et de concepts que la plus haute vertu qu'il prend pour cible. Lui reprocher quelque incohérence, contradiction ou inculture, revient à gravement le sous-estimer, car il met tous ses soins à ne pas penser autrement que Socrate ou Platon, ni plus mal que le Christ ou Bouddha. L'histoire de Justine n'est que l'interminable examen de passage où une candidate malheureuse est reconduite, de session en session, par un jury persuadé qu'on ne peut sans se contredire (par imbécillité, plus encore que par mauvaise foi) refuser son propre plaisir. Et qu'est-ce que l'histoire mondiale de l'occident, sinon l'agacement de constater que les environs renâclent devant la jouissance de s'occidentaliser?

Accordons à Socrate et Juliette une intelligence pareille. Ne convient-il pas d'ajouter que l'un la met au service du bien, l'autre du mal? Pas même. Le cynique joue le jeu, il lance la société des amis du crime et balance les bontés par les blasphèmes. La question du bien et du mal certes l'excite, est-ce à dire qu'il la trouve vraie et qu'il s'y définit comme apôtre de la malice? Justine sans cesse veut le bien et toujours sert le vice; elle constitue l'exact pendant du Méphisto de Goethe qui toujours veut le mal et sans cesse fait le bien. Faust, adoubé par Gretchen-Justine, figurerait-il le chevalier du bien, face aux horribles sadiens? Faust aveugle, vieilli, termine comme Justine commence. Il croit atteindre le bonheur sans faille, la plénitude du beau et du bien, il dirige les grands travaux qui transforment la planète et la rendent habitable. Le tonnerre des excavateurs lui parvient comme la symphonie d'un nouveau monde, il ne s'agit que de sa tombe creusée devant ses yeux éteints. S'il veut le mal, Méphisto doit prétendre faire le bien, mais cet hommage du vice à la vertu vide la vertu plutôt qu'il ne l'honore. Goethe, après Sade, nous contraint à lever le regard sur la puissance secrète d'un cynisme qui ne choisit pas le mal contre le bien, mais conclut de l'impossibilité de les distinguer à la naïveté, voire à l'hypocrisie de qui s'y évertue.

Le cynique ne se fourvoie pas dans la contre-naïveté de privilégier le mal contre le bien ; il ne se berce pas de la présomption d'avoir trouvé mieux « par-delà », il lui suffit de les poser indiscernables.

A l'étage de la connaissance, nous sommes semblables. Au palier de la morale, nos voies divergent, lancerait, volontiers, la bonne âme au cynique : le savoir est commun, mais le choix éthique, c'est moi. Qu'en sais-tu ? rétorque le cynique. Réponse : la question ne se pose pas, il ne s'agit plus de savoir, il s'agit d'être moral. Le cynique sourit, il a gagné. Si la question de savoir ce qu'on fait ne se pose plus, comment la conscience morale se distingue-t-elle de la fanatique ou de la superstitieuse ? Si elle ne s'en soucie, elle baigne dans l'immoralité totale, et, pour s'ignorer cynique, l'est plus que toute autre. Justine et Juliette traversent les mêmes aventures, elles sont spirituellement sœurs siamoises, l'une le sait, l'autre fait tout pour l'ignorer, cela ne saurait suffire à la bénir vertu indubitable.

La thèse n° 2 du cynique est l'indiscernabilité du bien et du mal. Le bien, qui s'affirme bien, s'oppose à un mal, revendiqué comme tel ou pas. La thèse paraît donc absurde — qui ne distingue son bien et son mal ? L'absurdité s'avère trop criante pour tenir ; si on ne distingue biens et maux qu'en les poursuivant à hue et à dia, le cynique a raison. A chacun son bien. Celui du criminel. Celui de la victime. Dieu même ne retrouve pas les siens : comment faire le « bon choix » s'il suffit de le choisir pour le rendre bon ? La puissance de la thèse cynique tient à poser l'indiscernabilité du point de vue du savoir. L'être purement moral, le chevalier de la foi, prétend moquer le savoir, laisser la connaissance derrière soi et opérer un choix parfait par un acte sublime et gratuit. Il a raison : la science et la technique semblent moralement neutres, elles s'utilisent dans le bon sens et dans le mauvais. Il a tort : la connaissance de soi ne se laisse pas réduire à l'indifférence scientifique et technique, elle se love dans le plaisir, l'indique comme mien et me découvre à travers lui. Si l'acte moral en fait fi, il ne peut être ni mon choix, ni un

Quatre thèses philosophales

choix ; acte d'un inconnu, il vire à l'inconnu, il ne reste qu'à l'écouter comme un bulletin météorologique.

Sade fut persécuté, plusieurs siècles durant, car il noue de façon éclatante philosophie, littérature, cynisme. On le censure. Il passe pour pervertir la pensée et l'écriture. Comme s'il était doué du formidable pouvoir de couler philosophie et littérature dans l'enfer cynique. Plus tard, on vint louer cette puissance, censée accomplir la secrète vocation de la culture et de l'histoire : « Il fallut une révolution — dans le bruit des portes de la bastille enfoncées — pour nous livrer au hasard du désordre, le secret de Sade : auquel le malheur permit de vivre ce rêve, dont l'obsession est l'âme de la philosophie, l'unité du sujet et de l'objet... de l'objet du désir et du sujet qui désire. » Pro ou contra, anathème ou célébration, les deux options donnent le cynisme gagnant au point que Georges Bataille s'inquiète qu'il ne scandalise plus — « à louer Sade nous édulcorons sa pensée ». Admettons. L'odeur de soufre évaporée, littérature et cynisme établi continuent de faire deux, il est permis d'interroger une complicité sans supposer d'identité.

L'écriture, comme la philosophie, comme le cynisme, pose la question de la vérité. Pas de bonne littérature avec de bons sentiments : la littérature interroge la vérité du sentiment, non sa moralité ou son immoralité. On risque également de produire de mauvais romans à coup de mauvais sentiments dès que ceux-là ne s'inquiètent plus, et baignent dans la certitude confite de leur valeur ou antivaleur. Sa grandeur littéraire et philosophique, le cynisme la découvre, en explorant les continents socratiques du savoir de soi. Sa pointe s'aiguise dans la thèse, qui lui est propre, de l'indiscernabilité du bien et du mal. Combattre cette thèse comme immorale revient à chercher l'ennemi à vingt mille lieues du champ de bataille où le vieux Karamazov installa ses batteries : « Faisons le bouffon, je ne crains pas votre opinion, car vous êtes tous, jusqu'au dernier, plus vils que moi. » Moralement, la position est inexpugnable. Il suffit qu'un interlocuteur, benoît, objecte qu'il ne partage pas l'avis de Karamazov, et le voilà piégé par l'orgueil, participant à la bouffonnerie. Le Crétois qui dit : « Je mens », ne sort pas de son embarras. Dit-il vrai ? Dit-il faux ? Le sadien, qui affirme : « Tu es mauvais », m'interdit de répliquer : « Je suis bon » et ouvre un semblable abîme logique. Les thèses d'une connaissance de soi ne se laissent pas réfuter, il faut les creuser.

3. Napoléon c'est moi.

Le cynique ne se connaît pas autrement dans la vie et dans la mort. Il exerce le pouvoir de l'une dans l'autre. Il lui semble égal de manquer son suicide en vivant son décès jusqu'au bout du plaisir et de rater sa vie en fixant le mauvais œil qui retourne l'autre versant des choses. Sont-ce les papillons du désir qui s'allument au feu de la fin ? Sont-ce les mouches du cimetière qui tournent autour des extases ? Il n'y a pas lieu de trancher, un point de vue unique commande l'aller et le retour de flamme : égal dans le plaisir et la douleur, le cynique s'obsède d'un pouvoir. Je peux la vie dans l'exacte mesure où je peux la mort. Relisons la thèse n° 1 : je *peux* affirmer ce que je peux détruire. Et la thèse n° 2 : je ne *peux* discerner le bien du mal. La thèse n° 3 découvre ce que laissent entendre les premières : seul le pouvoir mesure le pouvoir et le non-pouvoir. La connaissance de soi cynique est la connaissance qu'un pouvoir a de lui-même.

Peu importe que je poursuive la mort comme ma possibilité la plus authentique, une épreuve de vérité que personne n'affronte pour moi (Heidegger : la mort mesure la possibilité de l'impossible), ou que je me fasse à elle qui me frappe dans l'imprévisibilité commune d'un événement des plus anonymes (Heidegger : l'impossibilité du possible). Dans les deux cas, je balance puissance et impuissance, je ne pense la vérité de ma fin qu'en termes de pouvoir.

L'individu réfléchit sur cet obstacle une irréductible intimité. Avec l'embarras d'avoir à contempler son extrême moi dans un miroir qui appartient à tous. Dr Jekyll chuchote : nul ne peut mourir à ma place, cet événement me rend irremplaçable, « la mort transforme la vie en destin » (Malraux). Mr. Hyde lui glisse : la mort survient à l'improviste, de tout ce qui t'arrive, rien n'est plus impersonnel, la chute d'une brique te fait le destin

Quatre thèses philosophales

d'une brique, et si elle ne tombe pas, tu termines dans ton lit ou sur un trône, « ainsi revient-il au même de s'enivrer solitairement ou de conduire les peuples. Si l'une de ces activités l'emporte sur l'autre, ce ne sera pas à cause de son but réel, mais à cause du degré de conscience qu'elle possède de son but idéal ; et, dans ce cas, il arrivera que le quiétisme de l'ivrogne solitaire l'emportera sur l'agitation vaine du conducteur des peuples » (Sartre).

Jekyll et Hyde s'accordent réciproquement le postulat héroïco-cynique de l'individualisme contemporain : pour embarquer Führer et éthylique au large d'une même « passion inutile » il faut dissoudre leurs présomptions en l'équivalence de leur trépas parvenu destin unique.

Au carrefour du ciel et de la terre, un autodidacte arrache sceptres et couronnes aux envoyés d'en haut et se les attribue d'autorité. A la rencontre de la bête brute et de l'animal raisonnable, le conquérant châtie l'un et l'autre, l'un par l'autre et les entraîne. Campé sur un tas de secrets devenus anachroniques, un individu se contemple à travers quarante siècles et s'imagine que ces siècles le regardent. Contemporaine, mais peu complice, la littérature fit le tour de la tache aveugle où le plus intime confine au tout extérieur, quand le monde, le moi et Dieu affleurent dans la pupille impavide d'un Napoléon.

Carrières, institutions, ambitions, tout gravite autour de lui, l'armée et l'Eglise, le rouge et le noir, les dictateurs de la Bourse, les capitaines d'affaires chers à Balzac... il est au principe de toute « éducation sentimentale », à Paris, en Normandie, en lointaine Russie, ainsi Raskolnikov :

« Oui, je voulais devenir un Napoléon, voilà pourquoi j'ai tué... Je me suis posé un jour la question suivante : " Que serait-il arrivé si Napoléon s'était trouvé à ma place et qu'il n'ait eu pour aider ses débuts ni Toulon, ni l'Egypte, ni le passage des Alpes au mont Blanc, mais au lieu de tous ces brillants exploits une simple petite vieille parfaitement ridicule, une veuve usurière, qu'il devrait tuer au surplus pour lui voler l'argent de son coffre (pour sa carrière, comprends-tu ?) Eh bien ! s'y serait-il décidé n'ayant aucune autre alternative ?... " Je me suis senti honteux quand j'ai compris subitement que non seulement il n'en aurait pas été rebuté, mais que l'idée ne lui serait pas venue que cette action pût sembler peu héroïque ; il n'aurait même pas compris qu'on pût hésiter... Il l'aurait tuée sans le moindre scrupule. Alors, moi... eh bien ! je n'avais pas à en avoir... et j'ai tué à son exemple... Voilà exactement ce qui s'est passé. »

Qu'est-ce que se connaître napoléoniquement soi-même ? C'est reconnaître sa puissance qui est d'abord de tuer : « La plupart des hommes puissants, mon cher ami, sont mauvais » (Socrate). Raskolnikov répète à Sonia la thèse n° 1 du cynisme sadien (« Je me suis représenté clair comme le jour qu'il était étrange que nul, jusqu'à présent, voyant l'absurdité des choses, n'eût osé secouer l'édifice dans ses fondements et tout détruire, envoyer tout au diable. Alors moi, moi j'ai voulu oser et j'ai tué. »). La thèse n° 3 coule de source pour qui s'identifie au petit caporal (« le pouvoir n'est donné qu'à celui qui ose se baisser pour le prendre... »). Seule faiblesse du héros, son incapacité d'assumer la thèse n° 2 sur l'indiscernabilité : « Le fait même de m'interroger sur mon droit à la puissance prouvait qu'il n'existait pas, si je me demande : l'homme est-il une vermine ? c'est qu'il n'en est pas une pour moi... » Raskolnikov vient naïvement conclure qu'un vrai Napoléon est une « nature » qui ne se met jamais en question. Le vieux Karamazov suggère qu'à s'interroger scrupuleusement, on ne quitte pas nécessairement le terrain du cynisme. *Les Démons* écartent le problème Raskolnikov : s'il est vrai que le pouvoir se connaît de l'intérieur, il ne faut pas conclure qu'il échappe à toute contestation, mais — corollaire de la thèse n° 3 — que seul un pouvoir peut critiquer un pouvoir. La force d'un Napoléon n'est pas d'ignorer les questions, mais de prévenir celles qu'on risque de lui poser.

Nulle inculture, aucune barbarie au principe du désert napoléonien. Tout le contraire : la connaissance de soi demeure ascèse ; une exigence intellectuelle sévère mure toute porte de sortie et procède aux exécutions « critiques ». Toutes les civilisations, dans l'équation de leurs sagesses respectives, distinguent une connaissance extérieure, exotérique, celle des « yeux de chair », et des savoirs plus intérieurs, ésotériques, perçus avec

Quatre thèses philosophales

des « yeux de feu ». Le principe napoléonien emprunte à la mort un regard unique : donnée ou reçue, imposée ou assumée, elle seule fait correspondre absolument l'exotérique et l'ésotérique à l'instant où pâlit leur distinction. Sans avant, ni après, elle promet l'unité « indissoluble » de la théorie et de la pratique, de l'intention et de l'action, du réel et du rationnel.

Longtemps, l'occident réserva une place à l'expérience d'ordre initiatique, individuelle, la distinguant de savoirs plus aisément communicables, donc communs, qui, en regard, se retrouvaient extérieurs. Ce faisant, la tradition proposait une différence et n'imposait nulle exclusive; le dehors (exo) masquait, mais protégeait le dedans (eso), comme l'écorce le fruit, l'os la substantifique moelle. Socrate, Erasme, Rabelais ne choisirent-ils pas pour emblème le silène, une statuette de bois mal dégrossie dont le corps soigneusement creusé pouvait loger des trésors ?

Il appartient aux deux derniers siècles du second millénaire de pousser la distinction jusqu'à l'antagonisme, puis au règlement de comptes. Attaquées au canon, les civilisations plus intérieures doivent ou mourir ou se défendre. Elles empruntent les armes de leur adversaire, fondent leurs cloches pour multiplier les bouches à feu, vendent leur âme pour des armes et répondent à la menace extrême en s'organisant pour le risque suprême. Vainqueur ou vaincu, Napoléon a gagné. Les adversaires qu'il ne peut conquérir de l'extérieur, il les possède de l'intérieur : ils ne lui résistent qu'en s'inspirant de lui et ne le limitent qu'en l'imitant. Ainsi, les métropoles occidentales occidentalisèrent le monde, fût-ce contre elles. Passa-t-il sa vie au lit ou dans les chaînes, le cynique ne craint aucun contradicteur : si le monde lui résiste, ce ne peut être sans cynisme.

Diogène fait scandale sur la place publique. Episode libidineux, choquant. Saint Augustin estime qu'il n'a pas eu lieu, les cyniques n'ont poussé leurs turpitudes qu'au simulacre. Montaigne le contredit. L'aventure est insignifiante jusqu'à ce que toute l'Europe, vingt-cinq siècles plus tard, se laisse illuminer par le soleil d'Austerlitz. Le culte de Napoléon ne se réduit nullement à l'adoration de la force brute ou à l'apologie de la réussite, Waterloo n'ôte rien à la fascination continuée. Passé le fracas des armes, dissipée l'odeur de la poudre, le napoléonisme envahit la planète, l'intention doit se peser en action, la vie intérieure doit révolutionner l'extérieur ou s'y adapter. Un événement vaut pour une bataille, il tranche de l'invisible dans le visible. Et chacun de voir, comme Hegel à Iéna, l'âme du monde chevauchant la rossinante d'une actualité éphémère. Que rien ne demeure caché ! Que s'abolisse toute différence entre l'exotérique et l'ésotérique ! La lumière d'Austerlitz annonce le midi du cynisme ; derrière la vérité spirituelle investie en Napoléon, Diogène nous sourit. Les têtes les plus spéculatives, admirant dans la Grande Bataille ce qu'elles n'osent distinguer dans la publique masturbation, tirent la conséquence et font pleuvoir les avis de décès. Dieu passe pour mort, la création artistique également. « L'art reste pour nous, quant à sa suprême destination, une chose du passé » (Hegel). La morale, on la liquide en glissant dans les papiers de l'autre monde quelques faire-part d'ici-bas. Le cynique, inverse du héros civilisateur, met son point d'honneur et de force à « ensauvager la vie » (Plutarque) :

« Une colporteuse parut dans notre ville : elle vendait des évangiles ; de condition médiocre, c'était néanmoins une femme très respectable. On s'intéressa à elle car les journaux venaient justement de consacrer quelques articles aux marchands ambulants. Aidé d'un séminariste qui battait le pavé en attendant une place d'instituteur, cette canaille de Liamchine, faisant mine de vouloir acheter des livres à la brave femme, réussit à glisser dans son ballot tout un paquet de photographies obscènes que lui avait fourni pour cette occasion (comme on l'apprit plus tard) un vieux monsieur respectable, décoré, dont je tairai le nom, et qui aimait, selon sa propre expression, " le rire sain et la bonne plaisanterie ". Quand arrivée au marché la colporteuse se mit en devoir de défaire son ballot, les photographies s'éparpillèrent sur le sol. Les gens commencèrent par rire, puis on murmura ; il y eut un attroupement ; on se mit à injurier la malheureuse, et on lui aurait fait certainement un mauvais parti sans l'intervention de la police qui conduisit la marchande de livres au poste » (Dostoïevski).

On se figure le cynisme comme une grandeur négative plus

Quatre thèses philosophales

que conquérante, comme une déflation, une déception, un recroquevillement. On le reconduit à une négation de Dieu, mais l'athée est plus timide que cynique et le Grand Inquisiteur pas nécessairement athée. On croit détecter une insensibilité au beau et au bien, en oubliant que les poètes eux-mêmes assoient la beauté sur leurs genoux et l'injurient. Définir le cynisme par un moindre être revient à le situer au-dessous de la vérité, au risque de ne pas reconnaître la sienne. La thèse n° 3 — le pouvoir se connaît lui-même — s'avère principe napoléonien, caractérise tout pouvoir moderne comme autoréflexion, et le dote d'un principe de certitude remarquablement tranchant.

Seule la littérature du XIXe siècle repère que l'Europe, tournée ô combien! vers l'extérieur, matérialiste, sociale, industrielle, expansionniste, vit son drame ailleurs, dans la connaissance. Plus de secrets pour la certitude moderne! On mure la sortie des artistes. Livres du monde et traités de sagesse collent! Ici la chose, là le mot, ils se doivent réciproquement adéquation exacte ou correspondance bi-univoque : tel verbe, tel acte, unité de la théorie et de la pratique. Tout colle? C'est l'instant de « l'ombre la plus courte » (Nietzsche). Rien d'autre n'a lieu que ce lieu de savoir transparent où mythologies, arts et religions se disent adieu.

Rien ne colle? Le principe de certitude triomphe encore : il projette l'ombre la plus longue, la nuit de la critique, le tartare du douteux où il précipite tout ce qui fait mine de résister. « Ame », quelle religion n'en convient? « Dans un monde sans âme », laquelle n'y consentirait trop aisément? Là commence la critique massacreuse, les tartes à la crème et les applaudissements distingués. L'âme d'un monde sans âme. Vous avez dit spiritualité? « Elle n'est que l'esprit d'un monde sans esprit » (Marx). Soulignez *n'est que,* saisissez derrière l'imprécation le mécanisme optique qui l'impose. Au tribunal napoléonien du savoir, les accusés sont cités : l'exotérique pur, la réalité sentie, est suspect ; l'ésotérique séparé, la réalité cachée, est coupable. Mythologies, création artistique, vie mystique ne retrouvent leur innocence qu'à se purger de tout mystère. Il leur reste à mettre en scène leur suicide. Nul n'est censé ignorer le code.

4. Economie politique du palais de cristal.

Conquistadors assoiffés d'or et franciscains affamés d'âmes baptisent au jet des milliers d'Indiens par jour et défrayent la chronique, comme si le vieux continent expédiait sur ses marches les mauvaises manières dont il débarrasse son centre. On ne juge pas, pensait-on, une ville sur ses barrières, ni une civilisation sur les escarpes qu'elle limoge aux frontières de l'Oural ou du Mississippi : entre le libertinage établi des capitales et la sauvagerie lointaine du soudard, la distinction parut, longtemps, aller de soi, l'urbanité s'efforçait moins de nier une inévitable brutalité que de la canaliser.

Le cynisme, réduit de facto aux nécessités du gardiennage, correspond à la définition que proposait l'empereur Julien : il invitait à distinguer contenant et contenu. La besace, la mendicité et la grossièreté, apanage des penseurs et prêcheurs de carrefours « couvrant les dieux de blasphèmes et aboyant contre tout le monde », ne témoignaient que pour la déchéance populacière d'une ancienne doctrine : « Tu crois que c'est un exploit d'importance que de prendre un bâton ou de laisser pousser ses cheveux, de hanter les cités et les camps, de couvrir d'outrages les gens de bien et d'être aux petits soins pour ceux de la pire espèce ? » Qu'on reconnaisse néanmoins en Diogène une grande figure de l'ascétisme socrato-platonicien, et son école se retrouve des plus estimables, ne professe-t-elle pas « cette philosophie naturelle et universelle qui ne demande aucune étude particulière que de choisir ce qui est honnête par désir de la vertu et aversion pour le vice » ? D'un côté l'apparence, la mauvaise herbe. De l'autre, la réalité, les fleurs du savoir. Toute vaine qu'elle paraisse, l'opération met en relief l'appartenance au vieux fonds de la sagesse occidentale d'une position philosophique difficile à cerner. Son contenu théorique se résume dans une enfilade de traits d'esprit et de propositions paradoxales qui tranchent sur les constructions savantes de l'académie platonicienne, du lycée aristotélicien, du portique stoïcien. Ses formes

Quatre thèses philosophales

d'expression trouvent leur efficace dans la confusion systématique des genres, par l'invention de la diatribe et de la satire tragico-comique. Pourtant, le cynisme ne saurait se réduire à la simple entreprise d'une vulgarisation bénévole, popularisant le trésor commun de toutes les philosophies. Julien laisse sans interprétation l'irréductible agressivité de Diogène, lorsqu'il prétend l'expliquer, il n'ose la nommer : « Que Diogène ait laissé échapper une incongruité, qu'il se soit soulagé ou qu'il ait fait, comme on ne cesse de le dire, quelque autre chose du même genre sur la place publique, c'était pour écraser l'orgueil de ceux-là (les vicieux) et pour leur apprendre qu'ils commettent des actes bien plus vils et bien plus insupportables... » Pourquoi tant de pudibonderie autour d'une masturbation ? Pourquoi rationaliser la provocation publique ? Ni historiquement, ni philosophiquement, ni politiquement, ni culturellement, le cynique n'est demeuré simple marginal.

A. LE SÉRIEUX POLITIQUE

Cynique pour la gloire de Dieu ! Trop rapide dans sa mièvre récupération, l'honnête Julien se laisse piéger. Il n'a vu en Diogène qu'un Platon populaire, la parenté se retourne : le platonisme sera-t-il un cynisme pour élites ? Le chien des carrefours, initié malgré tout aux vérités suprêmes, ne témoigne-t-il pas de la pointe canine desdites ? Bon élève des écoles néo-platoniciennes, Julien entend éliminer la subversion (apparente) pour toucher l'unité (intérieure) de toutes les sagesses. Tant pis pour l'empereur, c'est cette différence que joue le penseur en haillons : l'apparence demeure l'apparence du vrai, comme, en bonne théologie hellénistique, la doxa est à la fois mirage et apparaître, région de l'opinion errante et de la gloire de l'être suprême (doxa théou = gloria dei). Le compte du cynisme ne se règle pas à poser d'un côté l'inauthentique, de l'autre l'authentique. Diogène fait de l'opposition son argument premier, il cherche à passer de l'un à l'autre et s'installe dans l'entre-deux. « Diogène avait-il raison de dire à propos de Platon : " A quoi peut bien nous servir un homme qui a déjà mis tout son temps à philosopher sans jamais inquiéter personne ? " Je laisse aux autres d'en juger. Il estimait probablement que les discours d'un philosophe devaient être pénétrés de cette douceur âcre qui peut mordre les blessures humaines » (Thémistios). En somme, chien de Diogène parce que chienne de vérité.

A la guerre comme à la guerre : « Cette loi nous ne l'avons faite ni appliquée les premiers ; nous l'avons trouvée établie et après nous elle subsistera à tout jamais. Nous ne faisons qu'en user, bien convaincus qu'à notre place ni vous ni personne n'agirait autrement » (Thucydide). Parfois, la verdeur du propos est attribuée au relâchement des mœurs qu'entraîne toute guerre, celle du Péloponnèse n'échappant pas à la règle. Découverte dans l'événement, la règle s'affirme loi générale. L'impudeur affichée, dix siècles durant, par les disciples de Diogène ne dévoile-t-elle pas la face cachée des valeurs établies, le négatif du positif, le moyen sanglant de la pureté de la cause ? Les cyniques savent qu'ils témoignent du revers permanent des médailles : « Le vol, la fraude, l'adultère sont vraiment des choses honteuses mais il n'est pas indécent d'en parler. Procréer est une chose honnête mais il est inconvenant d'en parler. Les cyniques soulèvent bien d'autres arguments de cette sorte à l'encontre de la pudeur » (Cicéron). Une de leurs qualités maîtresses est le franc-parler, l'absence de dissimulation ; au respect de la coutume, ils opposent moins l'irrespect que la vérité, ils la font circuler, même lorsqu'elle n'est ni bonne à dire, ni agréable à voir. Thèse cynique n° 4 : rien ne résiste à l'échange, celui des coups comme celui des valeurs. Conflits, batailles, marchés engouffrent les rapports humains en leur transparence et exotérisent le caché, sans exception.

Le pessimisme du pouvoir n'est en rien tributaire d'une lubie sceptique de Diogène ; il règle les pensées politiques occidentales les plus diverses. Pour définir un Etat gouvernable, autrement dit prévisible, maîtrisé, transparent à l'œil de la loi, Platon élève, à la hauteur d'une institution capitale, les pratiques de la dénonciation (il oublie sciemment que les sycophantes ont poussé Socrate à la mort). Celui qui trafique les devises, qui grossit sa fortune au-delà du seuil admis, qui fait de fausses déclarations, qui n'accomplit pas son devoir d'électeur, le meurtrier mais aussi l'impie, celui qui offre sépulture à l'impur, le faux témoin, le croyant dissident, le marchand qui vend des produits douteux, l'enfant qui manque à la piété filiale — tous doivent être dénoncés aux autorités ; à l'occasion le dénonciateur touchera une prime ; s'il est esclave, il sera affranchi ; toujours, il aura droit à l'éloge publique. La loi des suspects transforme la cité en société de haute surveillance, et certains purent y voir la préfiguration des totalitarismes modernes (Popper). C'est manquer l'intention qui gouverne le projet, plus pure et innocente, par là plus inquiétante. Platon suppose de bons gouvernants — pas de Borgia, pas de Staline —, ils régissent une cité où le plaisir de dénoncer est un crime puni par le législateur : on dénonce parce que la véracité est première vertu et premier bien. Condition d'existence des autres vertus, elle contrôle les vices et bride les intérêts égoïstes. Illustrer cette « théorie de la dénonciation » n'exige pas le recours d'exemples extraordinaires (ils sont innombrables, voyez la république de Venise).

Platon énonce la logique qui habite une institution sociale soucieuse d'agir en connaissance de cause : « Là où le jour n'éclaire pas nos liens réciproques et où nos mœurs se dissimulent dans les ténèbres, il est impossible de rendre à chacun l'honneur, les charges et la justice qu'il mérite. » Une vérité politique trouve sa rationalité à faire coïncider les choses et les mots dans un univers où d'autres puisent avantage à ne pas les laisser correspondre. Aussi démocratiques soient-ils, un parti, une entreprise, une société s'efforcent de voir clair, de percer les intentions obliques, de glisser un œil dans les coulisses et d'interroger le dessous des cartes. Il n'y a pas de politique sans service de renseignements, privé ou public, officiel ou officieux, affaire de tous ou domaine réservé aux espions et aux ordinateurs. Ignorant les bons apôtres qui enseignent à l'homme comment voir sous son ombre, Platon rappelle la condition de toute visibilité politique — les meilleures intentions, sans doublure cynique, fanent, frivoles.

Le sentiment d'une « torse du regard qui tord l'âme » n'est nullement étranger à l'expérience grecque : « Le curieux, convoitant de savoir et entendre des maux, est entaché de cette malheureté que les Grecs nomment *epichaere-cakia*, qui signifie joye du mal d'autruy, passion qui est sœur germaine de l'envie, d'autant que l'envie est douleur du bien d'autruy et l'autre perversité est joye du mal : toutes lesquelles deux passions procèdent d'une perverse racine et d'une autre passion sauvage et cruelle qui est malignité » (Plutarque). Platon fait valoir qu'on ne transforme pas le monde, ni ne le conserve sans affronter sa malignité. S'il suffisait que tous les braves du monde se donnassent la main pour faire la ronde et célébrer la fin des malheurs et de l'histoire — que ne l'ont-ils fait déjà ! Aussi candides que soient nos fins, les moyens de les atteindre sont durs de la dureté du présent qui nous en sépare ; et si le but se laisse rêver platoniquement, le chemin qui y mène, bordé de malignité, est proprement platonicien.

Le vice pousse ses ambigus hommages à se déguiser en vertu. La vertu prend masque, espionne, voire s'arme, se défend et tue. Qui double qui ? Quel dieu, sans fanatisme, reconnaîtra les siens ? Si la dénonciation est nécessaire — véracité et fausseté peuvent se confondre — qui dénonce la vile dénonciation ? Qui surveille l'espion ? Qui contrôle le contrôleur ? Platon remarque que l'on risque de refuser son Etat « parce qu'on n'est pas habitué à un législateur qui ne soit pas tyran ». Fort bien, mais qui juge, dans la cité visible, que le gouvernant est bon et que le platonicien du rang n'expédie pas ses dénonciations à un tyran ? La délation et l'espionnage permettent de distinguer les bons des mauvais citoyens, le même distinguo s'impose à l'égard des puissants — qui va dénoncer ceux à qui on dénonce ? « N'essaie donc pas, pauvre fou, de gouverner avant d'avoir appris à penser », lança Diogène à Alexandre, au sommet de ses conquêtes. De la même veine, l'opposition de Démétrius à Caligula, de Dion Chrysostome à Domitien, rappelle que le philosophe mendiant est l'alter ego du maître du monde. Si l'un peut faire n'importe quoi, l'autre ose tout penser et revendique, application de la thèse n° 4, le pouvoir régalien de « changer la monnaie ».

La formule désigne l'art de gouverner les échanges, pas de

Quatre thèses philosophales 193

battre fausse monnaie, le cynique s'attribue comme tous les intellectuels la tâche de lutter contre l'ignorance et l'opinion fallace, d'éliminer les fausses coupures. « Réévalue ta monnaie » fixe la vocation de Diogène comme le « Connais-toi toi-même » celle de Socrate. Oraculaires, divins, les deux préceptes sortent du sanctuaire de Delphes. Diogène joue de la double ambiguïté du verbe (normalement : étalonner, apprécier, évaluer la monnaie, éliminer les fausses pièces ; « falsifier » gauchit le sens) et du nom (nomisma : monnaie ou coutume). On entend vite (avec Julien) : fais *table rase* des opinions courantes. Le XIXe siècle dira : transvaluation de toutes les valeurs. Le XXe : révolution culturelle. Le cynique choisit d'accentuer le radicalisme implicite de toute philosophie. Il toise les empereurs.

B. LE MARCHÉ DU MONDE

« Le numéraire, engin de terrible précision, net aux consciences, perd jusqu'à un sens. »

L'histoire de l'expansion occidentale ressemble à une course de relais dont les champions se passent un sceptre impérial : Athènes puis Rome, mais surtout Venise, Anvers, Gênes, Amsterdam et Londres. Les capitales fonctionnent comme de « vraies machines à briser les anciens liens », tourneboulées sans cesse, bouleversant campagnes, arrière-pays et périphéries. « Seul l'occident aura franchement basculé vers ses villes » (Braudel), carrefours où se nouent capital, travail, pouvoir étatique et empire maritime dans l'unité d'un marché mondial (ou économie-monde, Weltwirtschaft). Crises et conflits apparaissent soit comme de simples rééquilibrages (la France monarchique est remise à sa place par l'Angleterre maîtresse des mers et cède ses colonies), soit comme des guerres de succession (l'Inde passe de l'hégémonie hollandaise à l'anglaise).

Même 14-18 peut encore se lire comme le heurt de la domination anglaise et du prétendant allemand sous l'œil du larron américain. « Au centre d'une économie-monde il ne peut y avoir qu'un pôle à la fois... Au temps d'Auguste, à travers la Méditerranée romaine, Alexandrie joue contre Rome qui va gagner. » On en vient, tout naturellement, à filer la métaphore d'une histoire réduite en dernière instance à une passation de pouvoirs : de centre de domination en centre de domination, la seule question pendante semble celle de Hegel : A qui la couronne ? A la Russie ou aux Etats-Unis d'Amérique ?

Les opérations qui se trament de la capitale surdéterminent les réseaux de communication des choses et des idées. Elles engendrent un espace homogène où les zones de production, les us, les comportements et les coutumes se démodent, se modèlent et se redistribuent au gré des changements et des réévaluations déclenchées centralement. Panique à la Bourse ! Tempête à Washington ! Puisque dans ces verres d'eau nous sommes invités à deviner le destin de la planète, il semble désormais que tout gravite autour d'un pouvoir que Diogène définit. Gouverner c'est posséder la capacité de changer le cours (des monnaies, des usages, des choses) autrement dit de changer les échanges.

On croit, depuis Adam Smith, saisir l'originalité d'une société occidentale moderne dans le primat qu'elle confère à la valeur d'échange des marchandises, au point que Marx rattache tout mode de production socialiste au vieux monde (i. e. occidental) pour autant que ce primat gouverne encore des sociétés censées transiter vers un « communisme » où il ne jouera plus. Le primat est-il original ? Qu'est-ce qui fait qu'une quantité donnée de pommes de terre vale un nombre précis de mg d'or ou ces pages reliées en volume par un éditeur parisien ? L'échange ne s'oppose pas à l'usage comme l'artificiel au naturel, ou le nominal au réel. Toute société trafique : armes, plantes, coquillages, femmes n'ont jamais trouvé une « pure » valeur d'usage sauf, peut-être, aux yeux d'Adam et de Robinson. Potlatchs, dons, systèmes d'échanges sexuels, culturels ou linguistiques manifestent aussi bien le primat de la valeur d'échange que le prosaïque affairement déployé au guichet des banques. Non seulement une société nécessairement échange, mais toutes échangent pour échanger, dans un troc généralisé, comme par un télex chiffré en eurodollars. Le fait de la transaction manifeste et maintient une pyramide de crédits : une collectivité d'hommes

Quatre thèses philosophales

d'affaires ou de chefs de tribus prouve, là, son existence — on parle pour parler, on trafique pour trafiquer, se demander réciproquement pourquoi, comment, c'est vivre en société.

Le propre des sociétés occidentales tient non à l'échange mais aux échangeurs qu'elles inventent. Ce que Marx désigne comme « abstraction » ou « formalisme » de la valeur économique ne doit pas être saisi par opposition (donc par référence) à une valeur d'usage pure (purement mythologique). Au contraire : l'échange devient formel lorsqu'il n'y a plus de référent. Un potlatch, une guerre font des opérations symétriques : chaque camp peut stopper l'échange (de coups ou de biens) et faire ses comptes. Dans le système moderne du crédit, interrompre les transactions c'est mettre en crise, faire s'effondrer le château de cartes, rendre tout compte impossible. Les économistes, toutes écoles confondues, pensent trop souvent les crises en termes d'équilibre perdu et retrouvé. Avant la crise l'économie vivait une période de surchauffe ; une expansion réelle projetée dans l'absolu enclenche la spéculation et les fictions mirobolantes d'un crédit de plus en plus invérifié, un accident inévitable engendre alors des effondrements en chaîne. La crise élimine les canards boiteux, sonne l'heure du « paiement cash » (Marx), les prix et le crédit retrouvent un niveau naturel ou équilibré, les investissements abandonnent la fiction pour la productivité, un plancher est atteint qui permet un nouveau départ. C'est ainsi qu'on raconte l'économie aux petits et grands. Le même conte se retrouve dans Marx, dans Galbraith et dans les discours monétaristes des grands argentiers, en l'an de grâce 1981.

Les historiens relèvent deux failles dans ce scénario trop bien ficelé. D'abord, la dissymétrie implacable des crises mondiales n'est pas prise en compte : pendant tout le XIXe siècle, la plus grande amplitude des secousses est ressentie à la périphérie, non au centre — les conséquences les plus dramatiques s'abattent sur l'Amérique du Sud, l'Inde, sur les économies dominées plutôt que sur l'économie dominante (Angleterre). Seule, au XXe siècle la crise générale de 1930 complique le schéma, entre autres parce que le centre n'a pas achevé son déplacement de l'ancien (Londres) au nouveau (New York). La deuxième objection concerne la méthode intellectuelle : expliquer une crise par les abus de la spéculation revient à expliquer le capitalisme par le capitalisme, à moins de parvenir à distinguer « bonne » spéculation de « mauvaise » spéculation. Après coup, la mauvaise s'avère celle qu'une banqueroute sanctionne et l'économiste se condamne ainsi à ne proférer que des jugements rétrospectifs (Galbraith) ou bien-pensants (Hilferding). S'il y a eu crise c'est que la situation était par quelque côté critique, de même que le sommeil renvoie à la vertu dormitive d'une fatigue qui le précède. Le théoricien devrait expliquer par où il différencie les valeurs économiques imaginaires et les réelles, l'usage spéculatif du crédit et son utilisation productive. Si la distinction était pensable, il y aurait moins de rage dans les affrontements des écoles, vantant chacune son critère d'une gestion saine et équilibrée. Si la distinction paraissait opérationnelle, il y a bien longtemps que les banquiers s'en seraient emparés, elle supprimerait la plupart des risques de leur métier, voire cette honorable profession elle-même. Bref, partir de l'opposition entre un usage productif et un usage spéculatif des capitaux conduit à expliquer l'existence d'une crise par ce qui les rendrait toutes impossibles. Au contraire, c'est l'indiscernabilité de l'imaginaire et du réel dans la pratique capitaliste qui érige les crises en menace permanente — il n'y a pas de « pierre de touche », le « formalisme » de la valeur d'échange est irréductible.

C. LA GRAVITATION CYNIQUE

On recherche, de tous côtés, des points d'ancrage, on en trouve trop, donc aucun : valeur refuge de l'or, planche à billets des monnaies fortes, droits de tirages spéciaux, accords financiers, guerres industrielles, bien d'autres clés encore règlent et dérèglent une machinerie qui accumule valeurs, bénéfices et richesses nouvelles. Peu importe la complication et l'envergure de l'économie-monde considérée, le scandale cynique éclate dès l'origine, dès le moment (grec) monétaire. L'honnêteté bourgeoise consiste à échanger des valeurs égales, pourtant on prête à intérêts, on tire des traites sur l'avenir ; entre aujourd'hui et

Quatre thèses philosophales

demain plus d'égalité ; privée, étatique, toute entreprise accumule des bénéfices fiction, escompte et anticipe :

« On dit des Messéniens :
   En cette ville il y a porte sur porte
   et puis encore une autre arrière-porte
mais on pourrait encore mieux dire contre les usuriers :
   Ils vont mettant usure sur usure
   puis une autre usure encore sans mesure
tellement qu'ils se moquent des philosophes naturels, qui tiennent que rien ne se peut faire de rien, et de ce qui n'est pas et qui ne fut jamais » (Plutarque. *Qu'il ne faut point emprunter à usure*).

L'argent fait des petits, la reproduction simple devient élargie : le scandale que vingt siècles refoulent comme « péché » de l'usure, puis de l' « accumulation capitaliste », ne tient pas à un taux exagéré, démesuré, mais à son principe : l'usure parie sur un mode rationnel, elle prévoit l'imprévisible, elle engage le temps. Qui plus est, elle tient son pari, mesurée par rien elle-même, elle évalue tout y compris les promesses du futur. Le simple sceptique s'accable du paradoxe statique qui veut qu'une estimation dernière ne s'étalonne par rien. Le vrai cynique s'empare du paradoxe dynamique de contrôler même le non-mesurable. « A celui qui lui avait démontré par syllogisme qu'il avait des cornes, il rétorqua en se touchant le front : eh bien moi, je n'en vois pas... Un autre affirmait pareillement que le mouvement n'existe pas : Diogène se leva alors et se mit à marcher. » On aurait tort de n'entendre ici qu'un épais bon sens qui s'acclame à vérifier par la pratique l'imbécillité d'une affirmation (au sens où « la preuve du pudding c'est qu'on le mange », Engels dixit). De Zénon à Einstein, la difficulté de penser le mouvement s'est avérée une niaiserie fort intéressante ; en cultivant le paradoxe, Diogène ne se place nullement en marge : son épreuve des faits se propose, en même temps, expérience de pensée. Il invite à découvrir que l'impasse existentielle, où il prend ses quartiers, et l'aporie logique, qu'il s'efforce d'incarner, sont plus vraies que les détours empruntés pour les éviter. Inutile de biaiser, c'est en ces labyrinthes que l'occident fait défiler ses vérités.

Les causes des crises brillent par leur multiplicité. Les unes semblent courir des cycles courts, les autres la longue durée, d'autres encore dépendent du comportement des agents économiques, de l'état de la production, de la circulation ou des relations internationales. Eu égard aux mille catastrophes qui s'esquissent ainsi, mieux vaut demander pourquoi elles n'ont pas toujours lieu : quelle est la cause de la non-crise ? On ne sort pas d'une crise comme on passe du rêve à la réalité, ou de la spéculation à l'industrie : aucune étude historique précise n'est parvenue à cerner ce retour à un niveau naturel des prix et des salaires dont on crédite les automatismes régénérateurs. L'hypothèse d'un taux « normal » d'inflation, l'opposition entre un intérêt « naturel » de l'argent et un autre « prohibitif », toutes les normes vertueuses censées faire correspondre la circulation des valeurs et l'organisation de la production paraissent nécessaires à la tenue de discours sur l'économie, et inaptes à en réguler le cours effectif. Les préceptes supposés intangibles ayant été transgressés, les prévisions de catastrophes irrémédiables démenties, force est de conclure qu'une économie-monde ne se soumet à aucun canon extérieur et qu'elle évite les inévitables crises à compenser les unes par les autres et si possible de grandes par de petites. Ni adéquation du nominal et du réel, ni pierre de touche, les crises sont partout et leur solution nulle part.

L'heure du paiement cash ne sonne que pour ceux qui manquent de crédit, plutôt les provinces que la capitale, les secteurs industriels secondaires au lieu des institutions financières. La tempête peut faire rage chez les grands, ce sont les petits qui font naufrage et les économies dominées plus que la dominante : contrairement aux hypothèses « systématiques », il n'existe pas de degré zéro du crédit, la monnaie fiduciaire ne revient jamais purement sonnante et trébuchante. Le centre financier ne cesse, au pire moment de la crise, de spéculer ; nul tribunal de l'histoire ou de l'économie pure ne le cite devant une réalité dernière : en expansion ou en rétraction, une économie-monde ne touche jamais terre.

Quatre thèses philosophales

Lorsque deux économies-monde se rencontrent, elles ne se livrent pas de grandes batailles symétriques et ne procèdent pas à des règlements de comptes napoléoniens. Evoquant l'exemple de la rencontre Inde-occident, F. Braudel montre qu'à puissance et complexité sensiblement équivalentes, elles peuvent s'ignorer, s'écorcher, l'une finit par dévaster l'autre, mais aucun marché véritablement commun ne s'institue, les deux « mondes » demeurent jusqu'à la mort extérieurs l'un à l'autre. Chacun suscite son étalonnage de la valeur des marchandises, à l'occasion efface celui du voisin, aucun étalon des valeurs ne fonctionne *entre* les deux. C'est dire qu'on ne peut parler ni d'échange égal, ni d'échange inégal. A quel barème intermondes confronter égalité et inégalité ? Pour les deux les échelles de valeurs diffusent du centre vers la périphérie, et les rencontres périphériques doivent être réingurgitées centralement avant de devenir signifiantes pour l'ensemble. L'activité d'une économie-monde n'est mesurée par rien qu'elle-même.

Changer la monnaie ! En énonçant l'impératif, le cynisme occidental se coule dans un pouvoir libre de toute censure extérieure, il se trouve à même de délimiter et de modifier, par sa dynamique interne, ce qui compte et ce qui ne compte pas. Où ce n'est plus le cynisme qui s'adapte au monde, mais celui-ci qui se met à tourner sur un centre cynique. Dévorant de la viande crue ou copulant en public, Diogène prétend moins revenir à un pseudo homme naturel que se poser transformateur des mœurs, grand maître de la Bourse des us et coutumes, PDG d'une multinationale trafiquant dans l'euromorale comme d'autres s'épanouissent dans l'eurodollar. Sa vérité ne culmine pas dans l'impuissance d'un relativisme, mais dans la puissance de tout mettre en relation. « Diogène... disait à tous la vérité, et bien qu'il ne possédât pas une seule drachme, il faisait tout ce qu'il voulait, il ne manquait jamais aucun des buts qu'il s'était fixés, il était seul à mener la façon de vivre qu'il considérait la meilleure et la plus heureuse, et il n'aurait pas échangé sa pauvreté contre la royauté d'Alexandre, ni l'or des Mèdes et des Perses. »

LES GRANDS ÉCHANGEURS
SOUS LA LUNE

> « Il se peut que l'occident n'ait pas été capable d'inventer des plaisirs nouveaux, et sans doute n'a-t-il pas découvert de vices inédits. Mais il a défini de nouvelles règles du jeu des pouvoirs et des plaisirs : le visage figé des perversions s'y est dessiné. »

Faute d'épingler une conscience de classe ou une profession de foi immoraliste, convient-il d'étiqueter la doctrine de Diogène dans le grand classeur des opinions reçues, comme une théorie de plus et un mode de vie parmi d'autres ? Catalogué entre les doctrinaires, le cynique se défile. Il donne à la fois moins et plus à penser que les honorables visions du monde. Moins, parce que l'expérience de la mort introduit l'aveugle opacité au foyer de la vision. Plus, pour ce qu'il n'évoque les mondes qu'à partir de leur fin. Il ne se taille pas de place à part dans le roc, mais dessous telles les anguilles ; il n'élève pas les châteaux des certitudes ; il se maintient dans une expérience, et peu lui chaut qu'elle paraisse scientifique. Sa démarche est méthodique, à rebours. Tandis que Descartes fait fondre un morceau de cire plein de saveurs et de senteurs pour l'amour d'une formule claire et distincte, il saisit cet amour en acte, en train de détruire un bout de nature avant d'éterniser une portion d'étendue mathématisable. Le cynique estime qu'il a moins à apprendre de la science qu'elle de lui, il se choisit héraut d'une pratique de démolissage qui la précède et dont elle ne saurait se passer. Est-ce dire que la vision cynique serait préscientifique, au sens où Husserl fondait l'origine de la géométrie sur un monde vécu, préparant et supportant les idéalisations de l'esprit mathématique? Pas plus! Le sceptique ordinaire prend appui sur les difficultés de percevoir la chose même. Le cynique ne tire pas argument des tâtonnements mais de ce qui les interrompt; s'exerçant à percevoir ce qui casse la perception, il trouve ses lumières au point où l'œil flanche et s'éteint. Son expérience irréductible de la mort, ni scientifique, ni antéscientifique convertit une vision du monde en antivision d'un univers explosé.

1. Un masque sans visage.

Qui prétend réduire le mauvais esprit occidental à un cynisme de grand seigneur manque l'ampleur historique d'une explosion qui commença rarement chez des princes. Le cynisme des petits précède. Il accompagne les usages républicains comme leur ombre. Il fallut deux rois de Perse, des conseillers grecs, quatre rois de France et beaucoup de roture pour en pénétrer les subtilités. La bonne âme qui le noircit en intégrale méchanceté ne saisit pas mieux l'incurable de son avènement. L'alternativisme moral proclame : on l'est ou on ne l'est pas, d'un côté le cynisme, de l'autre la pureté ; c'est là livrer une pensée d'autocrate pancréator : si le roi de Perse est bon, il imagine que la Perse, qui l'aime, le suit. Le cynisme est un produit de la place publique, il éclate en même temps que la démocratie, quand *la* puissance se désintègre dans *les* puissances. La vertu réclame « tous les pouvoirs » pour balayer corruptions et pourritures ; elle rêve d'un despotisme vieillot et anachronique ; à moins qu'elle n'annonce un nouveau pouvoir qui s'emparerait cyniquement d'une aussi sotte prétention, afin de mieux abuser les abusables. Si la vertu vit, entre d'autres, dans la foire, sur la place, non au-dessus, elle s'avise des échanges de coups ; qu'on laisse faire, ou qu'on intervienne, qu'on se défende ou qu'on fasse le gros dos, tout commerce entre mortels aiguise son inévitable pointe de cynisme.

D'ailleurs, le cynique voit-il ? Parle-t-il ? On aurait tort d'en douter, il se veut contagieux, donc il communique. Mais il entend ne communiquer que la contagion, il montre publiquement sa solitude, rappelant le spectateur à la sienne. S'il parle, c'est pour signifier une mort qui essouffle toute parole. S'il la fait parler, il entend et étend son silence, se faufilant aussi inclassable qu'elle. A chacun son rien, dont il est peu de chose à dire. « Apercevoir rien et ne rien apercevoir c'est la même chose », remarque Malebranche, négligeant que ce point nul souffle de permanentes annulations. On ne fait jamais leur place aux ombres. Les panthéons de la pensée occidentale coincent le cynisme en de folkloriques niches, tandis que de minces chapitres d'histoire de la philosophie achèvent leurs descriptions bénignes par des règlements de compte hâtifs. Le cynique ravi, clandestin malgré lui, milite discrètement, son portrait robot relève trop de la caricature pour qu'on le reconnaisse. Platon seul mesura la difficulté de cerner le personnage, c'était pour lui querelle d'amour. Aristophane et la rumeur condamnèrent Socrate en qualifiant cynique par excellence l'antilogique, le maître ès réfutations, qui tord le raisonnement droit et redresse les tordus : « Tu as failli, tu as aimé, tu as commis quelque adultère et l'on t'a pris sur le fait. Te voilà perdu ; car tu es incapable de parler. Mais si tu es avec moi, jouis de la nature, saute, ris, ne prends rien pour honteux. » Meurtre et parricide compris. L'insaisissable est marque de force, non de faiblesse, quand Socrate n'arrive point à se démarquer de ses doubles, le cynisme subvertit la possibilité même de penser, fût-ce contre lui.

Il agit à demi-mot ; tout à retourner celles des autres, il ne produit pas de théorie, si bien que les théoriciens croient d'un haussement d'épaules signer son arrêt d'inexistence. Aristophane, Sade, Dostoïevski. La grande littérature témoigne, au contraire, pour la permanence d'une possession cynique à laquelle elle prête cette voix qui ne ressemble à aucune. Les réalités bâtardes ne peuvent être touchées que par un raisonnement bâtard (Platon, le *Timée*). D'où l'incomparable avance que prennent les lettres sur une spéculation trop assurée de ses moyens et sur un moralisme confit dans la bonté de ses propres élans. Mesurés à l'exactitude historique, les sophistes campés par Platon se révèlent humoristiquement approximatifs. Considérés sous l'angle de la cohérence doctrinale, ils paraissent plus légers que nature. Plus tout à fait des hommes, pas encore totalement ombres, ils poursuivent l'existence intermédiaire des figures que Dante croise dans sa descente aux enfers. Ni chair, ni idée, profils littéraires en attente de s'accomplir, rencontres qui introduisent au pas encore rencontré. Aucun sophiste peint par Platon n'a toute honte bue ; même Calliclès, le plus radical, hésite à perpétrer la galipette finale ; quelles que soient ses raisons, il ne se dénude pas, spirituellement, en public. Les dernières pudeurs, de plus en plus difficiles à justifier, soulignent, comme d'un halo d'hésitation, le point de fuite qui aspire le spectacle. Derrière une absence de coulisse, rôde le personnage que miment les sophistes sans intégralement oser l'incarner. Ultime réticence tellement évidente qu'il est inutile de théoriser ou de personnifier, l'entendeur devine trop de quoi il s'agit. Ce silence rend le cynisme plus présent, pesant, et prenant.

2. Le tournis et son pivot.

Me tué-je, te tué-je, nous tué-je ? Le cynique fait coïncider l'affirmation et la destruction (thèse n° 1) et plus que l'une ou l'autre poursuit la coïncidence que promeut un pouvoir transparent (thèse n° 3), il confond, dans l'indiscernable, bien et mal (thèse n° 2), ésotérique et exotérique (thèse n° 4). Le petit cynisme établi, le cynisme de base, finit par avoir raison de celui qui grandiloque, à « vingt mille pieds au-dessus de tout lieu habité » (Nietzsche). La coïncidence de l'affirmation et de la destruction ne relève pas d'une conviction planante ou terre à terre, plutôt d'une expérience qui, comme la mort, apure les comptes. Elle équilibre l'avant et l'après, l'entrée par la sortie, et retourne à zéro l'élévation extraordinaire comme la bassesse domestique. Ces points de réciproque annulation s'atteignent sans qu'il y ait lieu de recréer le monde ou de le transfigurer ; il suffit de l'étalonner. Un esprit ennemi des transports dispose pour cet usage d'une batterie parfaitement quotidienne et concrète de machines cyniques, qui permettent, autant de fois que nécessaire, de vérifier les thèses 1, 2, 3, 4 dans le courant d'une vie courante. Leur mécanique s'agence autour de pivots inusables (l'or, le sexe, la violence), et les fait fonctionner comme de gigantesques échangeurs qu'aucune bretelle ni dérive ne permet de contourner. La guerre évalue en pintes de sang toutes les grandeurs morales et matérielles, et les rêves tout fous, et les calculs subtils : « L'engagement est l'unique activité efficace de la guerre... même quand l'engagement n'a pas lieu réellement... La décision par les armes représente pour toute opération de guerre, grande et petite, ce que le paiement en espèces représente dans les transactions financières » (Clausewitz). Dans le champ clos d'un corps à corps, l'amour ne serait pas si fascinant s'il n'invitait à tout jeter dans la balance, « c'est un commerce qui a besoin de relations et de correspondance ; les autres plaisirs que nous recevons se peuvent recognoistre par récompense de nature diverse ; mais cettuy-cy ne se paie que de la même espèce de monnaie » (Montaigne, *Essais* III).

Avec l'argent, les machines cyniques semblent toucher la perfection. Lorsque l'esprit vient s'estimer en monnaie trébuchante, les corps se payant en âmes et les choses de mots, la confusion de l'ésotérique et de l'exotérique atteint un point de non-retour en l'équivalence générale du « métal maudit... dieu visible qui soude ensemble les incompatibles et les fait se baiser, toi qui parles par toutes les bouches et dans tous les sens, pierre de touche des cœurs... » (Shakespeare).

Une machine cynique digère même les pierres. Elle convertit sans exclusive. Pourtant les guerres, les amours, et les trafics ne brassent que des secteurs circonscrits d'une existence que de surcroît ils se disputent. Universités et journaux retentissent des querelles entre décorés ou dénonciateurs du cynisme guerrier, promoteurs du cynisme sexuel, professeurs ès cynismes économiques. Chacun tire la couverture, tandis que les tenants de la haute puissance de l'argent semblent prendre l'avantage. N'est-ce pas lui qui fournit à la guerre ses motifs et ses moyens ? Et qui prostitue l'amour ? A moins que les plus vieux métiers du monde — soldat, putain — ne fourbissent déjà les procédures d'une universelle équivalence, que l'homme d'argent se borne à répandre ? On commence en livrant, localement, n'importe qui pour n'importe quoi, on en vient à projeter sur le monde un gigantesque marché où tout s'échange contre tout. Les machines cyniques tourneraient locales et sordides, si elles ne passaient pour exemples vivants d'une métrétique universelle. Comment la machine s'emballe-t-elle ? A quelle condition le cynisme est-il devenu univers ? En inventant son originale mesure de toutes choses, de celles qui sont en tant qu'elles sont, de celles qui ne sont pas en tant qu'elles ne sont pas. A Protagoras qui dit l'*homme,* à Platon qui rétorque *Dieu,* le cynique oppose une option inattendue : la mort est le mètre étalon, elle fonde une métrétique universelle. Dans la guerre, l'or ou le sexe, la mort bat-elle finalement la mesure ? « Vrayement, Protagoras nous en contoit de belles, faisant l'homme la mesure de toutes choses, qui ne scent jamais seulement la sienne... Cette favorable proposition n'estoit qu'une risée qui nous menoit à conclure par nécessité la néantise du compas et du compasseur » (Montaigne, II, 12).

Quelle différence entre un Shakespeare saltimbanque professionnel et l'économiste matérialiste ? Le premier découvre à l'argent une puissance spirituelle. Le second retourne l'esprit au pouvoir de la finance. L'économie politique a rarement hésité à rendre raison du marché, en termes de production et d'échange des biens. Des critiques spiritualistes ne se montrèrent guère plus circonspects, quitte à déplorer le matérialisme et la technocratie qu'implique une telle discipline. Les économistes optimistes ferment leur univers réglé, définissant son équilibre, macro, micro, des prix, de la production, entre les secteurs de la production, entre l'offre et la demande, en valeur blé, travail, or, à l'échelle de l'année, du plan quinquennal ou des « trends » séculaires. La notion connaît autant d'acceptions qu'il est d'experts pour en discuter. Les pessimistes ajoutent les définitions négatives et alignent les crises comme une collection de serrures brisées ou d'équilibres qui ne s'équilibrent pas. Ces divergences d'humeur n'ébrèchent pas le roc sur lequel chacun

Les grands échangeurs sous la lune

échafaude. Hypothèse commune : l'économie se referme sur elle-même. La réponse à une crise, qu'on la conçoive comme simple soumission aux mécanismes du marché ou bouleversement plus ou moins radical de ses structures, s'entend comme une réponse en dernière instance économique à un problème économique. Seul le moderne naïf suppose que l'économie est « cause » omnipotente. Il suffit au subtil de postuler la traductibilité de toute option en termes économiques pour disposer d'une balance et juger du sérieux des aventures humaines. Avec la naïveté seconde d'avoir imaginé l'économie politique comme une langue où chaque être vient se baptiser. Rien qu'une langue, mais toute une langue, la maternelle, celle du cynisme originel.

Pris au pied de sa pratique, l'économiste arpente un territoire limité, énonce des vérités relatives avec une légitimité d'autant plus rigoureuse que provisoire. Dans son dernier quart d'heure théorique, il affirme résoudre tous les mystères de l'histoire en sachant qu'il les résout. Critique ou apologétique, bourgeoise, prolétarienne ou tiers mondiste, l'économie politique ne doute pas mesurer tout ce qui se passe sur le marché, quitte à se heurter à d'aussi nombreuses sexologies, et polito-polémologies, qui nourrissent avec plus d'humiliations que d'humilité d'analogues ambitions. La guerre des cynismes a toujours eu lieu ; aucun ne met en doute l'existence de l'enjeu — un projet d'universelle métrétique dont on revendique fiévreusement le monopole.

Socrate (via Platon) formula le projet d'étalonnage général de l'existence qui sous-tend les irruptions locales d'une affection jamais éteinte :

« Je vous demande, ô hommes, s'il est possible de tenir une autre conduite. » Au lieu de « tant de mots » : justice, vérité, bien, mal, aujourd'hui, demain, ne peut-on en compter simplement deux, le bon et le mauvais, ou l'agréable et le pénible ? Le principe de la réduction est simple : « Comme un homme qui sait peser correctement, mets ensemble tout l'agréable et ensemble tout le pénible, en ajoutant dans la balance le poids de l'immédiat et du différé, et dis-moi quel plateau l'emporte. » Ce jour-là, Socrate fit l'union sacrée de tous les professeurs de savoir, Protagoras approuva qui estimait que la loi et la convenance mesurent toutes choses, et Hippias, son concurrent, qui penchait pour la force et la « nature », et Prodicos qui tenait pour dernière balance la parole, avec les subtiles distinctions linguistiques d'un homme de lettres, érudit et grammairien. L'illustre Jeremy Bentham, anglais, eût opiné favorablement, comme Don Juan ou Diderot, sensualistes, non moins qu'Engels qui théorisa la peine du travailleur en faisant de sa « force de travail » l'étalon marxiste des valeurs. Cette dépense d'énergie (de « travail ») que la durée (temps de travail) ne suffit pas à mesurer, suppose à son tour « un homme qui sait peser correctement »...

Quel homme ? Sur la place où parle Socrate et d'où le cynisme occidental prend son essor, la réponse ne laisse guère de doute, un homme nécessairement sans qualités ni qualifications propres. Les questions décisives qui règlent le commerce des hommes — justice, raison, paix, guerre — deviennent l'affaire d'un chacun quand elles ne sont le domaine professionnel de personne. Dans les questions subsidiaires, on fait appel à des spécialistes — architectes, constructeurs, experts divers. « Et si quelque autre, qui ne soit pas regardé comme un technicien, se mêle de donner son avis, fût-il beau, riche, ou noble, on ne l'en écoute pas davantage, mais au contraire on se moque de lui et on fait du bruit, jusqu'à ce qu'enfin le donneur de conseils ou s'en aille de lui-même devant le tapage, ou soit arraché de la tribune et chassé par les archers sur l'ordre des prytanes. » Par contre, pour le principal, la décision appartient aux incompétents : « S'il s'agit au contraire des intérêts généraux de la cité, on voit se lever indifféremment pour prendre la parole, architectes, forgerons, corroyeurs, négociants et marins, riches et pauvres, nobles et gens de commun, et personne ne leur jette à la tête, comme dans le cas précédent, le reproche de venir sans étude préalable, sans avoir jamais eu de maître, se mêler de donner des conseils : preuve évidente qu'on ne juge pas ceci matière d'enseignement » (*Protagoras*). L'homme qui mesure est un homme quelconque.

Il y a un cynisme des grands : « La tyrannie consiste à pouvoir faire dans la cité ce qui vous plaît, tuer, dépouiller, et tout ce qui vous passe par la tête » (*Gorgias*). Il va comme de soi. Il y a également celui, qui les dépasse, des petits. Témoin, l'ébahissement qu'Hérodote attribue au roi de Perse, Cyrus, lorsqu'on lui décrit les Grecs : « Ce genre d'hommes qui entretiennent au milieu de leur cité un endroit où ils se réunissent et se trompent mutuellement par serments ! »

Le cynisme de la place publique cultive le projet de mesurer toute chose, il s'en rend capable en se voulant pensée du bord de l'abîme. Le gouffre est chapeau de prestidigitateur, on y précipite le sage et le fol, le noble et le vil, l'exo- et l'ésotérique, pour les en ressortir de la même farine, résumés à leur mortalité. Mathématique cynique d'un compte à rebours qui laisse chacun à ses plaisirs propres, pour peu que la mesure des malheurs passe pour générale. Réduire les aléas de l'existence à leur valeur peine ou plaisir annonce le calcul d'utilité. Les mathématiciens présupposent que les grandeurs mises en parallèle sont, par quelque côté, homogènes. Cela nécessite de vous à moi la possibilité d'une comparaison inter-personnelle d'échelles individuelles des bonheurs et des peines. Et de moi à moi, la comparabilité intra-individuelle des intensités variables de plaisirs et de douleurs. En fait, la douleur commune suffit. La mesure collective des expériences individuelles est concevable sans qu'on ait à postuler que nous sentons et souffrons tous identiquement. Les échelles d'utilité peuvent se diversifier en correspondant à la sensibilité originale de chacun. Pour qu'elles demeurent comparables, nul besoin qu'elles se copient, il faut et il suffit, montrent les calculateurs, qu'elles partent du même point — par exemple, de rien, un degré zéro, et commun à toutes. Ce ne sont pas les plaisirs qu'on compare alors, mais les risques de les perdre. L'intensité concrète et irréductible de tel plaisir, chacun en apprécie la saveur originale, une mesure collective n'en est pas moins promise. Elle se contente de relever les écarts d'intensité et les échelonne à partir du zéro commun.

Lorsque deux bipèdes sans plumes se rencontrent, ils échangent un immense bouquet d'informations sur leurs malheurs respectifs — pas de bourgeois qui ne se trouve au bord de la ruine, d'intellectuel qui ne souffre de fins de mois difficiles, et les rares amoureux pas désespérés prévoient qu'ils ne perdent rien pour attendre. Les joies de l'existence sont conservées si précieusement qu'elles s'évaporent ; c'est ainsi qu'on les goûte : à leur perte, à leur manque, à leur ombre. Le bon temps est par définition vieux ; le présent se ressent désagrément (être âgé, trop jeune, ou malade, ou sans travail, ou travailler) ; l'avenir paraît gros de catastrophes. Ces discours ne manquent pas d'exactitudes, ce qui n'explique en rien leur exclusivité : pas irréductiblement pessimiste, le bipède sans plumes n'affirme nullement le pire toujours vrai. S'il en parle sans cesse, il porte son hommage à la règle de conversation, ou plus précisément de convertibilité : pour donner à ses émotions quelque côté communicable, chacun les projette sur une échelle du pire plausible pour autrui. Le malheur est à l'horizon, non parce que seul réel, mais seul transmissible. La fixation du zéro absolu soulève d'ardents débats ; on se demande qui est le plus opprimé, du prolétaire, de la femme, du tiers monde, de l'affamé, de l'humilié et de l'offensé ; on se querelle sur la définition du danger n° 1, la famine, l'explosion thermonucléaire, ou la servitude générale, ou la bêtise.

Les idées du « pire » varient, probablement avec la même amplitude que les idées du « meilleur ». Voilà qui allume et exaspère le débat entre diverses espèces de cynisme ; le genre gonfle d'autant. Les interlocuteurs imaginent pareillement le fait du malheur, quitte à disputer des causes qui le précipitent. Chacun trouve, expérience de la mort aidant, le moyen de projeter les angoisses de l'autre sur son échelle personnelle sans les partager.

La métrétique cynique dresse un compte unique des plaisirs et des peines étalonnés à l'échelle de la peine. On estime le prix d'un être en s'en figurant privé ; on le compare à d'autres en pesant les manques que leur non-être suscite, comme si on n'en prenait de sentiment vrai qu'à percevoir leur absence. Les néoplatoniciens commençaient au plus haut, l'Un mystique au-delà de tout, même de l'être, pour traverser le monde des dieux, des hommes, et des singes, jusqu'au rien ultime dont la bassesse s'avérait aussi indescriptible que le surélevé point de départ. Cette « théologie platonicienne » (l'adjectif ne va pas sans usurpation) procède par successives privation et diminution de la plénitude originelle : les dieux sont moins que l'Un, les hommes sont moins que les dieux, l'inférieur tombe ainsi du supérieur par soustraction. Ce qui est second se détermine par la négation grignoteuse de ce qui est premier. Hiérarchiquement, du plus-être au moins-être, à travers toutes les classes de réalités. Cette vision deviendra très populaire au Moyen Age, sous l'espèce de la « longue chaîne » des êtres ou de « l'échelle de Jacob ». Le cynique est un europlatonique triste qui met en œuvre un principe inverse, chaque chose s'extrait de la bouche d'ombre et se détache moins sur l'être que sur le néant, comme si elle trompait la mort et ne vivait que de nier sa négation radicale. L'homme continue d'occuper le milieu d'une échelle qu'il gradue désormais de bas en haut. Non plus déflationniste de l'être, mais rongeur de néant, il nomme jours les nuits dont il calfeutre la nuit.

Platon illustre l'opération par un « mythe » de son *Politique.* Tout se passe, confie-t-il, comme si l'univers parcourait deux cycles. L'un progresse de l'avant vers l'après, selon le cours « normal » des choses. L'autre incline dans le sens inverse, qui, à tout prendre, pourrait — l'habitude compatissant — paraître également ordinaire. Monde à l'endroit, ou monde à l'envers, l'un fait mourir par vieillissement, l'autre de rajeunissement. Peu importe, un ordre inversé demeure un ordre. « Pour tous les animaux, leur âge, quel qu'il fût, arrêta tout d'abord son cours, et tout ce qu'il y a de mortel cessa d'offrir aux yeux le spectacle d'un vieillissement graduel, puis, se remettant à progresser, mais à rebours, on les vit croître en jeunesse et en fraîcheur. Chez les vieux, les cheveux blancs se remirent à noircir ; chez ceux dont la barbe avait poussé, les joues redevinrent lisses, et chacun fut ramené à la fleur de son printemps ; quant aux imberbes, leur corps se faisant plus lisse et plus menu de jour en jour et de nuit en nuit, revinrent à l'état de l'enfant nouveau-né, et leur âme s'y conforma aussi bien que leur corps ; après quoi, le déclin se poursuivant, ils finirent par disparaître complètement. » Reste à considérer le moment du virage, une révolution où le monde change de base : « Dans cette volte-face et ce rebroussement, le monde, faisant un bond qui retourne bout à bout le sens de son mouvement, détermina dans son propre sein une secousse violente qui, cette fois encore, fit périr des animaux de toute espèce. »

Grand bond en avant, ou grand bond en arrière, ces retournements indiquent que le dieu qui pilote l'univers a lâché les commandes pour retourner « s'enfermer dans son poste d'observation ». La force des choses l'y contraint de temps en temps : si nous sommes condamnés à changer parce que mortels, le changement lui aussi doit changer et ne saurait rouler identique à lui-même. Le temps des naissances et des disparitions doit être prévu dans ces voltes et pensé à rebrousse-poil sur fond de la « turbulence primitive » d'un monde à l'abandon. De Platon à Lénine, désiré ou redouté, l'événement révolution figure le changement d'aiguillage, autrement dit de zéro étalon.

3. Une mystique de la destruction.

Révolutionnaire, contre-révolutionnaire, indifférent, le cynique peut jouer tous les rôles, il prend appui sur la virgule qui sépare la constatation que le passé est définitivement passé et l'acclamation d'un présent qui est tout à venir. Le roi est mort, vive le roi. Il s'installe dans cette impalpable et imparable coupure qui menace tout ce qui vit et décide « que rien de rien n'est sain et que tout s'écoule et s'en va comme vase d'argile ». Si cette pensée-de-la-destruction se présente comme un scepticisme qui se respecte et entend se faire respecter, si elle se gonfle comme doctrine et se mesure aux autres dogmes, elle tombe dans un cercle vicieux, comme le pseudo-« héraclitéisme » qu'expédie, sans ménagement, Platon. C'est un point de vue, celui de la transition, qui en vaut un autre, c'est-à-dire pas plus ; l'assener comme un jugement dernier revient « à se représenter les choses dans le même état que les gens affligés d'un catarrhe, en jugeant que tout est atteint de flux et d'écoulement » (*Cratyle,* 440 cd). Une pensée de la destruction se détruit elle-même, c'est moins une pensée qu'un éternuement. Cela va de soi, mais la suite également : un éternuement éternue, à l'occasion, il éclate même, contagieux. Si la pensée de la destruction s'accomplit plutôt destruction que pensée, le reproche de cercle vicieux tombe. Notre sophiste, pseudo-héraclitéen en mauvaise théorie, se retrouve cynique en bonne pratique, qu'il détruise la pensée le rend plus redouté que réfuté. Un antilogique que la logique n'arrive pas à penser témoigne pour la misère de la logique, pas pour la sienne. Osons considérer ce qui contamine toute pensée, « disons que le plus astucieusement du monde, le sophiste s'est enfoncé dans un refuge inextricable » (*le Sophiste*). S'il est dangereux parce qu'inconséquent, il est ; le culte de la conséquence se casse les dents sur sa réalité. D'ailleurs on ne parvient pas même à taxer d'incohérence celui qui brandit le danger de l'inconséquence avec l'inconséquence du dangereux.

Peut-on camper dans l'impossible ? Dire le faux comme vrai, mentir, revient à dire ce qui n'est pas. Or ce qui est dit est dit, et de quelque façon en vient à être. Première impossibilité. Mourir, tuer, toucher l'instant extrême entre un déjà plus et un pas encore implique inversement qu'on fasse être le pas-être, la mort. Deuxième identique impossibilité. Platon cristallise, en un Parménide de fiction, la certitude qu'on ne peut dire ce qui n'est pas : le mensonge n'existe pas. Cela paraît logique, mais il faut que la pensée torde le cou de cette logique, si elle entend faire face à l'antilogique (Platon parle même d'un nécessaire « parricide » : son Parménide est dans le vrai, beaucoup trop dans le vrai, pour qu'on l'y laisse, sans lui faire goûter durement les fantasmes, erreurs, et tromperies auxquelles s'exposent de simples mortels). Afin de poursuivre le cynique dans sa tanière, il faut convenir avec lui que la parole fait une place à ce qui la dément et le temps à ce qui l'interrompt. Si notre condition permet qu'on mente et qu'on meure, on admettra, contre Parménide, que de quelque façon l'impossible est.

Le cynique est un mystique, il a, comme Jean de la Croix, sa « nuit obscure », il ne tient pas un discours réglé et théorique, il bafouille mais se fait entendre. Il saisit ses auditeurs par l'évidence de leur mortalité, la seule vérité qu'il connaisse et dont il entend suivre le fil. Si la mort est..., commence-t-il, autrement dit : si le non-être est, si l'impossible est... Sur cette hypothèse de départ, deux lancées :

1. L'impossible peut être dit comme impossible, la mort est dicible aussi bien que faisable. Elle n'est pas ce qui est. Et ce qui est n'est qu'à ne pas être elle. D'un côté, on a l'être-non-étant, c'est la mort (ou l'un-qui-n'est-pas de la VIe hypothèse de Platon dans le *Parménide*). De l'autre on a le mortel, l'autre de la mort, le « ne-pas-être-non-étant ».

2. L'impossible doit être également dit comme impossible à dire, passage à la limite qui met la mort hors d'atteinte, indicible, ineffectuable : « Ce qui vraiment n'est point n'est d'aucune façon, sous aucun rapport et ne participe à l'être par aucun côté » (VIIe hypothèse). Le cynique, qui pèse en la mort sa seule vérité, voit toute chose sous un certain aspect d'éternité. Qui vraiment fait le mort, jamais ne saurait commencer ni cesser.

La mort fait balbutier par inflation de discours plutôt que par déflation. Qu'on la suppose dicible, et les mots se bousculent, toutes les affirmations conviennent, la mort a part au changement, elle fait passer. La mort participe de l'immobilité, elle ne passe pas, « donc l'un qui n'est pas, parce qu'il s'altère, naît et périt ; parce qu'il ne s'altère pas ne naît ni ne périt ». Qu'on la suppose indicible, il en reste autant à proférer, mais négativement, n'est-elle pas l'absente en tout ce qui est ? Dans le premier cas, nous la saisissons sur le mode du et-et (et mobile et immobile). Dans la seconde, sous l'angle du ni-ni (il n'y en a ni science, ni opinion, ni sensation, ni définition ou nom). Elle nous saisit dans les deux hypothèses. Le droit du cynique à la parole est légitime de ce fait : il ne dit pas n'importe quoi n'importe comment, il dit la mort et son discours ne ressemble à aucun autre, il dit ce qu'il veut dire. « Il y a (pour Platon) un néant qui n'est absolument pas, il y a un fond de négation qui subsiste après que l'on a montré qu'une grande partie de nos négations peuvent se traduire en affirmations. Il est l'élément de destruction absolue... » (J. Wahl). Il y a toujours du cynisme dans l'air que respirent les mortels.

Juliette élève la dernière extrémité en mesure de tout, elle s'emploie à en allumer la menace pour boucler un compte apocalyptique. Le cynisme devient système en s'affirmant seul discours intelligent. Pour dominer, le sophiste se définit, en même temps et dans le même souffle, « héraclitéen » (tout passe) et « parménidien » (je ne dis que ce qui est), même quand on dit tout passe, on ne peut dire que ce qui est. « C'est bien en cet abri qu'il s'est réfugié », remarque Platon (*le Sophiste*). Le discours le plus fort et le plus exclusif (celui du dogmatisme parménidien qui ne reconnaît ni la possibilité de, encore moins le droit à l'erreur) se referme sur la réalité la plus dure et exclusive (« héraclitéenne »). L'opération suppose un chassé-croisé subtil, la mort est une, mais n'est pas tout; les discours qui gravitent autour d'elle disent tout (sur un double mode et-et, ni-ni), sans faire un. L'acte suicidaire de Diogène lui échappe, il ne saisit jamais l'heure H qu'en paroles, comme il ne rassemble ses mots qu'en les poussant vers un définitif silence. Son discours-de-la-mort nous dit : *tout* est *un*, seulement chaque terme emprunte à l'autre la face unitaire ou la face rassemblante dont il est dépourvu; le système du cynique sadien bétonne la vérité en faisant correspondre la vie de l'esprit à la chose morte, mais s'il croit y enclore le monde, peut-être s'y enferme-t-il seul.

4. Les calendes romaines.

La possibilité du meurtre, l'évidence de pouvoir tuer où être tué fait l'inéliminable sérieux de toute vie politique; qu'il s'agisse de procéder à l'hécatombe ou de s'en défendre, les moyens mis en œuvre risquent sans cesse d'avoir à être brutaux et finissent par faire la nique aux fins les mieux intentionnées. Diogène, face à Alexandre, ne se borne pas à des constatations désabusées; les anecdotes le présentent moins ennemi qu'alter ego qui sait mieux que le roi la vérité du roi. Entre le citoyen du monde et l'empereur de toutes les terres habitées, simple parallélisme de deux prétentions à maîtriser sa propre existence ou celle de l'univers? Une historiette relate que l'empereur et le mendiant devaient périr le même jour, n'est-ce point sous-entendre qu'ils firent, pareillement, de notre mortalité érigée en modèle de toutes certitudes, le principe commun de leurs maîtrises? Depuis lors, le dialogue du penseur et de l'empereur, de l'intellectuel et du tyran, n'a cessé de tresser rivalité et complicité : Machiavel et César Borgia, Hegel et Napoléon, Falstaff et Henri, Voltaire et Frédéric. Le XXe siècle brade les illustrations.

Dante, pensant le destin romain d'une Europe naissante, énonce le principe de ces ralliements tourmentés. L'*Enfer* s'ouvre sur une grande fresque où figurent Orphée, Linus, Platon et Aristote, avec en regard, Enée, Lucius, Brutus et César. « Les poètes et les philosophes, flambeaux de la pensée, avec les meneurs de peuples, fondateurs de cités et d'empires ; ceux dont la parole est la seule arme, avec ceux dont l'épée dicte au monde les plus sages lois. » Quelle étrange symétrie noue l'intellectuel sans attache et le maître du monde ? Celle-ci : ils sont tous deux incapables d'avarice et de cupidité, l'un parce qu'il ne se veut lié par rien, l'autre parce qu'il détient tout. « Or le monarque n'a rien à souhaiter car sa juridiction n'a d'autres bornes que l'océan : ce qui n'est pas le cas des autres seigneurs, dont les seigneuries ont pour frontières des seigneuries étrangères, comme le royaume de Castille par exemple, qui cesse aux terres du roi d'Aragon. D'où il suit qu'entre tous les mortels la justice ne peut avoir de sujet plus sincère que le monarque » (Dante). Le seul monarque vrai doit être monarque du genre humain. Toute autre puissance se trouve limitée par des concurrentes et risque de se laisser aller aux ambitions et à la cupidité, contraires à la justice. Cette apologie absolue d'un empire absolu n'implique nul servilisme de courtisan ; à l'époque où Dante écrit, l'Empire semble sur le point de disparaître, « c'est d'ailleurs ce qui rend si grande la position de Dante, écrivant en un temps où il n'y a plus du tout d'empereur, il ne se bat pas pour un homme mais pour une idée ». En ce temps-là, en sa chère Florence ravagée par la guerre civile (guelfes contre gibelins, impériaux contre papistes), Dante découvre une absence. Il dresse son Empire en Idée comme unique solution qui en droit mette fin aux conflits : « Ce pour quoi, afin d'ôter ces guerres et leurs causes, il convient de toute nécessité que la terre entière et tout ce qui est donné à posséder à l'humaine génération soit monarchie, c'est-à-dire soit une seule principauté, et qu'elle ait un prince lequel, possédant tout et ne

Les grands échangeurs sous la lune

pouvant désirer d'avantage, tienne contents les rois dans les limites des royaumes. »

Il est difficile de trouver au rêve de Dante des précédents, « il s'agit ici de la contribution personnelle la plus originale de Dante à l'histoire de la philosophie politique » (Gilson). Il trouve une infinité de continuateurs. Inutile de postuler une influence directe. Machiavel, pensant en César Borgia l'unificateur potentiel de l'Italie, Hegel, couronnant en Napoléon le sabre rationnel qui liquide rationnellement la guerre civile allemande et européenne, réagissent de même façon devant un problème posé de manière semblable. Et des millions d'occidentaux, moins célèbres, sans qu'il y ait lieu d'accuser des livres qu'ils ne lisent point, collaborent avec le pouvoir parce qu'il est pouvoir, et même, vu de leur clocher, pouvoir universel. Serait-ce là culte de la force, adoration d'un moderne veau d'or, confusion du temporel et du spirituel, de César et de Dieu ? Nenni. Ces interprétations courtes supposent trop légèrement la grossièreté de ce qu'elles prétendent expliquer. La déduction dantesque se montre autrement subtile et inquiétante, elle construit un avenir impérialiste par une raison exactement inverse ; elle rend à Dieu la garde du ciel, elle abandonne la terre à César : « Cette manière de fonder l'autonomie d'un ordre inférieur sur son infériorité même est typiquement dantesque. » (Gilson).

Pour avoir la paix, prépare l'empire. L'intellectuel détaché, supposé n'avoir rien à perdre, l'empereur, qui n'a rien à gagner, sont condamnés à être justes par manque d'occasion de ne pas l'être. Reprenons la déduction :

1. Nous partons d'un monde où l'affrontement est ordinaire (domaine du temporel pour le chrétien Dante : « quant aux fondements de l'empire, c'est le droit humain »).

2. A tout conflit il faut une solution, « partout où peut naître querelle, là doit être jugement ».

3. A universelle dispute, juridiction universelle, « l'unité des vouloirs... est la racine de la concorde », cette unité implique monarchie, les vouloirs constituant une multiplicité autophage. « Jamais le monde ne fut tout entier en repos, sinon sous le divin monarque Auguste quand exista la monarchie parfaite. »

4. Pour s'imposer à des égoïsmes violents, la paix doit exercer

une violence supérieure, « le peuple romain acquit par duel la possession de l'empire... depuis les origines de l'Empire romain toute question fut tranchée par le glaive ». Partis d'un monde mauvais, nous imposons par des moyens sanglants (« droit guerrier ») une paix qui n'est pas toute-puissante parce que bonne (Dante scinde radicalement pouvoir temporel de l'empereur et pouvoir spirituel du pape) ; elle s'avère bonne parce que toute-puissante : rien ne la tente, ni ne lui offre prétexte à pécher. La déduction avance cynique de bout en bout. Elle organise un enfer où rien ne peut être bon sauf la toute-puissance bonne faute de proie.

Cette implacable construction est élevée dans l'intention la plus œcuménique qui se puisse imaginer. L'homme s'accomplit en pensant ; l'individu pris à part, dans ses bourgs et ses royaumes, n'est pas à hauteur ; chacun s'efforce d'acquérir une part infime de la connaissance accessible à l'humanité : « Cette connaissance totale... seule l'espèce humaine prise dans son ensemble a droit d'y prétendre. » Entre « Aristote » qui trône dans l'univers intellectuel (« tous lui rendent honneur, tous le fixent des yeux », *Enfer,* ch. IV), l'empereur qui gouverne le temporel et le pape qui règne sur le supratemporel, il existe une homologie. Les deux premiers se doublent dans la même sphère de l'humaine, rien que de l'humaine existence temporelle terrestre. Le but spécifique du genre humain, fixé par l' « Aristote », est acquérir à tout instant de sa vie le maximum de conscience possible (« actualiser toujours la puissance totale de l'intellect possible ») ; la paix, condition nécessaire pour penser ensemble, suppose le monarque, « sujet de très fort vouloir et pouvoir », seul capable de gouverner en toute clarté, jamais aveuglé par l'intérêt particulier. La paix suprême incarne une pensée suprême : la réflexion ne rencontre plus de limites géopolitiques ; temps pur et mort nue, empire de l'intelligence et empire du monde se correspondent en recto et verso d'une même recherche du maximum de certitude (« science est compte parfaitement rendu des choses certaines »).

La machine, depuis que Dante la monta, tourne admirablement. D'autant que le poète déduit la nécessité de l'empire sans émettre d'hypothèse sur la personne de l'empereur : la situation

Les grands échangeurs sous la lune

fait l'homme. Les caractéristiques individuelles importent aussi peu que le point sur un *i*, Hegel concluait pareillement à la nécessité du roi de Prusse, incarnant, dans une figure quelconque, la vertu localement universelle d'une bureaucratie gouvernementale. Classe universelle, race universelle ou Ecole nationale d'administration cultivent le maximum de certitudes-universelles-concevables; ce sont supports d'empires qui se passent d'empereurs. L'acte de gouverner nourrit sa propre certitude, il se croit spirituellement incontestable, aussi longtemps qu'il s'arrange pour demeurer incontesté.

L'empire-qui-n'a-plus-d'ennemi effectue l'automatique adéquation du jugement à la chose jugée, des moyens aux fins, car il incarne la conjonction de la vérité et de la puissance (« toute chose politique étant soumise à notre pouvoir »). L'intellect impérial s'applique à des sujets auxquels il interdit toute hostilité. La vérité conçue comme adéquation idéale de l'esprit à ses objets suppose l'adéquation préalable et violente des objets à l'esprit. En ce projet d'empire cynique qui hante la politique et l'action occidentales, Dante s'interdit tout recours à un Deus ex machina. Comment agir en vérité en portant seuls la responsabilité de nos actes, dans un monde temporel et terrestre, sans garantie ultra-mondaine? Telle est la question d'avenir que le poète formula, méditant une conséquence plausible de la séparation du sacerdoce et de l'empire, de l'Eglise et de l'Etat, du vicaire de Dieu et du chef d'armées.

L'empire idéal gouverne sans mêler aux querelles d'ici le supra-humain. A condition qu'il existe. La tâche sordide d'installer ce pouvoir appelle les bains de sang du « droit guerrier », moins jugement de Dieu que de boucher; s'ils font naître le droit public, ils ne s'y soumettent pas; ils fondent la loi humaine par leur inhumanité. Mettre un empereur sur un trône ne relève plus de la justice d'en-haut, pas encore d'une justice d'en-bas qui reste à proférer. Retour donc à la case départ. Au nom de quoi obéit-on au premier législateur? Sa loi fait loi, illégalement.

5. Capitalisme, stade suprême de l'impérialisme.

L'homme du xxe siècle vit l'entre-deux d'une chaîne cynique effilochée. D'un côté, la violence romaine et dantesque, poussée à son terme, fixe la grandeur des grandes puissances, dessine les frontières nucléaires des empires, sans régler pour autant l'ordinaire commerce des hommes. De l'autre, le marché et l'entrelacs des relations d'échanges pénètrent le détail de la vie quotidienne, sans dominer des conflits mondiaux qui la bousculent, la mettent en crise ou l'anéantissent. Tous les théoriciens du xixe siècle, partisans ou adversaires, pensèrent l'économie de marché comme succédant à des relations guerrières qu'elle interrompt : l'échange des violences est remplacé par celui des marchandises, la circulation du sang par celle de l'argent. Et le pacifisme dans le libéralisme bourgeois de prendre le dessus sur la belliqueuse féodalité.

Guerre et économie, concurrence marchande et conflits sanglants s'excluent logiquement, donc dans le temps. L'histoire est censée nous faire « progresser » de l'une à l'autre. Le schéma s'est tellement imposé, qu'un grave démenti des faits ne le bouscule pas. Lorsque après deux ans de guerre mondiale, Lénine propose la révision des prédictions marxistes, il ne remet pas en cause le scénario premier, il lui ajoute une « étape » : l'impérialisme sera (seulement) le « stade suprême du capitalisme », il désigne le moment « anormal » (Lénine interprète : de déclin, de dégénérescence) où guerre et économie ne s'excluent plus mais s'impliquent. Ainsi les critiques, qui se voudraient « radicales » de l'économie bourgeoise, en acceptent les postulats les plus iréniques et jurent leurs grands dieux que l'économie de marché met fin aux guerres ! Le critique « radical » trouve seulement à ajouter : oui, exception faite des deux bouts de son histoire. Au départ, l'accumulation primitive s'est accomplie dans la boue et le sang, par les pillages internes et externes. A l'arrivée le capitalisme, devenu parasitaire, se dévore lui-même dans des conflits impérialistes. La violence de

Les grands échangeurs sous la lune

l'accouchement et du décès laisse immaculée la bourgeoise cuisine d'une économie.

Les guerres peuvent interrompre les flux internationaux ; quelques rares fois, la réciproque se vérifie, les échanges pourrissent les oppositions belliqueuses et ouvrent les frontières sinon les esprits. Ces situations limites simplifient abusivement ; violences et marchés ne sont pas exclusifs, un lien interne noue l'échange et l'effraction. L'expansion valorise en dévalorisant ; le design innove, cassant du nouveau plus ancien ; les équilibres se nourrissent de déséquilibres ; la concurrence élimine, espionne, liquide. Production et destruction vont de pair. Paraphrasant Clausewitz, on espère que l'économie continue la guerre par d'autres moyens. Les romanciers se montrent plus au fait, la petite monnaie napoléonienne a cours dans les nouvelles relations humaines. Avec ses micro-Austerlitz de Bourse, d'usine, avec ses Waterloo planétaires, la guerre continue, ses moyens changent, l'économie les démocratise : la capacité d'anéantir individus, entreprises et collectivités prolifère et essaime. La crise obsède, les crises font le quotidien, chacun ne gagne en considération qu'à brandir quelque tison.

Le produit n'a jamais été partagé en fonction de la part, inévaluable, que chacun prend à sa production. Le pouvoir de destruction d'un sujet économique mesure les avantages auxquels il peut prétendre. Tant que la seule menace, implicite, venant de prolétaires isolés, fut de mourir de faim et de cesser la reproduction de la population usinière, le salaire ouvrier tourna autour d'un minimum biologique. Les syndicats utilisèrent la capacité collective de la grève, menace de panne pour l'ensemble de la production. Bien que critiquée par Lénine, la stratégie trade-unioniste s'avéra plus efficace que le « défaitisme révolutionnaire ». Ce dernier fermait toutes les issues, empruntant aux conservateurs l'idée d'un système implacable déterminant une distribution intangible de la richesse sociale. Les syndicats ne sont, cependant, pas sans subir une attraction de type léniniste : s'organiser pour faire trembler le « système » ouvre à une discipline massive, jésuitique et rigoureuse, qui n'est pas sans évoquer la volonté de fer et le moral d'acier de la panoplie du révolutionnaire professionnel. Explicable ironie de l'histoire ! Le trade-unionisme ne fut pas exception ou déviance dans l'expansion du prolétariat planétaire. L'organisation militaire léniniste s'avère, elle, un cas extrême (la maffia structurant le syndicat américain des camionneurs en est un autre) ; elle pousse à l'absolu des tendances inhérentes à tout corps collectif détenteur d'une menace dissuasive. On croit que « l'homme de l'organisation » qui bouche tous les pores de l'économie moderne se surajoute à l'homo economicus individualiste que figurait le « bourgeois » classique. Comme si dès le départ le seul acteur qui compte n'était celui qu'on soupçonne à même de déclencher une petite ou une grande crise.

Le sujet économique se définit par sa participation au pouvoir désintégrateur de l'économie. Image d'Epinal : le paysan charge son blé sur l'âne, le manœuvre transporte sa force de travail avec lui, et le patron est surpris à glisser ses capitaux dans son portefeuille. Tous se rencontrent sur un marché qui impose aux uns et aux autres l'inégale douceur de ses équilibres. Moment fleur bleue : chacun apporte sa valeur d'usage cultivée en pot, oublieux du premier des usages humains : l'échange — de mots, de biens, de coups, de tendresses. Superstitieux monologue « originel » où l'individu s'isole avec sa chose pour en déterminer la « valeur d'usage ». Le thésaurisateur qui crève de faim sur son trésor, le paysan qui mange le blé en herbe et consomme son bétail, le travailleur qui garde par-devers lui sa force physique et spirituelle font disparaître la vie économique. Echanger ou ne pas échanger, telle est l'alternative. L'agent économique ne la tranche pas en comparant ses utilités hors commerce à une valeur monétaire toujours présupposée. Ne pas échanger, rester dans son coin, n'évoque nulle assurance de survie autarcique, mais l'angoisse pour chacun de crever. La transmutation, chère à tous les classiques, qui ouvre *le Capital* (t. I. liv. 1), la fabuleuse opération, qui incarne une valeur d'usage inexistante dans une valeur d'échange du coup insaisissable, n'a jamais eu lieu. On s'en passe allégrement : l'activité économique naît et renaît de la transformation d'une menace de crise en réseau d'échanges.

La guerre fait fond à l'économie, la crise habite les coulisses de l'échange. Chaque unité économique, l'émir du pétrole comme

Les grands échangeurs sous la lune

un groupe de travailleurs en lutte, négocie en position de force, lorsque ses adversaires croient être conduits au bord de l'abîme. La menace demeure et plane, la vie et les conflits continuent (en termes kantiens : à l'idéalisme transcendantal de la destruction correspond le réalisme empirique de la marchandise). Tout calcul économique suppose que le prix du marché, déterminé par les aléas de la concurrence, tourne autour d'un prix moyen, souvent désigné comme prix de production (capital investi, salaires, rente foncière, etc.). On vérifie sans peine que la division des facteurs de production aligne les principales classes sociales détentrices de facto d'un droit de veto. La force de frappe des diverses puissances vaut dans le jeu économique par leur capacité de le durcir ou casser (investisseurs des métropoles, pays de main-d'œuvre, pays à matière première). On vérifie également que la lutte des classes, des Etats et des empires internationaux fixe le partage final de façon proprement dissuasive. Il s'agit pour chacun de conférer le maximum de crédibilité à ses menaces, bien que le passage à l'acte n'épargne pas l'apprenti sorcier.

L'individu qui vit et meurt n'a jamais, isolé, la capacité de plonger l'économie dans la crise. Le voulût-il, cadre supérieur ou roi de l'atome, il serait psychiatrisé et, menu fretin, remis à qui de droit. L'action doit s'investir en de grands corps, ils paient la syndicale soumission (à l'esprit maison, à la tradition, à la solidarité d'école, de parti ou d'institution) en « représentant » chacun dans les grands partages. L'impérialisme hante la planète depuis l'invention de l'écriture. Le capitalisme, en revanche, est le stade cynique de l'impérialisme, où s'organisent de multiples transformateurs institutionnels, empereurs républicanisés, qui convertissent alternativement l'apocalypse en pain et le vin en sang.

La prolifération cancéreuse d'un empire d'empires acéphales semble d'autant plus irrésistible qu'il n'y a pas de tête précise à couper. Dans les machines dissuasives, la prise de pouvoir en change le détenteur plus que l'exercice qui emprunte son ultime impersonnalité à une mort menaçant de l'extérieur. Esprit de boutique et culte du chef agrémentent des ensembles supra-individuels ; une potentielle destruction les agglomère davantage qu'une persuasion intérieure.

6. Le monde pour un tonneau.

Une faille demeure entre l'individu et les institutions qui lui confectionnent des façons de vivre en l'inscrivant dans un mode de mourir. Les idéologies modernes proclament chacune la fin des autres, elles échangent leurs voix pour célébrer, manichéennement, l'élection d'un *nous* (... sommes les meilleurs) qui se cimente contre *eux*. Mènent-elles le monde ? Atteignons-nous en elles le noyau persuasif de tous les échafaudages dissuasifs, le fiat lux initial qui enclencherait divers systèmes de négations bien huilés ? Les idéologues formulent des raisons de mourir et de tuer par lesquelles l'individu embraie sur des collectifs et s'administre une preuve d'immortalité (en tant que conscience de classe, sang de la race, esprit d'une civilisation). Mais le courant idéologique passe dans un univers précâblé ; l'idéologie doit être auparavant désirée, par quoi elle se distingue de l'ancestrale tradition. Le fait de la croire est dominé par le sentiment de vouloir la croire. Les mythes modernes, là leur modernité, sont moins offerts comme donnés que comme à faire ; ils tiennent d'un do it yourself. J. Billig remarque qu'un nazi se partage entre son culte de l'efficacité technologique et son adoration du primitif et de l'irrationnel. L'idéologie amalgame des bribes de science avec des souvenirs de contes et légendes. Prédisposé, tu trouves la mixture convaincante.

Expliquer le cours du monde par l'influence des idéologues revient à supposer tous imbéciles sauf soi. Plût au ciel que les nazis eussent été simples d'esprit. Le jeune SS peut paraître contradictoire, inconscient ou de mauvaise foi : comment croire qu'on croit si on sait qu'on le veut ? Vouloir croire c'est ne pas croire encore, donc encore savoir qu'on ne croit pas. Les premiers ethnologues, qui comparaient notre penser que nous appelons rationnel à celui des peuples de culture non écrite, concluaient à quelque déficience dans la mentalité de ce fait « prélogique » des « primitifs » : ils ne respectent pas le principe de non-contradiction ! (Lévy-Bruhl). Le procédé lui-même

Les grands échangeurs sous la lune

primitif manquait les structures logiques raffinées et subtiles de la pensée sauvage. Par contre, l'idéologie pense chez nous, en nous ; rien de plus agréable que de concevoir les barbares du xxe siècle comme on imaginait, il y a peu, les indigènes des antipodes. Ils ont la tête légère et influençable, elle a tourné, ils voient le monde à l'envers, voilà tout le mystère. L'idéologie est une maladie de l'esprit qui atteint les esprits faibles, et les rend péniblement affectés de ne pas penser aussi bien que moi. Les médecins de Molière ne diagnostiquent pas mieux.

Le secret de l'idéologie n'est pas dans l'idéologie, cet écheveau de demi-idées nouées à la six-quatre-deux, plutôt chez ceux qui en font pain quotidien : « Ne cherchons pas hors de nous notre mal, il est chez nous, il est planté en nos entrailles » (*Essais,* II, xxv).

Selon Soljenitsyne, le mystère des stalinismes se tire au clair par le « remords » et le retour sur eux-mêmes de ceux qui les ont cultivés ou laissés être. La condition de possibilité de Staline c'est l'enthousiasme du jeune mathématicien et officier Soljenitsyne, du jeune poète André Breton, et aussi bien l'égoïste et froide nonchalance du vieux conservateur Winston Churchill. Les idées qui passent par la tête d'un dictateur importent moins que l'absence d'idées de ceux qui n'osent s'opposer à lui. Pour mobiliser et massacrer, une idéologie doit se faire accepter et tolérer grâce à un ancrage préalable, pré-idéologique.

Les idéologies en donnent plus à un individu qui demande plus. Du Grec de bonne époque à l'homme des rues polluées, pas grande différence. Le premier s'égaillait souvent dans un « essaim de vertus », sans arriver à distinguer une idée du courage, une de la justice, une du savoir et une de leur cousinage. Le savoir-vivre cherche une clé unique pour la patrie des pots de peinture éthiques et des badigeons scientifiques. Comment accepter une idéologie ? Comme un passe-partout. On ne la trouverait point, si on ne la cherchait sans cesse ; on l'agrée ni par raison ni par passion, mais avec cynisme. Le jeune nazi — comme chacun de nous idéologisant — sait qu'il n'est pas tout entier dans la science, mais regarde de haut les limites des sciences, d'encore plus haut les superstitions d'un passé qu'il prétend dépasser : son empire est l'avenir où se touchent à se confondre l'ancien temps mythique et le présent technique. Impossible d'être tout à fait scientifique ou entièrement romantique, voilà qui le confirme dans son choix de colmater les failles d'une position par les convictions de l'autre ; il pratique la double critique et cultive deux certitudes, tout ce qu'on peut dire contre la tradition il le jure, tout ce qui critique la science il le reprend à son compte, homme de la plus entière négation donc de la plus intégrale affirmation, parce qu'avant tout homme de la situation.

Le besoin d'idéologie satisfait le besoin de vivre avec son époque, soit : de la vivre comme une. Elle qui se présentait comme un éparpillement de vertus et de savoirs, un patchwork de beautés et d'ordures, la voilà désormais réintégrée, vision du monde qui cohère. Le tableau où l'essaim devient harmonie constitue une idéologie. Mais l'œil qui l'ordonne s'avère à la fois pré- et post-idéologique, il rend possible le spectacle bien tempéré et le garantit contre un retour du chaos : toute offre idéologique présuppose une demande cynique, se love en elle, lui répond, la parasite. L'idéologue n'est qu'un cynique assoupi.

7. Adieu à Diogène.

Les décors et les siècles changent, l'histoire et la société évoluent, la technique progresse, mais il existe un invariant dans le pot-pourri des visions du monde. Elles répondent toutes à un très fort besoin de certitude. Le regard froid, le sourire glacial et une imperturbable conscience de soi font la tenue classique du cynique, au sens ordinaire du terme. L'image que les philosophes anciens honorent en Diogène peut à l'occasion édifier : « On a affirmé que le cynisme n'était rien d'autre qu'un raccourci en direction de la vertu. » Les philosophes au tonneau sont l'emblème d'une sagesse parvenue à l'absolue possession de soi : « Ils soutiennent que la vertu peut s'enseigner et qu'une fois acquise on ne saurait la perdre, que le sage est digne d'être aimé, il est infaillible... » A l'encontre des écoles qui introduisent aux doctrines, lesquelles introduisent au bien-vivre, le cynisme

Les grands échangeurs sous la lune 227

classique court-circuite les propédeutiques, c'est un style de vie qui affronte directement les vies dont il conteste le style. Il n'y a pas lieu de compter deux « l'ascèse du raccourci » et l'exercice de la vertu auquel il parvient. La vertu du raccourci fait la sagesse cynique : « Il ne faut prendre avec soi que les bagages capables de surnager en cas de naufrage. » Réfléchissant l'histoire, le monde, la société dans l'incertitude de leur potentiel naufrage, le cynique place sa vertu au-dessus des contingences (« la vertu suffit à procurer le bonheur sans exiger d'autre chose que la force d'âme d'un Socrate »). Comptant pour nul l'incertain et l'extérieur, il parvient au prix d'une réduction phénoménologique sauvage à condenser une vertu unique, la sienne.

Les stoïciens proposent la distinction de ce qui dépend de nous et de ce qui n'en dépend pas (corps, environnement). Cependant Zénon entend corriger les mœurs de la Cité et différencie l'instant de courage, l'instant de tempérance, etc. Travail politique et vie civile supposent vertus distinctes. Le radicalisme cynique ignore ce distinguo, l'occasion fait le larron, et la sagesse feinte les circonstances. « Qu'as-tu gagné à faire de la philosophie ? — Au moins ceci, sinon rien d'autre : je suis prêt à toute éventualité. » Unité qui ne se laisse plus démultiplier, la vertu de Diogène raccourcit toutes les autres. Elle se goûte dans l'imperturbable, inaltérable, incorruptible, impassible « apathie » d'une certitude inébranlable, qui s'atteint au poste de contrôle des vertus civilisées : « Si tu captures un serpent par le milieu, tu seras mordu, si tu le prends par la tête, tu es sain et sauf. »

« Changeons la monnaie. » « Connais-toi toi-même. » Les deux adages ouvrent des paysages opposés. Le précepte socratique enjoignait au Grec « de reconnaître ses limites d'être mortel, lui défendait de pénétrer dans la région du divin ». Le démon de Socrate se borne à retenir et limiter. La maxime de Diogène suppose le pouvoir, sinon de faire table rase (l'empereur Julien, dont c'est l'interprétation, se montre ici plus romain qu'hellène, et plus chef d'armée que penseur), du moins de réétalonner les monnaies et les mœurs — ce qui implique que nous mettions en œuvre la mesure des mesures et fassions tourner les moulins capitalistes dans les eaux glacées du calcul cynique.

Diogène dépasse philosophiquement la philosophie. Il ne reconnaît pas les limites qu'elle s'assigne, mais se reconnaît dans les lignes de fuite qu'elle ouvre. Sa mono-vertu à la fois contemplative et active, conscience vertueuse de soi et conscience de soi de la vertu évoque la « pensée qui se pense elle-même », essentielle activité du Dieu d'Aristote. Ce dernier réserve au divin la perfection, mais indique que nous y tendons, que nous y touchons presque puisque « la veille, la sensation, la pensée sont nos plus grandes jouissances ». Ainsi « l'acte de contemplation » où nous sommes dans le vrai constitue la béatitude parfaite ; « cet état de joie que nous ne possédons qu'à certains moments, Dieu l'a toujours... » Moments fugitifs où Diogène s'installe en permanence : « Hé quoi, pour l'homme de bien, chaque jour n'est-il pas une fête ? »

Le Dieu d'Aristote s'absorbe dans la pensée de soi, en se connaissant lui-même, il ne connaît pas le monde d'ici-bas : « Il y a des choses qu'il est meilleur de ne pas voir que voir. » S'il agit sur les autres, c'est sans souci, par attraction, objet d'amour. Cette autarcie fait son « impassibilité ». Imaginons que cette intelligence de l'intelligence daigne jeter un regard sur ce qui se passe au-dessous d'elle, elle se mettrait à « penser le pire », alors que le philosophe tient à la cantonner dans la pensée du meilleur. Lorsque Dieu s'abandonne et condescend à penser le monde, il devient cynique. Des enfants vivent le martyre. Que pourrait se dire un Dieu témoin du spectacle ? Le mutisme ou le ricanement s'imposent, expliquent Ivan à Aliocha et le Grand Inquisiteur au Christ.

Ou bien, le bipède sans plumes pense humainement, et ne pense pas Dieu, sinon comme ce qu'il n'est pas. Ou bien, il peut atteindre Dieu, en des moments de grâce aristotéliciens, à condition que ce Dieu ne se retourne pas sur le monde : si le mortel ne pense pas mortellement, il doit s'oublier. Le cynique ferme le cercle, en lui Dieu pense le monde. On reprochait à Diogène de fréquenter des endroits infâmes, il répondit : « Le soleil pénètre bien dans les latrines sans en être souillé. » La vertu-certitude abolit, d'un seul coup, et la multiplicité des vertus, et la différence entre l'homme et Dieu.

Vertueuse et incorruptible, ou vicieuse et intraitable, la

Les grands échangeurs sous la lune 229

tyrannie suscite deux types d'interprétation. Les unes attribuent fanatisme et autodafé aux débordements d'une religiosité avouée ou implicite (tel le millénarisme révolutionnaire). Les autres cherchent aux mêmes effets des causes inverses, en l'athéisme et la volonté élitaire d'usurper la place d'un Dieu disparu. Théocratie ou athéocratie ? Le problème est insoluble, il est mal posé ; lorsque le cynique annihile toute limite entre l'humain et le divin, peu importe qu'il le fasse de bas en haut ou de haut en bas. Une seule passion illimitée de pouvoir (« cratie ») lance la fête. A travers nos façons de croire et, aussi bien, de ne croire pas, se marque l'acceptation ou le refus de l'humaine condition.

Socrate s'apprête à boire la ciguë, l'entretien (dans le *Phédon*) roule comme si de rien n'était, sauf à évoquer la disparition des corps. L'âme invisible reste promise à un autre destin, qui m'interdit de l'imaginer ? demande le philosophe. « La dissolution de l'âme peut suivre la désagrégation corporelle », contre-imagine son ami Cébès. Les hypothèses flottantes ponctuent des variations libres sur une évidence première : *la mort on la sait, la suite on la songe,* l'axiome commun joue son va-tout en chaque engagement. Sans lui, ni volonté d'héroïsme, ni tentation de sainteté. Faites-en l'économie, à la trappe le pari pascalien et le beau risque socratique, la vie spirituelle perd son ressort et ses folies, en occident du moins.

« Ce n'est pas une mince affaire, Cébès, que ton problème. Quelle est d'une façon générale la cause de la génération et de la corruption ? » répond Socrate et il enchaîne sur sa biographie intellectuelle — comment est-il venu à la critique des anciens sages qui méditaient ces grands sujets (les « physiciens », Anaxagore). Socrate va mourir, on lui demande d'où vient son courage, il passe de la question la plus personnelle aux considérations éthérées sur les secrets de la génération dans l'ensemble des êtres. Et personne ne le coupe : il s'agit de ta peau, tu t'évades dans la théorie... Théoriques et abstraits sont les autres, ceux qui réclament, avec Cébès, « qu'on démontre l'indestructibilité et l'immortalité de notre âme ». Ils sont sûrs d'eux, plus exactement : persuadés de savoir ce qu'est une preuve et une non-preuve en ces matières.

Le mourant saute-t-il par-dessus l'heure fatale et proche ? Non, les autres passent intellectuellement le mur, lui demandant de se régler sur ce qu'il ne peut voir. Ils s'affirment connaisseurs en matière de génération et de corruption. Lui mesure leur science à son acte : « Pourquoi suis-je assis en ce lieu ? » inutile d'alléguer l'emboîtement des os et le jeu des muscles, « il y a beau temps, je ne me trompe pas, que ces muscles et ces os pourraient être du côté soit de Mégare, soit de la Béotie ». Rien ne nous sortira de ce rapport qui, ici et maintenant, nous lie à notre terme, toute argumentation fonctionne dans les limites de ce cercle. Un mythe, sur les aventures d'outre-tombe, prend le relais, il se borne à conter « le risque qu'il sied de courir ». La mort se croit sans preuve, et réforme de fond en comble notre précieuse idée de preuve ; en train de l'affronter, le bipède sans plumes récapitule pour se situer dans le monde. Nul panorama. Socrate ne garde par-devers soi, comme une amulette, aucune doctrine, encore inouïe, garantissant l'immortalité de son âme. Sa conduite fait preuve. Socrate donne une image mortelle de l'immortalité, la seule possible, comme le temps est modèle réduit et mobile d'éternité. Cette évidence d'avoir à en finir, prééminente sur les savoirs d'outre-mort, détermine le champ clos d'une foi qui ne renonce pas à penser et qui, du même coup, vit sous la menace permanente des *deux* morts, celle du corps, celle de l'âme (saint Augustin). La suprême division platonique et chrétienne de la chair et de l'esprit ne saurait casser l'irréductible et indivisible horizon du « e finita la commedia ».

Pourquoi suis-je assis là ? La plus fondamentale question de la philosophie occidentale entraîne son immémoriale réponse : parce que cela m'a semblé bon. Il n'y a pas lieu de distinguer l'interrogation de la réplique qu'elle commande. La réponse dit comment elle entend la question, c'est la seule information qu'elle importe. La suite demandera si ce qui me semble bon est vrai ou faux-semblant : autre enquête qui sonde d'autres issues. Pour l'instant, nous sommes avisés que celui qui répond à la question répond de l'acte que la question évoque. L'échange de propos si bref soit-il ne fait pas tautologie, nous en savons plus à l'arrivée qu'au départ. Le brusqué d'une interlocution nous fait quitter les parages de la connaissance pour aborder les étendues vierges de la connaissance de soi.

Homère fit hésiter les plus courageux. Ulysse, isolé au cœur de la mêlée, serré par les Troyens, s'interroge. « Hélas, quel sort m'attend ? Grave est le mal si je m'enfuis devant le nombre. Si, restant seul, je suis tué c'est pis encore... Mais à quoi bon, mon cœur, ainsi délibérer ? Je sais que du combat seuls les lâches s'écartent. » En Ulysse, le prudent interpelle le téméraire, il se dédouble sous la pression de l'incertitude présente, il se demande « ti patho » — l'élégante traduction de R. Flacelière (Quel sort m'attend ?) rend l'instantanéité du trait moins brutale que l'exact « qu'est-ce qui m'arrive ? » des versions allemandes. A l'heure qui tout dénoue, Oreste s'élance l'épée levée sur Clytemnestre, elle tombe à ses genoux, déchire sa robe et dévoile son sein. Oreste lâche l'arme et murmure à son alter ego : « Pylade, que ferai-je (Ti drassô) ? Puis-je tuer une mère ? » Socrate éclaire son dialogue par l'idée du bien, après avoir levé cet intelligible soleil dans la question : « Qu'est-ce que le bien ? », qui vient de « qu'est-ce qui est bon ? » qui naît de « que trouves-tu bon ? », « est-ce qu'il me paraît bien ? »

Le stupéfait « qu'est-ce qui m'arrive ? » du héros épique, le « comment faire ? » du héros tragique, et un philosophique « à quoi bon ? » manifestent de remarquables et communes propriétés logiques. Les alternatives (fuir/ne pas fuir, se conduire bien/mal) se donnent pour tranchées par un choix doublement intérieur. Un individu délibère avant de décider. Logiquement, le choix vaut par lui-même et pas seulement par l'issue (bonne ou mauvaise) qui le clôture. Une conduite héroïque n'est pas de même nature selon qu'elle s'affiche tout de go, sans hésiter et selon qu'elle prend le temps de choisir et s'interroge ; Ulysse entend distinguer courage et témérité, folie insensée et bravoure consciente. Quelle que soit sa décision, Oreste offensera un Dieu, soit en laissant le parricide impuni, soit en tuant sa mère ; seul l'éclair de l'interrogation l'élève au-dessus du bourbier où il s'enfonce. Socrate cultive la vertu propre de la question (du bien) même si on ignore sa solution finale. Les trois types d'alternative pressent un être d'opter entre les personnages qu'il porte tous en lui ; entre le moi qui choisit et le moi qui est choisi se noue cette relation paradoxale que Poincaré désigne comme « imprédicative » et où Russell repère les ambiguïtés sémantiques et syntaxiques du « Je mens » crétois. Les traités de logique, qui visent la connaissance, insistent sur l'embarras où plongent de telles formules. Les socratiques y trouvent le départ d'une connaissance de soi. Elle exclut tout lavage de mains à la Ponce Pilate : qu'est-ce que la vérité ? C'est tout d'abord ta et ma vérité, à commencer par la sincérité de notre que sais-je ? Elle éloigne du même coup les lavages de cerveau.

Aux certitudes du cynique, à ses connaissances, Socrate oppose son incertitude, connaissance mortelle d'un soi mortel : « S'il n'y a rien après le trépas, eh bien, alors, pendant le temps au moins qui justement précède la mort, je n'ennuierai point de mes lamentations ceux qui sont auprès de moi » (91 b). Le travail de sape, ou de torpille, s'achève et mine l'intime conviction du cynique — que la conviction ultime est possible — sans dresser en regard d'autres affirmations tout aussi péremptoires et « minables ». Le *Phédon* récuse une à une les quatre positions cyniques. La dernière faisait de la mort l'étalon d'une métrétique réductrice. Socrate la déplore comme trompe-l'œil : « Peut-être bien en effet, excellent Simmias, n'est-ce pas à l'égard de la vertu un mode correct d'échange, que d'échanger ainsi des plaisirs contre des plaisirs, des peines contre des peines, une crainte contre une crainte, la plus grande contre la plus petite, tout comme s'il s'agissait d'un échange de monnaie. Peut-être au contraire n'y a-t-il ici qu'une monnaie qui vaille, et en échange de laquelle tout cela doive être échangé : la pensée. » L'hypothèse de la « réminiscence » (75-76) qui projette un savoir antérieur à la naissance, donc peut-être postérieur à la mort, balance et rend douteuse la thèse n° 3 affirmant l'équivalence cynique du pouvoir ultime (de tuer) et du savoir premier (de soi). La thèse n° 2 de l'indiscernabilité du bien et du mal est infirmée par toute la confession biographique où Socrate oppose au savoir cosmologique des savants l'originalité de la connaissance du meilleur, du pire et de leur distinction (97-98). Ces refus vont de soi, et la thèse n° 1 explose : non, la mort n'abrite pas le cogito suprême ; non, elle ne colle pas la plus grande affirmation sur la plus grande destruction, les plus infimes pas davantage ; elle ne fait rien coïncider du tout. Au contraire, elle sépare. Socrate définit la philosophie comme l'exercice, le souci, la méditation, la préméditation de la mort. L'âme philosophante « s'exerce à mourir sans y faire de difficulté » (81). Nulle contradiction à cela : si la pensée de la mort éclaire la vie du cynique et du philosophe, l'événement terminal ne désoriente aucun des deux. Ils vivent différemment ; l'un pense la mort adéquation (de l'affirmation et de la destruction, de moi et du monde, de l'ésotérique et de l'exotérique) ; l'autre la conçoit comme séparation, et s'efforce de partager dans sa vie ce que la mort tranche, définitive ; lui empruntant son détachement, il débroussaille une clairière où « divagation, déraison, terreurs, sauvages amours, tous les autres maux de la condition humaine cessent de lui être attachés » (81).

Socrate ne démontre pas l'immortalité de l'âme, il montre qu'on ne *peut* pas mourir. La mort n'est pas en notre pouvoir et il n'est pas au pouvoir d'autrui d'en faire un « croque-mitaine » (77 e). Qui tient le corps de Justine ne l'embrasse jamais entier. Si elle vit encore, ses persécuteurs n'en finissent pas de la persécuter, il y a un reste. Elle refuse, bien qu'on l'y presse, de se rendre compte, de voir la situation telle que la méchanceté l'a faite ; il faut ourdir de nouveaux pièges qui n'annihilent encore pas le sentiment qu'elle a de sa vertu, sa « superstition » dit-on ou sa capacité infinie de littérature (son imbécillité et la manie du romancier, la complicité profonde entre l'écriture de l'écrivain et la respiration de la victime). Un corps vivant se lave, il peut renaître. Un corps mort ne parle plus, un tueur ne finit jamais de torturer l'eau. De même que Diogène ne se rencontre pas en son suicide, de même le bourreau ne trouve pas sa victime, Justine et Socrate se défilent par la littérature.

Suicide, assassinat : références nécessaires, non par inclination ou goût, mais par idée, on pense la mort dans le mouvement d'une violence. Des gnostiques détectent dans le monde la trace d'un démiurge maléfique, des sadiens pistent la mécanique d'une nature impitoyable et grotesque ; l'acte violent dépasse, pour eux, l'acte volontaire et s'apprécie moins à la volonté qui le donne qu'au sentiment qui le reçoit en force étrangère ou hostile. Le philosophe socratique y reconnaît l'extérieur plutôt que l'ennemi ; on ne se prépare pas à l'imparable sauf à n'y prétendre point parer ; la séparation introduite semble un mouvement naturel et comme non violent : « Il appartient à un seul, Socratès, d'accointer la mort d'un visage ordinaire, s'en apprivoiser et s'en jouer. Il ne cherche point de consolation hors de la chose ; le mourir lui semble accident naturel et indifférent ; il fiche là justement sa vue, et s'y résout, sans regarder ailleurs » (*Essais* III), ou encore : « Tu ne meurs pas de ce que tu es malade ; tu meurs de ce que tu es vivant. La mort te tue bien sans le secours de la maladie » (II, xiii).

Cela s'entend de deux façons. Ou bien, il est « naturel » de mourir, prononcé avec l'insouciance du positiviste constatant qu'un fait est un fait. Ou bien, il faut « tenter de penser et vivre la mort comme un mouvement naturel », serment et projet stratégique par quoi le socratique se décide anticynique. L'adjectif « naturel » n'a pas le même contraire (antonyme) dans les deux cas, et les formules diffèrent. Pour le positiviste, la mort se définit comme objective et physique face aux reculades subjectives et aux terreurs humaines trop humaines qu'elle suscite. Les choses étant ce qu'elles sont, il suffit de régulariser sa situation : doux et modeste gant de velours qui enveloppe une main de fer (il n'est que d'obéir aux lois inflexibles qui régissent scientifiquement l'univers). Cette soumission-là ne satisfait pas le socratique, il n'est pas plus naturel d'obéir que de se rebeller, de régler sa vie selon $e=1/2gt^2$ que de s'organiser une existence double à triple fond dont une immortelle et paradisiaque. La patience souple de Socrate suggère une autre opposition que celle des fantasmes intérieurs écrasés par une réalité extérieure toute-puissante. Il cultive avec « naturel » — le mot prend un nouveau sens — la décision de ne plus considérer la mort comme un événement qui fait violence, il refuse la présupposition commune au cynique (exerce cette violence pour en faire ta loi) et à l'esprit positif (cède devant elle comme aux nécessités scientifiques).

Un mouvement est *naturel* lorsqu'il porte en lui ce qui le meut, son principe. Il est *violent* lorsqu'il est mû par un autre, sa cause de changement. Cette distinction gouverne la *Physique* d'Aristote et les très anti-aristotéliciens *Essais* de Montaigne. Elle vient du *Phédon* où Socrate, en prison, attend la ciguë pour des raisons qui sont les siennes et non par la faute des chaînes qu'il aurait pu éviter. Est naturel où je retrouve ma stratégie. Violent ce qui vient de la stratégie d'un autre, qu'elle soit, plus ou moins, consciente (celle d'une personne) ou aveugle (celle d'une chose). La distinction n'est pas résumée dans l'opposition homme-chose, c'est entre hommes que la violence atteint ses sommets. Elle ne résulte pas d'une recherche scientifique qu'elle précède et à laquelle elle fournit ses premières délimitations : jusqu'à Galilée la « physique » se veut exclusivement étude des mouvements naturels ; après lui, étude des mouvements exclusivement violents qui — dans un espace-temps mathématisable — ont une cause extérieure à eux, fussent-ils à l'occasion cause de leur cause. Croire que le philosophe découvre le naturel comme un monde intérieur extérieur au monde extérieur, ferait un parfait contresens. Lorsque, animé des meilleures intentions, l'humaniste entre en altercation avec les hommes de science, il a perdu le souvenir d'une partition première entre le violent et le non-violent, entre la pensée et son cynisme.

« Espérer enjamber plus que l'étendue de nos jambes, cela est impossible » (Montaigne). Accordons que la mort taille les conditions humaines. Cela n'entraîne pas à tendre vers elle ou à tenter de la tenir, mais à se détendre ; elle détotalise la vie. « Mon dessein est divisible par tout ; il n'est pas fondé en grandes espérances ; chaque journée en fait le bout » (II, ix). A menacer sans cesse d'interrompre, elle laisse libre d'explorer et interdit de s'enclore : « A dire vray, nous nous préparons contre les préparations de la mort... c'est bien le bout non pourtant le but de la vie ; c'est sa fin, son extrémité, non pourtant son object » (III, xii). Le tribunal final devant lequel le cynique cite parole et acte, intention et destin n'aura jamais lieu ; s'il est tribunal, il n'est pas final, glisse Socrate ; s'il est final, il ne nous juge point mais nous coupe, complète Montaigne. La vie du mortel brûle aux deux bouts, commencer c'est commencer à finir, comme finir, finir de commencer ; l'éphémère se goûte et se prise comme tel. « Principallement à cette heure que j'aperçoy la mienne si briefve en temps, je la veux estendre en pois ; je veux arrester la promptitude de sa fuite par la promptitude de ma saisie, et par la vigueur de l'usage compenser la hastiveté de son escoulement ; à mesure que la possession du vivre est plus courte, il me la faut rendre plus profonde et plus pleine » (III, XIII).

Tout se passe comme si une même mort parlait à chacun son langage. Trompeuse ? Protéiforme ? Elle est rigoureuse et coupante, à des milliards de bipèdes sans plumes, elle ne laisse que deux possibilités d'approche. Plus cynique que le cynique, elle le branche sur son adversaire ; ultracynique elle ne renvoie qu'à nous-mêmes, à notre choix de la prendre avec ou sans violence, comme une tisane ou comme un poison. Le cynique fait tout pour boucler la certitude (« parménidienne » : je dis ce qui est) du rien (« héraclitéen » : il coule) ; le dogmatisme de l'affirmation se referme sur le nihilisme de la dissolution avec un bruit de mâchoire métallique. Plus qu'une opinion toute une vie, plus qu'un dogme le secret de tout dogme, le monde vu sous l'angle de sa destruction, la solution finale au bout de la langue, la table rase sous les pieds, à portée des mains le grand redépart, une apocalypse pour chaque oui, et pour chaque non le dernier mot. En face, le socratique ne saurait rien réfuter, ni récuser. Les cyniques existent, il en a rencontré ; ils raisonnent, ça s'entend. Il peut ouvrir la tenaille, empêcher que le rien se gonfle de certitude (Socrate) et interdire que la certitude avale tout, jusqu'à son néant (Montaigne).

Prise avec philosophie la mort ne domine pas, elle fait recours contre toute maîtrise « parménidienne », elle n'est rien qui s'évacue dans un « héraclitéen » et nihiliste éternuement. Elle introduit l'inspiration d'une vie sans mode d'emploi, « j'aime l'allure poétique à sauts et à gambades ». Les *Dialogues* de Platon, les romans de Sade et les *Essais* de Montaigne se font interminables. A écrire et à lire. Comme les poèmes et comme une vie. « La meilleure prose ancienne reluit partout de la vigueur et hardiesse poétique... il lui faut certes quitter la maîtrise et prééminence en la parlerie. Le poète, dit Platon, assis sur le trépied des muses, verse de furie tout ce qui lui vient en la bouche comme la gargouille d'une fontaine... Lui-même est tout poétique, et la vieille théologie poésie, disent les savants, et la première philosophie. »

Il est facile de renvoyer le cynisme à ses cogitations morbides, en lui opposant une florissante « méditation de la vie » cavalièrement spinoziste, ce faisant on lui cède le principal. Abandonner à l'adversaire la connaissance que le sujet acquiert à se réfléchir en sa fin, c'est donner au cynisme le droit de gouverner la condition des mortels. Quand Socrate ou Montaigne inventent, réinventent la philosophie, ils n'évacuent pas l'air du temps, ni n'évitent de méditer le cynisme ambiant, ils ne volent pas plus haut, ils creusent la condition commune de fragiles galeries de sagesse. La philosophie s'évertue à ne pas céder sur sa capacité d'accueil (Homère désigne souvent par « philia » la vertu d'hospitalité) : tant qu'il consacre toutes ses pensées au beau, au bien, au vrai, à l'être, Socrate « est jeune encore et pas encore saisi par la philosophie ». Patiemment, énigmatiquement, Platon (le « saint », le « pur » !) lui indique : tu seras saisi par la philosophie le jour où tu n'auras mépris « pour rien de tout cela ». Cela ? « des objets... qui pourraient sembler plutôt ridicules, cheveux, boue, crasse ou toute autre chose sans honneur, voire franchement pourrie ». Platon ne réclame pas un simple effort de lucidité consistant à dévisager le méprisable comme méprisable et à passer outre. On sait qu'il s'exerçait à fixer la vérité des choses en une présence qui demeure indivisible à travers leurs apparitions (il la nomme visage, idée ou forme). Il précise donc : tant que tu te satisfais de scruter le vrai visage du bien, du beau et du juste, la philosophie n'a pas commencé. La vérité n'a pas de frontières ; pose une idée du cheveu, une forme de la crasse, considère-les avec autant d'attention, de peine, de souci et d'amour que tu prétends consacrer au bien suprême, ces petitesses ne sont ni plus légères ni ridicules que cette grandeur, ni moins sérieuses. Avant que de s'affirmer recherche de l'essence du bien et pensée de l'Etre en tant qu'être, la philosophie a trouvé la force de se détacher du cynisme sans détourner les yeux de ce qu'il observe. Elle se construit une idée de la saleté, elle a été, est et sera d'abord méditation de la boue en tant que boue. Un jeune Socrate qui hésite à l'admettre ne se connaît pas encore héros de l'incertitude. Donc voué à la tragédie.

III

PASSION
LE COGITO DE L'INCERTAIN

> « Il (Zeus) voulait anéantir la race des mortels. A ce projet nul ne s'opposait que moi... »
>
> <div align="right">Eschyle, <i>Prométhée enchaîné.</i></div>

> « Le mal est la pierre d'achoppement de toute philosophie. »
>
> Georges Bataille.

LA POSSIBILITÉ ABSOLUE

Chers camarades,

Parachuté à Paris, j'avais bénéficié d'un accès à la résolution 215bis du Commissariat à l'espionnage idéologique, chargé des Affaires extérieures auprès du BP du CC du PCUS. Il me fut chaudement recommandé d'oublier, pour voir, que nous savons à Moscou tout ce qui se passe dans la capitale française. Ordre me fut donné de communiquer mes impressions, en négligeant la référence explicite au dernier discours de notre secrétaire général et aux textes de nos génies fondateurs. L'interprétation marxiste-léniniste des informations transmises étant dévolue aux supérieurs hiérarchiques, j'aurai à me prouver aussi naïf qu'un extrasoviétique, quitte à m'identifier aux objets de mon étude, écrivant *nous,* Français, Européens, occidentaux : il ne m'en sera pas tenu rigueur. J'ignore si j'atteindrai un tel degré d'assimilation, tant mon premier contact fut de surprise : bien qu'héritiers de quelques planétaires déconfitures, les natifs du lieu ne me parurent pas intégralement désespérés.

Leurs journaux télévisés n'économisent guère sur les misères du monde, ils confortent une impression de déjà vu, elle exclut les excessifs optimismes en tempérant un pessimisme outrancier. L'espoir et le désespoir préoccupent modestement ceux qui, d'un « après nous le déluge », haussent les épaules ; les autres, qui cherchent prise sur l'environnement, lancent leurs projets comme autant de frêles esquifs. Ils bravent des courants prévus ni favorables ni néfastes, mais tournants. Le sentiment de sécurité élémentaire que procurent nos planifications quinquennales, décennales ou millénaires leur fait défaut. Nous marchons vers le communisme, même nos parasites en tiennent compte, programmant leurs calculs égoïstes à longue échéance. Eux dérivent sans boussole ni orient ; peut-être une positive réticence explique-t-elle leur manque de constance qui exhibe, dans l'incapacité à organiser la durée, l'irréductible conviction de ne pas « avoir le temps ». J'allai au théâtre, on donnait un des plus antiques morceaux de leur répertoire, *Agamemnon,* première partie de *l'Orestie* d'Eschyle. Un chœur de vieillards, tout remué de présages et de prophéties, déclamait : « L'avenir, il sera temps de le connaître quand il arrivera au jour. Jusque-là, qu'il aille sa route. »

Leur littérature témoigne d'un irrésistible penchant à se mettre en état d'urgence. S'ils parviennent à saisir que, même au comble du cynisme, les derniers moments échappent, ils ne sauraient se priver de l'exquise avant-dernière heure qu'ils organisent en *situation privilégiée* pour la humer comme un moment parfait :

« — Tu ne te rappelles pas, naturellement, la première fois que je t'ai embrassé ?

— Si, très bien, dis-je triomphalement, c'était dans les jardins de Kiew, au bord de la Tamise.

— Mais ce que tu n'as jamais su c'est que je m'étais assise sur des orties : ma robe s'était relevée, j'avais les cuisses couvertes de piqûres et, au moindre mouvement, c'étaient de nouvelles piqûres. Eh bien, là, le stoïcisme n'aurait pas suffi. Tu ne me troublais pas du tout, je n'avais pas une envie particulière de tes lèvres, ce baiser que j'allais te donner était d'une bien plus grande importance, c'était un engagement, un pacte. Alors tu comprends, cette douleur était impertinente, il ne m'était pas permis de penser à mes cuisses dans un moment comme celui-là. Il ne suffisait pas de ne pas marquer ma souffrance : il fallait ne pas souffrir.

Elle me regarde fièrement, encore toute surprise de ce qu'elle a fait :

— Pendant plus de vingt minutes, tout le temps que tu

La possibilité absolue

insistais pour l'avoir, ce baiser que j'étais bien décidée à te donner, tout le temps que je me faisais prier — parce qu'il fallait te le donner selon les formes — je suis arrivée à m'anesthésier complètement. Dieu sait pourtant que j'ai la peau sensible : je n'ai *rien* senti, jusqu'à ce que nous nous soyons relevés. »

Cette anecdote sur la vie sexuelle indigène fatigue peut-être notre comité, mais elle n'est pas sans prolongements inquiétants. J'ai longtemps cru que tout homme pour agir avait besoin d'une conception du monde et de lui, qu'il juge, même si analphabète, définitive. Nous chevauchons la locomotive de l'histoire et professons plus ou moins dialectiquement le déterminisme en dernière instance de l'économie ; d'aucuns préfèrent tirer une providence de l'Ecriture sainte ; d'autres raisonnent comme si chaque événement était mis sur rails et que le livre des comptes humain se trouvait rédigé en langue arithmétique. Les textes sacrés diffèrent, le culte du livre demeure. J'ai découvert, à Paris, des individus pour qui tout n'est pas écrit, un tel manque de maîtrise les rend particulièrement sensibles aux événements ; d'imprévisibles catastrophes les plongent dans tous leurs états ; ils deviennent capables de risquer leur vie pour en sauver d'autres sans caresser la certitude de transformer le monde et de naviguer dans le sens de l'histoire. Nos services compétents vous transmettront une note sur les « Médecins du Monde » qui embarrassent nos amis vietnamiens en mer de Chine et les Américains au San Salvador en pratiquant une morale de l'extrême urgence.

Un nietzschéen de notre Comité central ne peut manquer de détecter, en cette fébrilité de brancardier, une dernière éruption de « moraline » chrétienne. On compte des âmes religieuses parmi ces médecins ; d'autres, mécréantes, doivent être supposées chrétiennes « inconscientes » pour que l'hypothèse tienne. *Agamemnon* s'ouvre sur le soliloque d'un veilleur juché sur le toit du palais des Atrides. Il guette depuis dix ans les flammes de la victoire ; de main en main, elles porteront la nouvelle à Argos pour l'incendier à son tour. Clytemnestre, la reine, a placé son amant sur le trône. Une course aux flambeaux, grande première mondiale de télégraphie sans fil, doit permettre par des relais bien calculés d'aménager la sanglante réception d'Agamemnon, roi légitime, mari vengeur, père triomphant. Les méditations inquiètes de l'humble sentinelle contrastent avec l'assurance qu'affichent au départ tous les grands personnages.

Perché entre ciel et terre, connaissant du palais l'intérieur et scrutant l'horizon, le guetteur s'interroge : Va-t-il prêter voix à l'angoisse qui le cloue ? Eschyle l'installe au croisement du haut et du bas, du lointain et du proche, équidistant des quatre points cardinaux spirituels d'occident, autre Prométhée enchaîné au rocher. Plus tard, Calvaire et Golgotha marqueront les lieux-dits d'une géographie parente. Le veilleur est présent par lui-même ; il prend relief non d'annoncer l'inconnu des siècles à venir mais de s'opposer terme à terme avec celui que tout le monde attend : Agamemnon, situé au-dessus des hommes, au-dessous des dieux, conquérant qui domine le monde extérieur, maître qui rentre dans son intérieur. La première journée de *l'Orestie* finie, on sait que le veilleur voit juste et le monarque faux.

Aux yeux du roi, l'éternité fonctionne comme à son habitude. Entre les célestes et les terrestres, les fumées du sacrifice assurent la liaison, et celles de la guerre départagent l'ami de l'ennemi ; peuples et dieux vivent et célèbrent ensemble : exigé par le devin, le sacrifice d'Iphigénie, la fille, fut perpétré officiel, douloureux et juste. La folie se tapit dans l'acte politique et hiératique. Les oiseaux d'Aristophane font plafond à mi-hauteur, bloquent la circulation des fumets sacrificiels ; affamés, les Olympiens déguerpissent. Un même nœud commande la montée au Dieu et la communication d'homme à homme. Sont-ce les machines cyniques qui barricadent le passage ? Se bornent-elles à signaler de préexistantes impasses (« apories ») ? Agamemnon ignore le problème, pas les poètes comiques, tragiques ou les « médecins du monde » : « Médite à présent et examine à fond, retourne ta pensée en tous sens, ramassé sur toi-même. Vite, si tu tombes dans une impasse, saute à une autre idée de ton esprit ; et que le sommeil doux au cœur soit absent de tes yeux. » Comique, dit-on, le personnage qui s'emmêle les pieds dans les ficelles qu'il tendit pour faire chuter le prochain, tel est pris qui croyait prendre. Tragique qui tombe dans le piège de l'autre. Précisons : le tragique évite le mélo, le héros n'est pas simple

La possibilité absolue

victime, il participe à sa défenestration. Le comique dépasse Guignol par la singulière présomption de se croire à l'abri. Comique est un tragique qui s'ignore ; tragique, une ignorance qui apprend à se connaître.

1. Troie infiniment en flammes.

La sentinelle annonce la prise nocturne. Le jour n'est pas encore levé, la ville vaincue se calcine, les autels sont brisés, la population souffre martyre, et déjà, sans autre information qu'un signal de victoire, Clytemnestre devine l'horreur. L'incendie appelle l'incendie. La reine d'Argos médite des incinérations qui lui laissent pressentir celle qu'Agamemnon achève. La nuit connaît la nuit, un même souffle attise les crimes de guerre, la discorde civile, le meurtre familial. Sans détours ni bavures, l'action accomplit la promesse des ténèbres. Agamemnon rentre, suivi de sa captive, Cassandre la prophétesse. Clytemnestre, sa femme, les égorge. Elle a vengé, dit-elle, Iphigénie sa fille. Egisthe, l'amant, célèbre la revanche de son père. Le chœur hésite. Fin de la première journée. Qui a commencé ? Agamemnon, voilà dix ans, obéissant à l'oracle, sacrifiant son enfant pour assurer bon vent à la flotte qu'il commande ? Artémis, la rancunière, suscita-t-elle l'oracle mortifère pour mettre en embarras, non le roi des rois, mais son père, Zeus ?

Remontant la filière, chacun s'innocente. Clytemnestre retourne le couteau qu'Agamemnon planta dans le corps de l'enfant. Le chœur attentif reçoit l'explication, disposé, par instants, à déplacer radicalement les responsabilités : le drame du ciel n'a-t-il pas précédé la tragédie terrestre ? Qu'escomptait Zeus, lançant son aigle sur une proie protégée, suscitant la colère d'Artémis, déclenchant une cascade de sacrifices humains ? Entendait-il avertir ? La hase pleine mise en pièces présage Troie à sac et son peuple égorgé. Elle préfigure aussi le malheur des Grecs, promis aux désastres d'un siège infini, aux sacrilèges de la victoire, à l'odyssée d'un retour dont la plupart ne verront pas le terme. (Eschyle sauve Agamemnon d'une tempête qui engloutit son armée.) Ce conflit aussi « mondial » que l'époque techniquement et géographiquement l'autorise, Zeus passe pour l'avoir désiré. Il convenait de punir le rapt d'Hélène, affront contre les lois de l'hospitalité et les puissances du foyer dont il est le garant. Nous voilà renvoyés du ciel dans des draps de lits trop humains et bien loin du fin mot de l'histoire : la grande beauté d'Hélène fascine tant qu'on ne saurait sans impiété juger les dieux hors de cause. « Hélène, folle Hélène, qui seule a détruit sous Troie des centaines, des milliers de vies », s'exclame le coryphée, quand, fière et sanglante, Clytemnestre se dresse sur le cadavre du roi. Ne déplace pas la question, répond en substance la reine, tu dis Hélène, tu vises Clytemnestre, sache distinguer derrière nous l'esprit de la querelle, cette blessure qui jamais ne se ferme, *Eris* la dernière de la première génération des enfants de la nuit, la mère de la seconde : « Ne crois même pas que je sois la femme d'Agamemnon, sous la forme de l'épouse de sa mort c'est l'antique, l'âpre guerre d'Atrée... immolant un guerrier pour venger des enfants. »

La cause de ces maux ne se laisse ni fixer ni isoler, errante et envahissante ; chacun trouve son lot. Clytemnestre s'excuse, en accusant ; elle ne parvient guère à sortir du jeu, mais elle n'est pas seule en cause. Les dieux mènent une partie ambiguë ; dans l'extrême obscurité, où se terrent leurs desseins, un projet hante. Zeus voulut, dit le *Prométhée* d'Eschyle, anéantir la race humaine in extenso. Sa malice l'incline, peut-être, à abandonner désormais aux hommes le soin des pompes funèbres, quitte à fournir l'occasion. Il expédie le bel enjeu — Pandora, Hélène — qui fait fleurir les calamités.

Le xxe siècle crut, prétentieux, découvrir cette nouveauté inouïe, le génocide. Arméniens, Juifs, Biafrais, Cambodgiens passent pour avoir, à des degrés divers, inauguré la série funeste. Las Casas, Montaigne et quelques rares dénonçaient, quatre siècles plus tôt, le massacre d'un continent entier. Egoïsmes, intolérances, épidémies aidant, la dépopulation drastique des Amériques semble non intentionnelle, comme automatique, en regard des projets calculés qui font la rationalité de notre époque L'invention du fil de fer barbelé, du train de marchandi-

La possibilité absolue

ses et du bombardier permirent de programmer des records d'ampleur et de célérité. La révolution technologique fournit-elle à des visées arriérées des instruments nouveaux ? Nos idéologies fourbissent-elles des crimes insoupçonnés ? Admettons, sous bénéfice d'inventaire, que les nationalismes anciens, même exacerbés, acclamaient l'extermination de la nation adverse, non celle des individus qui la composent. Et les guerres de religion ? Et les guerres civiles ? Et la chasse aux sorciers, aux sorcières et aux démons ? Les bûchers et les autodafés ? Les croisades intra- et extra-européennes n'ignorent pas l'intention génocide, même si elles manquent de moyens. Vingt siècles auparavant, on ne se contente pas de répertorier les caractères criminels et de cataloguer d'inquiétants procédés ; en engrenant les fins individuelles sur les moyens de la collectivité, la tragédie grecque monte les mécaniques fatales qui obligent à penser l'humanité de l'homme dans l'horizon de sa disparition.

Eichmann n'a rien de grand, pas même le vice. Organisateur de millions de morts, il reste jusqu'au bout un fonctionnaire moyen, préoccupé de carrière et de qu'en-dira-t-on ; réfractaire à tout remords, il exécutait sur les inférieurs les ordres des supérieurs. Un petit chef ordinaire, que l'inévitable mise en scène d'un procès au retentissement planétaire ne parvient pas à rendre exceptionnel : il travaille dans la « banalité du mal ». Intuition centrale d'Hannah Arendt, la formule s'affiche en sous-titre de son étude. C'est un constat, l'accusé est normal et quelconque. Mais en trois cent trente pages, elle ne fournit aucune élucidation de cette *banalité*. Dans une lettre à Scholem, elle combat la théorie kantienne du « mal radical », non sans quelque rapide inexactitude ; en fait, elle s'oppose à la réduction du criminel nazi en Dr Mabuse, image romantique du tueur surdoué, fou, hors du commun, météore venu d'un autre monde. Soljenitsyne retrouve la même absence d'extraordinaire en fouillant les ressorts ténus, médiocres, quotidiens qui enclenchent la coulée sanglante hitlérienne ou stalinienne : un bon aiguilleur des chemins de fer, un fonctionnaire qui fonctionne, le goût du travail accompli, la recherche et le respect des épaulettes, la morgue d'affirmer, l'acceptation de mentir.

L'analyse au microscope suscite des réticences. L'hypothèse

de la démence de Hitler rassure, Staline est un ogre, les idées monstrueuses fabriquent les épouvantes. Cultivons notre jardin, d'aussi exotiques horreurs n'y sauraient germer. Scruter le mal en sa banalité conduit à en déterrer des racines sous nos jolies pelouses. En apparences, les tragédies racontent les aventures de grands rois anachroniques et de lointaines princesses. En fait, elles narrent des avatars de choix simples : ils étaient deux frères ; l'un, Ménélas élut la beauté et l'obtint ; l'autre, Agamemnon préféra le pouvoir et le conquit. Hélène illustre le désastre du premier, Iphigénie la malédiction du second. Les légendes ouvrent, habituellement, une option supplémentaire en énumérant trois fées, trois coffrets, trois tentations. Au don érotique et au prestige du commandement, elles ajoutent l'aptitude à la sagesse. Tel, en effet, le lot de Cassandre et des vieillards dans la première journée de *l'Orestie*. Il n'est pas heureux : dévoiler le drame qui se noue, sans le pouvoir dénouer, ne console guère. Les situations de la tragédie antique illustrent la théorie Arendt-Soljenitsyne de la vulgaire proximité du mal ; sous couleurs d'agiter des destins hors pair, elles articulent nos choix roturiers. Les maux ne viennent pas ponctuer après coup la défaillance de nos moralités ordinaires, ils en tapissent le déploiement, sans choix puisqu'ils nichent en chacun, sans cause car ils les précèdent toutes : au commencement le mal étale sa plus inamovible propriété, celle d'être toujours là. Il prend racine en lui-même, par là « radical » et vertigineux.

Troie conquise, Agamemnon rentre. Sans troupe mais non sans grandeur. Eschyle ne l'abaisse jamais et vingt-cinq siècles plus tard, les érudits disputent encore de sa « faute », sans parvenir à un accord. Clytemnestre proclame venger le meurtre de sa fille. Mais qui parle en elle ? La mère, l'infidèle ou le tribunal de l'histoire ? *L'Orestie* fut présentée en trois journées, d'un trait, lors des Grandes Dionysies d'Athènes, en l'an 458 av. J.-C. Première journée : le chœur écoute attentif l'argumentation de la reine, il ne la suit pas, il hésite comme renvoyant dos à dos le père infanticide et la mère vengeresse. Seconde journée : virage à 180°, Oreste se réclame d'un père assassiné et de son honneur sans tache. Nul n'objecte, la vertu du roi passe soudain incontestable. La prise de Troie, le sacrilège saccage du premier jour tourne à l'exploit immaculé. Chaque héros s'enferme dans sa théorie, Clytemnestre accuse, Oreste et Electre inaugurent le culte du père. Agamemnon s'était défendu : l'expédition était condamnée, la flotte, clouée sur place, allait honteuse se débander, Troie triomphait — faire passer les relations familiales au-dessus des exigences politiques et militaires eût été « *déserter* ». E. Fraenkel, dans sa majestueuse édition critique (Oxford 1950) souligne le terme (v . 212) et y découvre la clé du personnage. « Il balance en père et se détermine en roi », commentait le Père Bruno (*Théâtre grec,* éd. 1785). H. D. F. Kitto ne nie pas que telle soit l'autojustification d'Agamemnon, il doute que l'auteur la reprenne à son propre compte : « Eschyle n'entend pas nous priver de sens commun et nous faire tenir pour une guerre juste cette expédition menée *pour ramener une impudique partie de son plein gré* (le chœur le dit, v. 804). » Kitto à son tour prête une sagesse trop définitive à un chœur qui, pas plus que nos contemporains, ne professe d'opinion très arrêtée sur ce qu'il convient de nommer guerre juste. Les vieillards rappellent leur vieille opposition au départ en guerre, pour s'empresser au vers suivant de féliciter les vainqueurs « qui ont mené leur tâche à bien »... jusqu'au dernier Troyen. Agamemnon porte, en offrande, son bonheur privé sur l'autel du salut public, à moins qu'il ne convoque les guerriers de la Grèce entière pour mener à terme une querelle de famille. Il faut croire qu'Eschyle ne désirait guère lever les perplexités du « sens commun ». Entre l'ambition de se dévouer et les dévotions de l'ambitieux, la distinction reste difficile, en son temps et au nôtre.

Les poètes tragiques, remarque Aristote, mettent au premier plan l'action, au second les héros. Quels que soient les faux pas de chacun, le piège dans lequel tous mettent le pied focalise l'attention. La colère d'Artémis, la rancune de Zeus, la politique d'Agamemnon contribuent, sur des modes divers, à monter la grande machine dont *l'Orestie* inspecte les rouages. La hase déchiquetée avec sa portée, Iphigénie condamnée par son propre père laissent prévoir la suite. L'anticipation de la destruction cerne des personnages qui s'enferment en elle. Le carnage témoigne de l'ivresse soudaine des soudards victorieux, mais pas seulement. Dix années d'escalade belliqueuse et de rancune accumulée font glisser le pillage en génocide. La catastrophe perpétrée, *l'Orestie* raconte la destruction des destructeurs. Grecs et Troyens seront comme Etéocle et Polynice, « des frères ennemis aux destins parallèles ». Pourquoi ? Eschyle tient-il à rétablir abstraitement une justice en postulant qu'une balance, au fond du ciel, mystérieusement équilibre ? Nullement. Les dés sont jetés. La volonté de faire capituler l'autre sans condition implique qu'on s'expose sciemment au même risque, le désir de génocide nourrit un secret assentiment à l'autogénocide.

En clôture d'une énigmatique pièce shakespearienne, le vieux roi Lear apparaît chargé du corps de sa fille ; Freud interpréta : « Que l'on pense à cette dernière scène poignante, une cime tragique dans le théâtre moderne : Lear porte sur la scène le cadavre de Cordelia. Cordelia est la Mort. Si l'on renverse la situation, elle nous devient intelligible et familière. C'est une déesse de la mort, emportant du champ de bataille le héros défunt, comme la Walkyrie dans la mythologie germanique. Une sagesse éternelle sous la robe du mythe archaïque avertit l'homme qu'il ait à renoncer à l'amour, à choisir la mort. » Face à son armée, portant une dernière fois sa fille Iphigénie, Agamemnon célèbre la seule fin de l'histoire que l'occident connaisse, celle où la suite des générations se renverse dans le suspens d'un suicide collectif. Qu'on retourne, à la façon de Freud, la scène, et l'on découvre l'Iphigénie des traditions mythiques et reculées, dont le culte passe pour avoir exigé des sacrifices humains. Agamemnon sacrifie la sacrificatrice, Clytemnestre liquide le sacrificateur, la guerre généralise le procédé. La tragédie est son propre analyste ; l'acte d'Agamemnon, avant de revenir sur lui, se lit dans les registres les plus divers : la lutte pour la vie fait rage dans le règne animal, la lutte pour le prestige divise les dieux, l'histoire s'accomplit avec une sobriété froide et brutale, qu'on nommera plus tard laïque et machiavélienne. L'homme accompagne ses actes jusqu'au bout, sans se reposer sur l'intervention d'un Deus ex machina (« la guerre est pensée comme un événement purement politique », note Kitto).

La possibilité absolue 251

Les pères accomplissent leur carrière sur le corps de leurs enfants et les générations se laissent faucher en chantant victoire. A la fin de la première journée, plus rien n'est sacré, le trépas d'Iphigénie ne tient pas en place, aucune cérémonie ne le cantonne, aucun lieu ne le fixe, le meurtre a lieu plusieurs fois, il bat la campagne et envahit les palais. Colère contre colère, assassinat pour assassinat, justice contre justice, les Grecs baptisent « hybris » cette démesure qui bat la mesure et s'entretient elle-même. Ils feignent ne tirer au jour qu'un vestige du passé, une loi du talion remontée du fond des âges, un esprit de vendetta propre aux incultes qui n'ont ni l'usage des lois ni des tribunaux. Certains d'entre eux pourtant goûtent le plaisir de la pensée plus que celui des tranquillisants, ils choisissent d'explorer les situations qui échappent, aujourd'hui encore, au code et aux mœurs policées. Tensions internationales, guerres civiles, rapports familiaux, en ces régions que hante toujours l'hybris, la tragédie sans cesse naît et renaît.

2. Philanthropiquement vôtre.

S'exposer sans protection aux émois tragiques blesse. Par commodité, on s'ingénie à distinguer au couteau temps de paix, dont on jouit, et temps de guerre, qu'il est toujours trop tôt, trop tard, pour prendre en compte. L'Européen moderne y parvient plus fréquemment que le citoyen des nombreuses cités grecques en proie à des guerres qui se succédaient en permanence.

Autant de sujets de discorde et d'occasions de se battre. Pourtant, les anciens cherchaient à établir des contre-feux, ils localisaient, sociologiquement, les conflits statuant que seuls les hommes libres et plus précisément les mâles s'en disputassent les palmes. « La meilleure réputation qu'une femme peut avoir est de ne jamais faire parler d'elle ni en bien ni en mal », rappelait Périclès dans son sermon funèbre. Telle est la morale que prêchent, en leurs moments d'honnête médiocrité, Ismène (contre Antigone) et Jocaste (s'opposant à Œdipe). Ces cordons sanitaires sautent dès que l'action éclate. Jamais l'héroïne tragique n'est « inférieure par nature » à l'homme, ni dans le meilleur ni dans le pire. La tragédie, avant saint Paul, ne connaît ni mâles ni femelles, ni hommes libres ni esclaves, ni Grecs ni barbares, pas plus sur scène que dans le public. Platon le souligne en procureur agacé par de trop populaires spectacles, « sorte de rhétorique à l'usage d'une assemblée où se pressent pêle-mêle, à côté des hommes, les enfants et les femmes, et les esclaves avec les hommes libres... » Nul n'a pu repérer le moindre soupçon de racisme ou de xénophobie dans *les Perses*; cette pièce, écrite par un combattant pour célébrer la récente victoire qui fit la Grèce libre et fière, Eschyle la situe tout entière à la cour de Darius.

L'égalité, devant et dans la tragédie, fait naître — grande première mondiale — un sentiment d'universelle humanité. Aristote compte trois les sentiments atomiques qui irradient le tragique : la terreur, la pitié et, plus oublié, le « sens de l'humain ». Mot à mot, le philanthropique ou la philanthropie. Le terme, d'invention récente (un siècle), était déjà démonétisé, Aristote ne l'utilise que rarement, toujours avec réserve et pudeur, ici il le souligne. La première utilisation connue du mot remonte à Eschyle ; il désigne le comportement de Prométhée qui donna le feu aux hommes (Héphaïstos parle de sa manière de « jouer le bienfaiteur des hommes »). Aristophane, témoin n° 2, place le mot dans la prière d'un chœur qui flatte et implore Hermès, « le plus humain et le plus libéral des dieux ».

Philanthropia qualifie alors « un acte de générosité venu du dehors aider l'espèce humaine ». Il en vient à caractériser des actes non plus divins, mais humains, les attitudes secourables (Socrate qui offre gratuitement ses leçons), puis simplement aimables ou agréables, jusqu'au grec moderne où il baptise le pourboire (comme dans le *Don Juan* de Molière). La démagogie hypocrite travaille avec célérité, le terme fut usé aussi vite que diffusé. Ses premiers emplois méritent l'attention, ils n'impliquent nulle saisie irénique d'une positive essence de l'humanité : pour déjouer le projet de Zeus d'annihilation du genre humain, Prométhée vole le feu qui permet la défense contre l'environnement naturel, l'incendie mutuel et la lumière. La comédie d'Aristophane évoque une situation semblable, les Olympiens

La possibilité absolue

prennent une préretraite, abandonnant la loge du concierge à Hermès et le pouvoir à Polémos, démon de la guerre. Ce dernier sort le grand mortier, dans lequel il s'apprête à écraser les unes contre les autres les belliqueuses cités du Péloponnèse. Le chœur entend bloquer cette solution finale et souhaite qu'Hermès ferme « philanthropiquement » les yeux sur sa rébellion. Le « sens de l'humain » naît écho d'une fondamentale égalité devant la mort commune, la fraternité dans la vie, précaire, seconde, comique à l'occasion, s'estompe à peine évoquée.

Depuis les stoïciens qui, dans une Grèce agonisante, s'efforcent de camper l'homme en « citoyen du monde », jusqu'aux récentes tentatives de la Société des nations et de l'Organisation des nations unies, on ne compte pas les schémas enthousiastes d'homme nouveau, sociable et bon proposés à l'édification des gouvernés et des gouvernants. La tragédie dessine l'humain en creux, sentiment papillonnant qui ne se laisse saisir qu'à travers le geste qui l'efface. L'optimisme et la bienséance s'emploient à combler le vide et à travailler dans le solide. La difficulté reste entière, témoin un siècle incapable de préciser clairement, de façon juridiquement utilisable, la notion de « crime contre l'humanité », illustrée pourtant d'exemples peu négligeables. La charte de Londres (1945) évoque la notion, citant les chefs nazis devant le tribunal de Nuremberg. « La charte avait fait entrer par la petite porte, une nouvelle espèce de crime, le crime contre l'humanité, et le crime s'envola par la même porte lorsque le tribunal prononça le jugement. » Les juges s'empêtrèrent à poursuivre d'une seule accusation :

a. le « crime contre la paix », entendons la guerre d'agression qualifiée « crime international suprême... qui recouvre tous les autres » ;

b. les crimes de guerre, soient les excès qui dépassent les conventions admises (La Haye), ou les usages, ou les nécessités stratégiques, ainsi la prise d'otages ou le bombardement des civils ;

c. lesdits crimes contre l'humanité.

Ni la Russie qui avait agressé la Finlande et la Pologne, et massacré à Katyn, ni les Etats-Unis qui avaient rasé atomiquement deux villes et leurs populations ne durent insister sur les deux premiers chefs d'accusation. Ils parvinrent d'autant moins à cerner le troisième. Eichmann jugé à Jérusalem, l'imbroglio ne se dissipe pas ; au cours du procès jamais n'est évoquée la possibilité juridique « que l'extermination de groupes ethniques, Juifs, Polonais ou Tziganes, constituait plus qu'un crime contre le peuple juif, le peuple polonais et le peuple tzigane ; et que l'ordre international était ainsi perturbé, que l'humanité tout entière était mise en danger » (Hannah Arendt).

Au XVIIe siècle, la piraterie est l'exemple type du crime contre l'humanité. C'est aussi le seul internationalement reconnu. Il le demeure. Il est unique, il n'embarrasse guère. Les Etats s'accordent facilement pour qualifier d'ennemi du genre humain des individus sans lois ni drapeaux. Aujourd'hui les massacreurs, fonctionnaires moyens ou chefs supérieurs, relèvent d'un Etat qu'il convient de condamner avec eux. Le droit international, en retrait, demeure essentiellement fondé sur des accords librement souscrits entre entités indépendantes et souveraines. Qui dit « librement souscrits » sous-entend unilatéralement et en permanence révocables. Ce droit n'est qu'inter-national. Quels qu'en soient les énoncés, la condition de son énonciation — la souveraineté des nations — prime et en elle la possibilité de le suspendre. Les définitions et condamnations universelles dérivent ainsi lettre morte car il est peu vraisemblable que l'agresseur accepte de s'autocondamner. Crimes contre la paix et crimes de guerres (« bavures », « excès ») relèvent du sentiment des particuliers, en des législations propres à chaque Etat. Aucune jurisprudence qui les dépasse ne cerne ces fautes et nulle autorité planétaire n'en dresse contravention. Des notions aussi vagues constituent des précédents douteux pour caractériser les crimes contre l'humanité.

L'extermination, rapide, systématique, programmée d'une population, paraît bien un fait « sans précédents ». Discriminations raciales, transferts et expulsions sont monnaie courante dans l'histoire des peuples. L'originalité de la solution finale éclate, fauchante, au moment où « le régime nazi déclara que le peuple allemand devait expulser les juifs non seulement de l'Allemagne mais de la terre entière ». En s'attribuant un droit de sélection, donc de vie ou de mort sur tous les habitants de la

La possibilité absolue

planète, un Etat s'arroge une souveraineté exclusive et impartageable qui réduit celle des autres à zéro. Il attaque la « diversité humaine » dans son principe, son passage à l'acte sera puni comme crime contre l'humanité, à condition de reconnaître en la diversité politique, ethnique, culturelle des humains l'humanité elle-même. L'homme, « ondoyant et divers », passe fondamentalement incernable : on peut définir un crime contre l'humanité dans la mesure où on laisse, en dernier ressort, l'humanité indéfinie.

Face à l'inouï, force est d'inventer les catégories mentales qui le donnent pensable. Juger un délit inattendu inaugure une jurisprudence par quoi l'inconnu redevient connu. Ayant à trancher de méfaits qu'aucune législation n'avait envisagés, les tribunaux de Nuremberg et de Jérusalem se trouvaient dans la situation peu habituelle d'avoir à appliquer une loi qu'ils devaient préalablement promouvoir. Ils rendent « justice sans l'aide des lois connues et reconnues et même peut-être en outrepassant les limites que leur imposent ces lois ». Face à un crime contre l'humanité le juge se pose législateur. Chacun partage son embarras, la difficulté conceptuelle est générale.

Un acte délictueux est codéterminé par son objet, écraser l'enfant du voisin ou son chien, ou un escargot ne revient pas, on le sait d'avance, au même. Au contraire dans la notion de crime contre l'humanité, c'est l'acte qui fait exister la cible qu'il vise : l'ensemble de ceux-qui-sont-menacés-de-génocide est constitué comme ensemble par cette menace même. Il s'agit, juridiquement et technologiquement, pour le XXe siècle, d'une situation sans précédent ; conceptuellement et moralement l'homme occidental naquit en elle. Prométhée gît enchaîné, la cruauté de Zeus rassemble contre elle les vivants d'Asie et de Scythie, d'Arabie et du Caucase, et les Amazones. A se lamenter ensemble, ils lient connaissance. La toile de fond de *l'Orestie* c'est le génocide mis à portée du simple mortel. Le massacre des Troyens excède le crime de guerre ; prodiges et oracles annoncèrent l'événement à l'avance comme méfait prévisible, logiquement et platement. L'imaginaire naufrage de l'armée grecque parachève le tableau de l'universel désastre ouvert par un **infanticide**

En panne religieuse, le sacrifice - impasse réfléchit l'ensemble humain dans le miroir d'une collective mortalité. Paroles irréductiblement à double entente, actes qui se retournent sur eux-mêmes, autels sanglants démystifiés et assassinats suicidaires, la rupture est d'autant plus irrévocable que rien en elle n'annonce le fabuleux combat de la Raison contre la Religion, délices des matinées récréatives pour enfants du siècle passé. *L'Orestie* ne parie pas sur des lumières dissipant les ténèbres, elle ne donne pas à voir plus loin mais de plus près, et forme le regard à distinguer dans le meurtre rien qu'un meurtre.

Un chœur peut avoir le don de fixer l'horreur. Eschyle cerne parfois cette faculté remarquable en la qualifiant « térascopique » (téras = monstre, scopie = vue). Cassandre en incarne l'extrême possibilité, lorsqu'elle annonce et décrit avant qu'il ait lieu le forfait de Clytemnestre. Au chœur médusé puis saisi par l'évidence, elle n'épargne rien. Le piège, le sang, sa propre mort, les cris et les gémissements qui supportent l'insupportable. Jusqu'au sourire de Korée deviné à la commissure du texte, lorsque revenue de sa mort Cassandre descend du char et tourne la page : « Va, l'oracle maintenant ne se montrera plus à travers un voile ainsi qu'une jeune épousée. » Ainsi commence l'occident, histoire de quelques enfants qui ont une fois regardé dans la chambre des parents comme Cassandre plantée devant le palais d'Argos. La scène primitive a-t-elle réellement eu lieu ? s'interrogent familles et conseillers en hygiène mentale. Qu'importe puisqu'elle fut entrevue d'un regard si véridique qu'il en a fait lever la possibilité. L'enfant n'aura pas assez de toute sa vie pour interdire que l'entre-dévoration imaginable n'advienne, ou pour tenter d'oublier sa faculté térascopique en tirant des névroses tranquilles.

« Chœur prophète » traduit Mazon, d'une manière neutre. Oui, cependant prophéties de malheur qu'ouvre la vision de l'épouvante (téras). La très belle version allemande de W. V. Humboldt, suivie par Wilamowitz, incline romantiquement du côté des « pressentiments ineffables » (unbestimmte Ahnungen) et apparente la térascopie eschylienne au traditionnel songe prémonitoire. Le texte explique l'inverse, le chœur qui pré-voit le pire sait qu'il ne rêve pas et le regrette (« Pourquoi ne

La possibilité absolue 257

puis-je pas cracher, comme on fait pour un songe obscur ?... ». Ni fantomatique, ni songeuse l'horreur s'impose irréfutable (« le fond de notre être ne nous trompe jamais »). Cassandre crie de vérité devant un chœur stupéfait : « J'admire comment élevée sur des rives lointaines, étrangère à notre langage, tu rencontres partout la vérité comme si tes yeux l'avaient vue. » E. Fraenkel relève la quasi-infaillibilité de la prise de vue eschylienne : « Un augure térascopique n'a pas le pressentiment des monstruosités, il les voit et les reconnaît avec clarté. »

Les vieillards d'Argos doublent l'action du thrène de l'Erinys, nul n'eut jamais à enseigner au chœur le chant des filles de la nuit : le savoir térascopique est « autodidacte ». Ni les retours de la fortune, ni la prise de Troie et l'entrée hautaine du victorieux ne mordent sur cette conscience interne du temps. Fraenkel substitue aux pressentiments romantiques la claire saisie de forces permanentes et de leurs « lois universelles » ; le chœur tragique devient porteur, quelque peu prématurément, d'esprit scientifique et court ferrailler dans le grand débat du XIXe siècle entre l'irrationnel en général et le rationnel en général. Anachronisme. Le savoir térascopique, peu justiciable des autorisations académiques habituelles, précède, et probablement transcende, par une saisie rationnelle de l'irrationnel les partages qui font la sécurité des pédagogues.

Dans *les Bacchantes* d'Euripide, Penthée, maître de Thèbes, allègue son droit, vu sa force, de retenir Dionysos. Celui-ci répond : « Que dis-tu ? Que fais-tu ? Qui es-tu ? Tu l'ignores. » Que puis-je savoir ? Que dois-je faire ? Qu'ai-je à espérer ? Tel l'essentiel selon Kant des questions qui se posent à l'homme. A aucune d'elles, la tragédie antique n'offre de réponse définitive, mais peut-être, sans plus attendre, apporte-t-elle la non-réponse. L'intrigue ne cesse de rebondir, les héros trébuchent, les chœurs hésitent tandis que les exactitudes bien calculées s'évaporent comme l'assurance de l'homme d'action et les religieuses infaillibilités. Les trois questions kantiennes appellent des certitudes positives et maniables, elles interrogent toutes : que faire ? dans la connaissance, la pratique ou la foi. La tragédie prend un malin plaisir à les laisser glisser sur la pente savonneuse d'une question n° zéro : de quoi convient-il de désespérer ? Que ne pas faire ?

Romantiques et rationalistes se disputent — pressentiment obscur contre connaissance claire et distincte — la saisie de ce qui est; ils patinent sur l'originalité la plus redoutable d'un savoir qui porte sur ce qui n'est pas encore et d'un pas encore qui recouvre le jamais vu de sa propre mort. La térascopie perçoit du non-être, ce qui ne peut pas être mais qui peut faire ne pas être ce qui est. L'impossible à voir dont le mouvement rend impossible ce qui est vu. Sauf à se clore sur un sommeil, peut-être éternel, notre œil semble condamné à fixer quelque chose. Les puissances de la nuit, où les choses s'engloutissent, excèdent les propriétés restreintes de cet appareil et exigent un œil en plus : « Le roi Œdipe a un œil en trop, peut-être. Ces douleurs, et d'un homme tel, ont l'air indescriptibles, inexprimables, indicibles » (Hölderlin). Peut-on dire ce qui, indicible, invisible, n'est pas? La tragédie, la pensée grecque, et tout l'occident inventent le troisième œil, en inversant la question : pourrait-on dire quoi que ce soit si on ne s'entendait — par quelque parricide pas seulement logique — à faire être le non-être? Verrait-on quelque chose si on ne la saisissait dans son mouvement, sur fond de sa destruction possible? Les dieux dans la tragédie intéressent moins que les hommes, ils réussissent trop et toujours, au point qu'ils ne peuvent frissonner et s'entre-déchirer que par éphémères interposés. Spectateurs assidus et captivés, ils ne se connnaissent qu'un seul défaut, ils ratent « la triple grandeur de l'homme, la mort, la misère, le risque... ils manquent de manquer » (Péguy).

3. D'une aveuglante évidence.

L'hybris, dans laquelle s'enferment Agamemnon et Clytemnestre, tourbillonne interminable. L'authentique labyrinthe où court la vendetta des Atrides, ne se cadastre pas d'un « on ne sait plus où ça s'arrête », au contraire : on intuite, térascopiquement, que ça ne s'arrête jamais. Œil pour œil, le père pour la fille, les comptes peuvent être apurés, suggère Clytemnestre au chœur ébranlé. Il n'en sera rien, derrière elle, Egisthe travaille

La possibilité absolue

pour son propre compte et derrière le père, Oreste. Affaire à suivre. On prend à la légère la loi du talion pour formule d'un échange (do ut des), sans expliquer l'étonnante malédiction interdisant qu'un jour l'offre et la demande de sang s'équilibrent. La logique de l'hybris ne se réduit nullement à l'équation d'un juste retour des choses finissant par noyer le criminel dans son crime ; elle entretient l'inéquation qui fait entasser méfaits sur méfaits dans une escalade dont les crans d'arrêt sautent les uns après les autres. Il n'y a pas de fin, non par hasard, mais parce qu'elle est a priori expulsée. Il a suffi, raconte le mythe, que Pandora soulève le couvercle et les maux s'échappèrent croissant et multipliant. Le secret d'une telle procession, mieux qu'en l'image d'un échange, affleure en celle d'une génération ; la suite des enfants de la nuit ou la succession malheureuse des Atrides profile une destruction cause d'elle-même, mouvement originaire et autogestionnaire.

« L'infini se trouve être le contraire de ce qu'on dit : non pas ce en dehors de quoi il n'y a rien, mais ce en dehors de quoi il y a toujours quelque chose » (Aristote). Les maux sont infinis. Œdipe pouvait-il éviter ce qu'il ignorait ? Pouvait-il éviter d'ignorer ? Selon les commentateurs, la « faute » des héros tragiques varie entre zéro et l'absolu. Les auteurs tragiques se refusent à fixer sans équivoque « le » péché ou « la » mécanique fatale, d'où l'extrême perplexité. Un mal ne se laisse pas circonscrire comme un fait, enfermer dans un acte, ou isoler en une situation ; il n'est pas devant le héros, ni extérieur au spectateur, il déborde et tremble inachevé, c'est dans le fruit le ver qui ne devient jamais fruit ni papillon. Comme l'infini d'Aristote, « il n'enveloppe pas, il est enveloppé ». Il se développe en détruisant son enveloppe, la térascopie est intuition du temps : « C'est dans le temps que tout est engendré et détruit... Le temps est cause par soi de destruction plutôt que de génération, car le changement est parfois défaisant. » La térascopie s'avère ainsi vue pure du défaisant en tant que défaisant. Nier que le mal puisse se donner directement et nier notre existence temporelle, c'est tout un. L'appréhension d'un mal antérieure et extérieure au bien qu'il dénie fait paradoxe comme la saisie d'un mouvement en tant que mouvement, la flèche prise au vol dont on ignore la cible.

Il est toujours difficile de traduire — infini ? indétermination ? — l'étrange absence de finition que les premiers penseurs occidentaux détectent dans le passage des êtres mobiles, mus et émus. Ne fût-ce qu'une tortue infatigablement suivie d'un lièvre qui ne termine jamais de traverser l'écart qui les sépare. L'obstacle le plus étonnant semble se tapir dans le préfixe que les grammairiens baptiseront plus tard « privatif » (*in*-fini, *in*-déterminé, en grec *a*-oristos). Ces boutures de négatif ne viennent pas se greffer sur une réalité qui les précède en toute indépendance ; il ne faut pas poser d'abord la limite, puis son illimitation destructrice, une chose met toute son « énergie » à se tailler une place dans l'illimité, elle se bat au bord d'elle-même et les traits tirés d'un clown de Picasso chantent sa victoire de ne s'être pas laissé dévisager. Le préfixe, pas du tout surajout, compte autant que ce qu'il fixe, il peut inverser les rôles. Le mot grec vérité — mot à mot l'inoubliable — se décompose en oubli préfixé « privativement ». En focalisant sur la puissance privative de l'oubli — enfant de la nuit, pour Hésiode — on obtient un préfixe contre-privatif où s'annonce une vérité, de part en part, combattante, exercice de lutte contre l'oubli, réminiscence (Platon) ou défi d'avoir à détruire ce qui détruit.

Le chœur tragique tourne et retourne, demandant comment un quelconque bien demeure concevable eu égard à l'hybris qui habite nos grands soirs comme nos petits matins. Sur un mode mineur, suit l'étonnant « nul n'est méchant volontairement » où Socrate souffle dans les clairons d'un optimisme béat (nul n'est méchant) la petite musique d'un défi au désespoir (nul, encore, n'est vraiment volontaire). A l'inverse europlatonique, on s'absorbe dans l'éclat d'un bien pur, qui « convient à lui-même », et rend incroyables penser à mal et penser le mal. Partant du haut du Bien, l'être suprême, nous descendons l'échelle des créatures ; l'absence de perfection croît avec l'éloignement et fait surgir le mirage d'une méchanceté galopante. Le mal n'est alors que l'illusion d'optique produite par la comparaison de deux biens inégaux, lorsqu'on suppose (à tort, confient les heureux de la haute) que l'inaptitude d'être aussi

La possibilité absolue 261

grand que le plus grand recouvre une aptitude positive à se recroqueviller plus petit. Certains néo-platoniciens affirment la réalité purement relative des maux, dépourvus ainsi de toute substance indépendante. Ils inaugurent la filière qui par Basile le Grand (330-379), le pseudo-Denys (deuxième moitié du IVe siècle), à l'occasion saint Augustin et Teilhard de Chardin, nourrit les morales laïques qui convertissent la méchanceté du monde en défaut d'instruction ou d'argent.

Le mal s'aplatit-il dans la pure absence du bien (comme l'annonce la Grèce finissante), réduit à une simple absence de biens (comme dogmatise la modernité tranquille)? Qui ne croit pas au méchant loup, au démon personnifié, ou à l'antéchrist, doublure de démiurge qui contrecrée le monde, peut-il éviter de conclure à l'inexistence de ce qui apparaît seulement privation (*privatio boni*)? La *privatio*, chez Basile le Grand par exemple, se donne comme la traduction précise de la *stérésis* grecque, laquelle si elle n'est pas quelque chose (puisqu'elle en fait l'absence) n'est pas rien non plus (sous la morsure de la *stérésis* le quelque chose devient rien). De même que nous ne parvenons à accommoder en même temps sur la chose (qui est à tel ou tel endroit) et sur son passage (d'un point à un autre, qui n'est en aucun des deux) — d'où les paradoxes de Zénon, « Achille immobile à grands pas » —, de même nous ne pouvons penser le présent comme une absence, ni l'absence comme présent. Moins parce qu'ils s'excluent, que pour ce qu'ils se détachent l'un sur l'autre, antagoniques et complémentaires.

Soit une statue. Aristote l'analyse composée de matière (le marbre) et d'une forme (telle Vénus). Tout indique — en particulier cette com-position — qu'elle a été faite, elle renvoie à un sculpteur, aux marbriers, à la cité qui l'a commandée et au temple qui l'abrite; elle invite immédiatement l'ignorant à s'enquérir de son origine et de sa destination, d'un coup d'œil il perçoit qu'elle aurait pu n'être pas là. La première vue l'appréhende, avec la matière et sa forme, dans son halo de *stérésis*. La privation de santé a un nom : maladie. La privation de statue n'en a pas, elle est « cachée et anonyme ». Ce peut être un gratte-ciel venu occuper le site de la statue, l'iconoclaste qui la décapite, l'eau et l'insouciance des habitants qui la laissent s'effriter, une femme ou un enfant qui firent oublier à l'artiste l'œuvre qu'il portait en lui. Parfois la stérésis passe d'une nomination vague à une désignation précise, d'un mot à une intégrale œuvre d'art, lorsque Eschyle entreprend, sous le chef de l'hybris, le démontage minutieux des rapports de destruction entre mortels. Une chose scintille toujours en trois directions, tout comme la statue s'essaie à la beauté, éclaire son marbre et s'enlève sur sa propre absence multiplement possible. « Nous disons que la matière et la privation sont à distinguer et que, de ces deux choses, l'une est un non-être par accident, à savoir la matière ; l'autre, à savoir la privation, est un non-être par soi : l'une est près d'être, elle est en quelque manière substance, c'est la matière ; la privation, elle, n'est substance à aucun degré. »

Le mal n'est pas la forme, ni la matière, pas même la stérésis, bien que cette condition d'inexistence, qui entoure les existants, en abrite la malveillante production (to kako poion). Mauvaises non les mortalités, mais mille façons de mourir ou de tuer. Les conditions de la vie (les anciens disent principes, archè) rendent possibles les maux sans en être et la découverte récente de la banalité du mal s'énonce philosophiquement chez Aristote : « Le mal n'existe pas indépendamment des objets sensibles », autrement dit il paraît dispersé en maux. Ni principe, ni être, ni personne et par suite impossible à supprimer, difficile à expulser.

« Je me lave dans le sang, cette eau sue le sang » chante le Wozzeck d'Alban Berg. Dans sa théorie de la vision, les complexités physiologico-cosmiques importent peu, Aristote se fonde sur une intuition fondamentale : il y a surgissement et présence de la lumière (parousia), il y a le noir de son absence et privation (stérésis), entre les deux nulle progressive extinction des feux n'assure le passage ; la commutation a lieu comme une altération totale et instantanée. La nuit n'est pas la diminution du jour, ni la douleur le pur évanouissement du bonheur ni le mal un degré zéro du bien. Toutes ces réalités, nommées à tort négatives, s'avèrent douées d'une existence propre, pas moins positive que ce qui leur fait face. L'Européen voit dans la nuit en voyant la nuit. L'œil qui regarde le soleil est lui-même solaire et en flammes (Platon). La chouette ne saurait percevoir l'obscur sans en être habitée : nous sentons la douleur par la discorde qui

La possibilité absolue

est en nous (Empédocle). Il arrive à la pensée européenne de se prendre pour un phare illuminant les ténèbres en les dissipant — ce sont moments d'épuisement, conduites d'évitement devant sa propre nuit ; les épaisseurs d'émoi et de souffrance ne passent, ni ne se dépassent en la pensée qui les ose peser.

L'Europe éclairée des deux derniers siècles promut l'esprit de sacrifice solution de la question sociale et principe de la paix universelle. Y crut-elle ? C'eût été régler aisément le compte d'un sentiment lointain qui allume le sacrifice par les feux de l'angoisse plutôt qu'avec les lumignons des réponses-à-tout.

« Les temps anciens de la religion israélite ignorent Satan ; quand une puissance fond sur quelqu'un et le menace, il s'agit, même en celle-ci, de reconnaître YHVH, quelle que soit son horreur nocturne et sa cruauté et de lui tenir tête, puisqu'il est bien vrai qu'il n'exige rien d'autre de moi que moi-même. La parole du prophète de l'Exil (Isaïe, 45, 7) : celui qui fait la prospérité et crée l'adversité, c'est moi YHVH qui fais tout cela, a des racines qui remontent à des temps très anciens » (Buber).

La rencontre d'Abraham avec YHVH s'enracine en ce tremblement qui n'est pas seulement de l'homme mais de Dieu. Dans le noir, on ne range pas d'un clin d'œil les bons d'un côté et les méchants de l'autre ; la nuit ne sert pas de négatif au jour, les mythes la racontent mère originelle.

Inévitable tentation de biaiser, Clytemnestre, les mains sanglantes, entend les laver dans les redites de l'équivoque et clore l'affaire sur un rendu pour un prêté. Jocaste espère Œdipe sans complexe. Dans un réciproque détour, les puissants suspectent le méfait sans subodorer son intimité, ils se bercent d'une théorie policière de l'histoire. Agamemnon saute à peine de son char qu'il évoque avec le chœur les rumeurs de complot politique et de guerre civile ; Œdipe entend dans les avertissements de Tirésias la sombre machination d'un parti qui veut sa perte et trahit la cité. Mal sans banalité, banalité sans mal. Deux entrées dans la tragédie, toutes d'ignorance. Pour arracher les œillères d'inauthenticité et saisir térascopiquement la situation dans son ensemble, il convient d'apprendre ; Œdipe découvre sa propre trivialité et le chœur des anciens, au soir de la première journée, se résout à l'affrontement.

Qui sont-ils ces vieillards si longtemps hésitants ? Les contradictoires théories sur la fonction du chœur antique — vox populi ? vox dei ? — démontrent qu'ils surent entraîner les commentateurs dans leurs oscillations. Sont-ce les restes d'un conseil de régence, démis par la reine et l'amant ? Une troupe de demi-solde, anciens combattants sans emploi ? Peter Stein les représenta costumés en modernes retraités, attablés dans une brasserie, suivant de loin le fil des événements, spectateurs presque télévisionnaires, pris d'une fébrile agitation lorsqu'ils entendent le chef aimé crier à l'assassin.

Le coryphée : — Le crime est accompli : croyez-en les plaintes du roi. Allons, amis, réunissons ici de sûrs conseils.
Deuxième choreute : — Mon avis, le voici : crier aux citoyens « A l'aide ! Ici, tous, au palais ! »
Troisième choreute : — Et le mien : y bondir nous-mêmes au plus vite et surprendre le crime l'épée sanglante encore.
Quatrième choreute : — Oui, je partagerai tout avis de ce genre : agir d'abord, ce n'est plus l'heure d'hésiter.
Cinquième choreute : — On peut attendre et voir ; ce n'est là qu'un début, l'annonce de la tyrannie qu'ils préparent à la cité.
Sixième choreute : — Parce que nous balançons. Eux foulent aux pieds la gloire d'hésiter et ne laissent pas s'endormir leurs bras.
Septième choreute : — Je ne sais vraiment quel conseil formuler ; même à qui veut agir, il appartient de consulter d'abord.
Huitième choreute : — C'est aussi mon avis : car je ne crois pas que des mots puissent ressusciter un mort.
Neuvième choreute : — Quoi donc ! Uniquement pour prolonger nos jours, plier devant des maîtres qui souillent ce palais !
Dixième choreute : — Intolérable honte ! Mourir vaut encore mieux ; la mort est plus douce que la tyrannie.
Onzième choreute : — Oui, mais pourquoi, sans autre indice qu'une plainte, vouloir prophétiser la mort de notre roi ?

La possibilité absolue 265

Douzième choreute : — Ce n'est que lorsqu'on sait que l'on doit s'indigner : conjecturer n'est pas savoir.

Actualité française, allemande, espagnole ? Le rendu de la scène est saisissant, on la croirait écrite pour illustrer la péjorative définition du petit-bourgeois hésitant, balbutiant, ballotté, bousculé, réclamant tant de savoir avant d'agir qu'il ne risque guère de se compromettre. Persévérant sur cette lancée, Stein rata complètement la dernière apparition du chœur. Eschyle n'écrivit pas une pièce à thèse, les petits-bourgeois européens n'en vivent pas une non plus. La tragédie termine en beauté sur un retournement imprévisible qui fit pâlir des générations de professeurs de grec. Tout à coup, tout au bout, Egisthe découvre, face à lui, redressés, épée en main, ces mêmes petits vieux qui s'appuyaient sur leurs bâtons, méditatifs.

Le fascisme n'édifia pas de société close hermétique, ni de mécanique implacablement auto-régulée balayant tout sur son passage, quelles que fussent les réactions extérieures. Cette fantasmagorie dont il se nourrit, avant d'en submerger ses témoins fascinés, ne supporte pas l'épreuve des faits. Sauvage, l'extermination des juifs déferla, elle n'eut rien de fatal ; l'appareil nazi, maître de l'Europe, y mit le meilleur de lui-même, mais ceux qui n'y résistèrent pas lui permirent seuls de parachever son travail. Au Danemark la population refusa, « autant que nous sachions, c'est l'unique occasion qu'eurent les nazis d'apprécier la résistance *déclarée* des populations indigènes. Et il semble que ceux des nazis qui l'ont constatée aient simplement changé d'avis ; qu'eux-mêmes en soient venus à croire que l'extermination d'un peuple entier n'allait pas de soi » (H. Arendt).

D'où viennent les épées brandies par un chœur de vieillards ? Stein, qui méprise, brechtiennement, le petit-bourgeois, glisse sans appuyer, le chœur remue vaguement ses cannes. Faut-il croire (avec Wilamowitz) qu'Eschyle arme ses personnages dès le départ ? Nous voilà bien affublés, l'épée d'un côté, un bâton de l'autre. Ou bien le chœur déterre-t-il in extremis des armes qu'il était trop vieux pour porter lorsque les hommes d'Argos partirent, il y a dix ans ? Finie la tragédie, incipit comedia ?

Eschyle esquisse les prémices et les promesses d'une insurrection. Le coryphée, au nom d'un chœur enfin unanime : « Ta tête n'échappera pas — sache-le — à la juste vengeance du peuple chargé de pierres et d'imprécations. » Le nouveau tyran est voué au plus infamant des châtiments, les paisibles vieillards se réveillent Saint-Just. On ne lapide plus, à Athènes, depuis longtemps, on ostracise, « l'expulsion figure la lapidation dont elle est l'horrible aboutissement » (Glotz). Eschyle, qui soulignait la grande impuissance du chœur, semble en définitive oublier et la faiblesse des vieux et les usages de sa ville. Convient-il d'incriminer son incohérence ou bien celle des peuples qui acceptent l'insupportable jusqu'au jour où ils ne supportent plus ? Autre définition de l'occident : lieu où parfois les bâtons se métamorphosent épées et les casseroles, cymbales. En particulier, quand menacent les orages de la stérésis. Avec dans un réveil brutal le risque supplémentaire que des tiges métalliques n'attirent la foudre.

UN OPÉRA GNOSTIQUE

Les écoles du parti, je connais. Des censeurs aux longues oreilles ourdissent ma liquidation idéologique. Victime des yeux langoureux et des balles enrobées de sucre que nous réservent les services spéciaux de l'adversaire, n'aurais-je point descendu la pente de la collaboration de classe, glissade coutumière à ceux demeurés trop longtemps hors frontières ? Staline expéditif les faisait cueillir dès l'arrivée par l'administration des camps. Résultats : nos propres polices ignoraient tout de l'étranger et il fallut l'initiative inoubliable de notre actuel camarade président pour explorer et investir ces terres inconnues. En France, lorsqu'un commissaire de police interroge un simple quidam — donc un inférieur — il aime braquer la lumière sur un bonhomme de plus en plus perdu et répète une sixième fois : « Reprenons, nous nous sommes levés à 20 heures, nous avons aiguisé notre couteau, puis bu un petit coup et alors... » Le pénétrant gradé déplie ainsi sans déchoir une cervelle suspecte ; qu'on m'accorde les mêmes libertés et une latitude d'user du Nous de l'inspecteur.

Beaucoup de responsables ne lisent pas assez. Ils dépouillent force documents et statistiques, mais la littérature les lasse, les romans leur tombent des mains, ils s'assoupissent devant l'écran dès que s'agite quelque amour. Les débordements de subjectivisme petit-bourgeois fatiguent un esprit administrativement formé et matériellement éduqué. Avoir longtemps hanté le bourgeois ne m'a pas promu capitaliste, poste trop discuté et rare, mais cinéphile : si nos ataviques du Politburo avaient absorbé autant de films qu'un occidental moyen, ils trouveraient le secret des sautes d'humeur dont ils se scandalisent. Les retournements politiques sont rarement l'œuvre de grands Machiavel, les hommes d'Etat paraissent ordinairement immergés en de cyclothymiques sentiments dont la culture de série B nous informe mieux que les rapports des partis frères.

Entre les divertissements pour soirées de week-end et le grand art, veuillez ignorer l'abîme que les esprits trop distingués se plaisent à creuser. Les articles de consommation courante s'absorbent en jouissant d'effets dont de rares chefs-d'œuvre déplient le mode d'élaboration. Les premiers retournent seulement le spectateur, les seconds l'initient aux arcanes du retournement, un bon western peut introduire à Eschyle, tout comme les Tragiques grecs à la politique mondiale contemporaine.

1. Une présentation de malades.

L'intrigue de la deuxième journée de *l'Orestie* déploie une simplicité texane. Une ville, sous la coupe d'un couple d'assassins, reçoit la visite d'un « vengeur ». Oreste, suivi de son seul compagnon Pylade, surgit incognito. Il s'assure la complicité de quelques rares âmes pures, Electre et ses suivantes, le chœur des captives. Il piège les puissants, tue le tyran Egisthe, et Clytemnestre. Il repart solitaire, dans un nuage de noire poussière : les Erinyes, vampires du remords, l'enveloppent. Fin de « Orestes rides alone ».

Ce récit inciterait à diagnostiquer un culte de la personnalité combien plus naïf que celui reproché aux Soviétiques. N'étaient deux curieuses particularités. Les occidentaux se tiennent tous pour Oreste à un quelconque moment de leur existence. Etrangeté n° 2 : le citoyen tranquille, pris de bravoure, se met hors de lui mais s'en rend compte ; l'anomalie d'Oreste n'est pas occultée. Nos stratèges nucléaires se demandent si les dissuadeurs d'en face sont crédibles, c'est-à-dire aptes à frapper quoi qu'il coûte. Il s'agit, disent les Américains, de penser l'impensable et de

Un opéra gnostique 269

s'imaginer dynamite consciente d'elle-même. Donc jouer Oreste.
C'est un cas. Admis comme tel avec son éclat et son grain. La première journée de *l'Orestie* avait découvert le génocide, la seconde explore la possibilité d'exister au cœur de l'extrême menace. Oreste arrive apatride, sans feu ni lieu, juste une identité qu'il tient secrète et que les autres estiment incertaine. A la fin de partie, il perd son seul bagage, l'esprit. Court-circuit de l'aliénation politique à l'aliénation mentale, la pièce fascine comme les présentations de malades que les grands professeurs offrent à leurs étudiants dans les asiles psychiatriques. L'assistance s'angoisse à ne pas repérer la différence indiscutable, le fou inquiète de ne point paraître tout à fait ce qu'il passe pour être ; que le psychiatre s'éclipse, que le malade reste en scène et la bonne santé du public flanche : « Les hommes sont si nécessairement fous que ce serait être fou par un autre tour de folie de n'être pas fou » (Pascal). Un instant la différence tremble et la salle bruit. Vite le geste enseignant la raccroche aux insignes indélébiles des perturbations pathologiques et rétablit la situation. Ce fiat médicinal la tragédie se l'interdit, nous savons Oreste malade, nous ne nous portons pas mieux ; ce mauvais patient ne fixe pas son mal, il en laisse flotter les signes aux quatre points de l'horizon, à charge pour les exégètes égarés d'involontairement reconnaître la maladie des maladies, la passion.

Adolescent, Oreste illustre un cas parfaitement circonscrit dans la mentalité grecque, celui de l'éphèbe. Ni enfant ni adulte, sa provisoire ambivalence suspend les distinctions sociologiques, « apprenti homme et apprenti guerrier », on l'expose à l'ambiguïté classique des rites de passage. Il sort de l'irresponsabilité avant que ne pèsent les charges de l'âge mûr, il déambule hors mariage et hors cité dans une marge où s'évanouissent la différenciation des sexes, la hiérarchie de statuts et l'opposition de l'ordre et du désordre. Le chœur a rêvé son « libérateur » doublement armé de l'arc scythe et de l'épée de l'hoplite classique. Afin qu'il touche l'adversaire à la fois de près et de loin ? Pour qu'il se doue d'ubiquité. Le Scythe figure chez Hérodote l'inverse complémentaire de l'hoplite athénien. L'infanterie grecque bat le Perse par sa discipline collective et son esprit de corps. Contre le même ennemi, le combattant scythe fait feu de sa barbarie et de son désordre ; sans capitale ni villes à défendre, sans institutions ni autels à préserver, il bloque l'invasion perse par la guérilla et la terre brûlée. En chasseur et en Scythe, en piégeant et en rusant, Oreste renverse les tyrans. Seule l'irrégularité sauve : Troie fut conquise la nuit, les Athéniens abandonnèrent leur ville aux Perses pour les battre sur la mer. *Les Choéphores,* procédure d'initiation, moralise double ; à l'homme adulte est rappelée la nécessité de ne pas tuer en lui l'adolescent ; à l'enfant est enjoint de sauter le pas sous peine d'ensauvagement scythe. Ce double sens fait une antinomie.

Oreste, du matin au soir, aggrave son cas en explosion splendide d'anormalité. Parce qu'adolescent éternel, il refuse de grandir tel l'Hippolyte d'Euripide, amant de sa propre chasteté, offensant la déesse amoureuse ? Ou pour mûrir trop vite et subir, en son âme et conscience, les débats qui mettent à feu et à sang l'agora athénienne ? Trop lent, trop enfant, ou trop rapide à brûler les étapes ?

La tradition postulait les anciens sages, les jeunes vigoureux et les femmes prolifiques. Que l'antique partage achoppe et Oreste devient fou. Volontiers il se fût choisi simple exécutant des injonctions d'un Très-haut, interprétées par quelque extralucide ; Pylade, à qui il demande conseil comme à un second Tirésias, ne paraît qu'un camarade, ni mage ni devin, simple alter ego. Il aide un Oreste qui ne peut se reposer sur lui et devra assumer, seul, plus que son acte, sa décision. On peut deviner l'éphèbe dont la folie tiendrait à ne se vouloir qu'éphèbe sans accepter de « passer ». On peut également dérouler le fil d'un roman d'éducation goethéen qui ouvre le héros à la vie intérieure. Oreste mûrit ; la rencontre des Erinyes clôt dans la solitude sa crise juvénile. « En ce jeune homme, dont la faute vient de faire un adulte, un procès intérieur s'ouvre. Ce procès dont la conscience morale est à la fois juge et partie » (Wilamowitz). Un psychotique devient ainsi le modèle achevé de l'adulte moderne. Eschyle et Goethe eussent apprécié l'ironie. Oreste ne tient ni en place, ni en case, ni en âge, là son cas.

La méditation d'un sacrifice impossible gouverne le premier

Un opéra gnostique

jour, le second réfléchit l'inocuité des rites de passage qui s'astreignent à circonscrire l'espace et à réduire le temps d'inévitables conflits de génération. Les us et mythes, fêtes et cérémonies portent à incandescence d'équivoques antithèses ; carnaval est roi, les garçons se déguisent en filles, les mendiants en princes, la société se renverse cul par-dessus tête. Quand l'*Orestie* célèbre l'illégalisme fondant la légalité et érige un matricide en aube de la liberté, elle comprime à l'extrême le ressort de ces antinomies avec l'effet inverse. Loin de circonscrire le désordre en l'irréalisant, elle l'irradie. Le rite de passage devient toute la vie, parce que toute la vie n'est que passage qu'aucun rituel ne normalise. Les débordements centripètes du culte ne franchissent point l'enclos du sacré. Dans la tragédie, par contre, on pense — trop et mal, s'inquiète Platon, entendons : à voix haute et intelligible. Le lecteur moderne peut expliquer Oreste par le statut particulier et paradoxal de l'éphébie. L'éphèbe quant à lui s'explique par Oreste et découvre le porte-flambeau de l'incendie adolescent. L'errant repart proie de ses fantômes. Les libérés ne s'entendent pas à libérer leurs libérateurs. Oreste, désormais trop grand pour Argos, s'isole sans infatuation, comme le principe domine sa conséquence — après lui, à travers lui, tout être qui se sent à l'étroit dans le monde adulte saura interloquer les pédagogues qui le toisent : ne t'ai-je point fait ? jette le jeune loup au sage avancé ou le révolté imberbe au politique chenu.

Oreste, premier nihiliste à élever la succession des générations et la rupture des âges à la hauteur d'une institution capable de bouleverser toutes les institutions ? N'ouvre-t-il pas la voie aux self-made men qui, d'Alcibiade à Napoléon, entreprennent de faire pivoter sur leur seule personne le sens de l'histoire ? Plus secrètement, il introduit aux confréries de jeunes penseurs cassant en deux l'humanité et taillant son avant et son après du couteau de leur aventure intellectuelle. Huit siècles plus tard, un témoin honorablement connu dépose contre « ceux de mes camarades qui s'appelaient *destructeurs*, nom qu'ils faisaient passer entre eux pour un terme de galanterie, quoique leurs actions soient toutes pleines d'une malignité diabolique... » Leur malice est d'esprit, ils « insultent à la modestie », se moquent, tournent en dérision ; ils cultivent l'art et la manière des ruptures mentales, préparant les révolutions idéologiques, où excellent les possédés dostoïevskiens, et les savants et raisonnés dérèglements de tous les sens que chantent Rimbaud et les générations surréalistes. La contre-malice, qui conclut l'évocation de saint Augustin, habille chrétiennement une machinerie orestienne. « Ils imitaient parfaitement les actes des démons et justifiaient leur nom de destructeurs. Détruits, ils l'étaient les premiers, puisqu'ils donnaient occasion à ces esprits infernaux de se moquer d'eux invisiblement et de les tromper par leur secrète séduction, tandis qu'eux-mêmes croyaient se moquer des autres et les tromper » (saint Augustin).

Exceptions ? Mauvais esprits ? Trouveraient-ils une millénaire efficace, s'ils ne touchaient au plus secret l'enfant d'occident, petit d'homme se débattant dans un essaim de pulsions destructives ? Il les tourne contre ses parents, il les retourne contre soi, « les tortures sadiques-orales et sadiques-anales dont les Erinyes menacent Oreste sont de nature très archaïque. Nous apprenons que leur haleine est un " souffle embrasé " et que de leurs corps émanent des vapeurs empoisonnées. Certains moyens de destruction parmi les plus archaïques que fantasme le nourrisson sont constitués par les gaz et les matières intestinales avec lesquels il veut empoisonner sa mère, comme il la brûle avec son urine — le feu » (Melanie Klein).

S'agit-il de réduire une œuvre de littérature à une séquence de psychologie infantile ou inversement de schématiser un développement polymorphe en l'ossifiant dans un « pattern » culturel ? Admirons plutôt la rencontre qui fait redécouvrir dans les drames d'un nourrisson du xxe siècle non point « ça » — une nature sauvage, un instinct barbare, la bonté simple et originelle ou la cire prête à recevoir toute inscription — mais, chevillée, articulée, toute *l'Orestie* tapie au creux d'une conscience.

Si différentes qu'elles paraissent les versions augustiniennes, dostoïevskiennes ou psychanalytiques présentent un trait commun, elles découvrent un individu aux prises avec la distinction du bien et du mal (« du bon et du mauvais objet » dit Melanie Klein). Rien, là, qui ne colle à la lettre de la prière d'Electre, « je réclame justice du fond des choses injustes ». Les choses injustes désignent une situation concrète : frustration des enfants légitimes, héritier exilé et menacé de mort, assassin au pouvoir. Plus, elles évoquent un fond prêt à réengloutir les éphémères qui s'en détachent. La mort, le sommeil, les songes, les moires, le malheur (Até), les vengeresses Erinyes, toutes les filles de la nuit hantent les hymnes et les nœuds du drame avant de fondre sur Oreste. Les chœurs des *Choéphores* invoquent une par une les enfants de la Nuit. L'action les relaie, tout entière placée sous le patronage d'Eris, Querelle meurtrière : « Le remède, ce palais le porte en lui ; il ne viendra pas du dehors, ni d'étrangers mais des enfants, par le moyen d'une Eris rude et ensanglantée. » La conjonction originale de l'homme et des puissances du mal est mise en scène : le héros orestien se bat, *avec,* sans cesse, plus que *contre* — on n'éclaire pas la nuit sans s'en laisser envelopper.

Toute morale se déclare telle à mettre en regard un bon objet et un mauvais, la façon d'opposer prédétermine ce qui sera opposé. Quand le problème moral est, ainsi se plaît-on à dire, « clairement posé », il se trouve bien près de sa résolution ; nous n'avons plus qu'à choisir mais il semble que nous n'ayons plus à choisir ce qui est à choisir, comme si s'occultait le moment préalable, proprement orestien, où il faut décider bien ou mal ce qui sera Bien et Mal. Lorsque la moralité secondaire, celle des cours de morale, vient recommander de se ranger « du côté du bien », elle suppose acquise et achevée l'aventure d'une moralité primaire, de base, qui tranche les côtés, sépare bonnes et mauvaises choses et prend le risque de tailler dans le vif. *L'Orestie* explicite ce défi dans la figure rigoureuse et extrême du matricide.

Les emplois d'Oreste sont innombrables, nourrisson héroïque, agitateur professionnel, inconditionnel de la vertu, seigneur incorruptible des ténèbres ou « prince d'Aquitaine à la tour abolie ». Autant de lumières projetées sur cette figure énigmatique, autant de procédures légitimes, voire d'explications savantes, s'éclairant des fonctions et des mandats multiples que les circonstances assignent. Cette prolifération de vérités ne toucherait pas aussi juste si, d'entrée, Oreste ne cristallisait une conscience du temps, qui, après lui, semble acquise. On n'explique, si bien et si multiplement, ce garçon par l'histoire que parce qu'en lui l'occident entreprend de se raconter, avec l'incomparable chuchotement auquel historiens et hommes d'action s'acharnent à conférer une portée pratique, scientifique et universelle. Au commencement est le hors d'atteinte, la nature archaïque, le communisme primitif, le paradis originel, bon ou mauvais, le passé perdu. « Le respect d'antan, invincible, indestructible, inattrapable, qui pénétrait le cœur comme les oreilles du peuple, maintenant s'est évanoui : la crainte seule règne. Le succès, voilà ce dont les mortels font un dieu, plus qu'un dieu », commente le chœur. La crise définit le présent par sa déchéance, ce qui, au creux défaillant de la vague, manque de passé et manque à un avenir de justice. Dans les accents de cette authentique affliction, perce le second souffle d'une irrépressible fierté ; autant de fois est affirmée l'inaltérabilité incorruptible du passé, autant de fois la présence d'un présent a vaincu l'invincible. Les camarades du Comité central percevront, peut-être, mieux le secret orgueil de se trouver en crise, si je rappelle les tournures fleuries et emphatiques que Marx cueillait chez les saint-simoniens pour décrire le règne d'une bourgeoisie condamnée : « Le capital se développe irrésistiblement au-delà des barrières nationales et des préjugés ; il ruine la divinisation de la nature en même temps que les coutumes ancestrales ; il détruit la satisfaction de soi cantonnée dans des limites étroites et basée sur un mode de vie et de reproduction traditionnel. Il abat tout cela et il est lui-même en révolution constante, brisant toutes les entraves au développement des forces productives, à l'élargissement des besoins... »

Oreste supporte les fractures de ce temps cassé en trois. Dans l'attente, le chœur et Electre laissent pressentir son écartèlement :

Le coryphée : — Demande que surgisse enfin, dieu ou mortel...
Electre : — Qui dois-je nommer ? Un juste ? Un simple justicier ?
Le coryphée : — Parle sans détour, un meurtrier comme eux.
Erithire : — Et pour les dieux ce vœu ne serait pas impie ?

Un opéra gnostique 275

Le coryphée : — La piété, c'est de payer le crime par le crime.

Dans les questions d'Electre s'introduit un « nouvel esprit » (Kitto) que la première journée de *l'Orestie* ignorait et que le porte-parole du chœur ne conçoit pas encore. Le justicier simple se venge. Comme Agamemnon sur Troie, ou Egisthe sur Agamemnon. Rien de moins géométrique que cet « esprit ancien », pseudo-loi du talion, qui compense le rapt d'Hélène par le massacre d'un peuple et paie le forfait du père par le sang du fils. Le souci abstrait d'égaliser le crime par le châtiment brille par absence; la rhétorique de l'œil pour l'œil couvre l'irrépressible volonté du retour en arrière qui fait rentrer le ver dans le fruit et le fruit dans la fleur, comme si rien n'était arrivé. La guerre de Troie a eu lieu, jusqu'à la dernière goutte de sang, afin qu'elle n'ait plus lieu d'avoir lieu et que tout éternellement retourne au statu quo ante : Hélène doit revenir comme si elle n'était point partie, son aventure désormais impossible, faute d'amant, faute d'ailleurs; l'incendie accomplit le désert autour d'un présent sans mémoire. Hier, le chef, rentré en son royaume, marchait droit au palais, à Clytemnestre, à la mort, guidé par l'unique souci de mettre ses pieds dans les anciens pas en annulant le temps. Aujourd'hui est l'heure du juste (dikastès), qui ne se satisfait plus de rétablir et de venger (comme un simple justicier, dikèphoros) agent d'une justice préétablie. Malgré lui, à ses dépens, Oreste inscrit la question des renaissances occidentales, il doit inventer l'avenir pour retrouver le sentiment de son passé.

2. Excursion par Nag Hammadi.

Camarades, j'abuse. Non seulement j'invite mes lecteurs du CC à feuilleter un chef-d'œuvre qu'ils risquent d'estimer quelque peu poussiéreux, bien que Marx s'en délectât comme d'un témoignage de notre « éternelle enfance ». Qui plus est, je vais les plonger dans un stock de grimoires, difficilement déchiffrables, presque impossibles à comprendre, dont l'essentiel fut découvert en 1945 dans des jarres de terre cuite enfouies sous les sables vers Nag Hammadi. Nous avons fait la Révolution d'Octobre voilà plus de soixante années, le reste de l'Europe ne s'effondra pas dans les mois qui suivirent, comme l'avait calculé Vladimir Ilitch. Trois générations passèrent, notre ennemi, désormais héréditaire, se passionne toujours autant, s'exaspère, se monte la tête, déprime, s'affaire à un rythme qui laisse pantois nos meilleurs experts idéologiques. A quoi sert de pontifier sur les désarrois engendrés par les crises générales et finales, si les situations se retournent avec la célérité d'une âme morte se réveillant phénix ? Lénine corrigea son premier diagnostic en dessinant l'adversaire tour à tour aventuriste et capitulard et non coincé dans un coma pré-définitif. Gommons l'imagerie des « derniers soubresauts » d'une « bête aux abois » dont nous avons coutume d'agrémenter les considérations sur ceux d'en face ; symétriquement prétentieux, ils tablent sur une « accélération de l'histoire », qui leur donne l'impression de vivre plus intensément qu'en d'autres siècles les fièvres du samedi soir. Rarement époque fut aussi endiablée qu'aux premiers siècles de notre ère. Les religions naissaient en bouquets et fanaient par brassées ; les hermétismes disloquaient les philosophies, les expériences mystiques emportaient les consciences à tombeau ouvert et à vie évaporée.

La formidable explosion gnostique bouleversa l'intériorité de l'homme occidental, comme jamais depuis. Pur effet de la révélation chrétienne, comme le supposèrent certains Pères de l'Eglise et les hérésiologues ? Préparée, précédée par les mystiques, les sectes, les dissidences du judaïsme tardif et savant ? L'aventure plonge de supplémentaires racines dans la première terre monothéiste, cette Perse dont la spiritualité ésotérique émeut et secoue encore l'Iran contemporain. Reizenstein, puis Corbin suivirent ce fil d'Ariane. A d'autres n'échappa point la dimension grecque où toutes les voix se font écho, pour Platon et Plotin c'est l'évidence. Dès l'aube archaïque, un syncrétisme insolent mêle les divinités mâles venues du nord et les déesses-mères des rivages méditerranéens ; la tri-fonctionnalité indo-européenne s'y perd corps et biens, et les dieux échangent sans

Un opéra gnostique

complexes leurs noms, leurs aventures, ils s'en inventent une qui les contient toutes, celle du *sauveur-sauvé.*

L'histoire, multiplement contée, de la descente et de la captivité de l'âme en ce monde, puis de sa délivrance « est la seule histoire que puisse raconter un gnostique » (Corbin). Le très beau « Chant de la Perle » des *Actes de Thomas* décrit l'exil occidental d'un jeune prince venu d'un orient mystérieux quêter la perle prisonnière d'un dragon, « je me rendis sans délai auprès du serpent, et je m'établis au voisinage de son gîte en attendant qu'il s'assoupît et dormît, pour que je puisse lui ravir la perle. Comme je restais tout seul et retiré, j'étais un étranger pour les autres habitants de mon auberge... Malgré tout je m'habillai de leurs vêtements de crainte qu'on ne me soupçonnât et qu'on n'excitât le serpent contre moi. Mais, par quelque endroit, ils s'aperçurent que je n'étais pas leur compatriote, et ils mêlèrent de leur ruse à ma boisson, et me donnèrent de leurs mets à goûter ; et j'oubliai que j'étais fils de roi, et je servis leur roi. J'oubliai la Perle, pour laquelle mes parents m'avaient envoyé. Appesanti par leur nourriture, je m'enfonçai dans un profond sommeil... » Le conte se creuse en abîme, le dragon vient occuper le prince comme de l'intérieur ; l'assoupissement engourdit sa conscience et occulte son mandat ; il ne suffit donc pas d'interpréter : la Perle = l'âme, sauf à préciser que le jeune héros doit quêter — et découvrir — *son* âme. Son *Iliade* est son *Odyssée,* la victime est le libérateur, le rédimé le rédempteur. Une liturgie mandéenne pour les morts donne cette formule coutumière :

> « Je m'en vais à la rencontre de mon image
> Et mon image vient à ma rencontre
> Elle me caresse et elle m'étreint
> Comme si je rentrais de captivité. »

Certains camarades sauront reconnaître l'intrigue, identique mais inversée, du Dr Jekyll et de Mr. Hyde. Qu'ils remarquent au passage que les *Histoires extraordinaires* d'E. A. Poe introduisent, très précisément, aux divers profils de l'expérience gnostique puisqu'à les surprendre dans des impasses, elles en constituent la psycho-pathologie.

Pourtant, si mes collègues des Services spéciaux ne se satisfont pas de cette preuve par la littérature et demeurent sceptiques quant à l'actualité de procès émotionnels vieux de dizaines et dizaines de siècles, je contre-attaque. Ils se montrent très fiers de leur traitement du gauchisme occidental dans les années 70-80. En le mouillant dans l'internationale du trafic d'armes, ils s'honorent d'avoir saisi le phénomène par sa face matérielle, tablant sur les principes fondamentaux du Dia-Mat et sur le pouvoir de la poudre plus que sur celui des mots. Ils appuient leurs analyses sur celles, parallèles, opérées par les polices européennes et américaines, et risquent les mêmes erreurs. Tout comme les services d'outre-Atlantique furent ébaubis et paralysés devant les millions de concitoyens déferlant contre la guerre du Viêt-nam, nos organismes, à leur tour, se prouvèrent incapables de prévoir et de prévenir les « événements » (oh qu'en termes galants, ces choses-là sont dites) qui, de Berlin à Budapest, de Tchécoslovaquie en Pologne, secouent à chaque décennie notre part d'Europe. Quand des villes, des générations entières descendent dans la rue, je pense qu'il y a quelque dérision à vouloir en contrôler les mouvements via l'alimentation en armes et en billets de banque, que ce soit pour tarir la source ou machiavéliquement la grossir. Je recommande à l'attention de nos appareils la lecture de quelques livres, rares, qui dévoilent la dynamique des mouvements de masse gnostiques, auxquels pourraient bien emprunter les catholiques polonais ou les adeptes yankees du « pouvoir des fleurs ».

Pas d'influence directe, je n'entends pas accroître la liste des ouvrages censurés. Mais si notre cher Lyssenko se fût soucié de ces choses plutôt que de culture du maïs, il eût pu illustrer de façon plus convaincante sa fameuse théorie des caractères acquis. Nos ministères devront prendre en compte, un jour, ces émotions étranges et les mouvements de foule qu'elles suscitent, ils appartiennent à l'inévitable bagage culturel de l'Européen moyen.

Pour ouvrir l'intelligence des camarades, qualifions plus dialectique que matérialiste la manière qu'a toute gnose de grever l'homme, qu'elle cueille dans la rue, de quelque supplément d'âme. Les textes nomment cette doublure intérieure

Un opéra gnostique 279

« mon habitant de lumière ». La Perle, au cœur même de la religion gnostique, est l'invite à découvrir un principe intérieur à l'homme, en même temps transcendant, extramondain et comme antérieur à la création. Nos psychiatres, depuis longtemps, cataloguent — « dédoublement de personnalité » — ce trait qu'à leur tour les érudits relèvent : « Dans les fragments manichéens de Tourfan, il est fait usage d'un autre terme iranien, griw, que l'on peut traduire par " moi " ou par " ego ". Il désigne la personne métaphysique, le sujet transcendant et véritable du salut, qui n'est pas identique à l'âme empirique. Dans le traité, il est appelé la " nature lumineuse ", " notre nature lumineuse originelle ", ou " nature intérieure ", ce qui rappelle " l'homme intérieur " de saint Paul ; dans les hymnes manichéens, c'est le " moi vivant " ou le " moi lumineux "... les naassènes disent " Homme " ou " Adam " pour le Dieu suprême et pour son analogue submergé » (H. Jonas). Que les psychiatres ne s'estiment pas trop rapidement en terrain reconnu et quadrillé, le dédoublement gnostique ne manque pas d'originalité.

Derrière les théories mythologiques « expliquant » de mille manières la consubstantialité de Dieu et des âmes (la dialectique hégélienne tente une variation moderne sur le même thème), il faut retrouver l'expérience unique qui affronte « un même héros » à une « même situation répétée ». Le scénario du Chant de la Perle engendre d'innombrables remakes. « En somme, à travers nous c'est Dieu qui se sauvera lui-même : Dieu sera à la fois sauveur et sauvé ; il sera le sauveur-sauvé figure centrale de tout gnosticisme. » Et nous-mêmes, nous sommes aussi des « sauveurs-sauvés ». Là, tout à coup, j'hésite. Je risque de perdre les derniers amis conservés depuis les écoles du parti. Ils vont décider que je sombre dans un mysticisme des plus réactionnaires. Avant de m'expédier, qu'ils réfléchissent à l'extraordinaire diffusion des thèmes d' « autogestion ». Depuis que le révisionnisme yougoslave en fit affiche, n'a-t-elle pas fait tourner de rares usines et une infinité de têtes ? Que mes oublieux amis chantent jusqu'au dernier vers *l'Internationale* et méditent son impératif « Producteurs, sauvons-nous nous-mêmes, décrétons le salut commun ! » N'entendent-ils pas sonner quelque rapport entre l'ésotérisme du sauveur-sauvé et les profanes mobilisations des masses ?

Je n'espère pas convaincre. Le goût de compartimenter, universel, range les gnoses dans les histoires religieuses, la tragédie dans celles de littérature et case *l'Internationale* dans le bel canto prolétarien. « Quel est le fou, le monde ou moi ? » s'angoissait Eugène Pottier, l'auteur ; son aventure intérieure, qu'il nommait neurasthénie, remonte la pente de l'expérience religieuse. « Seigneur, permets que je détruise le monde que j'ai fait, car mon esprit est enchaîné dans les êtres humains et je le délivrerai de là » (Hippolyte). Si le sauveur doit se sauver, il doit détruire ce qui le détruit, non sans risquer son image ou sa peau. Ce fut l'imbroglio d'Oreste, bien avant *Hamlet*, bien au-delà de *Lorenzaccio*. S'il ne venge pas son père, Apollon le voue à la lèpre. Justicier donc matricide, les Erinyes le condamnent à la folie. Si le libérateur doit *se* libérer, c'est qu'il fait partie de ce monde dont il veut la perte, son âme tout entière s'embrase champ de bataille. Tragédie et gnose sont objets de spécialités universitaires distinctes, on les rapproche peu. Un contemporain attentif avait repéré, au lever des religions modernes, dans le nouvel esprit des sectes, la permanence du sentiment tragique. Le témoignage du dernier immense philosophe grec n'est pas négligeable, il noue dans le même rejet ce qui marqua l'aurore et ce qui s'avéra crépuscule de la grande philosophie académique : « Qu'ils abandonnent ce ton tragique en parlant des prétendus dangers de l'âme dans les sphères du monde » (Plotin, *Contre les gnostiques*). Le ton « tragique », c'est la subversion originelle.

Chers camarades, je vous convie désormais à déchiffrer *les Choéphores*, comme un grand opéra gnostique. Croyez que je ne revendique nullement une création de poste à l'université Lomonossov ; une chaire, coincée entre celle de littérature classique et celle des religions comparées, m'assurerait une agréable retraite, bien entendu ; mais sachez qu'à mettre d'un côté leur littérature, de l'autre leur politique, dans un troisième débarras leurs expériences dites religieuses, venant en un quatrième étudier leur psychologie, nous concassons et surdissimulons le secret des occidentaux. Eux-mêmes procèdent de la sorte, objectez-vous. Certes. Un minimum d'esprit scientifique

Un opéra gnostique

conduit tout ethnologue à ne pas prendre pour argent comptant les rationalisations de ses informateurs, il n'accepte les théories indigènes que sous bénéfice d'inventaire.

3. Œdipe et son double.

« Tout va mal. » Le second matin de *l'Orestie* s'ouvre comme une campagne électorale. Chaque génération signale de ce leitmotiv son entrée dans la vie, elle se découvre nouvelle à envoyer les précédentes dans les décharges de l'histoire. Les trois volumes de notre estimé camarade, l'académicien Trapezoidov, éclairent les limites dans lesquelles varie la fragilité de ce type de diagnostic : « Son côté subjectif est l'objectif, son côté objectif réside par contre dans le subjectif », précise-t-il avec vigueur ; autrement dit, si le jugement est trompeur sur l'état de choses, il paraît révélateur quant aux états d'âme. Nous avons appris à nous méfier des estimations catastrophiques que les gens d'ouest proposent de leurs réalités économiques, il faut appliquer la méthode croisée de Trapezoidov : c'est à nos psychologues et idéologues de lire leurs pronostics industriels et financiers pour tirer une photo précise de leur situation morale et idéologique ; il revient, en revanche, à nos économistes d'analyser tous les indices littéraires et politiques permettant de juger du moral des troupes d'en face, et d'en extraire la rigoureuse prévision de leurs performances industrielles. Je tenterai, ce sera ma contribution, de raffiner sur tant de subtilités, en interrogeant la satisfaction secrète qui souvent se coule dans les jugements les plus pessimistes.

Au commencement, la perception d'un mal. Ni plus, ni moins objectif que la saisie d'un caillou sous les pieds ou d'un oiseau dans le ciel : les assassins sont au pouvoir, constatent Electre et Oreste qui pourtant se peuvent tromper. La pierre dans la chaussure n'est-elle qu'impression personnelle, verrue plantaire ? Tel mal peut n'apparaître qu'illusoire, il en dissimule alors un plus vrai ; une perception chasse l'autre sans nous faire quitter l'expérience sensible, dont ces tours et atermoiements ponctuent le cours. Penser — scientifiquement, phénoménologiquement, littérairement, picturalement — ce qu'on voit ne va pas sans peine, mais la difficulté croît si l'on détourne le regard. A un bel esprit ergotant sur la nature du mal pour mieux en évacuer le fait, un gnostique objecta : « Je voudrais mettre un scorpion dans la main de cet homme et voir s'il ne la retirerait pas. » De même que le vrai témoigne pour lui-même et le faux (Spinoza : *verum index sui et fasi*), de même que le perçu ne peut être réfuté que par un autre perçu (Husserl), de même le mal se donne comme mal dans l'éclat premier de son horreur, relativisé seulement par une horreur plus éblouissante.

Nous sommes dans le vrai, Œdipe en fait de bout en bout l'expérience. Nous sommes dans le mal, signifie la trajectoire d'Oreste. Puissance, sagesse, bonheur, d'entrée Œdipe fait un grand roi ; aveugle, exilé dans sa finale solitude, il aurait tout perdu s'il n'était passé de la simple réputation à la vraie connaissance, de l'apparaître à l'être, des autres à lui-même. Il ne circule jamais que de l'être à l'être, d'une vérité inférieure à une vérité supérieure. Oreste s'élève du malheur partiel d'un enfant sans famille ni patrie au désastre complet du psychotique. Arrivé à Argos souffrant de n'être pas reconnu des autres, il repart inconnu de lui-même. Si Œdipe semble toujours en route, enquêteur méthodique à la poursuite du vrai, Oreste subit, de mal en pis, une perpétuelle déroute ; il feint de ne plus savoir pourquoi il est venu, au chœur de le pousser ; sur le point d'agir, il hésite, à Pylade de lui tenir la main. Oreste brandit les mêmes armes sanglantes qu'agitait fièrement Clytemnestre, les cadavres changent, la tuerie se répète avec un certain air d'éternité. Clytemnestre a coupé toute retraite à son fils ; déchirant sa robe, elle présente à l'épée son sein nu, elle contraint à agir en pleine lumière, elle condamne au visible, prenant soin de nommer l'acte, les acteurs, l'interdit et sa transgression : rien de ce qui est inhumain ne demeure étranger. Œdipe est dans le savoir et le mal lui échappe (il s'est crevé les yeux pour ne pas découvrir le corps de sa mère et sauver la belle image du corps de sa femme). Oreste est dans le mal, c'est la seule chose qu'il sache.

Dans toute intrigue tragique on distingue trois nœuds — les trois parties de l'histoire, selon Aristote. Premièrement : *le coup de théâtre* (peripetéia), instant où la situation se renverse dans des effets de surprise qui, contre toute attente, redistribuent les cartes et amorcent une fin. Deuxièmement : *la reconnaissance* (anagnorisis) « qui fait passer de l'ignorance à la connaissance, révélant alliance ou hostilité entre ceux qui sont désignés pour le bonheur ou le malheur ». Exemple type : Electre identifiant un vagabond comme son frère Oreste. Troisièmement : *l'effet violent* (pathos), « une action causant destruction et douleur, par exemple les meurtres accomplis sur scène ». En proposant cette classification Aristote note qu'elle fait un sort particulier à Sophocle dont le coup de théâtre serait on ne peut plus classique (« quelqu'un vient pour réconforter Œdipe et le délivrer de ses craintes au sujet de sa mère ; mais en lui révélant son identité, il fait l'inverse ») s'il ne se doublait du deuxième ressort tragique d'où son incomparable réussite : « La reconnaissance la plus belle est celle qui s'accompagne d'un coup de théâtre, comme par exemple celle de l'Œdipe. » A l'instant la lumière foudroie, l'action tourne, l'événement éclate à la fois intérieur et politique, Œdipe se retrouve et roi appelé et exclu absolu. Il cumule les surprises de l'action et celles du savoir. *Œdipe roi* ne dresse pas seulement l'exemple inégalé d'union de la théorie et de la pratique, il ouvre une tragédie de la connaissance, qui, selon Freud, n'a cessé de se jouer en chaque individu.

La beauté est l'unité d'une multiplicité, une « forme » ou idée qui de toutes les unités, formes ou idées, est la plus éclatante, la seule manifeste et visible. Aristote qualifie la reconnaissance de type œdipien comme « la plus belle » ; par ce qu'elle accole et livre le principe de l'accolade.

Le juge devient jugé quand il dévoile que le jugement est un jugement de soi. Tout paraît s'engloutir en l'ouragan qui rapporte Œdipe à lui-même, la peste qui ronge la cité, l'interprétation des oracles, l'identité de chacun. Tout ? Non point. Le troisième ressort, l'effet de violence, échappe à cette belle unification. Une dureté inexpliquée hante les bords de la tragédie, son avant (pourquoi fut-il interdit à Laïos de procréer ? pourquoi exposa-t-il son nouveau-né, Œdipe ?), son extérieur (la sphinge dévoratrice d'hommes), ses arrière-plans (la peste). Cette brutalité de fond reste en fond, elle n'affleure à la parole qu'en sourdine, comme lorsque Jocaste objecte à l'enquête d'Œdipe qu'il n'a pas à s'inquiéter puisque tout homme rêve de coucher avec sa mère. Ne serait-ce point, sur le ton d'une banale prudence tranquille et bourgeoise, l'injonction de ne plus distinguer entre rêve et réalité, entre ce qu'on fait et ce qu'on fantasme ? Sois psychotique, mon fils ! Alors se découvre en Jocaste, Clytemnestre ; derrière Laïos se glisse le sacrificateur d'Iphigénie. La peste apparemment naturelle de Thèbes s'amplifie de la contagion des génocides, tandis qu'un trop sublime Œdipe se rehausse de la folie d'Oreste.

On idéalise facilement Œdipe, son automutilation finale passe pour symboliser la victoire de l'esprit sur le corps. Oublié le vieillard inquiétant que Sophocle campe à Colone, vingt ans après. Evacuées ces bouffées de violence primaire, occultée leur énigme, on file l'édifiant roman d'une connaissance qui domine les alternatives de l'engagement et maîtrise les ambiguïtés des relations humaines. L'Œdipe idéal repousse Oreste dans une ombre que tant de lumière épaissit. L'un n'est pas le pendant de l'autre ; ni Œdipe inversé, ni anti-Œdipe, Oreste est voué à l'horreur face à la beauté, son parcours proprement pathétique se révèle de bout en bout « une action causant destruction ou douleur ». La « reconnaissance », c'est Electre qui l'opère, le « coup de théâtre » du fils cru mort et qui tue, seule Clytemnestre le subit tandis que le héros paraît surpris, atteint, retourné, seulement dans la troisième dimension de la tragédie. Quand foudroie l'effet de violence et que la belle unification de la contemplation et de l'action se brise folie.

L'image d'un Œdipe idéal et immaculé occulte la subtilité d'un personnage qui n'est pas tenu à l'écart du mal mais s'en écarte. La stratégie d'évitement est familiale, ses parents rusaient déjà qui éloignaient l'enfant maudit sans le tuer, espérant tourner l'obstacle en falsifiant les identités. A Colone, le vieil Œdipe se retrouve en état de fuite, abandonnant sa patrie et ses fils pour le refuge d'une terre inconnue. Dans le droit fil de cette feinte permanente, l'acte de se crever les yeux paraît jouer avec le mal dans un excès de douleur pour jouer le mal par un minimum de destruction. Tel prend qu'on croyait pris, en choisissant d'expier volontairement un crime involontaire qu'il fallait de toute façon

Un opéra gnostique 285

payer : « Ce fut une grande idée d'admettre que l'homme consente à accepter un châtiment, même pour un crime inévitable, afin de manifester ainsi sa liberté par la perte même de sa liberté » (Schelling). La ruse du juge pénitent répond à l'ironie du sort, Œdipe n'ignore pas le mal, mais le tourne tout comme il détourne sa condamnation. Oreste dans sa liberté perdue s'éloigne, s'avance Œdipe ou le pari que cette perte libère. Qui ne les perçoit se croisant manque une fraternité.

Œdipe sans Oreste tombe dans le sublime ultra-céleste et le sang qui jaillit de ses orbites ponctue mélodramatiquement la douce dialectique de Diotime, prêtresse inspirée du *Banquet* de Platon. Conduisant sans solution de continuité, de l'amour des belles choses, des jolis garçons et des discours bien proportionnés jusqu'au bien synoptique suprême, la patronne des optimismes occidentaux programme une ascension qui exclut tout vendredi saint. Nul sentiment de complète solitude ne menace celui qui chérit les beautés et s'en trouve bien à chaque degré de l'échelle de Diotime. Les maux disparaissent pour qui sait ne pas les voir, Œdipe idéalisé corrige le défaut de vision de sa manière forte. On ne risque plus d'entendre un « Mon Dieu, pourquoi m'avez-vous abandonné ? » analogue à celui qu'énonce le suppliant Oreste.

Une érotique généralisée épelle les diverses manifestations de la beauté — corps, âme, science — pour nous initier progressivement à sa plénitude et souder la passion la plus singulière sur l'être le plus divinement vrai, beau et bon. Professeurs et poètes se plaisent à découvrir chez Platon la leçon d'un Amour, « principe universel de toute harmonie et de tout ordre » (Robin). Un heureusement né ne jure que par Diotime ; s'il vient à changer d'avis, ni les circonstances, ni les outils intellectuels ne lui feront cependant défaut ; l'amour-qui-mène-le-monde ne bouche pas la perspective. Chacun porte en lui de quoi opérer une rupture, dont Freud livre témoignage et propose conceptualisation : « L'hypothèse de l'instinct de mort ou de destruction a rencontré de la résistance même au sein des milieux psychanalytiques... Je ne comprends plus que nous ayons pu rester aveugles à l'ubiquité de l'agression et de la destruction non érotique et négliger de leur accorder la place qu'elles méritent dans notre interprétation de la vie... Certes ceux qui préfèrent les contes de fées font la sourde oreille... »

Le libertin de bonne compagnie atteint de tout son corps ce que le spirituel de bonne composition embrase du bout de son âme ; le moment savoureux où une perception ne sépare plus. C'est grâce à cet amour « que par l'âme se réconcilient le sensible et l'intelligible, et dans l'âme le mouvement et la connaissance, l'action et la contemplation, la vie et la pensée, le devenir et l'être... » Oreste rompt la symphonie platonique, introduisant un troisième terme irréductiblement dissonant, planté comme une écharde entre le vécu et la pensée, interdisant à leurs plaies de se fermer et aux cicatrices de disparaître. Eros, de Platon à Freud, passe pour unifier par un mouvement vital de coalescence qui s'annonce en même temps principe de contes de fées. Le mouvement orestien de destruction — principe freudien du nirvana — exhibe l'opération aristotélicienne qui casse le couple matière-forme par l'évocation, persona non grata, de la tierce privation-stérésis. La matière « désire » la forme, aucune chose n'échappe à leur duo amoureux ; Freud note que si l'ubiquité de la destruction s'occulte, c'est pour n'être pas « teintée d'érotisme ». L'absence du pilote est cause du naufrage, il revient au même que sa place ait été occupée par un incapable ou soit demeurée vide, la stérésis n'est pas une forme pour une autre, mais la déformation que creuse un manque. Comment concevoir et percevoir la fuite d'être qui vide les beaux ensembles diotimesques dont le monde aime à être peuplé ? Dans la stérésis on ne s'y reconnaît plus : les Erinyes entourent Oreste.

Il ne s'absente pas, il nous entraîne dans l'absence, il accomplit la preuve de l'existence de la stérésis avec la même fougue que le croyant celle de Dieu. « Nous autres nous disons aujourd'hui par exemple : la bicyclette n'est plus là et nous n'entendons pas seulement dire qu'elle est ailleurs ; nous voulons dire : elle manque. Quand quelque chose manque, alors *cela* qui manque a bien disparu mais *l'avoir disparu* lui-même, le manquer, voilà ce qui nous dérange... » Heidegger pointe dans la stérésis une présence sans présent, un vide qui s'exhibe comme vide et dont il faut retenir le « prodige », au lieu de « le

Un opéra gnostique 287

décomposer en un facile jeu dialectique ». On peut dire qu'Oreste perd l'esprit, à moins de découvrir que l'esprit n'est point ce qui est perdu, mais ce qui est capable de perdre. Ce sans quoi nul ne gagnerait. Qui se trouve à même de s'égarer. Sans quoi rien ne se passe.

4. Littérature et révolutions (suite).

De toutes les civilisations que supporta notre planète, une seule osa l'erreur logique que cristallise la notion de « chômage ». On croise des crève-la-faim partout mais qualifier ces sans-emploi chômeurs part d'une constatation pour aboutir à une antinomie. Qui peut dire : « Je suis chômeur » ? Un travailleur qui ne travaille pas, un ouvrier sans œuvre, bref une contradiction faite homme, un frère du Crétois qui énonce : « Je mens. » Car, camarades, s'il chôme, il n'est plus travailleur, c'est à la portée de n'importe quel policier soviétique. Un de nos amis parisiens — Louis Althusser — proposa de rayer du vocabulaire marxiste le terme d'aliénation inconsidérément emprunté par nos Pères fondateurs à une tradition plus ancienne. Ce concept présente en effet les mêmes étrangetés que l'idée de chômage, son énonciation en dément l'énoncé. Qui peut dire : « Je suis aliéné » ? Le fou qui se prend pour son propre psychiatre, l'allogène qui s'exprime adéquatement en une langue à laquelle il se proclame étranger, et celui qui juge qu'il est hors d'état de juger. Ou bien la conscience d'aliénation se surestime comme conscience, ou bien elle se sous-estime comme aliénée. Seule la littérature trouve son trésor dans ce laissé-pour-compte du socialisme scientifique. Il faut croire que les socialistes d'antan imaginaient les révolutionnaires — et que ceux-là s'imaginaient eux-mêmes — comme une âme gnostique, chantant dans ses fers :

> « Les étrangers avec qui j'étais mêlé
> Ne me connaissaient pas ;
> Ils ont goûté à ma douceur,
> Désiré me garder avec eux.

J'étais vie pour eux
Ils étaient mort pour moi. »

Le sentiment d'aliénation n'est intimement tenable qu'à condition de jouer plusieurs personnages : le sauveur et le sauvé, celui qui s'attaque à la prison du dedans, celui qui au-dehors aide, quelquefois le geôlier. La difficulté de composer tous ces rôles à la fois, en moi, avec autrui, fait l'aliénation maladie de la communication et comme telle communicative et communicable. La crise ou l'aliénation annoncent que ça ne répond pas ou plus. L'Eros platonicien, idéal d'une communication ininterrompue, est malade. Rupture entre Iphigénie et Agamemnon, panne entre lui et Clytemnestre. La maille continuera de filer, Electre invoque un père vivant en sa tombe, Oreste l'honore vierge héros, tous deux rêvent avec Diotime d'un univers où la mort serait indice d'immortalité. Les purs ne se seraient point sacrifiés, avance Diotime, « s'ils n'avaient pensé s'assurer ainsi à eux-mêmes, pour l'avenir, l'impérissable mémoire qui s'attache au mérite, et que nous leur gardons aujourd'hui ». Ce fil lie les deux enfants au tertre où ils portent leur offrande, cependant que le chœur égratigne les doux platonismes d'un principe de tragique réalité : « Mais n'entendez-vous pas le cinglement d'une double étrivière ? Des défenseurs déjà couchés sous terre, des maîtres aux mains souillées de sang : si le sort est cruel pour lui, pour ses enfants il l'est bien plus encore. » Telle, la situation où l'amour a lieu, même dans *le Banquet* platonicien. Il y a l'amant qui désire et l'aimé dans sa désirable beauté. Chanter leurs liens occupe les différents personnages que Platon réunit en son dialogue ; la tragédie et Socrate se réservent le contre-chant.

Le Banquet : un pédagogue poursuit les jeunes garçons qui poursuivent le savoir : la boucle est bouclée, admirer Pausanias, entre le désirant et le désiré, comme dans la chaîne des générations. Le plein remplit le vide et les contraires s'harmonisent, continue le médecin Eryximaque ; les corps se retrouvent, et les âmes à leur tour, chacun sa chacune ou son coquin comme les deux moitiés séparées d'une totalité originelle et amie (Aristophane). Accordée l'équanimité de ce donnant-donnant où tous les officiants postulent la secrète raison d'un bonheur

Un opéra gnostique 289

amoureux, Diotime n'a plus qu'à suggérer qu'on aime, davantage que l'aimé ou l'amant, leur corrélation, l'espace d'éternité où nous installe un rapport absolu et plein qui *ne laisse rien à désirer :* nous sommes d'abord « amoureux de l'immortalité ».

Psychologues, sexologues, assistants sociaux proposent une version proche et prosaïque, ils valorisent l'oblativité des rapports sexuels épanouis et adaptés ; l'amour est ce qui communique sans accroc, ils furent heureux et eurent beaucoup d'enfants.

Inaugurant ces étouffantes apologies, Phèdre avait évoqué un tout autre miracle que l'honnête adéquation des contenants aux contenus. Au firmament, plus haut qu'Alceste, femme aimante qui choisit de mourir à la place d'un mari aimé, il couronne Achille qui succombe pour venger Patrocle, son ami. Diotime interprète : il opte de s'immortaliser dans son amour. Elle reconduit Achille à Alceste, tous deux démontreraient de même façon que l'amour est plus fort que tout, projetant dans l'éternité le feu qui les habite vivants. Alceste reste fidèle à elle-même. Il en va cependant tout autrement d'Achille. Sa mort dévoile plus que sa vie sur la vérité qui le lie à Patrocle. Plus beau et plus jeune, Achille est *l'aimé;* et non *l'amant* de Patrocle (Phèdre souligna ce trait, sous couleur de récuser Eschyle il dément Diotime par avance). Achille a bondi, imprévu ; au-dessus de l'amour confirmé d'Alceste, il se précipite, divin, dans l'invisible, sa mort pour Patrocle porte seule témoignage qu'une rencontre eut lieu ; l'amour miraculé de Patrocle, l'amant, reçoit de l'aimé une réponse d'amant. « La substitution de l'amant à l'aimé, c'est cette métaphore qui engendre la situation de l'amour. C'est cette main qui atteint la bûche, qui soudain flambe. Ce geste est solidaire de la maturation du fruit, de la beauté de la fleur, du flamboiement de la bûche. Quand la main a été vers l'objet, si de la fleur, du fruit, de la bûche une main sort à la rencontre de la main qui est vôtre, et si votre main à ce moment se fige dans l'explosion d'une main qui flambe ou dans la fermeture de la rose ou du fruit, c'est l'amour... » Le psychanalyste Jacques Lacan suggère que Platon ne laisse pas le dernier mot à Diotime. Elle a seulement droit à son dernier grand discours de sécurité amoureuse, sociale et supracéleste : « L'envie est au loin bannie de ceste compagnie divine. Parce qu'estant la plus joyeuse et agréable chose qui soit, que posséder la chose aymée, chacun possédant ce qu'il ayme vit content et assouvi. » A l'écart Phèdre qui présente l'énigme inaugurale et Socrate qui, selon la conclusion d'Alcibiade, l'incarne, mesurent la rencontre d'Eros à son risque suprême : qu'elle n'ait pas lieu.

L'orthopédie sexuelle conjoint deux termes à l'intérieur d'un rapport, laissé hors de cause. La littérature amoureuse se rapporte à ce rapport, et ne tarit pas d'inquiétude. Elle traite du mal d'amour si tragique, du mal de l'aimé si gnostique, du mal de l'amant si romanesque et moderne. Dans les trois cas elle anime des êtres qui ne se trouvent qu'en se retrouvant et ne se raconteraient pas s'ils n'avaient à rencontrer leur rencontre. L'aliénation n'est qu'un trouble de l'amour, l'amour ne se laisse penser que troublant, troublé, tremblé.

La tragédie naît, quand une collectivité — famille, cité — cale, casse et découvre stupéfaite que les conduites bien rodées assurant sa reproduction matérielle et spirituelle ne fonctionnent plus : la peste gagne, les morts poussent sans sépulture, les couples éclatent, les enfants crient, les assassins gouvernent. Au départ ces désastres tombent du ciel, les personnages les subissent sans les comprendre et sans s'y comprendre. Au terme ils se découvrent collaborateurs, sinon producteurs, de l'apparent coup du sort qui les foudroie. A la tombée des *Choéphores,* Oreste surgit, sanglant, dressé sur deux cadavres ; le crime rôdait dès la première scène mais nous avons appris à le signer... Le pathos ne se localise ni ne se cantonne. Il empourpre, certes, l'atmosphère et noie dans le sang les drames familiaux ou politiques. Mais présente de bout en bout, la violence ne décore pas, elle bouge avec le drame et s'intériorise ; Oreste qui la subissait en vient à la revendiquer parfois, souvent en intelligence à la manifester proche de qui la sent, ourdie par des désirs familiers. Elle devient désespérément intime, elle révulse jusqu'à la folie les actes et la connaissance qu'un tragique croit pouvoir appeler siens.

En invoquant le Dieu suprême des Grecs — l'Unique —, Eschyle livre, au matin du premier jour, la règle qui gouverne l'action du triptyque : « Il (Zeus) a ouvert aux hommes les voies de la prudence, en leur donnant pour loi : *souffrir pour compren-*

Un opéra gnostique

dre. Quand en plein sommeil, sous le regard du cœur, suinte le douloureux remords, la sagesse en eux, malgré eux, les pénètre. Et c'est bien là, je crois, violence bienfaisante des dieux assis à la barre céleste. » « Prudence » s'entend « pensée », réflexion, comme chez Homère et sans moralité. Beethoven, sourd, composant ses grandes symphonies, retrouve cette vérité de la tragédie, autant que l'Ecclésiaste : « durch leiden Freude », à travers la souffrance, la joie. La formule allie la connaissance (mathein, deuxième composante, ou ressort, tragique) et l'expérience de la violence (le pathein renvoie au pathos). Très rapidement les Grecs tirèrent un proverbe, l'homme ne s'instruit qu'à ses propres dépens. Mais de quoi s'instruit-il ? Du plus important, de son rapport à ce qui le dépasse, de la « violence bienfaisante des dieux », de leur force brutale et sauvage, et de leur grâce (charis). Eschyle à dessein marie l'eau et le feu, son pathétique déploie deux fois deux : expérience tragique (souffrance et connaissance, passion et vigilance) du tragique (brutalité et grâce guettent au fond des choses).

On souffre par la brutalité potentielle du génocide olympien, on voit par sa force ; situation relativement claire dans laquelle baigne le premier jour de *l'Orestie,* Cassandre l'illustre. Les innocents souffrent, les méchants agissent ; religieusement et pacifiquement, la situation est tranchée, bien et mal font deux. En Dieu culmine l'irréductible duplicité des circonstances ; plus tard, Jacob Boehme percevra dans la bonté du Père chrétien une obscure et terrible colère. Les gnostiques préfèrent distinguer entre la divinité suprême et un démiurge moins parfait, voire satanique auquel nous sommes redevables du tohu-bohu des créatures. Plus terre à terre, notre contemporaine façon de conter l'histoire devenant mondiale respecte l'intangible schéma ; le pli est pris de dresser en regard la vie en noir (le Moyen Age, l'obscurantisme, le capitalisme) et la vie en rose (la Renaissance, les Lumières, le socialisme). On doit à la religion de Mani (manichéisme) une des formulations les plus nettes de l'antagonisme fondateur : « Avant l'existence du ciel et de la terre et de tout ce qui est en eux, il y avait deux principes, l'un bon et l'autre mauvais. Le bon principe habite dans le pays de lumière. » En face de cette terre translucide (terra lucida), séjour du Père, s'étend la terre pestilentielle (terra pestifera) où loge le Prince des ténèbres. Les deux univers sont pensés en parallèle et construits symétriques ; aux cinq demeures ou extensions du Père (intelligence, raison, pensée, réflexion, volonté) répondent les cinq mondes qu'occupe l'Esprit infernal, « d'abord celui de la fumée, ou du brouillard, peuplé d'êtres nébuleux et fuligineux, puis celui d'un feu qui ne purifie pas mais corrompt, ensuite celui du vent furibond et destructeur, plus bas celui des eaux troubles et bourbeuses, enfin celui des ténèbres, abîme sans fond ». La doctrine manichéenne des *deux racines* — bonne et mauvaise — est l'acte premier de tout scénario relatant une lutte (contre la nature, entre les hommes ou avec le sort, il n'importe).

La mise en histoire expérimente la rencontre des deux principes, l'actualité de leur « mélange ». Comment apparaît-il ? Difficile de sortir de la coexistence des deux ennemis, extérieurs l'un à l'autre. Admettons que le mal, par nature conquérant, soit tenté par la beauté candide du bien. Reste à expliquer pourquoi le Dieu bon, « le Père de la grandeur » n'écrase pas dans l'œuf l'invasion ténébreuse. Il ne le peut pas, répond Mani. « Dans le monde de la lumière, il n'y a pas de feu brûlant pour être lancé contre le mal, pas de fer tranchant, pas d'eaux suffocantes ou quelque autre mauvaise chose analogue. Tout y est lumière »... On discute la panoplie évoquée et la mise en scène qu'elle suppose, saint Augustin ne s'en prive pas. Un aveu émeut derrière ces images (les camarades du Kremlin reconnaîtront qu'il est de taille), le bien manifestement s'affecte d'une formidable impuissance à combattre le mal. Son essentielle défaillance fonde les cultures et croyances européennes. Nietzsche qualifie de « religion de la faiblesse » une infiniment discrète mystique de l'amour — l'Europe ne postule pas qu'impuissance et esclavage sont les biens mais que les biens s'avèrent naturellement peu musclés.

Le bien est toujours surpris, il n'est pas armé moralement, son manque de préparation militaire introduit un important déséquilibre entre les camps. Dans la plupart des gnoses, l'initiale paralysie affecte même Dieu ; un mystérieux drame dans le ciel précède la dramaturgie terrestre. Si les grandes orthodoxies

Un opéra gnostique 293

préfèrent ne pas ébrécher l'omnipotence divine, elles condensent dans la peccabilité humaine cette grandeur du bien que sa bonté expose au mal. La vulnérabilité des démocraties (que nous moquons dans les écoles du parti) sourd de multiples causes, je n'en retrancherai aucune mais j'y joindrai un sentiment qui les fait toutes accepter : la vie « bonne » ne se passe pas entière focalisée sur le mal, bienheureux ceux qui lui résistent après coup, fou qui prétend tout prévenir, tout guérir. En France, des foules immenses clamèrent : « A bas le fascisme et la guerre », trois ans plus tard les deux les foudroyaient ; et le Front populaire demeure un enchanteur souvenir. En Europe, aucune population ne se prépara à la terreur nazie, toutes connurent la tentation de la collaboration, les masses juives ne pressentirent pas le génocide, une partie de leurs élites, animée des meilleures intentions et des plus énormes illusions, aida à l'organisation des « évacuations ». La bonté est initialement imbécile devant le mal, explique Mani.

Celui qui lutte dans le « mélange » subit nécessairement la faiblesse de la « bonne » position. Le sauveur doit se sauver d'une situation moralement ou matériellement désespérée — toutes les littératures religieuses ou profanes d'occident sont « orestiennes », elles ne connaissent pas de héros qui ne soit envahi par le sentiment de sa profonde aliénation. La violence entre les personnes s'accomplit violence intérieure, au deuxième jour de *l'Orestie*. La règle du « connaître par la souffrance » prend la forme d'un Connais-toi toi-même, connais ton propre désir, repère la violence du génocide dans la flamme qui t'habite. A la « sauvagerie gracieuse » qui nous enveloppe, l'aliénation répond bi-face à son tour ; Œdipe avance dans la connaissance par la violence, Oreste s'enfonce dans le crime poussé par ceux qui l'aiment. Les aliénés communiquent. Isolé, apatride, Oreste s'arme de quelque intelligence au sommet (Electre, fille de la reine, l'accepte pour frère) et d'un soutien populaire (le chœur, la nourrice). *Les Choéphores* mettent en scène la structure élémentaire d'une journée révolutionnaire. Les diverses reconnaissances qu'accumule l'aube du deuxième jour annoncent un orage dont notre cher Lénine énuméra si bien les signes précurseurs : « C'est seulement quand " ceux d'en bas " ne veulent plus et que " ceux d'en haut " ne peuvent plus continuer de vivre à l'ancienne manière, c'est alors seulement que la révolution peut triompher. »

La formule mérite de figurer dans la philosophie politique classique, même si elle choque les marxistes naïfs postulant que les révolutions ne viennent que « d'en bas » ou les antimarxistes non moins frustes qui, comme Hippolyte Taine, décrètent qu'elles se provoquent « d'en haut » dans la manipulation de meneurs mal intentionnés et d'intellectuels ambitieux. Jeter à bas un régime oligarchique suppose l'alliance de deux jeux politiques, celui d'une fraction de l'élite et celui de la révolte populaire : « Quand les oligarchies traitent injustement la masse, il suffit au premier venu de se mettre à la tête des révoltes, surtout quand ce chef se trouve sortir de l'oligarchie elle-même » (Aristote). Le premier venu n'aurait guère occasion de prouver sa capacité de direction, s'il ne figurait d'entrée une alliance de classe et de fraction de classe, mélange détonant des révolutions et de l'histoire.

L'alliance ne relève pas d'un rapport de force purement matérielle. Une tyrannie se maintient par trois procédés, notait déjà Aristote : avilir l'âme de ses sujets, semer entre eux la défiance, les priver de tout pouvoir d'agir. Bref, les empêcher d'aimer. Dictature militaire et impuissance corrélative du citoyen calibrent le dispositif extérieur d'un pouvoir tyrannique qui inévitablement tente de monopoliser la possibilité de communiquer, « car la tyrannie ne peut être renversée tant que les citoyens ne se font pas confiance entre eux ». Le bouleversement social commence de ce fait par l'attaque du monopole culturel. Cette étape d' « action psychologique » ou de « révolution idéologique » rétablit des réseaux de communication qui échappent au contrôle du pouvoir. Nos camarades du Kremlin surveillent ainsi attentivement les activités apparemment gratuites et sans conséquence des versificateurs et palabreurs de rues. Imaginez si elle était suivie, combien la règle de Soljenitsyne « ne pas mentir » modifierait les rapports entre les citoyens soviétiques, et les sentiments nourris pour un Etat que nous qualifions « du peuple tout entier » (car en lui seulement le peuple se trouve entier). Evitons l'accident Oreste, ne cristalli-

Un opéra gnostique

sons pas la conscience de l'avilissement, le dégoût de la défiance et la honte de l'impuissance. Un peuple en miettes trouve à l'occasion dans une littérature de l'aliénation de quoi maintenir sa diaspora. L'industrie et le commerce, c'est bien ; l'amour c'est aussi dangereux : étatisons !

5. Du double contre-amour.

Un contrôle de la communication se saisissant des réseaux d'échange d'informations — circuits TV, émetteurs radio, machines à écrire — demeure friable. Pour cultiver la méfiance, la tyrannie doit atteindre le principe même des rencontres, l'étincelle qui fait jaillir Achille où Patrocle n'osait l'attendre. Cet Eros énergumène surprend ceux qu'il habite et ne laisse pas d'inquiéter toute autorité constituée. Qu'il choque les bienséances et sème quelques paniques ne tirerait guère à conséquence s'il ne révélait du même coup un trésor d'inépuisable subversion. Ce point risque d'être manqué à Moscou comme à Paris, il n'est que de considérer le tarif prohibitif auquel les camarades du parti achètent les revues pornographiques étrangères. Mais, chers collègues, ni l'inépuisable emportement des sens, ni la transgression violente, ni l'excès infini d'un désir fou n'inquiètent les pouvoirs qui savent aligner polices et petites maisons pour contenir, quand ils ne les goûtent pas, des débordements on ne peut plus classiques. L'amour bouleverse à sa manière insidieusement douce et sage, les tyrans l'estiment trop républicain sans qu'il demande jamais « encore un effort » pour renverser quoi que ce soit. Les sadiens rêvent le siège d'une cité endormie sous les bouches de feu du désir, lui se borne à réussir où le pouvoir échoue.

Le phénomène du coup de foudre, très tôt, fut analysé dans ses principales composantes cliniques comme le « comble du délire » (Platon, *Phèdre*). On entre en amour comme on entre en religion, l'analogie ne s'arrête pas à ces prémices ouvrant « un heureux service en libre servitude » (Scève). Les poètes français du XVIe siècle retrouvèrent la « servitude volontaire » du *Banquet,* où l'amant joue son existence :

« En toi je vis, où que tu sois absente :
En moi je meurs, où que je sois présent
Tant loins sois-tu, toujours tu es présente
Pour près que tu soye, encore suis-je absent. »

Les délices du mourir pour ce qu'on aime inspirèrent force poètes politiques : « Supposons donc que par quelque moyen, il pût exister une cité, ou une armée, faite d'amants et de leurs bien-aimés, on ne voit pas comment leur cité à eux pourrait avoir base meilleure... que le désir d'estime dont ils rivaliseraient. » Myrmidons entourant Achille devant Troie, « bataillon sacré » des Thébains, homosexualité latente des organisations militaires modernes, on ne cesse de rêver identifier lien amoureux et lien social, offrant dans le premier la servitude volontaire exigée par le second. Adore ton Etat comme ton prochain. L'amour n'obtient-il pas sans douleur, spontanément, ce que tout pouvoir cherche désespérément à se garantir : le sacrifice de l'individu ?

Ambition et tendresse, famille ou patrie, devoir ou passion, la concurrence des bonnes raisons du don suprême arrêterait les meilleurs esprits qui transcendent la triste nécessité de hiérarchiser leur préférence entre le goût des animaux, la philatélie, elle, eux, la mère patrie et le père éternel. L'amour entre humains ouvre une rare aventure où le sacrifice vole vers sa réussite. Achille, l'aimé, retourné sur Patrocle, l'amant, étonne les dieux d'une figure nommée au XVIe *parfaite amytié* : « Icy chose merveilleuse avaient quand deux ensemble s'entr'ayment, cestuy en celuy, et celuy en cestuy vit. Ceux-cy font ensemble un contre-eschange, et chacun se donne à autruy pour d'autruy recevoir : ainsi l'un et l'autre des amants, mort en soy, en autruy ressuscite. »

Agamemnon sacrifiait Iphigénie à l'armée grecque. Le sacrifice amoureux vise la grâce, non le pouvoir : « La puissance de Vénus est tout autre que la violence de Mars. Voici comment la domination et l'amour diffèrent. Un empereur possède les autres par lui-même, un amant se rend maître de lui-même par un autre, et chacun des amants s'éloigne de soi, se rapproche de l'autre et, mort en soi, revit dans l'autre. » (Marsile Ficin).

Un opéra gnostique 297

Postulat n° 1 : l'amour ne se commande pas. Ni ne se décommande. Il peine ou ravit par lui-même. L'aveu frappe d'autant que Marsile Ficin s'applique à colmater l'énorme brèche par où sa « théologie platonicienne » prend eau. Que deviennent, soudain, les infinis efforts des éducateurs, thérapeutes et érotologues acharnés à introduire, rectifier, amender, civiliser, garantir ce qui ne se commande pas ? Marsile Ficin ne peut faire moins qu'énoncer un paragraphe plus loin, contre-feu du premier, son postulat n° 2 : l'amour ne se refuse pas. « L'aymé doit contre-aymer son amant » et faire droit au désirant. La non-assistance à personne en danger ne laisse pas d'être criminelle, « voilà pourquoi en stricte justice quiconque est aimé doit aimer. Celui qui n'aime pas celui qui l'aime se rend coupable d'homicide ». La relation se peut prendre par l'autre bout, le désirable oblige le désir, la position de l'aimé règle celle de l'amant, « la beauté est une lumière qui attire l'esprit humain ». Rien ne résiste, « l'amour est le désir de jouir de la beauté ». Que l'amour entre en scène chez l'amant ou chez l'aimé, ses premiers soupirs ne sauraient manquer l'écho qu'ils appellent, car aux deux pôles il est interdit d'éconduire.

Admise la nécessité de se laisser subjuguer, on pare la poigne de fer d'Eros de tous les velours de la civilisation, appelant le désirant à délaisser la Vénus vulgaire et vénéneuse pour quelque divinité spirituelle, enseignant en l'aimé que l'écorce de la chair n'est pas chair de l'Esprit. Les grands projets de purification et de replâtrage agrémentent, décorent et masquent la nécessité sauvage qu'ils postulent : adaptez-vous les uns aux autres, amants faites chanter l'aimé, aimés piégez les amants : qui refuse tue. « Ce qui fait qu'il est digne de mort comme voleur, homicide et sacrilège, et que comme être absolument infâme et profane, il peut être impunément tué par n'importe qui, à moins que de lui-même il se soumette à la loi en aimant celui qui l'aime. »

La parfaite amitié du contre-amour suscite deux interprétations que dissimule l'apparente synonymie des formules. Le postulat n° 1 énonce la rencontre et part de la stupéfiante nouvelle que l'aimé Achille répond en amant. Le postulat n° 2 ignore toute stupéfaction : nécessairement l'offre d'amour saisit la demande comme la demande presse l'offre, l'accord va de soi. De la poule et de l'œuf qu'importe qui commence, chacun est fait par et pour l'autre. Seul le postulat n° 1 envisage qu'un coucou parasite le circuit, ou que, par l'idée angoissée, la pondeuse vérifie le contenu de sa production en la fracassant. Des mille conceptions sublimes, élevées, ou terre à terre dont la théologie platonicienne (contre-amour n° 2) couronne Eros, aucune ne laisse les flèches, au hasard décochées, faire mal. Le contre-amour n° 1 exclut toute théologie, si la rencontre ne se commande pas, il n'est que de s'y exposer sans maîtrise.

Tout citoyen a le droit et le devoir de s'épanouir, obtempère notre morale soviétique, grâce au contre-amour n° 2, elle transformera notre société en serre chaude le jour où personne n'esquivera la félicité offerte. Lénine avertit, on n'étanche pas sa soif en lapant n'importe quel ruisseau sous le trottoir ; on reproche à tort au camarade une pudibonderie conformiste dont il sut se montrer parfaitement affranchi en d'autres circonstances. Derrière les brumeuses théories de l' « amour libre » — cette conception technocratique du plaisir sexuel est de nature à séduire un bolchevique — le côté fortuit de la rencontre choque. Je doute que ce qui se passe entre deux êtres qui s'aiment scandalise. Quoi de physique qui n'ait été répertorié et scientifiquement neutralisé ? Les manies que s'autorisent les citoyens sont obscènes parce que rien ni personne ne les a autorisés à s'autoriser. L'araignée comme eux balance dans le vide, mais se soutient encore du fil de sa salive, tandis que leur rencontre se veut sans support ni attache, imprévue et imprévoyante, impréparable donc imparable. Au-delà des distinctions de race, d'opinion, de religion, les bien-pensants de toute origine semblent partager notre légitime exaspération devant un phénomène défiant toute adaptation régulée de l'individu à la société. Un occidental demeure ataviquement prédisposé à adopter la superstition n° 1, celle du coup de foudre sans origine ni destination qui ouvre les uns aux autres des êtres étonnés et ravis : « Qui donc pourrait dire sans difficulté, dans ces circonstances, où est le commencement, le fondement ? Nous sommes un ruban flottant dans l'air » (Robert Musil).

Eros équilibriste travaille sans filet, d'une façon biscornue que

Un opéra gnostique 299

le Politburo nomme irrationnelle. Déjà, les inventeurs de la science occidentale imaginaient un être astronomiquement équivoque, « gouverné par rien et demeurant à sa place parce qu'également éloigné de toutes les autres choses ». Il s'agissait de la terre « qui demeure en son lieu par indifférence ». L'absence de raison crée raison ; équidistante et détachée, la planète sous les pieds d'Anaximandre fait centre. La terre dans l'univers, l'agora dans la cité, Eros dans la tête, rendez-vous des êtres qui se disent bonjour parce qu'ils ne gouvernent pas.

6. Comment l'esprit vient aux occidentaux.

Entre père et fille, homme et femme, l'amour se refuse ; tragédie érotique, *l'Orestie* dans sa première journée exclut le postulat n° 2 de l'harmonie préétablie entre l'amant et l'aimé. En revanche, la deuxième journée se lève sur la preuve ensoleillée de l'existence d'un amour n° 1 que nul ne commande. Une mèche de cheveux, offrande sur la tombe du père, permet à Electre de pressentir la proximité d'Oreste. Sophocle renouvela la scène — avant d'être parodié par Euripide qui doute qu'une poignée de cheveux et l'empreinte d'un soulier puissent tenir lieu de fiche anthropométrique. Le dernier des grands tragiques inaugurait-il le souci de la précision et du détail qui charment tant les grandes bureaucraties ? Il soulignait plutôt, avec le sourire et comme par antiphrase, que si deux êtres se rencontrent sur le proscenium tragique, les signes extérieurs comptent peu, ils se reconnaissent avec les sollicitudes de la solitude. L'Electre d'Eschyle raisonne, discute les témoignages, démontre, mais pas en commissaire de police, ni pour suivre une piste ; les cheveux coupés, symbole de deuil, identifient l'unique capable de ce don : « personne autre que moi n'aurait pu l'offrir ». Electre n'établit pas de portrait robot discriminant, au milieu d'une foule de prétendants à l'honneur et au titre, le frère authentique ; elle a fait le vide en elle, et du no man's land qui la cerne, surgit un alter ego en aliénation, donc son frère.

L'exemplaire vertige, qui les précipite l'un contre l'autre, déborde quelque peu les rapports intra-familiaux d'une féodalité grecque décadente ; de nos jours les Noirs américains substituent au décent « camarade » une « sister », un « brother », transmis des sectes gnostiques par une fascination de vingt-cinq siècles. Rien à voir avec l'habituelle « fraternité » dont les couleurs se lèvent quand le colonel s'épanouit père du régiment et que les mères claquent des mains. Electre reçoit dans son désert : « O doux objet, qui retiens quatre parts de ma tendresse. Le destin veut qu'en toi je salue un père ; à toi revient l'amour dû à ma mère — elle je la hais de toute mon âme — et à ma sœur immolée sans pitié ; et voici qu'en toi je trouve le frère fidèle qui va me rendre le respect des mortels ! » Les affaires amoureuses, aussi banales puissent-elles s'affaisser, laissent deviner par quelque pâle reflet un feu primitif où s'allumèrent les unes aux autres, dans une confusion splendide, les plus inimaginables relations familiales ; les cendres froides témoignent pour un brasier où père, mère, frère, enfants ne demeurent pas en place. L'amour fraternel nomme une relation par trop rangée pour rendre le bougé introduit par l'âme sœur ; convenons de désigner le fourre-tout sentimental d'Electre d'un terme par lequel Musil épingle analogue expérience, l'amour *sororal* rencontré par Ulrich : « Mais que le lecteur qui n'a pas encore reconnu à ces signes ce qui se passait entre le frère et la sœur abandonne ce récit : une aventure est décrite ici qu'il ne pourra jamais approuver ; un voyage aux confins du possible, qui leur faisait frôler les dangers de l'impossible, de l'anormal, du scandaleux même, et peut-être toujours frôler seulement ; un cas limite, ainsi qu'Ulrich l'appela plus tard, d'une valeur limitée et particulière, rappelant la liberté avec laquelle les mathématiciens recourent à l'absurde pour atteindre à la vérité. Ulrich et Agathe étaient tombés sur un chemin qui évoquait souvent les préoccupations des possédés de Dieu, mais ils le suivaient sans être pieux, sans croire ni à Dieu ni à l'âme, même pas à un Au-delà ou à un Recommencement ; ils étaient tombés sur ce chemin en hommes de ce monde ; et ils le suivaient en tant que tels : tout l'intérêt de l'aventure était là. »

Ne reproduisons pas l'erreur de l'ex-bien-aimé Staline se gaussant : « Combien le pape a-t-il de divisions ? » Rome

Un opéra gnostique

attaque nos positions en Pologne sans manœuvrer de garde pontificale. L'*amour sororal* ne travaille pas dans le tangible, il ne sert pas à fabriquer des enfants, ni de cours de gymnastique pour entourer d'un corps sexuellement épanoui une âme présumée saine. N'allez pas imaginer que, las des réalités mondaines, il manigance quelque contrebande en compagnie d'extra-terrestres amicaux ou hostiles. Quoi que dise Electre, on ne peut vivre avec la même personne, à la fois père et mère, de plus frère, par ailleurs sœur morte. Quoi que dise Staline ce qu'on ne peut faire, à la fois et en même temps, ne nous échappe pas entièrement. La diagonale du carré ne peut jamais être mesurée par le côté en chiffres ronds. L'amour sororal — « événement sans événement » — ressemble à la diagonale du carré, il est impossible mais cet impossible est.

— Nous n'interdisons pas la diagonale, m'objecte un stalinien endurci, sa mesure provoqua l'essor prodigieux des mathématiques, elles définirent à partir d'elle le nombre irrationnel, dont l'irrationalité maniable n'inquiète plus.

— Certes, mon camarade, mais une telle expansion ne fut possible que parce que quelques forts esprits — ô Pythagore, ô Théétète ! — firent apparaître l'énormité du scandale, refusant de boucler les calculs à une décimale près selon l'éternelle pratique des arpenteurs pressés.

Les honnêtes placements sentimentaux d'un père, d'une mère ou d'un fils de famille ne susciteraient aucun commentaire s'ils s'investissaient directement dans la coordination morale. Le circuit se trouve compliqué par l'étonnante aptitude des affections à s'échauffer en paroles, les unes aux autres, enclenchant des effets seconds dans le secteur proprement productif, qui connaît des périodes d'exaltation et de dépression, son baby-boom et son vendredi noir, selon que la bourse aux sentiments joue à la hausse ou à la baisse les goûts et les couleurs échangés. Que « font » nos âmes sœurs ? Elles participent à la cotation, elles effleurent d'une caresse de mots ce que dissimule le travail ordinaire des passions : « Les conversations, dans l'amour, jouent un rôle presque plus important que tout le reste. L'amour est le plus loquace des sentiments, il est essentiellement loquacité... » Chantant la gloire de l'amour, idée fixe, le roman échange un rendu pour un prêté, un cœur s'émeut en prenant la littérature à la lettre, et tout autant se meut, bovarysant, à métaphoriser du littéral en littéraire.

Séraphique, le sentiment sororal « s'épanouit d'autant plus largement en paroles qu'il est éloigné des actes : ce qui, après leurs premières expériences obscures et violentes, poussait le frère et la sœur à s'engager dans ces conversations et leur semblait quelquefois un ensorcellement, c'était en premier lieu qu'ils ne savaient pas comment agir ». On pourrait lire à la légère la « mystique diurne » d'un écrivain autrichien d'avant la Seconde Guerre mondiale ; ses héros fragiles, simples supports d'idées évanescentes, témoignent pour une bourgeoisie bousculée par la tourmente. Ainsi statuerait la *Literatournaïa Gazeta* si elle n'ignorait intégralement l'écrivain. Comment Oreste et Electre se trouvent-ils semblablement ensorcelés ? Autre temps. Autres mœurs. Elle invoquait son vengeur, il quêtait de l'aide, ils se rencontrent à l'appel d'un acte simple, qu'ils n'ont cessé d'anticiper, leurs engagements s'engrènent l'un sur l'autre, la mécanique se met en marche prête à écraser l'unique objet de leur ressentiment. Il n'en est rien, le chœur difficilement secoue l'étrange et musilienne fascination qui les immobilise, il les rappelle brutalement à leur mission, il procède à une « sommation directe », note un traducteur, comme si, à se mirer l'un en l'autre, ils s'envolaient ailleurs, hors d'état d'agir.

Cette « mystique diurne » se manifeste, à travers des situations historiquement hétéroclites, par le saisissement d'une réversibilité : « Pour la première fois, Ulrich la voyait avec des vêtements de femme et après l'impression éprouvée la veille, il eut celle qu'elle était travestie... C'était comme si lui-même était rentré par la porte et marchait à sa rencontre ; mais plus beau que lui, enfoui dans un éclat où il ne se voyait jamais. Pour la première fois l'idée lui vint que sa sœur était une répétition, une modification irréelle de lui-même » (Musil). Certains psychologues et analystes relèvent des traits analogues dans « l'assomption jubilatoire de soi » qui émerveille l'enfant, lorsqu'il découvre son image dans un miroir et se la confirme dans un regard ami. Lénine et Staline nous montrèrent, avec plus ou moins de doigté dialectique, que la vérité est le reflet de la réalité. Dans

Un opéra gnostique

les miroirs où l'occidental s'identifie, ou bien la rencontre a lieu et la réalité n'est que le reflet de la vérité, ou bien, pure coquetterie, elle n'a pas lieu et la vérité n'a plus que la réalité d'un reflet. Vladimir et Joseph nous ont appris à connaître en nous plaçant en face des objets solides et univoques ; ailleurs on se soucie plus de se reconnaître, de se situer les uns par rapport aux autres. D'un côté, le monde des choses et la logique des jeux contre la nature, de l'autre le jeu avec autrui qualifié « stratégique ».

A la symétrie qui règle la danse hors temps d'Oreste et d'Electre répond presque terme à terme, décisive pour l'issue de la conjuration, une rencontre manquée. La nourrice rate Oreste : elle l'a cru mort, le chœur laisse penser qu'il est vivant, elle procède comme si elle devinait sa présence et désarme Egisthe. Rôle crucial, celui de la prêtresse qui prépare la bête pour le sacrifice, celui de la population qui paralyse l'armée au début de l'insurrection. Une ombre favorable enveloppe parfois les combattants de la liberté, cependant la nourrice témoigne pour une opacité permanente, ses nuits d'amour sont toutes de dissymétrie : « Et la misère, à chaque instant, de ces appels criards qui me faisaient courir des nuits entières !... Ce qui n'a pas de connaissance, il faut l'élever comme un petit chien, n'est-ce pas ? se faire à ses façons. Dans les langes, l'enfant ne parle pas. Qu'il ait faim, soif ou besoin pressant, et son petit ventre se soulage seul. Il fallait être un peu devin, et, comme, ma foi ! souvent j'y étais trompée, je devenais laveuse de langes ; blanchisseuse et nourrice confondaient leur besogne... »

La nourrice s'appelle Kilissa, la Cilicienne, comme souvent les esclaves, elle ne porte d'autre nom que celui de son pays d'origine. C'est l'oubliée des commentaires. Les théoriciens qui souscrivent à l'idée d'une culture antique élitaire et aristocratique négligent son cas. Etrangement, les psychanalystes qui saisissent l'importance centrale de *l'Orestie* en leur propre pratique manquent également ce personnage pivot. Melanie Klein consacre de multiples pages à rappeler ce qu'elle pense du nourrisson, omet la nourrice. Kilissa précise deux fois qu'elle n'est pas une simple, une douce nounou, la poitrine gonflée de bons sentiments et d'excellent lait ; elle « reçut » Oreste ; « c'est le mot favori des sages-femmes et c'est le mot favori de la vieille, elle le répète avec une insistance naïve : sa gloire c'est d'avoir présidé à la naissance du fils de la maison, de l'avoir reçu pour son père. Cela vaut bien toutes les fatigues que lui a données le soin d'élever toute seule Oreste ». Naïve ? voire ! Kilissa n'est pas la « bonne mère » qui ferait pendant à la « mauvaise ». Les professeurs de philosophie qui croient Nietzsche sur parole et creusent un abîme entre la tragédie et Socrate, ignorent superbement une généalogie dont ici le secret affleure. Le fils de Phénarète a hérité, du métier de sa mère, sage-femme, le don d'accoucher les adolescentes vérités et les anémones, fleurs de vent, emblèmes de vacuité. Le métier d'accoucheur ne recouvre pas pleinement l'occupation de Socrate : « Il ne se rencontre point en effet, que les femmes parfois accouchent d'une vaine apparence et d'autres fois d'un vrai fruit et qu'on ait quelque peine à reconnaître la différence. Si cela arrivait, le plus gros et le plus beau du travail des accoucheuses serait de discriminer ce qui est en vérité de ce qui ne l'est point. » Accoucher en permanence le vrai et le faux du petit d'homme n'est-ce point exactement ce « travail » de la vérité qu'opère la socratique Kilissa ?

L' « amour mental » (Montaigne) danse une polarité dissymétrique : « Enfanter en sagesse n'est point en mon pouvoir... Accoucher les autres est contrainte que le Dieu m'impose ; procréer est puissance dont il m'a écarté. Je ne suis moi-même sage à aucun degré... » Lorsque Diotime péremptoire clame que le destin de chaque mortel l'entraîne à procréer dans le beau, le bien et le vrai, Marsile Ficin n'est pas seul à tenir cette exaltée pour la fine fleur du platonisme. Socrate fait-il de sa propre, entière, et intégrale stérilité la condition de son efficace spirituelle, l'occident officiel admire la modestie feinte et sourit à la plaisanterie. Comment croire qu'un sage, le plus coté d'Athènes, ne dispose pas de la pharmacie distribuée gratuitement à ses mandants par tout candidat à la députation ? Hors quelques « privés » sortis de romans noirs, ou un psychanalyste en attente d'association, quel expert oserait proposer sa nullité en attrape-clientèle ? « Ceux qui viennent à mon commerce, à leur premier abord, semblent ne rien savoir, quelques-uns même totalement... Le fait est pourtant clair qu'ils n'ont jamais rien appris de moi, et qu'eux seuls ont, dans leur propre sein, conçu cette richesse de beaux pensers qu'ils découvrent et mettent au jour... » Les fabricants de systèmes se retrouvent au chômage, illico rejoints par les prophètes des paradis clés en mains, et les courtiers en assurances psychologiques qui brûlent tous les livres sauf le leur. Dans les programmes scolaires et télévisuels, les distributions des prix et les toasts funèbres, Diotime l'emporte haut la main, mais peut-être, en temps de crise, convient-il de porter les yeux sur des exhibitions moins redondantes.

Le nourrisson ne deviendra jamais la nourrice de la nourrice, et s'il a plus tard des enfants, il reproduira la dissymétrie. Eschyle compte pourtant pour amoureux le lien Kilissa-Oreste autant que la relation Electre-Oreste ; entre l'amant et l'aimé il ouvre une faille jamais comblée. Avant même de prêter sa voix, une de ses voix, à Diotime, Platon détecta la brisure dans le cristal de l'idéale réciprocité amoureuse. En quels cas utilisons-nous le mot amour? Cela arrive, analyse Platon, « même si l'aimé ne rend pas l'amour ou ne rend que de la haine. Par exemple, les enfants nouveau-nés, encore incapables d'affection, mais quelquefois pleins de colère contre leur père ou leur mère quand ceux-ci les corrigent, sont ce que leurs parents aiment le plus au monde... » Quoique supposé platonique, l'amour platonicien n'est pas nécessairement payé de retour, nul ordre n'en garantit les allers et les rebours ; il n'appartient pas à l'amant seul ni à l'aimé séparé de décider que la passion circule. Le *Lysis* tire la logique de l'exemple. « A ce compte, bien des gens seront aimés de leurs ennemis et haïs de leurs amis et seront les amis de leurs ennemis et les ennemis de leurs amis. » Des larmes d'Eros pleurent que nul œil ne gouverne et son sourire caresse des lèvres surprises. Platon le conte, délire soufflé par les dieux, comme prophéties de la sibylle et transes des prêtresses ivres ; Kilissa plus sobrement : « Son petit ventre se soulage seul. Il fallait être un peu devin... »

La réciproque transparence ternie, la peine d'amour s'impose et la délivrance à tâtons. Eros toujours enfant, c'est Eros toujours naissant. Ni le philosophe ni la nourrice n'eussent imaginé qu'une science se fît forte de supprimer la douleur d'apparaître. Les crises des systèmes d'éducation se succèdent avec une si déconcertante régularité, génération après génération, qu'il faut bien qu'enseignants et enseignés assument malgré eux la conclusion que Socrate propose à son dialogue sur l'amitié : « Nous avons donné un spectacle assez ridicule, moi qui suis vieux et vous, mes enfants. Nos auditeurs, en s'en allant, vont dire que nous qui avons la prétention d'être amis (et je me range à ce titre parmi vous), nous n'avons pas été capables de découvrir ce qu'est un ami » (*Lysis*).

Entre Electre et Oreste, la relation se noue si étroite qu'elle tourbillonne vertigineuse et sans objet. La rencontre Kilissa-Oreste catapulte deux ignorances. En cette double expérience l'amour se présente comme un procès sans sujet ni objet. On ne sait pas qui aime, on ne sait pas ce qu'on aime, on aime sans savoir. S'il existe sans support, sororal, l'amour n'est pas un rapport de production et de reproduction. S'il advient avant que le sujet ne s'y retrouve, il anticipe tout rapport de savoir. Pourtant on en parle, sa loquacité inspire (Musil), il s'interroge comme un oracle (Kilissa) : c'est un rapport de communication.

7. Une fuite au ministère des rapports humains.

Kilissa décode, sa mantique s'acharne à « verbaliser » des conduites « préverbales », elle opère dans la grande tradition de l'oracle de Delphes dont la pythie s'annonçait : « Je comprends le sourd-muet, j'entends celui qui ne parle pas. » Herméneutique distincte des verbalisations des gendarmes en campagne pour ce qu'elle ne dresse pas constat sans risquer sa propre parole dans le labyrinthe des choses tues. Elle éclaire une énigme par une autre qui rend la première plus présente. Lorsque Kilissa explique : « Dans les langes l'enfant ne parle pas. Qu'il ait faim, soif ou besoin pressant, son petit ventre se soulage autarciquement », elle indique : bien qu'il ne parle pas, il veut, autarciquement (autarkes), dire. Et il peut signifier sa faim par une grimace ou un sourire. Et le petit ventre à l'occasion aussi refuse et faim et soif. Le préverbal est déjà de

Un opéra gnostique

part en part communicatif : « Vivre exige bien évidemment la satisfaction d'une série de besoins auxquels l'infans ne peut pourvoir de manière autonome ; mais — exactement au même titre — est exigée une réponse " aux besoins " de la psyché faute de quoi l'infans peut parfaitement, malgré l'état de prématuration qui est le sien, décider de refuser la vie. » L'interprétation d'une nourrice ne va pas sans risque de s'attirer réponse désobligeante : « Comme, ma foi ! souvent j'y étais trompée, je devenais laveuse de langes. » Courir le risque inévitable, inépuisable, d'une herméneutique cernée de violences, c'est aimer. « Cette anticipation offre au sujet un don, sans lequel il ne pourrait devenir sujet : d'emblée, il le transforme en signification — d'amour, de désir, d'agression, de refus — accessible et partagée... » Tu seras un homme, mon fils, promettent les programmes d'éducation, mais nul ne pénètre leur ressort, s'il ne sous-entend : tu seras un fils, mon homme.

On peut prendre la communication oraculaire par le mauvais bout, comme exemplairement Crésus, d'après Hérodote. La « barbarie » du roi de Lydie n'ignore ni ne sous-estime l'oracle delphique, il le couvre d'or et interroge respectueusement avant d'agir ; sa toute moderne méprise est inverse, elle réduit l'équivoque du dieu à l'univoque qu'exige l'homme d'action. Questionné sur les promesses d'une guerre contre le Perse Cyrus, l'oracle répondit : « Si tu fais campagne, tu détruiras un grand empire. » Crésus pense victoire, et non auto-destruction, « il interprète trop infiniment la parole de l'oracle ». Lorsque, ruiné, le roi Crésus soupçonne Apollon de tromperie il poursuit son erreur : « Il aurait dû, s'il voulait prendre un sage parti, envoyer demander au dieu de quel empire il parlait, du sien ou de celui de Cyrus. Il n'a pas compris ce qu'on lui avait dit, il n'a pas interrogé de nouveau, qu'il s'en fasse grief à lui-même. »

Crésus (comme Xerxès) face à Kilissa et Socrate. La faute des empereurs est d'apparence simple, leur hybris « produit l'excès, le débordement de toutes les façons et dans tous les domaines... » Cambyse désire sa sœur, Cyrus « a envie » de soumettre les Massagètes. Le vieil Artabane, oncle de Xerxès, tente de le dissuader et constate, désabusé, que le pouvoir des politiques porte par lui-même à « désirer beaucoup », soit : trop. L'individu emporté dans la vague infinie du désir, et le tyran assoiffé de conquêtes passent la mesure... mais la mesure de quoi ? Devant leurs alliés rassemblés pour défendre les Thermopyles les Athéniens inlassables allaient répétant : Xerxès n'est pas un dieu, un jour il rencontrera l'échec. L'argument, pendant deux millénaires, tomba comme une hache sur tout nouveau prétendant à l'empire d'occident. Les rêves de domination mondiale se succèdent, cocottes en papier. Achoppent-ils devant la balance universelle des biens et des maux ? Ou sur la prudente hypothèse que chaque médaille a son revers ? Derrière les visions grandiloquentes d'une justice cosmique et les trop sages préceptes d'une vie au jour le jour, se niche peut-être la perception diamantée d'une fragilité intrinsèque de l'hybris. Passer la mesure revient à excéder les conditions de possibilité d'une communication. Xerxès et Crésus, comme Agamemnon, Clytemnestre et le jeune Œdipe interprètent « trop infiniment », se mettent hors d'état d'entendre la réponse des hommes, des dieux ou de l'événement. La fièvre, qui anime la violence individuelle et la conquête impérialiste, projette de réduire l'équivoque à l'univoque, les dialogues au monologue, établissant un ordre où ne communiquent que l'inanité et la tautologie.

La tentation de contrôler tous contacts entre citoyens, la culture de la surveillance, de la suspicion, de la dénonciation, la confiscation des réseaux d'information et d'échange, rien là ne constitue l'apanage exclusif de la modernité. Tirant de générales leçons d'exemples singuliers, les anciens désignèrent « tyrannie » un projet que les auteurs récents accentuent « totalitaire ». Il vise à garantir au pouvoir fort l'immobilisation permanente de la société par le monopole de la communication sociale. Camarades, je sais une telle idée difficilement concevable pour le responsable soviétique qui me lit, entre communistes nous avons l'habitude de considérer que les rapports de production sont la base-béton de toute structure sociale et que les libertés de parler, d'informer, de contredire planent, en dernière analyse, secondes, formelles, superfétatoires, dernier souci du citoyen responsable et de l'électeur conséquent. L'économisme des libéraux traditionnels et le technicisme du polytechnicien, persuadant que la seule science est faiseuse d'avenir, couvent une

Un opéra gnostique

analogue conviction. Ces pensées officielles, je le soupçonne, occultent une arrière-pensée ; fort différente du matérialisme soviétique, la « dernière analyse » de l'occidental moyen affirme le primat de l'échange interindividuel. Je cite ici la psychanalyste qui dépeint un nourrisson s'abstenant de manger pour clamer, avec les moyens du bord, sa haine et son désespoir. Elle imagine en chaque bébé la faculté (propre à nos — heureusement exceptionnels — dissidents) d'une grève de la faim illimitée. Fondamentale différence : les uns disent : l'homme veut avant tout manger, ils pensent la vie sociale à partir de la faim ; les autres avancent que le premier besoin physique est de communiquer, ils pensent la société à partir de la grève de la faim. Loisible à chacun d'esquiver en dialectisant. Un bon repas n'exclut pas une petite conversation, dira l'honnête camarade, une fois la matérielle assurée viendra le temps des libertés. Innombrables pourtant les émeutes de la faim, rares celles qui ne furent écrasées, pulvérisées par auto-éparpillement, flouées par leurs propres états-majors. Comme s'il fallait que grandes réformes et révolutions transformassent d'abord les modes de communication pour que les citoyens pussent modifier modes de production et répartition des produits. Lénine reprochait à la classe ouvrière occidentale de se montrer infidèle à sa mission exclusive et révolutionnaire. Ce fameux égoïsme réformiste et trade-unioniste niche dans une expérience historique, plutôt que dans la trahison des chefs et la corruption des masses : le prolétaire n'a jamais transformé l'ordinaire de ses repas et de son travail qu'en s'alliant avec une partie (variable) des non-prolétaires, propriétaires et intellectuels. Lorsque Marx commente le premier coude à coude des « trade-unions » et de libéraux anglais, il n'y voit qu'un épisode accessoire qui permit de limiter le temps de travail des femmes et des enfants. Cette astuce tactique recouvre pourtant une exigence stratégique peu démentie qui lie la liberté de se nourrir à celle de faire circuler ses opinions.

L'hybris tyrannique rencontre une limite. Face à l'adversaire, des êtres démunis peuvent au cœur de leur aliénation se reconnaître : Electre, Oreste. Face à l'adversité, sans mot pour la dire, deux mortels s'ingénient à s'entendre avant même de se comprendre : Kilissa, Oreste. La communication déborde toute tentative qui prétend s'en assurer l'exclusivité ; imparfaite, elle communique imparfaitement, difficile elle informe de la difficulté, rendue impossible elle fait circuler l'impossibilité et offre la chance de fraterniser à partir d'elle. Ce « reste », qui dans le commerce des humains, échappe à l'omnipotent, Socrate ou Platon y logent l'amour.

Diotime, Socrate, Platon, s'ils ne développent pas d'identiques idées, pour le moins les poussent dans la même direction ; le fait est établi, trop bien reconnu, pour supporter aisément les embarras qui, çà et là, ébrèchent le consensus des érudits. Ainsi Hans von Arnim et Max Pohlenz se disputèrent-ils, des décennies durant, sur les liens unissant le *Lysis* et *le Banquet*. Le premier dialogue finit en queue de poisson et semble tenir l'amour pour une impasse (aporie) alors qu'il est promu voie royale par Diotime dans *le Banquet*. Est-ce, comme l'habitude le suggère, le passage du jeune au vieux Platon, le chemin qui part de la contestation (*Lysis*) à la pensée achevée, constructrice, propre à l'âge mûr et responsable ? Peut-être. Pourtant, quand Diotime vient à conter la naissance misérable d'Eros, elle opère un étrange retour aux nihilistes considérations qui clôturent l'autre dialogue. Divisés sur la datation et le détail de l'évolution des idées, Pohlenz et von Arnim tombaient d'accord pour achever la théorie platonicienne de l'amour dans les platoniques élévations où l'amour du bien nage dans le beau. Un récent commentateur de ces commentateurs note : Socrate prit soin de remarquer à la fin du *Banquet* que celui qui possède la sagesse, donc est sage, ne peut être ami ou amant de la sagesse (philosophe) ; la sagesse est aimée non en elle-même, mais parce qu'elle libère un être qui mal-sait ou ignore. « Bien que Pohlenz et von Arnim jugent cette pensée profondément antiplatonicienne, il n'est pas absurde de supposer que la présence des maux est une condition nécessaire à l'amour du bien. » L'argument rend inévitable l'impasse finale du *Lysis*. Et si la présence de l'amour découvrait une manière singulière d'être présent à la présence des maux ? Et si Socrate avait vieilli sans changer d'avis ? Et si Diotime n'avait pas le mot de la fin ?

Quelle importance, demanderez-vous, camarades ? Enorme.

Un opéra gnostique

L'occident est duplice dès l'origine, de la cave au grenier, de la moiteur des lits aux sirènes des alertes nucléaires. Il parle de mourir pour ce qu'il défend. Mais qu'aime-t-il ? Qu'appelle-t-il aimer ? Croit-il crédible qu'on meure d'amour ? Comme par hasard, *le Banquet,* ce dialogue entre tous consacré à ce qui se passe entre deux êtres qui se désirent, vante pour conclure le courage et les faits d'armes. Au sein d'une armée grecque en déroute, Socrate « circulait, exactement comme dans Athènes : se rengorgeant et lançant des coups d'œil obliques, portant avec calme son attention de tous côtés, et sur les amis et sur les ennemis ; ne laissant de doute à personne, même de fort loin, que, si l'on se frottait à lui, il était homme à se défendre et avec une solide vigueur ». Relisant ce passage, les camarades qui dirigent nos forces armées, terrestres, navales et célestes, comprendront que la portée des SS 20 varie selon qu'ils sont pointés sur un platonique ou un socratique platonicien. Si je parviens à détresser le discours de Diotime, ma contribution au renforcement de notre puissance dissuasive n'est pas négligeable.

Cette apologie de l'amour se boit souvent d'un trait sans souci des mystères et sous-entendus ironiques, dont Socrate pimente le récit. Jacques Lacan, seul, sous les plafonds d'un hôpital général, au détour d'un sourire, suggéra quelque équivoque, devinant le ton farce qui couronne ce banquet d'homosexuels. « Viens à mes côtés, bel Agathon ; non aux miens ; sacré Socrate, toujours les bonnes places ! » Voilà vingt ans déjà, le sourire se perdit et la mise en scène redevint muette qui depuis vingt siècles réunit autour d'un jouvenceau ses, au sens classique, amants. Dans cette collective entreprise de séduction, chaque concurrent vante, sous couleur de chanter l'amour, l'offrande qu'il propose en échange des faveurs qu'il recherche. Pausanias, le plus clairement, en pédagogue épris : donne ta peau, je donnerai du savoir. Une femme parle, la seule, absente du *Banquet* et de cette guerre des cœurs. Diotime suspend des rivalités comme elle fit « reculer de dix ans » la peste à Athènes — c'est dire qu'après son passage la fièvre embrase de plus belle. Les vapeurs du vin et du sommeil eurent raison de la fête. Mêlés aux corps endormis, discutent jusqu'au matin Agathon, le poète tragique, Aristophane, le poète comique, et Socrate. Nulle oreille à leurs propos, le conciliabule n'eut de cesse jusqu'aujourd'hui, une seule information perce le silence : « L'essentiel était que Socrate les contraignit progressivement à reconnaître qu'il appartient au même homme d'être capable de créer la comédie et la tragédie et que le même art s'applique à l'une et à l'autre. » Le mot grec « créer » donne en français « poésie », le mot grec pour « art » donne « technique » et le mot « capable » donne épistémologie ou savoir. A eux trois ils résument une civilisation. Si l'évocation de Diotime fait le clou du *Banquet* et si la règle formulée par Socrate vaut pour elle, il est temps de s'interroger sur ce qu'elle a de tragique et ce qu'elle traîne de comique.

Des ruptures de ton ponctuent l'envolée lyrique. Elle part du froid compte rendu de la triste naissance d'Eros et pique vers l'enthousiaste et politique faculté que montrent « tous les hommes » à procréer et enfanter dans le beau. Inconditionnel de la prêtresse, P. Boutang note cependant : « La nouvelle clarté que propose Diotime est son premier discours au-delà à la fois du socratisme de la lumière naturelle et de sa propre fable de la naissance d'Eros. » La lumière naturelle est trop celle de la raison voltairienne pour habiter Athènes, mais l'essentiel est dit : Diotime décolle. A cet instant les platoniques commencent à la prendre au plus grand sérieux et les platoniciens marquent socratiquement quelque étonnement. La prêtresse est près de se contredire. Elle a mis au monde le demi-dieu en dures circonstances, pourtant dans le même souffle, sans aucune hésitation, elle claironne que l'homme échappe à ces conditions et que cet être inférieur aux dieux et aux demi-dieux féconde éternellement dans le beau, selon le corps et selon l'âme. C'est l'Olympe renversé.

Eros naît d'une nuit d'ivresse et d'un amour de rencontre. Sa mère était sur le trottoir et son père beurré. Dans l'élégante traduction de Pierre Boutang :

« Grands-Moyens (Poros) ivre de nectar — le vin n'était pas encore inventé — pénétra dans le jardin de Zeus et s'y endormit pesamment. Misère (Penia) alors, en son indigence, a l'idée de

Un opéra gnostique

se faire faire un enfant par Grands-Moyens : elle se couche auprès de lui, et c'est ainsi qu'Eros fut conçu... Etant le fils de Grands-Moyens et de Misère, voici la condition que le sort lui a imposée : d'abord, il crie toujours misère, et il s'en faut qu'il soit tendre et beau comme on le croit généralement : il est dur, desséché, il va nu-pieds et n'a pas de maison ; il couche par terre sans couvertures, en plein air, au seuil des fermes et sur les routes : c'est qu'il a la nature de sa mère et que la misère ne le lâche pas.

« Mais du côté de son père, il est entreprenant pour tout ce qui est bel et bon ; brave, hardi et ardent, grand chasseur... sans cesse en train de machiner quelque coup, cherchant à réfléchir et trouvant toujours moyen : il philosophe tout au long de sa vie et c'est un terrible magicien, sorcier et sophiste... »

Ce texte justement célèbre décrit une aliénation pas exclusivement réservée aux philosophes de profession. Il n'est rien à apprendre de la fabulation socratique que ce qu'elle révèle de nous et en nous, le mythe argumente ad hominem et explicite le travail de l'amour entre passe et impasse, ressource et détresse. La naissance tumultueuse fait image de l'humaine condition et même l'éthéré Ficin se plaît à le reconnaître : « Pourquoi l'amour est-il en partie riche, en partie pauvre ? Parce qu'ordinairement nous ne désirons ni ce que nous possédons pleinement, ni ce dont nous manquons totalement. »

Par malheur pour la suite cohérente des idées, c'est à *nous* « tous les hommes » que Diotime promet les bienfaits — créations du beau dans le beau — par lesquels l'amour élimine purement et simplement les conditions de sa propre naissance : « Toutes les fois que l'être fécond vient au voisinage d'un tel objet, il en éprouve un apaisement délicieux qui le fait s'épanouir, et alors il enfante, il procrée. Mais toutes les fois que c'est une laideur, alors assombri et plein d'affliction, il se met en boule, il se détourne, il se replie ; alors il ne procrée pas... » Appliqué à Poros — Grands-Moyens —, ce règlement eugénique l'oblige à conserver par-devers lui son heureuse fécondité et Amour-Eros jamais ne voit le jour. Il est vrai que Poros avait bu et cuvait son nectar. Convient-il de souhaiter que l'être humain s'abstienne de liquides fermentés pour aider la prêtresse platonique à le sauver des amours ambiguës auxquelles elle condamne les dieux ? L'hypothèse d'une existence sans alcool conclurait étrangement un banquet dont tous les convives roulent sous la table. A l'exception de Socrate qui ne boit pas moins mais mieux. Ce que Diotime confesse de la naissance d'Eros contredit trop aux espérances dont, par sa bouche, l'amour berce l'humanité.

Les conditions de l'amour sont misère, manque, aliénation. A peine né, la situation se métamorphose, l'idylle déborde. Socrate ne peut que s'éclipser, puisque « enfanter dans la laideur est impossible », ses talents d'expert en anémones fanent sans usage. L'existence vient à Eros, naissance tragique de l'amour ; Eros fait venir à l'existence, enfantement sans douleurs, naissance par l'amour vouée à la plénitude : deux temps, deux manières, deux optiques. La deuxième journée de *l'Orestie* avança en encerclant Oreste dans un discours à la Diotime. Son père est sans tache, son acte est pur, le dieu commande, l'ami recommande, Oreste va s'immortaliser à l'ombre de l'ancêtre. Si les dieux l'exigent et l'agréent comme sacrificateur, la crise n'a pas eu lieu ; entre Pylade et Diotime, Socrate incertain devient inutile. La fin de la philosophie, selon la divine Diotime, c'est Oreste intégralement innocent, donc prêt à recommencer Agamemnon. Peut-être fonce-t-il dans l'évidence apollinienne d'un tout-m'est-permis où le parfait du manichéisme gnostique anticipe la candeur du manichéen sordide. Derechef, l'acte mené à bien, le spectacle l'enfonce ; « entre nous ce sont choses que j'ai toujours vues de singulier accord : les opinions supercélestes et les moeurs sousterraines » (Montaigne). Une seconde nuit est tombée sur Argos.

Faut-il reconnaître à Diotime une ironie peu perçue et suprême ? Elle promet à l'individu le maximum d'éternité allouable, il se conservera le même dans la génération des générations ; pourtant, elle le dissout, son corps se modifie, ses idées coulent, il ne meurt pas une fois mais à chaque instant : « On dit qu'il est le même, mais il se renouvelle sans cesse, en dépouillant l'être ancien, dans ses cheveux, sa peau, ses os, son sang et son corps tout entier. Et non pour le corps seulement :

Un opéra gnostique

pour l'âme, ses humeurs, opinions, désirs, plaisirs et peines, frayeurs, rien de tout cela ne persiste jamais en chacun ; une part en surgit, une autre est détruite. »

Que reste-t-il à éterniser ? « mon » sentiment, « ma » pensée ? Diotime n'évoque pas même quelque mauvais génie pour ouvrir un abîme plus renversant que le doute cartésien, elle baigne son individu dans le temps, ce révélateur des révélateurs : « Pour ce qui est de nos connaissances nous ne sommes non plus jamais les mêmes... ce qu'on appelle étudier suppose que la connaissance peut nous quitter ; l'oubli est en effet le départ d'une connaissance, en revanche, l'étude, créant en nous un souvenir tout neuf à la place de celui qui se retire sauve la connaissance et fait qu'elle semble être la même. »

J'avoue être revenu, en ce dernier passage, à la traduction plus classique de Léon Robin. A cause d'un verbe : poein (qui donne poésie), Pierre Boutang le rend par « produire » et non par « créer ». Une tradition bien assise postule qu'il fallut le Dieu de la Bible pour révéler l'idée de création ex nihilo. Pourtant *le Banquet* explore une « poésie » qui ne constitue aucunement l'apanage des poètes de profession : « Tu sais que la poésie (Robin : l'idée de création) est multiforme ; en son sens général c'est, en n'importe quel objet, la cause pour laquelle il surgit du non-être à l'existence (Robin : quand il y a pour quoi que ce soit acheminement du non-être à l'être, toujours la cause de cet acheminement est un acte de création) : ainsi les travaux accomplis dans tous les métiers sont des " poésies " et leurs auteurs des " poètes ". »

Par cette poésie, définie peu auparavant, comme à l'aventure, Socrate transparaît en Diotime. Vue l'omnidévoration du temps, chaque heure est première, chaque instant minicréation non divine mais amoureuse : « C'est, vois-tu, de cette façon que se sauvegarde toute existence mortelle : non pas en étant à jamais identique comme est l'existence divine, mais en faisant que ce qui se retire, et que son ancienneté a ruiné, laisse après soi autre chose de nouveau pareil à ce qui était. Voilà, par quel artifice (mechane), dans son corps comme en tout le reste, ce qui est mortel participe à l'immortalité ; pour ce qui est immortel, c'est d'une autre manière » (trad. Robin).

L'amour fidèle à son acte de naissance ne machine pas dans l'identique et le solide ; plus accrocheur qu'édificateur ou édifiant il s'agrippe au cœur du tourbillon de la mortalité. Dans l'universelle dissolution, si quelqu'un surnage, il faut, en quelque amour-création, qu'il tienne tête ou poing hors de l'eau. C'est l'amour qui « poétise » l'identique sans lui hors d'état d'apparaître ; ce n'est pas l'identité ou l'éternité qui provoque l'amour. Je doute donc la poésie. Le cogito extrême du *Banquet* suggère Oreste moins maître qu'amoureux, pas innocent mais suppliant, Hölderlin du troisième jour : « Pourquoi des poètes en temps de détresse ? » Depuis *l'Orestie* il n'est de temps que de détresse.

LE PRINCIPE D'INCERTITUDE

> « Il a deux adversaires : le premier le presse par-derrière, depuis l'origine. Le deuxième l'empêche d'avancer. En réalité, le premier le soutient dans son combat contre le deuxième, car il veut le pousser en avant, et de même, le deuxième le soutient dans son combat avec le premier, car il le refoule vraiment. Mais ce n'est ainsi qu'en théorie. Car il n'y a pas seulement les deux adversaires, il y a encore lui-même, et qui connaît ses intentions en vérité ? Quoi qu'il en soit, son rêve est de profiter d'un instant sans surveillance — il est vrai qu'il faut pour cela une nuit plus sombre qu'aucune ne fut jamais — pour se détacher du front et, en raison de son expérience de combattant, être érigé en arbitre dans le combat de ses adversaires entre eux. »
>
> FRANZ KAFKA.

1. L'infant pathétique.

Mon séjour touche à sa fin, vous exigez mon retour à Moscou, porteur d'un diagnostic précis. Avide de prévisions chiffrables, la meute des jeunes ordinateurs du CC se prépare. Pain sec et eau. Rien à dévorer que moi. Avant de supprimer ma retraite sous prétexte que j'en ai joui avant terme dans une métropole de la décadence, mes supérieurs devront hésiter, peut-être mon renseignement vaut-il les milliers de rapports qu'il rend inutiles ? Paris reste peuplé d'Orestes.

Revenus de leurs antipodes meurtris, un temps sonnés par de mentales et politiques subversions lancées à l'assaut du ciel et immanquablement retombées sur leurs têtes, ils vont murmurant que vingt ans n'est pas le plus bel âge de la vie, ils n'en croient rien. Le poing dressé des prolétaires fit cliché pour la IIIe Internationale, l'image auparavant symbolisait le désespoir et le défi,

> « A crisper un poing obscur
> Contre des clairons d'azur »...

Ignorant la poésie adulte et responsable de nos organisations l'éternel infantilisme d'un Mallarmé ne laisse jamais son héros la main vide. Elle saisit une paire de dés : « Son désespoir les lance dans l'espace comme on montre le poing... » Moins prometteur encore ce permanent naufrage où ne reste du capitaine qu'une main refermée sur sa chance :

> « Le maître... hésite
> Cadavre par le bras écarté du secret qu'il détient. »

Maître d'un vaisseau fantôme, le navigateur noyé, note Gardner Davies, « n'a pas encore fait son choix. Serrant les dés dans son poing fermé, il hésite... » Les emportera-t-il dans les profondeurs océanes? Les lancera-t-il avant de s'engloutir? Déjà « le corps du naufragé ne lui est plus utile, et le poète n'éprouvera aucun scrupule à se servir du mot " cadavre " pour le désigner. Un bras seul levé hors de l'eau sépare encore le maître du secret de sa destinée... » La séparation peut-être s'abolit et le secret se résume dans le bras tendu hors de la vague, il joue avec l'océanique hasard sans le laisser conclure. L'occident adolescent esquive nos conjonctures, comme Hamlet, « le seigneur latent qui ne peut devenir, juvénile ombre de tous... », joue Oreste à perpétuité.

Du Groenland à la Terre de Feu, de 1945 à ce jour, le débat fait rage entre ceux qui font bloc face à notre bloc et ceux qui prisent divisions et aversions comme l'ultime ruse et la stratégie subtile de leur civilisation. Nos « dissidents » expatriés, à leur tour, se partagent, les uns partisans d'un rassemblement de toutes les forces spirituelles, les autres estimant que les dérèglements des sens et de l'âme passent mieux les frontières pour déliter de l'intérieur les monolithismes les plus compacts. Les généraux tombent rarement d'accord, certains misent sur le commandement unifié des forces alliées, d'aucuns favorisent la dispersion des allume-apocalypses, d'autres encore adeptes du « maillage » inclinent à la municipalisation des stocks de fusées et silos nucléaires, si cette multiplication des risques effraie un potentiel envahisseur. Condensée et contrôlable, diversifiée et incontrôlée, quelle menace s'avère payante? Vaine question, toute la crédibilité des mécanismes détonateurs dépend du courage de qui enclenche. Que la procédure soit une ou multiple, despotique ou anarchique, n'enlève rien à la tentation d'en esquiver les risques, à charge de se démoraliser soi-même avant de dissuader l'autre. Balançant indécidables, les gens d'ouest trompent leur peur d'avoir peur, mais aussi nous abusent; faut-il traiter avec les uns? avec les autres? Sont-ils solidaires? désunis? Se dévoreront-ils ou se retourneront-ils, en dernière minute, contre nous? Si je n'apporte pas de réponse, on me licencie. Ma réponse est qu'il n'y a pas de réponse. L'adversaire a opté pour la stratégie du poulpe, il plonge nos experts dans le noir, rend confuses nos hypothèses, nous paralyse en s'admettant imprévisible. Vouloir se montrer capable de tout pour nous rendre capables de rien monterait une machination précaire si ce comportement n'était préinscrit dans les mœurs : « Je n'admire point l'excès d'une vertu, comme de la valeur, si je ne vois pas en même temps l'excès de la vertu opposée... Car, autrement, ce n'est pas monter, c'est tomber. On ne montre pas sa grandeur pour être à une extrémité, mais bien en touchant les deux à la fois, et remplissant l'entre-deux » (Pascal).

La tragédie fait écho à l'institution d'une justice pour tous, elle célèbre « le progrès des tribunaux, qui est essentiel à la naissance et à l'apparition de la démocratie athénienne... » Elle n'entraîne point cependant ses fidèles vers des prétoires dont la comédie ne tarde pas à susciter force gorges chaudes, elle s'installe dans le tribunal, elle juge les juges. « La tragédie vivante, c'est le drame de la justice populaire en cours d'élaboration », note un helléniste. Il eût pu ajouter que le drame de la justice populaire est de se perpétuer « en cours d'élaboration » ; quand sous prétexte d'en finir, le populaire cesse d'élaborer une justice ou que la justice se moque du populaire, il n'y a plus tragédie ni démocratie.

La politique est spectacle. Cette proposition s'entend péjorativement aujourd'hui, elle assigna, jadis, la seule issue égalitaire au paradoxe socratique de la compétence. Tous peuvent s'affirmer — pas un à un mais ensemble — meilleurs qu'une élite, s'il s'agit d'apprécier une œuvre non un métier : « Voilà pourquoi la multitude est meilleur juge des œuvres de la musique et de celles des poètes : les uns apprécient une partie, les autres une autre de sorte que tous apprécient le tout. » Ni Dieu, ni César, ni tribun, pourrait enchaîner Aristote. Mais spectacle. Mais spectateur. Le mode de communication, donc de mise en scène l'emporte, comme toujours en terre non soviétique, sur le mode pur et simple de production. L'appréciation est laissée à chacun, « c'est le cas de tous les arts dont savent juger les œuvres même ceux qui n'en ont pas la pratique : une maison, par exemple, non seulement celui qui l'a bâtie peut l'apprécier mais celui qui l'utilise la jugera mieux encore... c'est le convive et non le cuisinier qui jugera d'un festin ». Eschyle ne se met au service d'aucune politique, il donne le spectacle en spectacle, par où il attrape une civilisation au piège d'Oreste.

Il n'est pas psychotique par accident mais par occident, enfant lucide d'une civilisation qui contemple les génocides dans le prosaïsme de leur accomplissement et s'efforce de les tenir en respect par l'audace de réciproques massacres. Un écrit porte témoignage de l'Oreste automatique télécommandant l'humble crooner et le valeureux coureur de filles au défilé du troisième millénaire. L'inconvénient de jouxter un voisin trop célèbre fait pâlir le texte dans une obscurité peu méritée. Il vient à la fin du livre VII de *la République* de Platon, il suit de près le fameux « Mythe de la caverne » où Socrate décrit une nuit des sens et de l'ignorance attachante, ceux qu'elle enchaîne s'y trouvent si bien qu'ils doivent être tirés de force vers la lumière. L'auditeur attentif dresse l'oreille quand Socrate, peu après, affirme que les jeunes Athéniens, comme le démon dostoïevskien et le contestataire, se déchaînent d'eux-mêmes. Autant d'enfants trouvés, dit-

Le principe d'incertitude

il, qui commencent dans le respect de père et mère, les tenant pour ce qu'ils se présentent : vrais. Le jeune philosophe (dialecticien) déchaîné ne doit pas ahurir néanmoins, il suffit d'imaginer un enfant « nourri au sein des richesses, dans une famille nombreuse et considérable, au milieu d'une foule de flatteurs et qui arrivant à l'âge d'homme s'aperçoit qu'il n'est pas le fils de ceux qui se disent ses parents et ne pourrait retrouver ses parents véritables ». D'une certaine manière, suggère l'auteur, nous sommes tous nés en milieu spirituellement aisé, « nous avons dès l'enfance sur la justice et l'honnête des maximes qui, comme des parents, ont formé nos esprits, et que nous avons l'habitude de suivre et de respecter ».

Rôdeurs et malandrins qui proposent colifichets séduisants et immoraux sont soigneusement tenus à l'écart du home prospère, jusqu'à ce que, les mains vides mais la langue bien pendue, intervienne l'ironiste. Il demande au jeune homme de bonne souche ce qu'est la bonté, « quand il aura répondu ce qu'il a appris du législateur, qu'on le confonde et qu'à force de le réfuter en cent manières on le réduise à penser que l'honnête n'est pas plus honnête que son contraire et qu'il tombe dans la même incertitude au sujet du juste, du bien, et des choses qu'il révérait le plus, que deviendront, dès lors, dis-moi, le respect et la soumission qu'il avait pour elles ? » A première vue Socrate envisage, comme Hippolyte Taine, que la subversion est due aux professeurs d'insolence et qu'il y aurait moins de révolution, s'il n'y avait point tant d'avocats et d'intellectuels critiques. A deuxième vue, loin de se dénoncer lui-même, Socrate sociologise, de façon encore peu raffinée, et explique la crise dans les consciences par le mensonge, familial ou politique, préalable ; si les valeurs collectives se montraient plus solides, les individus flotteraient moins. Il est quelque chose de pourri au royaume de Danemark, d'où Hamlet. A troisième vue, une sociologie davantage subtile relève, au fil de la comparaison, que le jeune Athénien tombe juste à se découvrir « trouvé » ; Socrate amorce ainsi une infinie série de « confessions d'un enfant du siècle » par quoi chaque génération se croit première à s'affirmer sceptique.

Nous nous demandons « ce qui arrive aux jeunes dialecticiens ». Plus exactement de quel bois se chauffe leur passion, de quoi pâtissent-ils (paskein, 537e). Nous concluons, comparaison aidant, qu'il n'est guère étonnant qu'à « l'exemple de ceux qui les confondent ils confondent les autres à leur tour et que, semblables à de jeunes chiens, ils prennent plaisir à tirailler et à déchirer avec le raisonnement tous ceux qui les approchent. Ils en arrivent rapidement à ne plus rien croire du tout de ce qu'ils croyaient auparavant... » La folle virtuosité, qui fit tout le charme du *Neveu de Rameau* et des nihilistes russes, se trouve ici, désignée comme « manie » (539 c). La mania grecque étiquette, certes, les répétitifs passe-temps des retraités de l'agora, voire les obsessions maniaques, mais avant tout elle protège l'ivresse de qui s'éclate en Dieu. La fable incline donc vers une quatrième moralité et présente le philosophe — possédé de la vérité et quelque peu anormal — comme l'enfant trouvé d'une cité perdue. Collectionneur de vieilles gnoses, réparateur d'antiques porcelaines, il ne se lève, tel l'oiseau de la sagesse, que la nuit tombée, il dévisage et démonte un monde qui s'achève, une vie communautaire et une « moralité des mœurs » à sa naissance déjà en miettes.

Prise à la lettre, cinquième et dernière version, l'histoire évoque un tableau sans nostalgie. Le passé n'abrite aucune sagesse, l'enfant vraiment trouvé se tourne vers lui, découvre son origine, à savoir qu'il n'en a pas. Dès lors s'anticipe le décrochage des successives « révolutions coperniciennes » qui ponctuent la vie des occidentaux. La terre se met à errer dans le ciel et ses habitants, d'époque à époque, perdent le nord à ne pouvoir distinguer ciel et enfer, ombre et lumière, ange et démon. Luther définissait l'homme comme un double crépuscule : « crepusculum vespertinum », entre le jour et la nuit, « crepusculum matutinum », entre la nuit et le jour.

La parabole de l'enfant perdu voulait rendre intelligible l'étrange rage dialectique de déchirer à belles dents les us et croyances, elle finit par justifier l'enragé qui ne s'adapte pas à une famille postiche : toute bonne qu'elle soit, si elle ne supporte pas la question de sa vérité, il ne lui reste qu'à disparaître. La philosophie ne s'élève pas sur des décombres pour en chanter la poésie dernière, elle a partie liée avec ce qui

Le principe d'incertitude 323

ruine plus qu'avec ce qui est ruiné, la manie qui l'habite est rançon de sa liberté face au passé. La situation pathologique du délaissé recouvre la situation historique d'un enfant qui ne s'établit de parents qu'en les adoptant.

Le pathos, passion, dénote simultanément l'émotion, l'affection, le sentiment sans qu'il y ait lieu d'incriminer quelque confusion, il nomme ce qu'il y a de commun dans les rubriques réunies par la psychologie moderne sous le chapeau de « vie affective ». Le mot s'éclaire d'être parfois pris en fourchette entre praxis et éthos. Passion et pratique font couple pour désigner en l'événement ce qu'on subit et ce qu'on fait. L'éthos se détache comme une disposition permanente (les « mœurs » dans la cité, le « caractère » chez l'individu). Divers auteurs modulent ces distinctions, Descartes oppose les passions aux « actions de l'âme », Quintilien différencie le pathos, tyrannie et violence émotionnelle, et l'éthos, sérénité et bienveillance de sentiments plus tranquilles. La parabole socratique échelonne les trois termes, étapes dans une maturation. Les dogmes de notre enfance enseignent l'honnêteté et le caractère (soit : l'éthos). Suit la passion, crise d'originalité. Enfin, si cette manie laisse une issue, vient le temps des responsabilités, le passage à la pratique citoyenne qui implique raisonnement et délibération.

Je m'évanouis « pour » que le danger disparaisse : l'émotion enveloppe une conduite qui, d'un coup de baguette, contrôle magiquement les événements. Je suis sentimental, je me mine pour contaminer, j'agis à distance, je me doue d'ubiquité. L'absence de respect pour la séparation des personnes et la distinction des idées installe, selon nombre de psychologues, un petit homme dans le grand. L'adulte rationnel et ratiocinant loge un double émotif et prélogique. Montant en parallèle les raisons du cœur et les paradoxes de la raison, écrivains et analystes font sauter au contraire cloisons et domiciles fixes, ils réintroduisent aux Anciens qui s'ignoraient prélogiques : « Chaque passion doit être considérée sous trois chefs, pour la colère par exemple, comment on y est préparé, contre quelle personne on se monte habituellement, et à quel sujet. » Aristote fourre la colère d'un discours intime qui dispose, oppose et propose. La passion n'apparaît nullement retranchée dans l'exclusivité d'un rapport à soi, « les passions sont les causes qui font varier les hommes dans leur jugement et qui ont pour suite la peine et le plaisir ». Le terme grec pour dire jugement est « crise », il vaut pour le débat intérieur comme pour le combat extérieur et pour l'indistinction des deux. On peut traduire : la passion fait que l'homme en état de crise change, or l'homme est sans cesse en état de crise donc en état de passion ; vie intellectuelle et vie affective ne se cultivent pas sur des continents séparés, la passion juge et le jugement se passionne.

La parabole socratique se lit comme une progression temporelle non rectiligne, mais circulaire ou spiralée ; la manie du questionner pour questionner derrière lui, le philosophe achevé revient nécessairement sur ses pas, il questionne pour réformer. Pas de jugement sans passion, la pratique politique du troisième âge ne peut être éducation qu'en se retournant sur les deux autres, elle combat les passions dans les passions pour percer jusqu'aux mœurs premières.

2. Du presque plus au pas encore.

L'Orestie vit les trois époques dans la passion. Agamemnon se veut avant tout un roi, Clytemnestre se choisit mère et femme jusqu'à la ménade, ces enfants terribles sont adoptés par des sentiments qu'ils n'interrogent pas, ils vivent au premier âge. La révolte passionnelle et adolescente anime la deuxième journée. La troisième, « les Euménides », remet les pouvoirs en place et les sentiments en ordre. C'est la journée du « miracle grec » ; Athéna fonde les institutions politiques, installe le tribunal de la cité (l'aréopage), dompte les terrifiantes Erinyes qu'elle fixe sous le nom gracieux d'Euménides, garantissant paix civile et fécondité à Athènes. A la tombée du jour, le chœur ouvre de ses flambeaux le cortège populaire qui porte les Filles de la Nuit en leur nouvelle demeure : « L'ordre ancien et l'ordre nouveau, les Erinyes et les Olympiens sont réconciliés grâce à l'instrument de justice créé pour jamais par l'Etat athénien. »

Qui réconcilie qui ? L'Etat, les dieux ? ou bien, les dieux, le

Le principe d'incertitude

peuple ? Certains dieux, d'autres ? Les commentateurs célèbrent la victoire sur l'hybris et la vieille vendetta ; néanmoins dès qu'ils analysent les ressorts de cette montée vers la civilisation, ils divergent. Rien là que de normal, les grandes tragédies grecques inaugurent souvent par leur conclusion un tumulte de controverses. Ainsi l'*Electre* de Sophocle, jugée par quelques critiques anglais contemporains : « C'est la rayonnante influence d'Apollon qui prévaut depuis le début » (Jebb), « La tragédie d'Oreste est d'avoir mal obéi à l'oracle... » (Sheppard), « C'est le drame d'une âme humaine que son courage conduit de l'angoisse et du désespoir jusqu'à la libération... la voie est désormais ouverte à un avenir serein » (Lesky). Mais encore : « Le résultat final n'est que la plus horrible désolation... » (Thomson), « Un combiné de matricide et d'autosatisfaction » (Murray), « La pièce la plus sombre » (Kitto), « Pour l'œil dénué de préjugés, il n'y a tout simplement ici aucun problème » (Waldock). Baldry récuse l'ensemble et conclut astucieusement : « Sophocle ne nous dit pas grand-chose de sa propre conception... Le lecteur moderne est laissé dans une incertitude... » L'équivoque du finale de *l'Orestie* découvre cette même « incertitude » incombant non aux commentateurs, mais à la tragédie, stratégie d'une pensée qui capte et casse le désir de certitude habitant impensé le spectateur.

La justice triomphe, quelle justice ? « Un arrêt indécis. » Pour sa grande première l'aréopage est en ballottage, autant de voix pour condamner et acquitter, le caillou de la déesse compte double et libère Oreste. Dans la nouvelle justice, les hommes délibèrent, les dieux tranchent ? En instituant « pour l'éternité » le tribunal des citoyens d'Athènes, la fille de Zeus prend à contre-pied une intégriste théocratie : « Si on trouve la cause trop grave pour que des mortels en décident, il ne m'est pas davantage permis à moi-même de prononcer... » Le tragique s'impose à tous et les dieux qui s'en mêlent sont aussi coincés qu'Agamemnon ou Oreste. La présence d'Athéna au tribunal, loin d'être la règle, profile un adieu ; la motivation qu'elle se reconnaît pour acquitter Oreste semble redoubler son hasard : si le matricide pèse moins que le meurtre du père qu'il venge, c'est, comme nul ne l'ignore, qu'elle est « née de Zeus sans mère ».

Mystère ? Pirouette ? Reprend-elle la thèse d'Apollon, champion de l'innocence d'Oreste affirmant la femme, simple réceptacle de la semence mâle, pour zéro dans la procréation ? Rien ne laisse penser qu'Eschyle reprenne l'argument génétique à son compte ; Athéna n'instaure une loi nouvelle qu'à renvoyer dos à dos les inconditionnels des deux crimes.

Le trait d'esprit d'Athéna joue de la théologie plus que de la biologie. Elle partage avec Apollon la faculté de ne prendre les événements en peine qu'à travers les hommes qui les subissent. Seuls les éphémères sont prisonniers des cuisantes alternatives et la nécessité de naître à la fois d'un père et d'une mère redouble leur mortalité : si deux s'incarnent en l'enfant, ce petit dernier ne réincarne personne et se condamne à vivre l'impossibilité d'être l'union à laquelle il doit l'être.

Athéna mire l'énigme de l'acquittement en celle de sa propre naissance, la balle continue de rebondir d'un camp à l'autre. Oreste s'éloigne purifié mais non triomphant, Apollon, dès la tombée du jugement, disparaît sans mot dire, sa mantique sacrée ne gouvernera pas une cité qui élève le juge au-dessus du devin. La partie battue perd sa proie mais gagne des autels. Protégeant sa sagesse du mystère, le compromis terminal semble satisfaire chacun à ne contenter personne ; devenues civilisées, les enfants infécondes de la féconde Nuit érigent en maxime universelle la frustration qu'elles fulgurent : « De ces visages effrayants je vois pour ce peuple sortir un splendide avantage... » conclut la déesse.

Derrière les motifs plaidés ou avoués, une logique plus secrète pousse à l'acquittement, elle tombe des profondeurs du ciel et s'invente dans la vie politique. La plupart des commentateurs postulent que *l'Orestie* s'achève sur une vision « progressiste » de l'histoire. Entre la première et la troisième journée les dieux sont devenus raisonnables ou les hommes ont appris à vivre ensemble. Zeus progresse de la violence sauvage au règne de la concorde, la communauté passe de la loi du talion à la loi écrite. Etape charnière du progrès d'une théologie humaniste ou de la laïcisation de l'esprit public, la tragédie se coince entre un déjà plus et un pas encore : « Le sens tragique de la responsabilité surgit lorsque l'action humaine fait déjà l'objet d'une réflexion,

Le principe d'incertitude 327

d'un débat antérieur, mais qu'elle n'a pas acquis un statut assez autonome pour se suffire pleinement à elle-même. » Oreste ne serait pas tragique s'il s'acquittait lui-même, l'héritier d'Argos veut connaître la sentence d'une cité étrangère, si amie ; là derechef de subtils miroirs le promènent d'arbitre en arbitre, du temple au tribunal où, finalement, une décision qui n'appartient à personne scintille dans l'opacité d'un caillou blanc.

On ne dissout jamais si aisément contradictions et antinomies qu'en les projetant sur l'axe d'une évolution temporelle où elles se résolvent à mesure qu'elles se dissolvent. Le dérapage platonique menace qui évapore le drame sous couleur de l'expliquer. Lire *l'Orestie* comme un mouvement qui se dépasse lui-même pour viser le point de retournement où l'action s'acquitte et se quitte, c'est poser que l'intelligence vraie de la tragédie commente son acte de décès. La passion d'Oreste a un commencement — la mythologie parentale et ancestrale —, elle aurait une fin — la raison dans la cité. Où fixer le point de fuite qui met en perspective une action rétrospectivement élucidable ? Peu importe que le pivot de certitude soit chrétien, cartésien, ou progressistement œcuménique, puisque chacun pose que la tragédie ne se laisse réfléchir qu'en un au-delà qui l'abolit. Et si elle donnait à penser qu'elle ne passe pas ?

Oreste spirituellement se choisit bâtard. La rupture avec les automatismes des mœurs le projette dans l'étape socratique n° 2 où la question : que dois-je faire ? agite pathologiquement. Hanté par les Erinyes suceuses de conscience, il leur fausse parfois compagnie. L'ouverture des *Euménides* nous le présente *suppliant* d'Apollon, il prie, habité d'une passion tournesol : « En vérité, toute chose prie selon le rang qu'elle occupe dans la nature, et chante la louange du chef de la série divine à laquelle elle appartient ; louange spirituelle, ou louange rationnelle ou physique ou sensible ; car l'héliotrope se meut selon qu'il est libre de son mouvement, et dans le tour qu'il fait, si l'on pouvait entendre le son de l'air battu par son mouvement, on se rendrait compte que c'est un hymne à son roi, tel qu'une plante peut le chanter » (Proclus).

Dans la douleur tragique brûle une flamme qui la cautérise, « vivante, je conduis mon propre deuil », proclame, fière, une

Danaenne des *Suppliantes* d'Eschyle. Un chœur qui implore fait appel de son malheur, il précipite les autres, exerce sa pression sur les dieux, et sur les hommes sa violence, par l'évocation d'une non-assistance fatale à la vie en société. L'angoisse étreint un puissant qui l'écoute, « une masse de maux vient sur moi comme un fleuve, et me voici au large d'une mer de douleurs, mer sans fond, dure à franchir ... Je suis contraint de respecter le courroux de Zeus suppliant : il n'est pas pour les mortels de plus haut objet d'effroi » (v. 480). Le tragique s'avère contagieux, sournoisement le suppliant infecte le supplié, la solidarité des gens de mer remue. Une passion héliotrope jamais ne demeure passive, elle sympathise, une double attraction la pousse vers son soleil quand réciproquement la boule de feu l'aspire. Les deux plans — humain, divin — où se joue *l'Orestie* définissent deux pôles d'une vie intérieure qui fait contre-pâtir le mortel et l'immortel.

Ce savoir intime s'attire d'autant plus d'interprétations que *l'Orestie* ne nous renseigne guère sur son contenu, sauf à en affirmer l'existence. La quête, sans cesse recommencée, de la « religion d'Eschyle » ne fournit nulle clé dogmatique, mais témoigne qu'à suivre le fil d'Oreste nous pénétrons la dimension d'un ésotérisme auquel aucune grande conviction d'occident ne se ferme. Comme la tragédie, le Livre ouvre à la vérité présente d'un événement passé. Un kabbaliste juif, un mystique chrétien reprennent à leur compte la perception trans-temporelle de l'herméneute chi'ite : « Les livres saints racontent des événements dont la " geste extérieure " (le zâhir) se présente comme accomplie dans le passé ; ils mettent en scène des personnages, des faits et des gestes, des figures du passé. Il faut cependant que ces événements et ces êtres aient un *sens* différent de celui qu'ils auraient, s'ils figuraient simplement dans un livre profane. S'ils ont un sens pour la vie et la mort de celui qui les lit, c'est qu'ils ne sont pas simplement des événements du " passé ", des événements enregistrés dans les chroniques. »

Les sagesses des peuples à écriture se pensent entre elles, non moins que les grands ensembles mythologiques précédents, dont Lévi-Strauss analyse l'interconnexion intellectuelle. Demeurés longtemps domaines réservés et séparés les ésotérismes semblent

Le principe d'incertitude 329

hermétiquement clos. Les gnoses savantes et mystiques, en chaque religion, se choisissent pourtant « internationalistes ». Elles brisent l'autorité locale des orthodoxies et les limites municipales des institutions pour ériger leur insurrection en principe d'universelle communication.

« Jusqu'à ce jour je récusai mon compagnon
Lorsque mon cœur ne professait pas la même religion que lui
Désormais mon cœur est devenu capable de toutes formes
C'est une prairie pour les gazelles et un couvent pour les moines chrétiens
Un temple pour les idoles et la Ka'ba du pèlerin
Les tables de la Tora et le livre du Qorân
Je professe la religion de l'amour, et quelque direction que prenne sa monture
L'amour est ma religion et ma foi. »

Les stratégies spirituelles multiples se font écho dans la mesure où toutes se veulent expérience de décryptage d'une passion commune à la terre et au ciel. (« Récite le Qorân comme s'il n'avait été révélé que pour ton propre cas », telle est la règle d'or du Perse Sohrawardi.)

En faisant du déchiffrage d'une aventure personnelle et exemplaire une aventure à son tour personnelle et sans exemple, l'ésotérisme retrouve la liaison de la passion (pathein) et de l'intellection (mathein), du pathétique et du mathématique dont *l'Orestie* énonce la loi. L'art de voir et d'écouter — la « théorie » tragique — se prolonge dans un art de lire : « Les gens ne savent pas ce que cela coûte de temps et d'effort pour apprendre à lire. Il m'a fallu quatre-vingts ans pour cela et je ne suis même pas capable de dire si j'ai réussi » (Goethe).

Les divers ésotérismes occidentaux ne traitent pas un même texte, ni ne procèdent par disciplines mentales comparables. Il y a les livres des trois religions du Livre, et les « oracles » chaldéiques, les « révélations » hermétiques, les apocryphes, les gnostiques et Homère. Les manières s'éparpillent, à leur tour, entre la mathématique et la linguistique kabbalistiques, l'alchimie, la poésie mystique, les cosmogonies gnostiques. Pourtant, de décisives exigences paraissent postulées par toutes les méthodes de décryptage.

D'abord, la nécessaire libération du cloisonnement et codage des savoirs établis; la découverte, celle d'Oreste exposé à sa nuit, des risques intellectuels, du vertige et de la noyade : « Monte plus haut que toute hauteur, descends plus bas que toute profondeur. Rassemble en toi-même les sensations qu'éprouvent tous les êtres créés, le feu et l'eau, le sec et l'humide, imaginant que tu es à la fois partout, sur la terre, dans la mer, au ciel, que tu n'es pas né encore, que tu es dans le ventre maternel, que tu es adolescent, vieillard, que tu es mort, que tu es par-delà la mort. Si tu embrasses par la pensée toutes ces choses à la fois, temps, lieux, substances, qualités, quantités, tu peux comprendre Dieu. » Un psychanalyste, ici, devinerait sa règle de libre association.

Deuxième option, l'idée qu'un Dieu, non seulement inconnu mais inconnaissable, se recommande moins des faiblesses du croyant que de la surpuissance du divin : « Le désir de Zeus n'est point aisé à saisir. Mais quoi qu'il arrive, il flamboie soudain, parfois en pleines ténèbres, escorté d'un noir châtiment... Les voies de la pensée divine vont à leur but par des fourrés et des ombres épaisses que nul regard ne saurait pénétrer » (Eschyle). On ne peut passer outre l'occultation du divin; la séparation de l'ésotérique et de l'exotérique devenue irrémédiable, la voie intérieure ouvre seule à un dieu qui ne se manifeste que caché. L'homme qui aborde les mystères sans mystère reste demi-habile (Pascal) et manque la dévotion nécessaire. Henry Corbin rapproche l'occultation du « Graal » à la mort de Parsifal, la disparition du XIIe Imam dans la gnose chi'ite et l'ascension d'Hermès dans le « Corpus Hermeticum » : la révélation ésotérique parce que accession à un savoir caché dissimule son propre accès. Elle interdit qu'on la lise à « livre ouvert » et que sa lettre consolide des institutions sociopolitiques voire une adaptation temporelle. Un dieu absent ne donne pas le pouvoir, il rend à César la tragédie qui lui est due. Agnostos théos, dit la gnose classique; Dieu est inconscient, pourrait traduire un freudien.

Troisième règle constitutive d'une lecture ésotérique, son

Le principe d'incertitude

nécessaire inachèvement : un fait qui s'établit spirituellement ne se laisse pas raccompagner fait établi. L'expérience ne dit jamais son dernier mot : « Tout ton cœur sera saisi par un tremblement extrêmement violent, de sorte que tu penseras que tu vas mourir, parce que ton âme, ravie par la connaissance qu'elle a, quittera ton corps. Et sois prêt à ce moment à choisir consciemment la mort ; alors tu sauras que tu es parvenu assez loin pour recevoir l'influx. Ensuite parce que tu désireras honorer le glorieux Nom en le servant avec la vie du corps et de l'âme, voile ta face et sois effrayé de regarder Dieu. Puis retourne aux conditions du corps, lève-toi, mange et bois un peu, ou rafraîchis-toi avec une odeur agréable et remets ton esprit dans son fourreau jusqu'à une autre fois, réjouis-toi de ton sort et sache que Dieu t'aime » (Scholem). Des événements révélateurs qui redistribuent l'intériorité et l'extérieur, redécoupent l'ésotérique dans l'exotérique pour sonder un être insondable, excluent l'adéquation définitive et la correspondance terme à terme de la lettre et de l'esprit. Le psychanalyste retrouve une mélodie familière, son « analyse », travail proprement *interminable,* obstrue les psychosynthèses normalisant l'intimité par un modèle de comportement « adapté », « sain » ou « convenable » : « Dieu se plaît à renverser les rôles » (Euripide).

Libre association, Dieu essentiellement inconnu, caractère inépuisable de la connaissance, ces conditions de possibilité d'un ésotérisme, l'homme occidental trébuche, comme par hasard, dessus chaque fois qu'il vaque à sa vie intérieure, fût-ce le plus agnostiquement du monde, la psychanalyse l'atteste pour le XXe siècle. Hegel définit *l'Orestie* comme la tragédie d'une justice dont le principe échappe « encore » aux mains mortelles pour briller dans le caillou blanc d'une déesse. La décision, neutre, impersonnelle, stipule un inconscient (« en soi ») auquel la conscience antique ne cessa de se sentir rivée, au rebours de la moderne appelée à promouvoir une justice transparente (« en soi et pour soi, consciente d'elle-même »). Oreste n'est pas Napoléon, il ne s'autocouronne point, sa prière « héliotrope » s'oriente sur un soleil noir ou à tout le moins embué. Les Grecs, certes, imaginaient qu'on pût prier en récusant toute ombre ésotérique, avec une volonté de clarté synoptique dont *Œdipe roi* en ses débuts témoigne infiniment. Ils soupçonnèrent, longtemps, qu'une hybris animait de sa violence implicite une si énorme soif de certitude jusqu'à ce qu'un de leurs derniers esprits philosophiques entreprît d'hégélianiser : la vraie fin de l'âme est de contempler ce qui fait voir, de le contempler intégralement donc d'être l'indubitable : « On ne regarde pas le soleil par une autre lumière que la sienne. Mais comment devenir cette lumière ? Retranche tout » (Plotin, *les Ennéades*, V, 3, 17).

Au troisième jour de *l'Orestie* l'inquiétude est inverse : comment ne pas « tout couper » malgré les revendications symétriques des Erinyes et d'Apollon ? Comment nous éclairer d'une lumière qui nous baigne en nous échappant ?

3. Le mur du temps.

Le chuchotement d'Oreste envahit le monde lorsqu'à la tradition du spectacle pris collectivement succède une culture fondée sur le texte pris seul à seul : « Ce nouveau type d' " initiation " individuelle et purement spirituelle, rendue possible par la lecture attentive et la méditation d'un texte ésotérique s'est développé à l'époque impériale et, surtout après le triomphe du christianisme. Dans la perspective de ce nouveau modèle d'initiation, la transmission des doctrines ésotériques n'implique plus une " chaîne initiatique " ; le texte sacré peut être oublié pendant des siècles, il suffit qu'il soit redécouvert par un lecteur compétent pour que son message redevienne intelligible et actuel. »

Mes camarades soupçonnent-ils que, battant à leurs yeux la campagne, je m'occupe ici de détails décisifs pour notre régime ? La police devrait s'étonner moins si les individus qu'elle véhicule de camps en asiles trouvent un instant d'efficace à diffuser des textes dactylographiés à cinq exemplaires. Ils parlent à l'Oreste occulte qui de temps à autre investit l'Européen. J'insiste : il n'y va pas ici que de sécurité intérieure, mais du rayonnement mondial et de l'influence planétaire de notre Etat socialiste et populaire.

Le principe d'incertitude

Nos camarades des Services et de l'Armée auraient-ils pu débarquer dans les cinq continents, s'ils n'avaient trouvé bon accueil ? Les conditions idéologiques de notre arrivée — toutes circonstances égales — sont connues ; il faut et il suffit que les affligés du cru décident d'opposer à l'armée blanche une armée rouge, à la politique de la police une police politique, à la dictature de la bourgeoisie une dictature prolétarienne, au despotisme colonialiste une terreur révolutionnaire et à l'impérialisme ennemi l'indissoluble fraternité bétonnée par nos renforts. A la guerre comme à la guerre, la symétrie semble aller de soi ; il n'en est rien. Lénine et Staline s'étonnèrent de trouver des populations occidentales souvent rétives aux mobilisations « manichéennes » à la Clytemnestre. Il demeure loisible d'alléguer la situation relativement privilégiée de ces contrées pour expliquer l'échec temporaire de nos partis communistes, mais le reste du monde ne semble pas, entièrement, conquis. La mitraillette du curé guérillero ne dépare guère nos panoplies spéculatives, davantage la voie tierce, souvent empruntée par l'Eglise d'Amérique du Sud qui lutte contre des autorités tortionnaires, mais non pour le pouvoir et choisit le martyre et les droits de l'homme plus que notre révolution. A compter pour simple idiotisme d'ecclésiastique si cela n'affectait un ressort essentiel des mouvements de masse. La force des faibles tient à oser les dangers et la mort bien avant qu'on attelle le char de l'Etat en leur nom. Ce secret recours où le gréviste isolé et le manifestant à main nue retrempe son courage constitue un enjeu. Si nous nous fermons sans capter cette générosité, nos transports de troupe et d'idéologie deviennent fort délicats.

Les chemins de la liberté ne conduisent pas tous à la prise du palais d'Hiver et à l'instauration d'un pouvoir plus dur que l'ancien, rêve-t-on en Europe de l'Ouest. La première Révolution russe de 1905 donna occasion au jeune Trotski d'arguer de la spontanéité populaire contre l'autoritarisme organisationnel du Lénine de *Que faire ?* Léon Davidovitch renia plus tard ce péché de jeunesse et, mimant Robespierre et Saint-Just, lut 1917 avec les lunettes de 1789, passant le plus clair de son intelligence à demander si le sang pervers de Staline fleure bon la Montagne, baigne Thermidor ou annonce Bonaparte. Rosa Luxembourg soutient de l'esprit de 1905 sa critique de la bureaucratie socialiste, puis bolchevique ; seul un iconoclaste osa la doubler voulant liquider de l'organisation à la fois le culte et l'idée de Révolution finale qui la couronne.

Le 22 janvier 1905, ouvriers et petites gens de Saint-Pétersbourg sont réunis devant le palais d'Hiver sous la houlette du pope Gapone. Ils viennent présenter une pétition humble et digne : « On ne reconnaît pas en nous des hommes, on nous traite comme des esclaves. » Le tsar Nicolas II ordonne à la troupe de tirer. Nombreux morts. Voilà les faits. Voici une interprétation : « Dans toute l'attitude, dans tout le geste, dans toute la lente opération de cet immense peuple, ou plutôt de ces immenses peuples, tout homme qui regardera aux réalités des événements politiques et sociaux verra une immense, une infinie supplication, une infinie opération suppliante, et non point une opération révolutionnaire. » Devant ce cortège des damnés de la terre, avant-coureur d'une longue procession qui va balayer la planète et modifier de fond en comble tous les rapports de puissance, Péguy propose de substituer sa « lecture parallèle » à une autre « lecture parallèle ». Paris reçoit les nouvelles de Pétersbourg en les projetant dans des décors et costumes inspirés de Michelet, Aulard et Jaurès : la Révolution de 89 recommence aux portes de l'Asie. A Péguy, la foule des offensés n'évoque pas les images d'Epinal qui rétrospectives illustrent les récits bien-pensants (l'historiographie de la Révolution française les mettra en cause au cours du XXe siècle, non sans peine). L'autre lecture parallèle, non moins ambitieuse, déchiffre la première éruption du XXe siècle à la lumière de la tragédie grecque : « Le mouvement de soulèvement russe actuel est un mouvement de supplication. »

Taxer cette hypothèse de défaitiste fait bonne tactique, mais mauvaise théorie : « Dans Homère, dans les tragiques, le suppliant n'est point un candidat ; il n'est point un demandeur ; il n'est point un homme qui s'abaisse, qui s'humilie, même chrétiennement ; à peine ai-je besoin de dire qu'il n'est pas un moderne qui s'aplatit... c'est lui le suppliant, l'homme plié aux pieds de l'autre, qui domine la supplication... » Imputer à cette

Le principe d'incertitude

vision une perception misérabiliste de l'histoire serait manquer l'ironie qui rend Œdipe misérable quand il est roi et grand quand il s'aveugle : « De sorte que dans cette rencontre, dans ce dialogue du suppliant et du supplié, qui fait toute la supplication antique, c'est le suppliant quel qu'il soit, qui que ce soit, que ce soit le mendiant errant au long des routes, que ce soit la veuve misérable, que ce soit le proscrit, l'exterminé, le citoyen chassé de la cité, coupable ou non coupable, l'enfant chassé de la famille, coupable ou non coupable, ceci dans l'ordre politique et dans l'ordre de la paix, ou, dans l'ordre de la guerre le prisonnier, le vaincu, le vieillard impotent, que ce soit l'orphelin ou au contraire le contre-orphelin, le vieillard dépouillé de sa descendance, toujours c'est le suppliant qui en réalité tient le dessus, qui tient le haut du dialogue, le haut de la situation. » Nous avons soigneusement gommé l'épisode Gapone de nos livres d'histoire, le pope était stipendié par les services tsaristes. En 1917 certains dirigeants bolcheviques émargeaient comme indicateurs. Partie nulle, les fiches de police ne sauraient suffire à la trancher. Sommes-nous encore persuadés de la vérité bolchevique ? Découvrons-nous dans les mouvements de masse qui secouèrent la Grande Russie l'action d'un peuple révolutionnaire plutôt que l'ébranlement d'un peuple de suppliants ? Je doute que certaines images inoubliables d'Eisenstein confortent la version officielle.

La lecture « suppliante » boite. Pourquoi l'emporterait-on sur le puissant supplié par un happy end moral aussi équivoque que les fastes du grand soir ? A quoi tient la supériorité du suppliant ? Il n'en sait pas plus long, comme imprudemment le soutient Péguy sans se montrer mieux que quiconque à même de formuler ce savoir long. Oreste insinue qu'il sait plus court, le temps l'a usé : « Instruit dans le malheur, je sais plus d'une façon de se purifier » ; implorant Athéna, il enchaîne : « Il n'est rien qu'en vieillissant le temps n'efface. » Il s'agit d'un jeu de mots, à un accent près le verbe effacer (littéralement : détruire) devient « purifier » (katharein). Mallarmé fera encore écho : « Toute vérité acquise ne naissait que de la perte d'une impression qui, ayant étincelé, s'était consumée... La Destruction fut ma Béatrice. »

L'expérience intérieure du temps use, la tragédie entreprend de lui faire user l'hybris en bricolant des engins — intrigues, situations, poèmes — qui localement détruisent ce qui détruit. Le protagoniste, ni pur opprimé ni pur tyran, s'avère tout à la fois supplié et suppliant, soit en même temps comme Œdipe soit successivement comme Oreste, témoin privilégié d'un retournement qui ne s'opère pas seulement par lui et pour lui mais en lui.

Encore quelques pages, camarades, et vous comprendrez pourquoi il n'est pas inconcevable que la vieille Europe se fasse sauter et le monde avec elle si nous l'attaquons directement. Elle a déjà commenté l'événement, en enterrant ses Furies sans les abattre, en les couvrant d'offrandes et en leur prêtant voix : « Il est des cas où l'effroi est utile, ce vigilant gardien des cœurs doit siéger en permanence. Il est bon d'apprendre à être sage à l'école de la douleur. Qui donc, homme ou cité, s'il n'est rien sous le ciel dont la crainte habite en son âme, garderait le respect qu'il doit à la justice ? » Il est vrai que les foules inaugurent aujourd'hui les antres de l'effroi en enfouissant force « Nike Zeus » ou « Pluton ». Les fusées ont succédé aux statues. Subsiste le sentiment qui entoure les objets du culte.

Les certitudes dominantes varient avec les époques. L'incertitude ne bouge pas. Les Européens cohabitent avec elle depuis si longtemps qu'ils s'imaginent difficilement la survoler olympiques. L'incertitude se donne première, indiscutable, par ce qu'on nommerait volontiers un artifice de mise en scène, s'il ne s'agissait d'un a priori qui définit la scène tragique. Et d'abord le mot : skene, en grec, désigne, proprement, le fond de ce que nous nommons notre scène (elle, la surface où les acteurs se déplacent, c'est le proscenium latin, l'orchestra et le proskenia grec). La skene, simple baraque — vestiaire pour changement de costumes — fut remplacée par une structure plus consistante ; la cabane originelle devint une façade pouvant atteindre trente mètres de longueur, en bois pour réfléchir et amplifier les voix des acteurs. Bientôt on la peignit : « Elle faisait partie intégrante de la pièce, qu'elle jouât dans l'imagination de l'auditoire le rôle d'un palais, d'un temple, de la tente d'un général ou même d'une caverne. Certains personnages de la pièce étaient censés y vivre ; ils en sortaient et y entraient. »

Le principe d'incertitude

A la fin des deux premières journées de *l'Orestie,* une petite estrade, l'ekkykléma, roule par la porte de la skene qui vaut l'entrée du palais des Atrides. Juchés sur l'ekkykléma, juste au-dessus d'une cargaison de cadavres, Clytemnestre puis Oreste chantent leur victoire. Tout converge sur un lieu unique, l'espace devant la skene, œil énorme où les raisons se croisent, les images se désintriquent, où les événements qui ont eu lieu ailleurs sont rapportés et les résultats étalés.

Le mur peint par lequel la skene évoque les parois et les portes d'un lieu opaque ne s'ouvre à nul regard indiscret. La Renaissance italienne invente le fond de scène illusionniste, lui raccordant les décors en trompe l'œil approfondissant la scène en tableaux. Les décorateurs perspectivistes constituent la loge du prince en « œil idéal du théâtre ». L'illusion théâtrale, « nouveauté absolue », fait sauter la limite entre celui qui contemple et celui qui agit, elle apporte au spectateur « l'impression qu'il lui était possible de monter sur la scène comme un acteur d'en descendre, que le monde du décor construit était à sa portée et praticable comme un prolongement du monde réel ou vice versa ». Loin de considérer le théâtre antique comme une anticipation maladroite de la scène italienne, il faut le repérer pour son antinomie absolue. Le mur de la skene arrête le regard et le retourne sur son incertitude. Nous ne savons pas ce qui se passe dans les palais ni dans la tête des grands personnages qui y logent ; nous voyons les entrées et les sorties, nous entendons des mots qui évoquent des actes exécutés ailleurs. Pas de loge de prince, pas d'œil spectateur et souverain devant lequel les choses et les événements deviendraient transparents : « Une grande partie de l'action est censée se passer à l'intérieur de la skene. Mais les Grecs n'ont jamais adopté pour la rendre visible, la convention scénique que nous tenons pour acquise, la suppression d'un des murs de la pièce où elle doit se dérouler. »

Au théâtre, acteurs et spectateurs savent en définitive autant : peu dans le drame grec, tout dans l'illusion italienne. Œdipe, même roi, joue sur un fond d'inquiétante étrangeté, la skene fait mur dans le temps comme en l'espace ; ceux qui l'ignorent : Tirésias, Cassandre, les voyants sont météorites venus d'ailleurs ; ceux qui butent contre se découvrent seuls. La skene une fois évanouie dans la promesse perspectiviste de totale visibilité, les couples modernes s'en donnent à cœur joie, le ballon des convictions pleines roule entre Rosencrantz et Guildenstern comme de la Mère au Père selon Jarry, le vide ils l'ont sous les pieds ; entrouvrant à volonté la trappe, ils nourrissent l'invisible de ce qu'ils éludent. La révolution au XXe siècle est une tragédie grecque jouée sur une scène italienne ; elle commence comme Œdipe et finit avec Ubu roi quand la pataphysique des certitudes l'emporte sur l'expérience de l'incertain.

4. Le pur entre son anarchie et son despotisme.

La réalité matérielle de la skene, cet anti-décor, redouble la vérité pathétique d'un individu collé à sa nuit qu'une frontière incisive traverse : « La tragédie... par la mise en œuvre de la pitié (éléos) et de l'effroi (phobos) opère l'épuration (catharsis) de ce genre d'émotions. » Pour livrer sa célèbre définition de l'effet tragique, Aristote ne se place pas dans la tête d'un spectateur idéal, l'alchimie cathartique opère dans le spectacle lui-même, à travers le mythe et l'action présentés, en traitant la compassion et la terreur par la compassion et la terreur. Certes le spectateur apprend à voir, il découvre que « nous avons plaisir à regarder les images les plus soignées des choses dont la vue est pénible dans la réalité ». Mais l'apprentissage a lieu à travers Oreste, son expérience bien considérée nous fait passer « de la simple vision (horan) des choses mêmes — pénibles lorsque le spectacle est repoussant — à un regard (theorein) qui s'accompagne d'intellection et partant de plaisir ». Loin de se décharger sur une histoire imaginaire du trop-plein d'émotions pénibles qui l'étreint, le spectateur transforme une affaire au départ étrangère et mythique, celle des lointains Atrides, en affaire intérieure et poignante, celle de la circulation des passions de toi à moi. Si pâtir du phobos c'est frissonner pour soi, éprouver l'éléos, c'est trembler pour un autre. « Misères, horreurs, épouvantes cruelles à voir autant qu'à subir », énonce la térascopie du *Prométhée* d'Eschyle.

Le principe d'incertitude

Comment traduire la « catharsis » mentionnée par Aristote ? « Purger, modérer, rectifier et même déraciner en nous la passion qui plonge, à nos yeux, dans le malheur les personnes que nous plaignons », propose Corneille. « Purge, tempère, modère », lit Racine. La catharsis corrige, décharge, immunise, exorcise, assainit, transforme, élimine, soulage, apaise, équilibre la passion par la passion. Il existe des interprétations religieuses, médicales, moralisantes, intellectualistes, esthétiques, psychopathologiques ; si l'économie de la jouissance et de la transgression proposée par Bataille et Caillois livre une version moins édifiante, elle ne dépare pas le tableau. Toutes les expériences spirituelles d'occident se sont reconnues et investies dans la machinerie cathartique, la multiplicité des acceptions témoigne moins de la confusion que pour la profusion des sens d'un terme conservé tel par Freud.

De prime abord, il s'agit d'une polémique chère à Aristote, « ce philosophe n'imagina son galimatias des passions que pour ruiner le galimatias de Platon » (Voltaire). On sait que Platon exclut Homère et les tragiques de sa république idéale et de son programme de formation civique, luttant « en éducateur rationnel et en savant contre une éducatrice sentimentale et antiscientifique » (A. Diès) ou théorisant un court-circuitage de générations quotidiennement expérimentées en nos organisations politiques. Quelques camarades gardent encore en mémoire les procès qui permirent à Staline d'éliminer, dans les années 50, les cadres issus de la guerre d'Espagne et de la résistance antihitlérienne. Moins sanglant, plus feutré, aucun aîné ne se refuse à purger ses cadets sous couleur d'accélérer la promotion des benjamins. Les hiérarchies démocratiques vérifient que le troisième âge manipule d'autant mieux le premier qu'il envoie l'intermédiaire sur la touche. L'art d'être grand-père et celui de jouer au roi-philosophe cultive d'identiques raccourcis. Aristote appuie sa contestation démocratique de la Cité-des-Sages platonicienne sur l'existence d'une masse moyenne de citoyens équidistants de la toute-puissance tyrannique et de l'impuissance barbare, tour à tour gouvernants et gouvernés, donc aptes aux deux.

La catharsis, semblablement, fait éclater un schéma éducatif autoritaire. Il appartient à l'individu gouverné par ses passions d'en devenir gouvernant, et à lui seulement. La passion se soigne par la passion. Si l'authenticité du premier âge s'avère situation d'enfant abandonné, si le risque du second est la pathologie, le troisième ne peut la combattre effectivement qu'affectivement, la vérité existe passionnément pour Aristote (comme pour Socrate). Les commentateurs érudits actuels tendent à prendre avec un soupçon d'ironie les péremptoires condamnations que porte *la République* contre les poètes et le théâtre. Le platonisme platonique — celui de Diotime et de Marsile Ficin — ne résume pas la leçon d'un maître qui ne pensa jamais éliminer le mal et concevait la fondation de sa cité idéale comme « la seule tragédie réellement vraie », confirmant la vérité comme tragique tout en revendiquant son monopole. Il faut croire cependant qu'il ne sut guère se défendre contre ses disciples « intégristes » ; Aristote déjà s'oblige à briser un platonisme bien-pensant toujours bien vivant.

La compassion (pitié, sympathie) et la terreur (épouvante, crainte) sont, avant Platon, les sentiments que fait traditionnellement lever la tragédie. Le dernier jour de *l'Orestie* permet d'étaler, aux yeux de tous, ses secrets ; elle fait des ressorts de son émotion le thème de son action. Apollon plaide pour l'acquittement, la compassion le gouverne : « Je défendrai, je sauverai celui qui m'implorera. Terrible pour les dieux comme pour les mortels est le courroux du suppliant contre celui qui l'a sciemment trahi. » Les Erinyes consacrent une implacable chiennerie à venger le sang par l'angoisse, « le rebelle audacieux, dont la cargaison criminelle est faite de trésors pêle-mêle amassés en dépit de la justice, un beau jour, j'en réponds, se verra forcé d'amener sa voile, quand l'angoisse le saisira ». Le mot d'ordre des Redoutables, « ni anarchie ni despotisme », Athéna le reprend à son compte : « Ni anarchie ni despotisme, c'est la règle qu'à ma ville je conseille d'observer avec respect. Que toute crainte surtout ne soit pas chassée hors de ses murailles ; s'il n'y a rien à redouter, quel mortel fait ce qu'il doit ? » Toute œuvre d'art oblige à différencier l'état d'innocence par laquelle on l'aborde et la plénitude dont elle comble son amoureux amateur. L'illusion de départ propre à la tragédie

Le principe d'incertitude 341

est qu'on peut en finir. La vérité qu'elle fait toucher enfin est qu'il n'y a pas d'issue de secours car la circulation du tragique (to deinon) permet la coexistence mortelle. Il faut qu'Apollon ait raison : le suppliant tient en respect le despote. Il faut que les Filles de la Nuit nous hantent : le partage de l'angoisse tient à distance l'anarchie désirante.

Le compromis affectif et politique ne se soutient pas d'une simple addition. L'épouvante se suffit, elle éclate autonome au cœur de l'homme, « elle parle seule directement et spontanément », elle court avant même qu'on l'aperçoive, phobos désigne chez Homère la fuite plus encore que la crainte. La compassion surgit également primitive et non négociable. Au moment où les dieux prétendent que la folie d'Ajax doit le réjouir, Ulysse esquisse un mouvement de recul : « Le malheureux a beau être mon ennemi, j'ai pitié de lui quand je le vois ainsi plié sous un désastre. Et, en fait, c'est à moi plus qu'à lui que je pense. Je vois bien que nous ne sommes, nous tous qui vivons ici, rien de plus que des fantômes ou des ombres légères » (Sophocle).

5. Les vestibules du couchant.

L'opposition des Furies et du Dieu lumineux place Athéna, le tribunal, les spectateurs en état d'*aporie*. Mot à mot : dans l'encombrement du passage et l'inquiétude du sans issue (a-poros). « Lorsque les arguments dans les deux sens se manifestent à nous comme égaux de part et d'autre » et que « nous ne savons que faire », il y a aporie (Aristote). A la différence d'Apollon, sa sœur se montre accueillante avec les repoussantes créatures souterraines. Elle écoute les arguments des deux parties : « Quand on veut résoudre une difficulté (" eu-poriser "), il est bon de l'explorer en tous sens (" dia-poriser ")... chercher sans avoir préalablement exploré les difficultés c'est marcher sans savoir de quel côté l'on doit aller » (Aristote). On croit facilement que pour avancer il faut d'abord savoir où se diriger ; non pas, semble philosophiquement dire Athéna, il convient avant tout d'expérimenter dans quel embarras on se prend les pieds (a-poriser) et cette information première décide de notre démarche, « la difficulté où se heurte la pensée montre qu'il y a un nœud — aporia — dans la chose même ». Installant son tribunal, prêtant une oreille attentive aux plaidoiries, Athéna laisse librement s'affronter thèse et antithèse, quitte à suggérer que si désormais la situation demeure tordue, l'esprit qui en témoigne par son hésitation n'a rien de faux. La tragédie présente l'aporie comme telle sans demi-mesure : « Ombre et lumière offrent des lots qui s'équivalent. ».

Pour Apollon, il n'y a pas de problème : il suffit d'acquitter. Les Erinyes posent qu'il n'y a pas de solution, le sang appelle le sang, à l'infini. Ils s'entre-déchirent, la tête sous l'aporie qu'aucun camp n'est à même d'articuler. L'absence d'hésitation décèle un commun dogmatisme : Apollon blanchit Oreste sans l'ombre d'un doute connu, sans plus de discussion il lui commandait d'assassiner. Le vote nul du tribunal, en manifestant l'aporie, commence à user les fanatismes l'un par l'autre et reconnaît pour la première fois que l'impasse ouvre une brèche.

Opération mentale analogue à celle accomplie dans le *Ménon*. Même les mathématiques ne s'enseignent pas, bien que leur appellation nomme la plus enseignable des sciences (mathein = apprendre, mathéma = savoir transmissible). Aucun forçage didactique n'introduit par effraction leurs vérités, elles nous habitent déjà à notre insu ; Socrate, pour preuve, interroge un esclave choisi ignorant. Il lui fait découvrir la façon de doubler la surface d'un carré donné. Le jeune esclave, comme un rat dans le labyrinthe, court d'échec en échec jusqu'à sa victoire finale, sous l'œil du chat Socrate qui balise le parcours. L'enfant commence par trouver une surface quadruple, se trompe une nouvelle fois, et enfin réussit avec l'aide discrète de son précepteur improvisé. Rien là qui autorise à introduire une, voulue très mystérieuse, doctrine de la réminiscence ; le singe qui veut décrocher une banane réalise de semblables prodiges tâtonnant pour mettre bout à bout des tiges de bambou. Le nerf de l'argument est ailleurs ; il importe peu que le patient ait fini par tomber juste, il se trompe peut-être encore (« pour le

Le principe d'incertitude 343

moment ses opinions vraies ont surgi en lui comme dans un songe » 85 c). Par contre, quand il tombe faux il s'en aperçoit, voilà le miracle autour duquel tourne Socrate : « Songe que d'abord, sans savoir quel est le côté du carré de huit pieds, ce qu'il ignore encore, il croyait pourtant le savoir et répondait avec assurance en homme qui sait, n'ayant aucun sentiment de la difficulté. Maintenant il a conscience de son embarras (il aporise) et s'il ne sait pas, au moins il ne croit pas savoir » (84 a, b). Que le jeune esclave trouve, Socrate s'en moque puisque auparavant il a déjà trouvé qu'il ne trouvait pas ; sur ce point il ne tâtonne pas. Face au vrai, nous pouvons errer, mais face au faux nous sommes dans le vrai. Là, peut-être, une mince différence avec le singe.

L'intelligence crie « terre ferme » au cœur des plus tumultueuses dérives, cette expérience déplace les problèmes élémentaires de la géométrie vers ses fondements. Le *Ménon* renvoie, avec une feinte innocence, au problème de la diagonale du carré. Les géomètres préeuclidiens ne furent pas les premiers à découvrir la difficulté de trouver une commune mesure à la diagonale et aux côtés d'un carré. Les Babyloniens avaient répertorié des procédures permettant de calculer par approximation, toutes exigences pratiques satisfaites. Scandale aussi énorme probablement que celui des antinomies qui engendra la « crise des fondements » du début du XXe siècle, aussi discuté, et aussi ambigu : l'incommensurabilité de la diagonale choque, non quand on la trouve, mais quand on la prouve. En démontrant que le nombre qui exprime la longueur de la diagonale, en fonction du côté, ne peut être ni pair ni impair, des pythagoriciens ignorés ont construit une preuve de l'incalculabilité plus forte que tous les accommodements qui permettent, par excès et défaut, de compter sans tomber juste mais sans erreur. L'inconnu, le ni pair ni impair, la rigueur de la démonstration le fait exister plus et pas moins que les nombres ordinaires soumis à l'alternative d'être pairs ou impairs : « Dieu est un nombre irrationnel », formula un pythagoricien, Lysis, indiquant que la saisie de l'irrationnel (alogos, arétos), en tant qu'aporie, domine les termes qui s'y « aporisent ». La démonstration d'impossibilité introduit une rigueur qui permet de construire à partir d'elle des théories nouvelles (Euclide), l'impensabilité d'une mesure est plus vraie que tous les procédés qui la rendent pratiquement possible. La connaissance s'invente une puissance sur son impuissance.

« Penser l'incalculable », *l'Orestie* en assigne la tâche à Athéna placée devant l'incommensurabilité d'Apollon et des Erinyes. Les deux parties ont à se faire l'une à l'autre dans l'entrelacs de leurs contrastes, non à se fondre : nuit et jour s'affrontent, la cité vit de et dans des conflits qui ne deviennent viables qu'à désespérer de victoires absolues et à décevoir les capitulations sans conditions. Les démonstrations d'impossibilité se croisent. La première vise la logique obscure d'une vengeance continûment réitérée : le sang paie le sang, rien ne clôt la dette, ce n'est pas ainsi qu'une communauté subsiste. Postulons que chaque marteau doit être fabriqué, et fabriqué à coups de marteau. Nul ne pourra marteler le premier. Supposons qu'il existe un marteau, le postulat n'est plus recevable. La récursivité infinie de la vendetta fait l'aporie politique des Filles de la Nuit : elles ne se fixent à recevoir d'offrandes nulle part. Eschyle classe-t-il du bon côté la thèse apollinienne, comme l'en soupçonne souvent la critique ? Innocent, Oreste. L'oracle est infaillible qui lui commande le cadavre de sa mère ; le glaive de la justice ne tremble ni n'hésite ; le bien ne fait pas le mal. Blanchi, Agamemnon. Il a sacrifié sa fille sur l'autel de la patrie. Dans le meilleur des mondes apolliniens, la tragédie n'a pas lieu. Eschyle ne réfute pas en dernière heure une thèse que les trois journées de *l'Orestie* font sans cesse miroiter dérisoire et néfaste ; l'histoire qu'il monte vous en donne davantage, l'insensibilité d'Agamemnon fait surgir le courroux ténébreux de Clytemnestre dont l'horreur appelle le contrecoup d'Oreste : chaque camp réfléchit malgré lui son aporie en suscitant et ressuscitant son opposé.

« A prendre le mot crise dans son sens le plus large, les mathématiques ne cessent jamais d'être en état de crise. Ouverture de conflits, remaniement de principes, réaménagement de méthodes... le progrès des mathématiques est toujours critique » (Desanti). Pendant quelques siècles l'Europe à tort se réconforta du modèle « nomologique » d'un calcul exhaustif et

Le principe d'incertitude

certain. Elle redécouvre désormais une discipline qui « forme le jugement » à l'école buissonnière d'une commune aptitude à raisonner sur l'impossible. Soit la formule « je mens » ou identiquement :
                (1) cette proposition n'est pas vraie.
Soit (1) justement « cette proposition », si (1) est vrai, (1) est faux. Si (1) est faux, (1) est vrai. Gödel a montré la possibilité de construire — en tous langages d'une complexité logique analogue à celle de l'arithmétique élémentaire — une proposition du type (1) dont on ne peut décider. D'une version, élaborée logiquement, du paradoxe du Crétois, Gödel tire divers théorèmes de limitation quant à la possibilité de définir la vérité d'un langage dans ce langage même, quant à la démontrabilité de sa non-contradiction etc. Le libre choix des prohibitions qui ménagent les antinomies logiques engendre diverses manières de fonder une théorie ensembliste, en partant d'une première déception. Le sujet qui vise le savoir intégral profère « au moins une proposition qui le dévalue et le fait sujet supposé de l'ignorance ». Cette déception n'a rien de décevant. Le pouvoir de s'autolimiter n'est pas faiblesse. Que la logique ne parvienne à précontrôler les développements de la pensée n'implique nulle déchéance, les mathématiques « indécidables » se détachent de la démontrabilité logique avec laquelle on les avait confondues et volent de leurs propres ailes. Aucune description finie ne peut rendre compte de ce que nous avons en tête quand nous utilisons la notion de nombre. Mais cette incomplétude nous est présente. Son intuition se donne aussi inépuisable que la perception d'une chose sensible, il subsiste toujours du non-vu et du pas-encore-pensé. A voir et à penser. L'activité mathématique, exploration plus que déduction, est méthode de dialogue (Gödel).

    Loin d'engendrer stérilité, nuisances ou paralysie, le paradoxe du « je mens » et l'inscience du « je sais que je ne sais rien » nous entraînent au cœur d'une opération inépuisable. Elle ne sacrifie pas à l'idée fixe d'une vérité préjugée, mais saute sans filets dans le double mouvement du spectateur qui se met dans le coup et de l'acteur qui montre son acte. Eschyle, peu prophète ou prédicant, se borne à placer chacun devant ce qu'il enclenche. Aux Erinyes il fait boire en une seule goulée la vanité d'un sang interminablement versé, tandis qu'il invite Apollon à déchiffrer la traduction infiniment temporelle de ses olympiennes infaillibilités. La seule présupposition de *l'Orestie* est le face-à-face, sans survol, sans croupir souterrain. Il faut que chacun devienne pour soi un problème afin de consentir à poser sur l'autre des pensées moins exclusives et meurtrières. De prime abord, Athéna réconcilie peu, elle divise ; elle ne soude pas la cité, elle la voue aux nouvelles fonctionnaires de l'inquiétude.

Nietzsche a tiré la tragédie du côté d'une origine nocturne et dionysiaque, Hegel l'a poussée vers une fin où trop de diurne lumière l'efface, Aristote l'élève sans réticences au plus haut, « plus philosophique que l'histoire ». L'histoire, conçue comme une chronique de ce qui se passe, différencie l'imaginaire et un réel particulier. Les poètes épiques et tragiques explorent, quant à eux, ce qui peut arriver, et distinguent le possible de l'impossible ; ils ne craignent pas de surprendre « car il est vraisemblable que beaucoup de choses se produisent même contre le vraisemblable ». Spectacle et théorie, la tragédie publie le miracle d'une vue qui pense et d'une pensée qui voit, en prospectant l'inattendu, elle tire de l'ensemble des renversements concevables un ensemble renversant chaque fois unique : à la différence de l'épopée une représentation tragique doit laisser « embrasser d'un seul regard le début et la fin », elle fait apparaître sa cohérence.

Le géomètre ne conclut rien des lignes particulières qu'il trace, il raisonne sur « ce que la figure manifeste ». De même il importe peu que le niveau de vie et le statut historique dont jouissent les Atrides ne correspondent guère aux pouvoirs du citoyen moyen qui les contemple. Les lignes de chance que croise le spectacle manifestent le problème, comme le carré atemporel se laisse indifféremment tracer sur le sable ou le tableau noir. Le contraste du jour et de la nuit dans l'unité d'un paysage politique, l'incommensurabilité de la diagonale et du côté, autant d'apories qu'il nous appartient de poser ou pas, bien qu'elles organisent le plat pays où nous nous embarrassons de vivre. Il fut réservé à la géométrie et à la tragédie d'exhiber cette passion problématique, qui s'émeut de pure jouissance aux difficultés qu'elle fait circuler : « Le plaisir de boire a un

Le principe d'incertitude 347

contraire, la douleur d'avoir soif ; mais le plaisir de voir que la diagonale est incommensurable avec le côté n'en a point. » Ce goût particulier d'apprendre se perd dès qu'on entonne l'ode à l'accumulation des brevets, diplômes et théorèmes, une boule de neige consciente se gonfle de ce qu'elle dépasse, mais désespère des lendemains qui la passent à son tour. Une connaissance qui double son progrès d'un regrès, gravissant comme à reculons les marches de sa propre érudition, voyant de plus en plus loin parce que, de fondement en fondement du fondement, se juchant toujours plus haut, évoque un plaisir certainement supérieur à celui du géomètre tragique mais moins inaltéré : la jouissance de boire le savoir absolu ne se prive pas d'écouter à ses pieds les gémissements d'une soif de connaître. De quelque manière qu'on l'imagine, l'ambition d'arriver par l'ascension plaisante du moins au plus détériore la joie sans mélange d'un savoir en acte. Il faut la saisir avant qu'il ne se croie sorti par-devant ou par en haut de son embarras : « C'est ainsi que dans une bataille, au milieu d'une déroute, un soldat s'arrêtant, un autre s'arrête, puis un autre encore, jusqu'à ce que la position de combat se retrouve : de même l'âme est constituée de façon à pouvoir éprouver (paskein) quelque chose de semblable. » Expliquant comment l'âme, voyant des choses singulières, se fait des idées universelles, « induit », Aristote suggère qu'il convient d'entrevoir le « miracle grec » de la connaissance comme celui de la Marne ou de Valmy, en célébrant plus qu'une éphémère victoire le ravissement, en pleine débandade, de se ressaisir.

Quatre épisodes en ce miracle. D'abord se laisser dérouter. La mythologie « pense le sensible en termes de sensible » (Lévi-Strauss) d'où l'illusion qu'elle ne pense pas : ses architectures intellectuelles surgies d'une interlocution des mots et des choses abritent les concepts sans s'effacer en eux. La pensée grecque décolle, elle pense le sensible dans l'intelligible et découvre le second dans le dérapage du premier,
« Victorieusement fui le suicide beau... »
Pas d'idéalisme : la première rencontre avec l'intelligible est celle du Déroutant, amour fils de Penia, diagonale, mort, génocide. Panique dans le sensible, sensibilité à la panique,

l'aporie est un soleil couchant où l'esprit se détache des sens sans bagages ni destinations, plus vagabond que pèlerin,

> « ... Tison de gloire, sang par écume, or, tempête !
> O rire si là-bas une pourpre s'apprête
> A ne tendre royal que mon absent tombeau. »

La déroute stoppe — péripétie n° 2 — non sur des positions de repli pré-parées mais sur elle-même. Elle s'arrête en l'œil qui « embrasse d'un seul regard le début et la fin », celui de Socrate dans la débâcle de Délion, celui du géomètre et du tragique qui endurent le déroutant sans dérobade,

> « Quoi ? de tout cet éclat pas même le lambeau
> S'attarde, il est minuit, à l'ombre qui nous fête
> Excepté qu'un trésor présomptueux de tête
> Verse son caressé nonchaloir sans flambeau... »

Troisième temps : voir où cela mène — à un incalculable rien. La suite des nombres est innombrable et les Erinyes infatigables. Il n'y a pas un « bon infini », une plénitude, quelque chose que dessine en creux le mauvais infini, son absence. L'infini n'est pas chose, mais expulsion sans fin, naissance et mort des choses, comme tel intelligible parce que réitéré. Le raisonnement par récurrence ne s'attend pas au bout, inexistant, de son procès, il émet dans son voyage déjà la capacité d'ajouter et de retrancher, cette intelligence l'emmène.

> « ... La tienne si toujours le délice. La tienne
> Oui seule qui du ciel évanoui retienne
> Un peu de puéril triomphe en t'en coiffant... »

Quatrième halte où plusieurs se retrouvent. Pas l'unanimité. Russell avait délaissé l'idée de contrôler la mathématique par la logique mais pas l'ambition de décomposer toute nébuleuse mentale en atomes d'infragable clarté. A Princeton, pendant la Seconde Guerre mondiale, il venait en voisin chez Einstein et rencontrait Kurt Gödel et Wolfgang Pauli. « Décevantes » à son avis ces réunions, « bien que les trois hommes fussent juifs et exilés et, dans leurs intentions, cosmopolites, je retrouvais chez eux trois une tendance bien germanique à la métaphysique et

Le principe d'incertitude

malgré tous nos efforts, nous ne sommes jamais parvenus à trouver des prémisses communes pour notre discussion ». Russell s'égarait ; bien continental, d'abord, le pari que les frontières se franchissent sans disparaître et que les impasses s'éclairent de l'intérieur : l'Europe se pense dans la diaspora des pays du soleil couchant :

> « ... Avec clarté quand sur les coussins tu la poses
> Comme un casque guerrier d'impératrice enfant
> Dont pour te figurer il tomberait des roses. »

Athéna révèle aux intolérants que l'avenir, comme à tout le monde, leur échappe, mais que son incertitude les avertit (« Nécessairement il y aura demain une bataille navale ou il n'y en aura pas, mais il n'est pas nécessaire qu'il y ait demain une bataille navale pas plus qu'il n'est nécessaire qu'il n'y en ait pas »). Le futur nous est présent dans la flagrance de l'incertain ; attendu qu'il peut se produire de telle ou telle autre façon l'événement lui-même flotte, et les dieux d'en bas et d'en haut doivent accepter de le laisser flotter librement. Sous peine qu'il file entre leurs doigts. *L'Orestie* ne chute pas sur un principe de tolérance qui se borne à faire cohabiter des inconditionnels antagoniques, elle promeut un principe d'incertitude qui force chaque partie à se concevoir comme puissance des contraires, apte à plusieurs avenirs et au non-avenir. A la fin des trois journées d'Eschyle, les dieux semblent entrevoir ce qu'implique une vie de mortel et les mortels que jouer au dieu incendie. Une législation des Etats-Unis prévoit qu'un prévenu cité à témoigner n'encourt pas de condamnation ; Oreste n'est pas acquitté parce qu'innocent ; érigé témoin n° 1 de la tragédie qu'il publie, il s'éloigne roi errant, à la rencontre d'un Socrate démocratisant l'embarras-passion de *l'Orestie*. « Je suis destiné à vous éclairer en me consumant », écrit Benjamin Constant à Juliette Récamier.

« Il est vraiment tout à fait d'un philosophe, ce pathos — s'étonner ; car il n'y a pas d'autres départs régissant la philosophie que celui-là », confie Socrate, entendant par philosophie nul corps de doctrine mais une passion de vivre et de mourir. L'Européen la retrouve implicite lorsque, pas intégralement cynique, il propage la géométrie sentimentale qui l'émeut. « Le pathos de l'étonnement ne se tient pas tout simplement au début de la philosophie comme par exemple le fait de se laver les mains précède l'opération chirurgicale » (Heidegger). L'étonnement est chirurgie qui tranche dans son propre vif et découvre, dans le sans-espoir de son absence de ressources, une ressource inespérée. On ne sort pas de la surprise et de la tragédie, sinon à l'amplifier : « Tout commence par l'étonnement que les choses soient comme elles sont, par exemple les marionnettes-automates, les solstices ou l'incommensurabilité de la diagonale, il semble en effet étonnant à chacun qui n'en suit pas la cause qu'une quantité donnée ne puisse être mesurée par la plus petite unité. Mais on finit à l'étonnement inverse... car rien ne surprendrait tant un géomètre qu'une diagonale qui deviendrait commensurable. » Et rien n'inquiéterait plus un Européen non platonique qu'une cohorte de mortels portés du même pas vers un bonheur sans nuages et une vérité qui ne déroutât point.

NOTES

I. ÉLOGE DU SUFFRAGE UNIVERSEL

LE SECRET DU VOTE

1. « *Bref, dans un acte où le hasard est en jeu...* »

— Stéphane Mallarmé, *Igitur*, Œuvres complètes, Pléiade, Gallimard, p. 441.
— Euripide, *les Suppliantes*, v. 405.
— Aristote, *Politique*, éd. Aubonnet, les Belles Lettres, Paris, II, 1261 a. Traduction Tricot, Vrin, pp. 86-87.
— *Id.*, IV, 1298 a.
— *Id.*, VI, 1317 b.
— Aristote, *Rhétorique*, éd. Dufour, les Belles Lettres, Paris, I, 1365 b.
— « Le principe du tirage au sort... ». J. de Romilly, *Problèmes de la démocratie grecque*, Hermann, Paris, 1975, p. 11.
— Aristote, *Politique*, VII, 1326 b.
— Platon, *les Lois*, éd. des Places, les Belles Lettres, 756 b.
— Aristote, *Politique*, III, 1281 a.
— *Id.*, 1282 a.

2. « *Prêt à y sacrifier...* »

— S. Mallarmé, *Lettre à Verlaine*, OC, p. 662.
— Nicolas de Cuse, *Traité de la vision de Dieu* (1453), Œuvres choisies, éd. de Gandillac, Aubier, Paris, p. 382.
— René Descartes. *Méditations*, I.
— « Vous devriez... ». Descartes, *Réponses aux cinquièmes objections*.

— « Spectateur plutôt qu'acteur... ». Descartes, *Discours de la méthode*, III.
— Edmund Husserl, *la Crise des sciences européennes et la phénoménologie transcendantale,* éd. Gérard Granel, Gallimard, Paris, p. 295.
— *Id.,* p. 442.
— *Id.,* p. 202.
— « Mais moi qui suis-je ? ». Descartes, *Méditations,* II.
— E. Husserl, *op. cit.,* p. 95.
— *Id.,* p. 172.
— Descartes, *Méditations,* II.
— E. Husserl, *op. cit.,* p. 285.

3. *De l'isoloir conçu comme abri-bus...*

— Georges Bataille, *la Souveraineté,* OC, Gallimard, Paris, t. VIII, p. 627.
— Roger Caillois, *l'Homme et le Sacré,* Gallimard, Paris, p. 116.
— René Schaerer, *la Question platonicienne,* Vrin, pp. 100-101.
— Platon, *Alcibiade,* éd. Croiset, les Belles Lettres, 112 a, b, c.
— Marcel Mauss, *les Fonctions sociales du sacré, Œuvres,* éd. de Minuit, t. 1.
— *Id.,* p. 306.
— *Id.,* p. 302.
— *Id.,* p. 299.
— « Dans l'Inde enfin... ». *Id.,* p. 300.
— Ernst von Salomon, *le Questionnaire,* Gallimard.
— « Une fois que la bête... ». M. Mauss, *op. cit.,*p. 235.
— Lévi-Strauss, *Introduction à l'œuvre de Marcel Mauss, in* M. Mauss, *Sociologie et anthropologie,* PUF.

4. *Tantôt je pense et tantôt je suis* (P. Valéry).

— « Chaque homme porte en lui un ego transcendantal ». E. Husserl, *la Crise..., op. cit.,* p. 211.
— « Le pays... ». François Mitterrand, *le Coup d'Etat permanent,* Plon, 1964, p. 30.
— Descartes, *le Discours de la méthode,* III.
— Descartes, *Méditations,* I.
— « Le paradoxe... ». E. Husserl, *op. cit.,* p. 294.
— *Id.,* p. 299.
— La question de la souveraineté très nettement formulée par Jean Daniel en son éclatante actualité (*le Nouvel Observateur,* 22 août 81). Après avoir établi « qu'en ce régime le lieu unique de l'autorité cohérente ne pouvait être que l'Elysée... », il précise : « La seule limitation des pouvoirs du président n'est plus réfugiée au parlement, où l'opposition ne peut guère espérer jouer un rôle (Jacques Chirac a perdu son pari), mais dans les différentes tendances qui traversent le parti socialiste. Or, dans la phase actuelle, il est peu probable

Notes

que l'une quelconque de ces tendances prenne les risques de la conflictualité. Le congrès de Valence, en octobre prochain, devrait être sans histoire. D'où la nécessité et l'importance de bien cerner ce lieu, l'Elysée, source de toute puissance. »

— « Après Dieu... ». Jean Bodin, *les Six Livres de la République,* Paris, 1583. Reprint Scientia Verlag Aalen, 1977, livre III, p. 431.

5. Abraham.

— Sören Kierkegaard, *Crainte et tremblement,* 1848, OC V, éd. de l'Orante.
— « On ne peut pas pleurer... ». *Id.,* p. 152.
— « Détruire de ses propres mains... ». Léon Chestov, *Kierkegaard et la philosophie existentielle,* Vrin, 1936, p. 179.
— « Abraham est le plus grand... ». *Id.*
— « Abraham crut et ne douta point... ». Kierkegaard, *op. cit.,* p. 116.
— « Si quelqu'un... ». Luc, XIV, 26.
— « Là est sa consolation... ». Kierkegaard, *op. cit.,* p. 201.
— « Il gravit la montagne... ». *Id.,* p. 129.
— « Poursuivons... ». *Id.,* p. 129.
— « Je me propose... ». *Id.,* p. 145.
— « Et si dans ma détresse... ». *Id.,* p. 200.
— « Je peux bien... ». *Id.,* p. 130.
— « Ils se purifient... ». Héraclite, fragment 5 *in* Jean Bollack et Heinz Weismann, *Héraclite ou la séparation,* éd. de Minuit, p. 71. L'aphorisme continue : « Et ils prient ces statues qu'ils voient comme un homme qui parlerait à des maisons. » Contrairement à ce que suggère le commentaire de Chestov, Kierkegaard ne se donne pas pour alter ego d'Abraham, pas plus « chevalier de la foi » que fervent de l'éthique ou de l'esthétique ; il ne séjourne en aucun des trois stades, devenant aussi « insituable » que le paraît Socrate (dont Alcibiade souligne l' « atopie », *le Banquet,* 215 a, 221 d). L'homme grec commença à penser en s'étonnant des sacrifices, pensée et étonnement ne se quittent plus depuis : « Cela ne permettra pas de mieux comprendre Abraham mais de faire tourner dans tous les sens l'impossibilité de le comprendre, car je le répète, Abraham m'est inintelligible, et je ne peux que l'admirer. » Kierkegaard, *op. cit.,* p. 198. La subtilité de la dissuasion délègue à l'adversaire le soin du dernier pas, « il » se sacrifie et avec lui, nous, seule façon de proférer : nous nous sacrifions, après Héraclite.

6. « S'arroger... »

— S. Mallarmé, *Villiers de l'Isle-Adam,* OC, p. 481.
— G. Bataille, OC, t. VIII, p. 305.
— *Id.,* p. 360.

L'ESPRIT DES INSTITUTIONS

— « Le théorème de Pythagore... ». E. Husserl, *l'Origine de la géométrie*, éd. Derrida, PUF, Paris, p. 179.
— Jean Bodin, *op. cit.*, préface, IV.
— « Eviter la confusion... ». *Id.*, livre II, p. 252.
— *Id.*, préface.
— « Pierres angulaires ». *Id.*, livre IV, p. 575.
— « Dès le fondement ». Descartes, *Méditations* I, *Discours* III.
— Jean Bodin, *op. cit.*, livre IV, p. 504.

1. La nouvelle géopolitique.

— S. Mallarmé, *Echos des salons et de la plage*, OC, p. 732.
— J. Bodin, *op. cit.*, livre IV, p. 635.
— *Id.*, livre II, p. 288.
— J. Bodin, *la Méthode de l'histoire*, trad. Pierre Mesnard, éd. les Belles Lettres, Alger, 1941, p. 143.
— N. Machiavel, *Discours sur Tite-Live*, livre II, chap. XIX.
— Sur cet espace économico-politique, Cf. Michel Foucault, *les Mots et les choses*, Gallimard, p. 183.
— J.-P. Sartre, *Critique de la raison dialectique*, Gallimard, Paris, p. 667.
— J. Bodin, *la Méthode...*, p. 299.
— « Il ne faut jamais craindre... ». J. Bodin, *les Six Livres...*, livre V, p. 705.
— *Id.*, livre I, p. 73.
— Denis Richet, *la France moderne*, Flammarion, p. 109. Geralde Nakam, éditant J. de Lery, l'*Histoire mémorable du siège de Sancerre*, éd. Anthropos, continue : « A peu près toutes les confréries du travail sont représentées à Sancerre, et pas des plus riches, tant il est vrai que le mouvement de protestation religieuse se conjuguait assez nettement, en ces années du moins, avec une prise de conscience sociale. On y voit donc des artisans — cordonniers, menuisiers, pelletiers, corroyeurs —, des marchands — bouchers, merciers, bonnetiers, hôteliers — et aussi des " intellectuels du XVIe siècle ", comme dirait Jacques Le Goff : plusieurs ministres du culte, un notaire, un avocat, un médecin, un libraire, des savants et des membres des Universités », pp. 67, 68.
— « Les églises transformées en club... ». Charles Labitte, *De la démocratie chez les prédicateurs de la Ligue*, Durand, Paris, 1866, p. 15.
— D. Richet, *op. cit.*, p. 110.

2. Les mystères personnels de l'Etat-nation.

— Pierre Nora (dans *Présentation* de K. Marx, *les Luttes de classe en France*, J.-J. Pauvert) dresse un état du débat Tocqueville-Marx.
— « Elle fit place... ». Hannah Arendt, *Essai sur la Révolution*, trad. M. Chrestien, Gallimard, Paris, p. 131.

Notes 355

— Karl Marx, *le 18 Brumaire de Louis Bonaparte*, éd. Sociales, 1961, p. 124.
— « Du second empire... ». P. Nora, *Présentation, op. cit.*, pp. 18-19. Marx rectifie après coup : « Sous sa domination (i.e. Napoléon III) la société bourgeoise libérée de tous soucis politiques atteignit un développement dont elle n'avait elle-même jamais eu idée » (*la Guerre civile en France*, éd. Sociales, 1953, pp. 40-41). C'est ainsi que le paradoxe de la servitude volontaire, redécouvert, passa dialectique matérialiste.
— Charles Morazé, *la France bourgeoise*, Armand Colin, 1946, Paris, p. 204.
— « La prescription... ». J. Bodin, *les Six Livres...*, livre II, p. 299.
— Sur l'épisode du *Mayflower*, voir H. Arendt, *Essai...*, pp. 252 et sqq.
— « Pouvoir de commander... ». J. Bodin, *les Six Livres...*, livre III, pp. 374 et 393.
— « Le mot puissance... ». *Id.*, livre I, chap. IV, p. 29.
— « Le tien et le mien ». *Id.*, livre VI, p. 948 et livre II, p. 265.
— Saint-Just, *Fragments sur les Institutions républicaines*, Œuvres, éd. Vellay, 1908, II, p. 507.
— Le 10 décembre 1848, K. Marx, *les Luttes de classe...*, p. 108.

3. *Psychologie pour un prince amer de l'écueil.*

— S. Mallarmé, *Un coup de dés jamais n'abolira le hasard*, OC, p. 469.
— J. Bodin, *les Six Livres...*, livre IV, p. 652.
— *Id.*, livre IV, p. 580.
— *Id.*, livre VI, p. 965.
— *Id.*, livre V, p. 666.
— « Les hommes du midi... ». J. Bodin, *la Méthode...*, p. 118.
— *Id.*, p. 104.
— J. Bodin, *les Six Livres...*, livre VI, p. 998.
— *Id.*, livre V, p. 686.
— « Les hommes prudents... ». J. Bodin, *la Méthode...*, p. 99.
— « Certaine règle d'or... ». *Id.*, p. 111.
— *Id.*, p. 3.
— « On ne saurait... ». *Id.*, p. 154.
— « Mouvement de repli... ». Lucien Febvre, *Amour sacré, amour profane*, coll. Idées, Gallimard, p. 365.
— Les prières, Montaigne, *Essais*, livre I, chap. LVI.
— « Gouvernées en apparence... ». J. Bodin, *les Six Livres...*, livre VI, p. 945.
— *Id.*, livre IV, p. 576.
— « La mort du roi ». J. Bodin, *id.*, livre VI, p. 975.
— « Monarque ». J. Bodin, *la Méthode...*, p. 199.
— *Id.*, p. 203.
— « Nouveaux desseings... » J. Bodin, *les Six Livres...*, livre VI, p. 959.
— « Que l'on retrouve... » J. Bodin, *la Méthode...*, p. 194.
— « C'est pourquoi... » J. Bodin, *les Six Livres...*, livre VI, p. 986.
— « Aussi est-il... » J. Bodin, *les Six Livres...*, livre VI, p. 963.

4. Du plus dissimulé des taciturnes.

— « Le peuple ne s'entremesle... ». J. Bodin, *les Six Livres...*, livre VI, p. 950.
— *Id.*, p. 972.
— *Id.*, p. 966.
— « Si nous prenons... ». J. Bodin, *la Méthode...*, p. 143.
— « Le grand Dieu... ». J. Bodin, *les Six Livres...*, livre IV, pp. 616-617.
— *Id.*, p. 625.
— « Autorité souveraine ». J. Bodin, *la Méthode...*, p. 142.
— « On voit les maisons... ». J. Bodin, *les Six Livres...*, livre VI, p. 898.
— Nannerl O. Keohane, *Philosophy and the State in France,* The Renaissance to the enlightenment. Princeton Univ. Press, 1980, p. 78.
— « Aux Etats-Unis, la société agit... ». Alexis de Tocqueville, *De la Démocratie en Amérique,* éd. Gain, Librairie Médicis, 1951, p. 91.
— « Staline ». Georges Bataille, *la Souveraineté.* OC, t. VIII, p. 346.
— « La politique extérieure... ». A. de Tocqueville, *De la démocratie...* t. I, p. 357.
— *Id.,* t. II, pp. 360 et 409.
— « Petite nation civilisée... ». *Id.* t. II, p. 364.
— « La première révolution... ». K. Marx, *les Luttes de classe...*, p. 42.

5. Stratégies de l'Etat, stratagèmes du citoyen.

— Roger Caillois, *in* Denis Hollier, *le Collège de sociologie,* Idées, Gallimard, 1979, p. 233.
— « Nous limiterons... ». J. Bodin, *la Méthode...*, pp. 14-15.
— « La science politique... » *Id.*, p. 19.
— « Les difficultés et obscurités... ». Montaigne, *Essais, in* OC, Pléiade, Gallimard, livre III, chap. xii, p. 1052.
— « Je ne voy... ». *Id.,* livre I, chap. l, p. 289.
— « J'ay veu... ». *Id.*, livre III, chap. x, p. 991.
— « Il n'est rien... ». *Id.,* livre III, chap. xi, p. 1005.
— « Ce qui est préférable à tout... ». Charles Péguy, « Préparation du Congrès » (1900), *in Œuvres complètes de Charles Péguy,* Polémiques et dossiers, Textes politiques I, NRF 1940, p. 106.
— « C'est grand cas... ». Montaigne, *Essais,* livre I, chap. xxvi, p. 159.
— « C'est Barroco... ». *Id., p.* 160.
— Le maire de Bordeaux. *Id.,* livre III, chap. x, p. 983.
— E. Kant, *Fondement de la métaphysique des mœurs,* trad. V. Delbos, Vrin, p. 145.
— E. de La Boétie, *le Discours sur la servitude volontaire,* éd. Clastres Lefort, Payot 1976, p. 103.
— « Multitude d'épisodes... ». Aristote, *Métaphysique,* livre λ, 10, 1076 a, trad. Tricot, éd. Vrin, Paris, 1966, t. II, p. 714.

Notes

— Homère, *Iliade* II, trad. Flacelière, Pléiade, Gallimard, p. 119.
— Michel Butor, *Essai sur les Essais*, Gallimard, 1968, en particulier pp. 72 sqq.
— « Il n'est rien... ». Montaigne, *Essais*, livre III, chap. XIII, p. 1049.
— « Fondement mystique... ». *Id.*

6. « *Seul venu à l'heure...* » (Mallarmé).

— « De mesnager sa volonté... ». Montaigne, *Essais*, livre III, chap. X, pp. 980 sqq.
— « Nous n'y apportons... ». *Id.*, livre II, chap. XII, p. 420.
— « L'inutilité du vivre... ». *Id.*, livre I, chap. XX, p. 93.
— « A ceux qui nous régissent... ». *Id.*, livre III, chap. VIII, p. 910.
— « Tant de peuples... ». *Id.*, livre III, chap. VIII, p. 914.
— « Ce bon monsieur de Pibrac... ». *Id.*, livre III, chap. IX, p. 935.
— « De l'art de conférer », *Id.*, livre III, chap. VIII, pp. 899 sqq.
— « Quand on me contrarie... ». *Id.*, livre III, chap. VIII, p. 902.
— *Id.*, p. 901.
— « Non seulement... ». *Id.*, p. 907.
— « L'agitation et la chasse... ». *Id.*, p. 906.
— « Tous les jours... ». *Id.*, p. 900.
— J. Bodin, *De la démonomanie des sorciers*, Paris, 1587, Gutenberg. Reprint, 1979.
— « Après tout... ». Montaigne, *Essais*, livre III, chap. XI, p. 1010.
— « L'horreur... ». *Id.*, livre III, chap. VIII, p. 900.
— « Estant peu aprins... ». *Id.*
— « Les actions qui se... ». *Id.*, livre III, chap. X, p. 989.
— « La carrière de nos désirs... ». *Id.*, p. 988.
— « L'admiration... ». *Id.*
— « Tous les abus du monde... ». *Id.*

7. *Ennemi fidèle et ami intime.*

— « Le rien au contraire... ». Trad. proposée par Jean Beaufret, *le Poème de Parménide*, Paris, PUF 1959. Cf. son commentaire in *Dialogue avec Heidegger*, t. I, éd. de Minuit, pp. 59 et 65.
— « Nous cherchons... ». Avant-dernier paragraphe des *Essais*, livre III, chap. XIII, p. 1096. En quelque sorte le mot de la fin selon Montaigne.
— « Ce court chapitre... ». Martin Heidegger, *Ce qu'est et comment se détermine la physis, Question II*, éd. Fedier, Gallimard.
— Aristote, *Physique*, éd. Carteron, les Belles Lettres, Paris 1973. 184 a, p. 29.
— « Montaigne emploie parfois... ». Michael Baraz, *l'Etre et la connaissance selon Montaigne*, José Corti, 1968, p. 92.
— « En soy mesme... ». Montaigne, *Essais*, livre II, chap. XII, p. 507.

— Maurice Clavel, *Nous l'avons tous tué ou Ce juif de Socrate,* le Seuil, Paris, 1977.
— « L'ami est un autre soi-même... ». Aristote, *Ethique à Nicomaque,* 1168 a, éd. Tricot, Vrin, Paris, 1967.
— « Le dialogue intérieur... ». Platon, *le Sophiste,* 263 d., éd. les Belles Lettres., Paris.
— « La plus radicale manière... ». *Id.,* 259 e.
— « Je ne dresse ici... ». Montaigne, *Essais,* livre II, chap. XVIII, p. 646.
— Œil de Descartes : *Réponses aux Ve Objections* : « ... Vous prouvez cela... par l'exemple de l'œil qui ne peut se voir si ce n'est dans un miroir : à quoi il est aisé de répondre que ce n'est point l'œil qui se voit lui-même ni le miroir, mais bien l'esprit, lequel seul connaît et le miroir, et l'œil, et soi-même. »
— Œil de Socrate : Platon, *Alcibiade,* p. 133.
— « Dans le divin lui-même quelque chose de noir... ». Jean-François Marquet, *Sophia céleste et sophia terrestre,* Cahiers de l'université Saint-Jean de Jérusalem, Berg intern. éd., 1980, p. 80.
— « Vicieux... ». Aristote, *Ethique à Nicomaque,* 1166 b.
— « Il n'est pas besoin d'un président... » Platon, *Protagoras,* éd. les Belles Lettres, 8 c.
— « La démonstration... ». Aristote, *les Seconds Analytiques,* éd. Tricot, Vrin, Paris, 76 b 25.
— « Distinguo... ». Montaigne, *Essais,* livre II, chap. I, p. 319.
— « En cet universel naufrage... ». *Id.,* livre III, chap. I, p. 770.
— « Lèse-majesté... ». J. Bodin, *De la démonomanie...* p. 213.
— « Les femmes sorcières ». Cf. Jean Delhumeau, *la Peur en Occident,* Fayard.
— « Et de faict... ». J. Bodin, *De la démonomanie...* p. 139.
— « Car il n'y a... ». *Id.,* p. 87.
— J. Delhumeau, *op. cit.,* p. 261.
— « Un regard... ». J. Bodin, *les Six Livres...,* livre VI, p. 849.
— *Id.,* p. 840.

8. « *Pyrotechnique non moins que métaphysique...* »

— S. Mallarmé, *la Musique et les lettres,* OC, p. 655.
— « Quelques fois... ». Montaigne, *Essais,* livre III, chap. XIII, p. 1055.
— « Tant de villes... ». *Id.,* livre III, chap. VI, p. 889.
— Discussion sur la liberté des journalistes : Charles Péguy, *Lettre du provincial* (1900), *Œuvres en prose,* Gallimard, Pléiade, t. I, pp. 89 sq.
— « Dire la vérité... ». *Id.,* p. 94.
— Les *Œuvres* de Rosa Luxembourg furent publiées par F. Maspero, Paris. Moisei Ostrogorski, *la Démocratie et les partis politiques,* présenté par P. Rosanvallon, le Seuil, 1979. Roberto Michels, *les Partis politiques,* Flammarion, 1971.
— Péguy. *Œuvres,* Pléiade, t. I, p. 96.
— L'épisode de la Rue d'Ulm est également rapporté par R. Rolland

(*Péguy*, Albin Michel) et Jérôme et Jean Tharaud (*Notre cher Péguy*). Je remercie Gérard Guégan d'avoir attiré mon attention sur cet incident révélateur, après la publication de la *Cuisinière et le mangeur d'hommes*. Jean Bastaire *(Péguy l'insurgé,* Payot, p. 29 sq. et *Péguy tel qu'on l'ignore,* Idées, Gallimard) donne des pièces du « procès ».

9. Radio Gutenberg.

— Le texte de Jaurès et la réponse de Péguy, dans *Casse-cou,* Œuvres, Pléiade, t. I, pp. 303 sq.

— André Robinet, *Métaphysique et Politique selon Péguy,* Seghers, 1968, p. 118. Sur la disparition du mal dans la théodicée leibnizienne, voir Christian Jambet et Guy Lardreau, *le Monde,* Grasset, 1978, p. 234 sq.

— Saint Thomas, *Somme théologique I,* Questions v et vi où, via saint Augustin et le pseudo-Denys, l'influence néo-platonicienne bat son plein. Marsile Ficin, *Théologie platonicienne de l'immortalité des âmes,* éd. Marcel, les Belles Lettres, 1964, livre II, chap. i, ii, iii... (t. I, pp. 87, 79). Sur l'histoire du néo-platonisme, Philip Merlan, *From Platonism to Neoplatonism,* Martinus Nijhoff, La Haye, 1975 et Werner Beierwaltes, *Platonismus und Idealismus,* Vittorio Klostermann, Francfort, 1972.

— « Vous ne fondez... »., Péguy, *Casse-cou, op. cit.,* p. 322.

— « Les âmes des empereurs... ». Montaigne, *Essais,* livre II, chap. xii.

— « Je vois les philosophes pyrrhoniens... ». *Id.,* p. 508. Montaigne dresse, implicitement, en regard, la manière des penseurs de son choix, Anaxagore, Démocrite, Parménide, Xénophane (il suit Cicéron) : « Ils ont une forme d'écrire douteuse en substance et un dessein enquérant plustot qu'instruisant... » p. 489.

— Dans une bibliographie immense sur la « crise des fondements », sélectionnons pour y introduire R. Daval et G. T. Guilbaud, *le Raisonnement mathématique,* PUF, 1945. Et pour en rendre compte « intérieurement » l'ouvrage d'un élève de K. Gödel : Hao Wang, *From Mathematics to Philosophy,* Routledge and Kegan, Londres, 1974.

— « Il existe au moins un lieu... ». Jean-Claude Milner, *l'Amour de la langue,* le Seuil, p. 80.

*
* *

Jean Bodin, relativement méconnu en France, se trouve davantage étudié dans les pays anglo-saxons où la permanente référence à l'absolutisme et à Hobbes oblitère son intelligence. Ainsi : Preston King, *The Ideology of Order,* a comparative analysis of Jean Bodin and Thomas Hobbes, George Allen, Londres, 1974 ; Julian H. Franklin, *Jean Bodin and the Rive of Absolutist Theory,* Cambridge Univ. Press, 1973. Le point quasi exhaustif des études bodiniennes actuelles in *Actes du Colloque International Jean Bodin à Munich,* herausgehen von Horst Deuzer, Beck, Munich, 1973. En particulier Robert Derathé insiste sur les limites du prétendu absolutisme de Bodin, pp. 249-250.

Sur la démonomanie, voir en outre Ursula Lange, *Untersuchungen zu Bodins Demonomanie*, Klostermann 1970. L'ouvrage de Pierre Mesnard sur la philosophie politique du XVIᵉ siècle demeurant une introduction obligée, il convient de consulter les études de Gérard Mairet (*Histoire des Idéologies*, dirigée par F. Châtelet, Hachette, t. II). Le cadre général de la « bio-politique de la population » que Bodin programme est défini in Michel Foucault, *la Volonté de savoir*, Gallimard, chap. v.

II. CYNISME

— « Détruire... ». Heidegger, « Qu'est-ce que la philosophie ? » Trad. Axelos-Beaufret, in *Questions* II, Gallimard, p. 29.

Le murmure des mœurs.

— Dostoïevski, *le Sous-sol*, Gallimard, Pléiade, p. 712.
— Quazi Sa'id Qommi, in Henry Corbin, *En Islam iranien*, Gallimard, t. IV, p. 192.
— Epictète, *Entretiens*, éd. Jagu, les Belles Lettres, t. III, chap. 22, « De la profession de cynique », pp. 70-86.
— Les textes faisant référence directe et explicite aux cyniques antiques sont rassemblés par Léonce Paquet, *les Cyniques grecs*, fragments et témoignages, éd. de l'université d'Ottawa, Canada, 1975. Diogène Laërce, *Vies, doctrines et sentences des philosophes illustres*, demeure irremplaçable. Cité ici dans l'éd. Garnier-Flammarion poche. Pour le texte grec : *Diogenes Laertius I et II*, éd. Hicks, Loeb Classical Library, Londres, 1972.
— « Une telle philosophie, admettons... ». Léonce Paquet, *op. cit.*, p. 19. Donald B. Dudley, *A History of Cynism*, 1937, reprint Olms 1967 est peu utile. Un bon tour d'horizon dans *Histoire de la philosophie*, Pléiade, Gallimard, t. I, *les Socratiques* par Jean Brun, pp. 706 sq. A consulter : *Teles, the Cynic Teacher*, éd. E. N. O'Neil, Scholar Press, Montana, USA 1977.
— Plutarque : « Si l'homme d'âge se doit entremettre et mesler des affaires publiques », *Œuvres morales et meslées*, t. I, trad. Amyot, 3ᵉ éd., p. 590.
— « Je n'ai pas appris... ». Plutarque, *les Vies des hommes illustres*, trad. Amyot, Pléiade, Gallimard, t. II, p. 323.
— « Encore y a-t-il... ». *Id.*, p. 491.
— Hipparchia, in Laërce, *op. cit.*, t. II, p. 44.

Une dernière aventure du bipède sans plumes

— La scène du poulet, in D. Laërce, *op. cit.*, t. II, p. 21. Sur la trifonctionnalité, voir Georges Dumézil, *Mythe et épopée*, Gallimard, t. I, p. 288 entre autres.

Premier tableau.

— « Quand les souffles... » S. Mallarmé, *Igitur*, OC, p. 433.
— Platon, *le Politique,* éd. Diès, les Belles Lettres, 1960, 263 d.
— Paranoïa. Jaspers, cité par Jacques Lacan, *De la psychose paranoïaque...,* le Seuil, 1975, pp. 140-141.

Deuxième tableau.

— Sur la perversion. Cf. Piera Aulagnier : *la Perversion comme structure,* l'Inconscient n° 2, 1967.

Quatrième tableau.

— Montaigne, *Essais,* livre II, p. 12.
— Octave Mirbeau, *le Journal d'une femme de chambre.*

Cinquième tableau.

— S. Mallarmé, *Igitur,* OC, p. 433.
— La souricière. Shakespeare, *Hamlet,* III, 2.

Intermède.

— Plutarque, *les Vies...,* t. I, p. 175.
— Simone Weil, *la Source grecque,* Gallimard, 1953, p. 37.
— Thucydide, *la Guerre du Péloponnèse,* éd. Jean de Romilly, les Belles Lettres, 3, 82.

Sixième tableau.

— S. Mallarmé, *la Musique et les lettres,* OC, p. 647.

Septième tableau.

— Sur la conception de la violence-connaissance chez Hegel, voir *le Discours de la guerre,* Grasset, 1979.
— « Le philosophe ignore... ». Platon, *Gorgias,* éd. Croiset, les Belles Lettres, 484 d.

Huitième tableau.

— S. Mallarmé, *Igitur.*
— La mort de Diogène, *in* D. Laërce, II, p. 35.
— Dissuasion : « La stratégie de dissuasion est, par essence, épreuve de volontés, alternance de menaces et de messages, ou mieux de menaces chargées d'un message ou de messages lourds de menaces. » Raymond Aron, *le Grand Débat,* Calmann-Lévy, p. 234.

Neuvième tableau.

— S. Mallarmé, *Igitur.*

Dernier tableau.

— Goethe, *Proverbes* (Sprichwörtliches) 1810-12.
— Définition « mathématique ». Aristote, *Physique*, II, 2.
— « Le principe des individus... ». Aristote, *Métaphysique*, Λ5, 107Λa, p. 662.
— Le mythe du tribunal des morts. Platon, *Gorgias*, 523.
— « Me rendre aussi parfait... ». *Id.*, 526 e.

La sortie de Socrate.

— Maurice Blanchot, *l'Ecriture du désastre*, Gallimard, 1980, p. 108.
— Sigmund Freud, « Considérations actuelles sur la guerre et sur la mort », in *Essais de psychanalyse*, Payot, 1948, p. 236.
— Tertullien, *Liber de Anima*, chap. 50, Migne 2, II, p. 734. Commenté *in* J. Vuillemin, *Essai sur la signification de la mort*, PUF, p.p. 78-79.
— Saint Augustin, *la Cité de Dieu*, éd. Nisard, Firmin-Didot, livre XIII, chap. XI, p. 417 sq.
— « Je n'ose nier... ». Spinoza, *Ethique*, partie IV, prop. 39, scolie.
— Saint Jean de la Croix, *Noche obscura,* strophe IV.
— Spinoza, *Lettre* X à S. de Vries.
— « Qui pourrait être assez stupide... ». Minutius Felix, cf. L. de Beausobre, *Histoire de Manichée et du manichéisme*, Amsterdam 1739, t. II, p. 211.
— « L'homme ne se dévoile homme... ». Carl F. von Nägelsbach, *Homerische Theologie*, Nuremberg, 1884, § 28, p. 42.
— Marc Aurèle XI.
— Goethe, *Second Faust.*
— Platon, *Timée*, 44 a 8.
— Clément d'Alexandrie, avec le commentaire du RP Festugière : *la Révélation d'Hermès Trismégiste*, J. Gabalda, Paris, t. IV, p. 76.
— « Cette assemblée d'égaux... ». Jean-Pierre Vernant, *Mythe et pensée chez les Grecs,* petite coll. Maspero, t. I, p. 180.
— « La neutralité identique... ». S. Mallarmé, *Un coup de dés,* OC, p. 473.
— Orphisme, pythagorisme, cynisme, dionysisme : Marcel Détienne, *Dionysos mis à mort*, Gallimard, 1977, en particulier, pp. 153 sq sur le cynisme vu comme un sauvage marginal bien tempéré.

QUATRE THÈSES PHILOSOPHALES

— Michel Foucault, *la Volonté de savoir*, Gallimard, p. 181.
— « L'énergie lui fait défaut... ». Maurice Blanchot, *Sade* préface à *la*

Notes

Nouvelle Justine, Œuvres complètes du Marquis de Sade, éd. Tête de Feuilles, Paris, 1973, t. VI, p. 38.

1. La suprême adéquation.

— Juliette et la phénoménologie de l'esprit. Le parallèle le plus suivi *in* Jean-Jacques Brochier, *le Marquis de Sade et la Conquête de l'Unique,* Eric Losfeld, 1966.

— « Les tyrans pour faire... ». Montaigne, *Essais,* livre II, chap. XXVII, p. 679.

— « Nulle conduite... ». Maurice Blanchot, *op. cit.,* p. 37.

2. Apathe roi.

— Platon, *Philèbe,* éd. Diès, les Belles Lettres, Paris, 1959, 21 b, c.
— Hans G. Gadamer, *Platos dialektische Ethik,* Felix Meiner, 1968, p. 132.
— « Contracte tout le corps... », *Philèbe,* 47 a, b.
— « Il fallut une révolution... ». G. Bataille, *la Littérature et le mal.*
— « Faisons le bouffon... ». Dostoïevski, *les Frères Karamazov,* Pléiade, Gallimard, p. 44.

3. Napoléon c'est moi.

— J.-P. Sartre, *l'Etre et le Néant,* Gallimard, t. I, p. 691.
— Dostoïevski, *Crime et Châtiment,* V^e partie, chap. IV, Gallimard, Pléiade, p. 474.
— « La plupart... ». *Gorgias,* 526 b.
— Saint Augustin, *la Cité de Dieu,* XIV, 20.
— « L'art... ». Hegel, *Esthétique,* Aubier 1944, t. I, p. 30.
— « Une colporteuse... » Dostoïevski, *les Démons,* Gallimard, Pléiade, p. 338.

4. Economie politique du palais de cristal.

— Sur l'idéologie de la « conquête », R. Ricard, *la Conquête spirituelle du Mexique,* Paris, Institut d'Ethnologie 1933, et G. Baudot, *Utopie et Histoire du Mexique,* Privat, 1977. Et toute l'œuvre d'Ottavio Paz. Sur les circonstances matérielles, Le Roy Ladurie, *le Territoire de l'historien,* t. II, pp. 85 sq.

a. Le sérieux politique.

— « Cette loi... ». Thucydide, V, 105.
— « Là où le jour... ». Platon, *les Lois,* éd. des Places, les Belles Lettres, livre V, 738 d, c.
— « Le curieux... ». Plutarque, *Œuvres morales, De la curiosité,* trad. Amyot, t. I, pp. 204, 205. De même : curiosité espionne = « cette torse du regard qui tord l'âme ».
— « Parce qu'on n'est pas habitué... ». Platon, *les Lois,* 739 a.

b. Le marché du monde.
— S. Mallarmé, *Variations sur un sujet,* OC, p. 398.
— Fernand Braudel, *Civilisation matérielle, économie et capitalisme,* Armand Colin, 1979, t. I, p. 462.
— « Au centre d'une économie-monde... ». *Id.,* t. III, p. 22.

c. La gravitation cynique.
— Plutarque, *Œuvres morales,* « Qu'il ne faut point emprunter à usure », t. 1, p. 412.

LES GRANDS ÉCHANGEURS SOUS LA LUNE

— Michel Foucault, *la Volonté de savoir,* p. 66.

1. Un masque sans visage.

— Aristophane, *les Nuées,* éd. Van Daele, les Belles Lettres, v. 1070 sq.
— Platon, *Timée,* éd. Rivaud, les Belles Lettres, 52 b c.

2. Le tournis et son pivot.

— Sur la fonction logique de la bataille « décisive » selon Clausewitz, cf. *le Discours de la guerre.* Que la crise se substitue à la bataille dans la dissuasion, Raymond Aron, *le Grand Débat, op. cit.,* p. 218.
— Montaigne : « Tout le mouvement du monde se résout et rend à cet accouplage ; c'est une manière infuse partout, c'est un centre où toutes choses regardent. » *Essais,* livre III, chap. v, p. 835. Michel Foucault : « L'important c'est que le sexe n'a pas été seulement affaire de sensation et de plaisir, de loi ou d'interdiction, mais aussi de vrai et de faux... que le sexe ait été constitué comme un enjeu de vérité. » *Op. cit.,* p. 76.
— Shakespeare, *Timon d'Athènes.*
— « Vrayement, Protagoras... ». Montaigne, *Essais,* livre II, chap. XII.
— « Je vous demande... ». Platon, *Protagoras,* éd. Croiset, les Belles Lettres, 355 sq.
— « Comme un homme... ». *Id.,* 356 b.
— « Et si quelque autre... ». *Id.,* 319 c.
— « La tyrannie... ». Platon, *Gorgias,* 469 c.
— Cyrus *in* Hérodote, *Histoires,* éd. Legrand, les Belles Lettres, livre I, p. 153.
— *Zéro commun.* Morgenstern et von Neumann (*Theory of Games*) donnent l'exemple de la métrétique thermique où le zéro de température suffit à assurer la comparabilité des échelles de température.
— Proclus, *Théologie platonicienne,* éd. Saffrey-Westerink, les Belles Lettres. Ex. : Il faut que nous progressions « depuis le haut jusqu'à la limite inférieure de l'Un-qui-est à travers toutes les classes intermédiaires de la réalité » I, 11, p. 53.

Notes

— Platon, *le Politique,* éd. Diès, les Belles Lettres, 270 a-271 a.
— *Id.,* 273 a.

3. Une mystique de la destruction.

— Platon, *Cratyle,* éd. Méridier, les Belles Lettres, 440 c d.
— Platon, *le Sophiste,* éd. Diès, les Belles Lettres, 239 c.
— Platon, *Parménide,* éd. Diès, les Belles Lettres, 160 b-164 a.
— Jean Wahl, *Etude sur le Parménide de Platon,* Rieder, 1926, p. 188.
— « C'est bien... » Platon, *le Sophiste,* 260 c.

4. Les calendes romaines.

— « Les poètes et les philosophes... ». *In* André Pezard, *Dante sous la pluie de feu,* Vrin, 1950, p. 84.
— Etienne Gilson, *Dante et la philosophie,* Vrin, 1939 : « Supprimez la cupidité, il ne reste rien qui s'oppose à la justice. Or, précisément, la seule manière de se procurer un homme libre de toute cupidité est d'en établir un qui, possédant tout, ne puisse plus rien convoiter. Tel serait précisément le monarque unique dont rêve Dante... ». P. 117.
— « Or le monarque... ». Dante, *Monarchie, in* OC, trad. Pezard, Gallimard, Pléiade, p. 647.
— « Ce pour quoi... ». Dante, *le Banquet,* IV, IV, OC, p. 441.
— Gilson, *op. cit.* : « Première forme connue de l'idée moderne d'humanité », p. 180.
— « Cette manière de fonder... ». Gilson, *id.,* p. 14.
— Déduction de l'Empire *in* Dante, *Monarchie,* pp. 723, 644, 659, 692.
— « Cette connaissance totale... ». Gilson, *op. cit.,* p. 168. L'idée d'intellect possible vient d'Averroès, G. Lukacs la versera au compte du marxisme.
— « Actualisa... ». Dante, *Monarchie,* I, IV, trad. Gilson.
— « Sujet du très fort vouloir... ». *Id.,* p. 646.
— « Science est compte... ». *Le Banquet,* IV, XII.

6. Le monde pour un tonneau.

— Joseph Billig, *l'Hitlérisme et le système concentrationnaire,* PUF, 1967. Il marque combien le nazisme est « régi par le mythe du mythe, artifice s'avouant artifice ». Avec la division du travail idéologique idoine : « les savants, les ingénieurs, les entrepreneurs n'ont pas à se livrer aux excès mythiques, la SS le fera pour eux ». Pp. 54 sq.
— « Ne cherchons pas... ». Montaigne, *Essais,* livre II, chap. xxv.

7. Adieu à Diogène.

— « Reconnaître ses limites... ». Festugière, *la Révélation d'Hermès Trismégiste,* t. II, p. 207.

— « La veille... ». Aristote, *Métaphysique*, Λ7, p. 681.
— « Il y a des choses... ». *Id.* Λ 9, p. 701.
— Platon, *Phédon*, 88 b, 95 c-e.
— « Il y a beau temps... ». *Id.*, 99 a b.
— « Hélas quel sort... ». Homère, *Iliade*, p. 279.
— Eschyle, *les Choéphores*, éd. Mazon, les Belles Lettres, v. 895.
— « S'il n'y a rien... ». *Phédon*, 91 b.
— « Peut-être, excellent Himmias... ». *Id.*, 75-76.
— « S'exerce à mourir... ». *Id.*, 81 a.
— « Divagation... ». *Id.*, 81 a.
— « Croquemitaine ». *Id.*, 77 e.
— « Il appartient à un seul... ». Montaigne, *Essais*, livre III, chap. IX, p. 810.
— « Tu ne meurs pas... ». *Id.*, livre III, chap. XIII.
— « Espérer enjamber... ». *Id.*
— « Mon dessein est avisible... ». *Id.*, livre II, chap. IX.
— « A dire vray... ». *Id.*, livre III, chap. XII.
— « Principalement... ». *Id.*, livre III, chap. XIII, p. 1092.
— « La meilleure prose... ». *Id.*, livre III, chap. IX, p. 973.
— « Des objets qui pourraient sembler plutôt ridicules... ». Platon, *Parménide*, 130 b-e.

III. PASSION

— Jean-Paul Sartre, *la Nausée*, Gallimard, Folio, p. 205.
— « Médecins du Monde », voir Bernard Kouchner, *l'Ile de lumière*, Ramsay, 1980.
— Eschyle, *Agamemnon*, éd. P. Mazon, les Belles Lettres. Ed. E. Fraenkel (vol. I : Translation ; vol. II et III : Commentary), University Press Oxford, 1950. Ed. Denniston-Page, Oxford Clarendon Press, 1957.
— « Médite... ». Aristophane, *les Nuées*, v. 700-705.

LA POSSIBILITÉ ABSOLUE

1. Troie infiniment en flammes.

— Hannah Arendt, *Eichmann à Jérusalem,* rapport sur la banalité du mal, Gallimard, 1963. La réponse à Scholem est reproduite dans Gershom Scholem, *Fidélité et Utopie*, Calmann-Lévy, pp. 222 sq.

Notes 367

— Sur la soudaine vertu immaculée d'Agamemnon dans la deuxième journée : H.D.F. Kitto, *Form and Meaning in Drama*, Methuen, Londres, 1977, p. 42.
— E. Fraenkel, t. II, p. 122.
— Aristote, *la Poétique*, éd. Dupont-Roc et Lallot, le Seuil, 1980. Chap. 6 et 8, pp. 53-63.
— S. Freud, *Gesammelte Werke*, t. X, pp. 24-37. Essai sur les trois coffrets.
— H.D.F. Kitto, *Greek Tragedy*, Methuen, Londres, 1973, p. 70.

2. *Philanthropiquement vôtre.*

— Platon sur la démocratie de la tragédie : *République*, X, 604 e et *Gorgias* 502 d.
— Aristote, *la Poétique*, chap. 13.
— Eschyle, *Prométhée enchaîné*, v. 21.
— « Acte de générosité... ». J. de Romilly, *la Douceur dans la pensée grecque*, les Belles Lettres, 1979, p. 45.
— « La charte avait fait... ». H. Arendt, *Eichmann...*, p. 283.
— *Id.*, p. 302.
— « Le régime nazi... ». *Id.*, p. 295.
— « Justice sans l'aide... ». *Id.*, p. 300.
— Discussion de terascopos, E. Fraenkel, t. II, pp. 450 sq.
— Hölderlin, *Remarques sur Œdipe...*, éd. Beaufret-Fedier, 10/18, 1965.
— Péguy, *Clio*, Œuvres, Pléiade, t. II, pp. 252-262.

3. *D'une aveuglante évidence.*

— « L'infini... » Aristote, *Physique*, 207 a.
— « C'est dans le temps... ». Aristote, *id.*, 222 b.
— « Privation de statue. ». Aristote, *Métaphysique*, Z7, 1033 a 14.
— « Nous disons que la matière... ». Aristote, *Physique*, 192 a.
— « Le mal n'existe pas indépendamment... ». Aristote, *Métaphysique,* 09, 1051 a 15.
— Empédocle, commentaire de Jean Bollack, *Empédocle*, 3, Commentaire 2, éd. de Minuit, p. 352.
— M. Buber, *Moïse*, PUF, p. 68.
— La nuit grecque, *in* Clémence Ramnoux, *la Nuit et les enfants de la nuit*, Flammarion, 1959. En particulier pp. 99-100, la discussion avec H. Cherniss contre la réduction « dialectique » (hégélienne) des puissances du nocturne. Cherniss remarque : « que la notion de négativité est propre à nous-mêmes et peut-être aux Grecs tardifs... La ténèbre est une densité, une épaisseur. Il conviendrait alors... de ne pas dire négatif, mais mauvais ou même encore mieux redoutable. Ce qui provoque normalement chez l'homme ordinaire et même chez les dieux la répulsion. »
— « Danemark ». H. Arendt, *Eichmann à Jérusalem*, p. 195.
— Prémisses d'une révolution, note Fraenkel, *Commentaire II,* p. 780.

UN OPÉRA GNOSTIQUE

1. Une présentation de malades.

— « Apprenti homme... ». Jean-Pierre Vernant et Pierre Vidal-Naquet, *Mythe et Tragédie en Grèce ancienne,* Maspero, 1972, p. 151.
— « Destructeurs... ». Saint Augustin, *les Confessions,* trad. d'Arnauld d'Andilly, Garnier, III, 3.
— Melanie Klein, « Réflexions sur *l'Orestie* » in *Envie et Gratitude,* Tel, Gallimard, p. 208.
— On doit à Clémence Ramnoux, *la Nuit...,* l'analyse admirable et détaillée de l'homologie existant entre le poème d'Hésiode et la pièce d'Eschyle tout entière orientée sur « la puissance de la ténèbre », pp. 108-154.
— K. Marx, *Fondements de la critique de l'économie politique,* Anthropos, 1967, t. I, p. 367.

2. Excursion par Nag Hammadi.

— Sur Nag Hammadi, une bonne introduction dans Jean Doresse, *les Livres secrets des gnostiques d'Egypte,* Plon, 1958. Simone Petrement, « Sur le problème du gnosticisme », *Revue de métaphysique et de morale,* avril-juin 1980, et J. F. Marquet, « Préhistoire et Posthistoire », *Revue de métaphysique et de morale,* janvier-mars 1979.
— Sur le Chant de la Perle, G. Quispel, *Makarius, das Thomas Evangelium und das Lied von der Perle,* Leiden, 1967. Le texte dans H. Jonas, *la Religion gnostique,* Flammarion, 1978, pp. 153-173. Etudié par Henri C. Puech, *En quête de la gnose,* Gallimard, en particulier t. I, pp. 186-213 et t. II, p. 235 sq. La version iranienne du « récit de l'exil » *in* Henry Corbin, *En Islam iranien,* t. II, pp. 239 sq.
— « Mon habitant... ». H. C. Puech, *En quête de la gnose,* t. II, p. 186.
— « Un même héros... ». H. C. Puech, *le Manichéisme,* in *Histoire des religions,* Pléiade, t. II, p. 556.
— « Le sauveur-sauvé... » H. C. Puech, *le Manichéisme,* PUF, 1947, p. 71.
— Plotin, *Ennéades,* éd. Bréhier, les Belles Lettres, II, 9.

3. Œdipe et son double.

— « Je voudrais mettre un scorpion... ». *In* saint Augustin, *les Mœurs des manichéens,* éd. Cayré-Van Steenberghen, *Œuvres,* 1, Desclée de Brouwer, 1949, p. 271.
— « Les trois composantes de la tragédie ». Aristote, *Poétique,* chap. II.
— « Principe universel... ». Léon Robin, *la Théorie platonicienne de l'amour,* Alcan, 1933, pp. 217-218.
— « L'hypothèse... ». S. Freud, *Malaise dans la civilisation,* Denoël, 1934, p. 55.

Notes

— Heidegger, « Comment se détermine la physis », *Questions* II, p. 268.
— « Sur la stérésis ». Nul plus qu'Aristote, pas même Nietzsche qui lui emprunte, ne se montre aussi violent, voire radical et injuste dans le déboulonnage du divin Platon. L'attaque vise la pensée du maître à travers les lectures unilatérales qu'en proposent très tôt ses disciples, elle frappe par conséquent de plein fouet tout l'attirail orthopédique qu'on prétend extraire des dialogues. Les historiens de la pensée, Cherniss à notre époque, se sont employés à démêler l'invraisemblable écheveau de méconnaissances, d'interprétations sauvages, de prétentions et de querelles d'école qui embrouillent la relation de l'élève au maître. Aristote contre Platon fait un combat douteux. Aristote contre les platoniques parle, prémonitoire et prophétique, pour vingt-cinq siècles.

L'imbroglio se complique quand l'Europe « renaissante » découvre, via l'imprimerie et Marsile Ficin, l'intégralité des œuvres de Platon aujourd'hui connues. Elle les lit « contre » Aristote. La querelle proprement byzantine fut lancée par Pléthon, venu de Grèce à Florence dans le cadre de la grande réconciliation manquée des Eglises d'Orient et d'Occident. La discussion atteint son acmé en Italie dans la deuxième moitié du XVe siècle, puis arrive en France par Lyon ; hors d'elle on entend mal l'irénisme du cercle de Marguerite de Navarre (« libertin » selon Calvin) et on manque les pointes anti-« académiques » de Rabelais. Aristote (identifié à Averroès) marque le pôle athée, antichrétien, médical, légiste et également traditionnel. Platon au contraire passe pré-chrétien et propagateur de la foi. Le jeu légué par Constantinople, juste avant la Chute, est davantage retors. Pléthon, adepte de Mistra, projette de refondre la société et les mœurs, il se réclame de Zoroastre et de science égyptienne autant que de Platon. Son ennemi Scholarios, patriarche de Constantinople en 1454, défend avec Aristote l'orthodoxie orientale contre Mistra et contre le christianisme latin. Lorsque le cardinal Bessarion, George de Trébizonde et autres Grecs exilés à Rome relancent le match, les signifiants « Aristote » et « Platon » flottent au-dessus de plusieurs mêlées idéocratiques. Enfin Molière vient, il fixe dans le cœur de chaque Français l'image du ratiocinateur absolu, qui marmonne en latin aristotélique dès qu'un quidam s'essaie à penser hors la moyenne parisienne et royale. L'historien de la pensée tente de se délivrer de ces clichés ; autour de Hans Joachim Krämer (*Arete bei Platon und Aristoteles,* Heidelberg 1959) des chercheurs ont relevé tous les filets — écrits ou non écrits — qui enserrent l'Académie et le Lycée, entreprise œcuménique dont l'origine remonte également à une haute antiquité. Faut-il verser au compte de naissantes ambitions dans une université encore à naître la querelle que fait Aristote au « platonicien » ? Ne tourne-t-elle pas au contraire dans le sillage d'une question toujours actuelle : y a-t-il ou non une idée (un visage, une visibilité) du mal ?

Le problème se pose du vivant de Platon qui répond affirmativement. Les dialogues « distinguaient encore le non-beau du laid, le non-grand du petit, le non-juste de l'injuste, laissant exister les idées de laideur, d'injustice et de petitesse. Pourtant la question était posée pour chaque terme : a-t-il un contenu positif ou s'avère-t-il seulement négation de quelque entité positive ? Il devient ainsi possible de comprendre que certains platoniciens eurent tendance à prendre un nombre croissant de termes pour de simples négations et à tenir une quantité de plus en plus importante de phénomènes pour de simples déviations de la normale, ce qui conduit à restreindre la sphère des idées... De sorte que toutes les idées du mal seront rejetées avec l'argument que les maux sont simplement des négations ou des aberrations. Cela devint dogme pour les platoniciens tardifs mais il ne manque pas d'indices d'une telle tendance chez les platoniciens contemporains d'Aristote, bien que cette extension du domaine de la négation soulevât quelque opposition » (Harold Cherniss, *Aristotle's Criticism of Plato and the Academy*, Russel & Russel, N. Y., pp. 267-268). Pour les platoniciens « tardifs », voir en particulier Plotin et ses élèves « néo-platoniciens ».

Le coup de génie aristotélo-freudien déverrouille ce débat trop feutré en redistribuant les donnes : il ne s'agit pas d'ajouter une idée du mal à toutes les idées qu'on se fait des réalités bonnes ou indifférentes ; penser le mal implique qu'on repense la pensée et son érotisation initiale. On peut imaginer entre la matière et la forme une entente naturelle et sans histoire (ce sera pour la postérité l' « aristotélisme » de la nature qui a horreur du vide), on peut postuler des querelles de ménage et des luttes pour le pouvoir (toute une série de platonismes et de contre-platonismes dramatiseront ces scènes), la naïveté est la même qui enferme dans une dualité première — deux parents en chambre — l'origine des choses. Rompant cette intimité la stérésis se donne d'autant plus difficile à concevoir qu'elle regroupe les exclus des banquets de la pensée : l'inégalité, la dissemblance, le néfaste, le malade, la pluralité, le noir, l'immobile, la lourdeur et même la terre sont désignées comme privations en l'apparente confusion des pages d'Aristote. Cette extension « énorme » (Cherniss) prise par un terme en lui-même — comme tout principe — indéfinissable, désoriente la plupart des commentaires qui évacuent le mot et l'essaim de réalités qu'il paraît maladroitement recouvrir. Le sort de l' « instinct de mort » dans la communauté psychanalytique ne fut guère plus heureux.

« L'ubiquité de l'agression et de la destruction non érotique » nous glisse entre les doigts. Il n'est pas d'objet, de personne ou de dieu qui puisse incarner cette mal*faisance* puisque toute chose est *une* chose et, comme telle, unité érotisée (Freud) ou composé de forme et de matière (Aristote). L'absence du pilote, cause du naufrage, ne se ramène pas à la présence d'un bateau sans pilote mais au naufrage — prévu ou perçu — qui, seul, manifeste l'absence-du-pilote. La matière est substance (hypokeimenon) qui sous-tient la chose comme le marbre porte la statue et le bateau l'aventure. Si la matière est pleinement parce qu'elle supporte et suppose, c'est à elle que s'attaque avant tout la stérésis rongeuse d'être qui déporte et oppose ; Aristote rend cet antagonisme par un jeu de mot plus net en grec (matière = hypokeimenon, « sujet » ; stérésis = antikeimenon, « opposé ») : « c'est ou le sujet ou

Notes

l'opposé. J'appelle opposé l'illettré, sujet l'homme ; l'absence de figure, de forme, d'ordre, voilà l'opposé ; l'airain, la pierre ou l'or, voilà le sujet » (*Physique,* 190 b). Ulysse tout au long de *l'Odyssée* poursuit Ithaque, « c'est elle qui s'étend (keitai) toute basse, le plus en avant dans la mer, vers le couchant... » (Homère). L'île se tient là, se contient, se détient et, si on ajoute le préfixe hypo (par en dessous), elle se sous-tient. « Etre, pour Aristote, c'est d'abord et avant tout hypokeistai, s'étendre à la base pour établir le fond de ce qui est en vous » (Jean Beaufret, *Dialogue avec Heidegger,* t. I, p. 104). Donc ne pas être se meut d'abord dans l'anti-keistai, pas simplement sortir-de-la-vue, mais s'effondrer à la base, se perdre corps (matière) et biens (forme).

Au lieu de s'acharner à penser la privation comme quelque chose ou simple absence de quelque chose, il faut reconnaître en elle un mouvement très spécifique, celui de la corruption et de la destruction : « Quand des êtres sont empêchés par la violence d'avoir ce qui leur est naturel, nous disons qu'ils supportent une privation » (*Métaphysique,* θ 2, 1046 a, Tricot, p. 486). Le vinaigre est catalogué comme privation quand Aristote y décèle le mouvement contre nature qui corrompt l'eau, cette eau-matière trouve au contraire méditerranéennement sa forme achevée en s'accomplissant vin. L'âme également connaît ses vinaigres où le même mouvement se repère : « Le vice est la destruction » (*Physique,* VII, 3, 246 a). Pour désigner l'énergie de la pulsion de mort, des psychanalystes lancèrent une « destrudo » faisant pendant à l'énergie de la pulsion sexuelle désignée comme libido. On évite cet usage par crainte de fausse symétrie, la pulsion de mort n'ayant pas d'énergie propre, son énergie propre est la libido. De même le vinaigre et les vices viennent de l'eau et de nous, comme le vin et les vertus, la pâte est la même, seul le mouvement qui la fait lever diffère.

Le vinaigre que poétiquement évoque un philosophe (*Métaphysique* H, 1044 b, p. 473) ne relève jamais nos salades : derrière la chose faite, le vin devenu aigre, se profile ce qui se défait, le devenir aigre d'une matière qui justement n'est pas le vin. Ou bien l'eau aboutit à quelque chose, son œuvre (ergon), son accomplissement, un nectar. Ou bien l'eau n'aboutit à rien, c'est-à-dire n'aboutit jamais et tourne sans fin à l'aigre dans l'âpreté de la privation. Par ailleurs, secondairement, le mouvement produit l'ingrédient dont la cuisinière se sert ; de même le politique sage ne dédaigne pas utiliser des passions douteuses. Les maladies également offrent aux patients la chance d'un « bénéfice secondaire », elles ne cessent cependant pas d'être maladies. Vinaigre, peste ou vice quel que soit le méfait c'est le mouvement de sa malfaisance que l'œil du philosophe suit davantage qu'un résultat dont on s'accommode s'il ne nous accommode.

Le vinaigre est un antivin : autre saveur, autre apparaître, donc autre forme. Mais il n'est pas seulement cela, car l'absence du vin c'est tout simplement l'eau comme l'autre de la forme est la matière. Le vinaigre est vraiment l'antivin parce qu'il est l'anti-eau, il la pollue au point qu'elle ne permet plus d'arroser une terre où pousse le raisin. En termes de physique poétique : bien que le vinaigre vienne du vin, le circuit implique trois stations, on passe d'une forme à l'autre en retournant matière ; c'est vrai dans les deux sens — « il faut que le vinaigre se change en eau pour devenir vin ensuite » (*Métaphysique,* p. 474).

Autrement dit : la destruction ni ne se borne à changer une forme en une autre (supposée inférieure, Plotin) ni ne se résout en matière (supposée brute et informe par d'autres platoniciens) ; elle détruit et la forme et la matière.

Une pensée non érotisée du naufrage, l'inouï de tout déluge, le désastre du fond comme de la forme parce que désastre sans fond ni forme, qui ne se réclame d'aucun envoyeur pour apporter à son disparaissant destinataire une absence de salut, voilà ce qu'Aristote déchiffre dans le vinaigre de l'eau et Freud dans celui de la vie.

Une pensée fissure l'option tout sourire de Diotime : « Ce qui est sain ne produit que la santé, ce qui peut chauffer que la chaleur, ce qui peut refroidir que la froidure, tandis que celui qui sait produit les deux contraires » (*Métaphysique* θ 2, 1046 b, p. 487). Toute conscience est conscience de... répète une phénoménologie à l'occasion naïvement endiotimée. Toute conscience est conscience de quelque chose (une « forme ») ou bien tout aussi primairement conscience de son absence, contre-conscience de..., réplique par avance Aristote : « Dans les êtres qui sont les produits de la pensée, ce qui meut est la forme ou son contraire » (i. e. la privation, *Métaphysique* Λ 4, 1070 b, p. 657). Et une pensée capable des contraires braque sur ce qui l'environne ou bien son désir, ou bien son instinct-pulsion de mort, et rarement l'un sans l'autre : liberté pour le bien *et* pour le mal, insistera Schelling à l'encontre des conciliations de son ancien ami Hegel. (Cf. Heidegger, *Schelling,* Gallimard, pp. 170-171 sq.)

4. Littérature et révolutions (suite).

— « Les étrangers... ». Psaume manichéen, trad. H. C. Puech, *En quête de la gnose,* I, p. 251.

— Platon, *le Banquet,* éd. L. Robin, les Belles Lettres, trad. Pierre Boutang, Hermann, 1973.

— Jacques Lacan, *Séminaire 1960-1961,* « Sur le transfert », tenu à l'Hôpital Sainte-Anne, Paris.

— « Souffrir pour comprendre », *Agamemnon,* v. 177.

— « Terre de lumière... ». Franz Cumont, *Recherches sur le manichéisme,* I, *la Cosmogonie manichéenne d'après Theodore bar Khôni,* Bruxelles, 1908, pp. 7-8 et 11.

— « Dans le monde de lumière... ». *Id.,* p. 14.

— Saint Augustin, Œuvres 17, *Six traités anti-manichéens,* réunis *in* Desclée de Brouwer, 1961. En particulier pp. 439 sq : « Contre l'épître de Mani dite du Fondement ».

— Aristote, *Politique,* V, 1305 a, 1314 a.

5. Du double contre-amour.

— Platon, *Phèdre,* 251 a.
— Maurice Scève, *Delie,* CXLIV.

Notes

— Myrmidons, *le Banquet*, 178 e.
— « Parfaicte amytié... ». Le Fevre de la Boderie, *in* R. P. Festugière, *la Philosophie de l'amour de Marsile Ficin*, Vrin, p. 116.
— « La puissance de Vénus... ». Marsile Ficin, *Commentaire sur le Banquet de Platon*, éd. R. Marcel, les Belles Lettres, Oratio Secunda, p. 157.
— « Quiconque est aimé doit aimer... ». *Id.*, p. 157.
— « Digne de mort... ». *Id.*, p. 158. L'extrême brutalité qui ponctue ici l'exigence de réciprocité en amour fait dresser l'oreille : l'alliance de Marsile Ficin et de Savonarole excède la pure rencontre de circonstance ; à l'horizon de la prédication joachimiste se profile un fanatisme de l'amour pas moins violent que les « idéologies militantes » modernes auxquelles Henry Corbin crut pouvoir l'opposer bien que de solides liens généalogiques nouent millénarismes ésotériques et messianismes exotériques. L'apparent mystère Khomeini du retournement d'une intériorité gnostique en extériorité sanglante illustre une nouvelle fois le peu de résistance qu'oppose la spiritualité platonicienne à son accaparement par des disciples platoniques-terroristes. Henry Corbin a merveilleusement pressenti l'efficace politico-spirituelle du chî'isme iranien ; faute d'interroger l'équivoque de son platonisme — et du platonisme amoureux en général — il n'a point envisagé son accomplissement théocratique. (Cf. « Le combat spirituel du chî'isme », in *En Islam iranien*, t. I, pp. 86-134).
— Robert Musil, *l'Homme sans qualités*, trad. Jacottet, le Seuil, t. IV, p. 170.
— Anaximandre *in* G. S. Kirk et J. E. Raven, *The Presocratic Philosophers*, Cambridge, 1957, p. 134.

6. Comment l'esprit vient aux occidentaux.

— R. Musil, *l'Homme sans qualités*, III, pp. 266, 122.
— *Id.*, IV, pp. 111, 112.
— « Sommation directe... ». P. Mazon, *les Choéphores*, n. 3, p. 95.
— R. Musil, *id.*, IV, p. 38.
— « Il ne se rencontre... ». Platon, *Théétète*, éd. Diès, les Belles Lettres, 150 b.
— *Id.*, 150 c.
— *Id.*, 150 d.
— Platon, *Lysis*, éd. Croiset, les Belles Lettres, 212 e-213 c.
— *Id.*, 223 b.

7. Une fuite au ministère des rapports humains.

— « Je comprends le sourd-muet... ». Hérodote I, 47.
— « Vivre exige... ». Piera Castoriadis-Aulagnier, *la Violence de l'interprétation*, PUF, 1975, pp. 131 et 151.
— « Interprète trop infiniment... ». Hölderlin, *op. cit.*, p. 53.
— Crésus, *in* Hérodote, I, 91.

— Etat d'hybris, commentaire de François Hartog, *Hérodote,* Maspero 1980, p. 19. Même auteur : *le Miroir d'Hérodote,* Gallimard, 1980.
— Xerxès, Hérodote, VII, p. 203.
— Hans von Arnim, *Platos Jugenddialoge,* Hakkert, Amsterdam, 1967. En particulier pp. 51-63.
— David Bolotin, *Plato's Dialogue on Friendship,* Cornell University Press, 1979, p. 225.
— Socrate à la guerre, *le Banquet,* 221 b.
— P. Boutang, in *le Banquet* (Hermann) p. 166.
— Naissance d'Eros, 203 b-204 b, trad. Boutang, *op. cit.*
— Marsile Ficin, *op. cit.,* p. 209.
— « Toutes les fois... ». *Le Banquet,* 206 d.
— « Entre nous... ». Montaigne, *Essais,* livre III, chap. XIII, p. 1096.
— « On dit qu'il est le même... ». *Le Banquet,* 207 c, trad. Boutang.
— « Pour ce qui est... ». *Id.,* 208 a b, trad. Robin.
— « Poésie... ». *Id.,* 205 c. Dans son explication du même texte (*Ennéades,* III, 5) Plotin souligne le côté non-dieu, aporétique d'Eros, mais dédramatise en expliquant par la dualité matière-forme.

LE PRINCIPE D'INCERTITUDE

— F. Kafka, *Paralipomènes,* Carnets, éd. Marthe Robert, Cercle du livre précieux, t. VII, p. 381.

1. *L'infant pathétique.*

— « A crisper... ». S. Mallarmé, *Hommage* (à Puvis), OC, p. 72.
— « Le Maître hésite... ». S. Mallarmé, *Un coup de dés...,* OC, pp. 458 sq.
— Gardner Davies, *Vers une explication rationnelle du coup de dés...,* José Corti, 1953, p. 99.
— « Le progrès des tribunaux... ». Fernand Robert, « Exigences du public et ressorts de la tragédie », *in le Théâtre tragique,* éd. du CNRS, Paris, 1970, pp. 59 et 62.
— Aristote, *Politique,* III, 1281 b et 1282 a.
— Platon, *la République,* VII, 538 a sq.
— Luther, que Henry Corbin rapproche du soufisme, « L'Homme de lumière dans le soufisme iranien », Présence, 1971, p. 17.
— Sur Pathos, cf. Lucas, *Aristotle Poetics,* Oxford, Clarendon Press, 1968, pp. 58, 96 et *la Poétique, op. cit.,* p. 377.
— « Chaque passion... ». Aristote, *Rhétorique,* éd. Dufour, les Belles Lettres, 1378 a 13. Heidegger, « Qu'est-ce que la philosophie ? » in *Questions* II, p. 33 : « Nous traduisons d'ordinaire pathos par passion, bouillonnement affectif. Mais Pathos est en connexion avec paskein, souffrir, patienter, supporter, endurer, se laisser porter par... céder à l'appel de. » Dans *les Choéphores,* après le meurtre, Oreste met en parallèle son ergon (Mazon :

forfait, Reinhardt : œuvre) et le pathos subséquent (M : châtiment, R : épreuve). Pour la discussion du v. 1016, cf. Karl Reinhardt, *Eschyle*, éd. de Minuit, p. 152.

2. *Du presque plus au pas encore.*

— P. Mazon, notice in *les Euménides*, les Belles Lettres, p. 131.
— H.-C. Baldry, *le Théâtre tragique des Grecs*, Maspero, 1975, p. 162.
— « Si on trouve... ». *Les Euménides*, v. 470-472.
— Kitto, *Form and Meaning...* p. 59 : Athéna n'est pas « du côté » d'Apollon.
— Sur Zeus « progressiste », cf. Kitto, *op. cit.,* pp. 65 sq. Et *Greek Tragedy*, pp. 92 sq. La majorité des critiques lisent *l'Orestie* comme une théodicée optimiste mais ne s'entendent nullement dès qu'il leur faut préciser de quoi à quoi il y a « progrès ». Evolution civilisatrice chez les dieux (Thomson) ou, plus terre à terre, d'une perception privée et familiale (oikos) à une conception plus légaliste de l'intérêt public (John Jones, *On Aristotle and Greek Tragedy*, 1962). Nietzsche retourne ce progrès apparent comme « décadence » sans abandonner le schéma d'un temps qui avance en résolvant — bien ou mal — les difficultés de la tragédie.
— « Le sens tragique... ». J.-P. Vernant et P. Vidal-Naquet, *Mythe et tragédie*, p. 39. *Id.* pp. 71, 72 : « Au terme de la trilogie d'Eschyle, Oreste coupable d'un crime monstrueux, le meurtre délibéré de sa mère, se voit acquitté par le premier tribunal humain institué à Athènes : faute d'intention délictueuse de sa part, puisqu'il a agi sans pouvoir s'y soustraire sur l'ordre impérieux d'Apollon, son acte, plaident ses défenseurs, doit être rangé dans la catégorie du *dikaios phonos,* du meurtre justifié. Cependant là encore l'ambiguïté subsiste ; une hésitation se fait jour. Le jugement humain reste en fait indécis. L'acquittement n'est obtenu que par un article de procédure après qu'Athéna, par son vote, a rétabli l'égalité des voix pour et des voix contre Oreste. Le jeune homme est donc légalement absous grâce à Athéna, c'est-à-dire grâce au tribunal d'Athènes, sans être pleinement innocenté du point de vue de la morale humaine. La culpabilité tragique se constitue ainsi dans une constante confrontation entre l'ancienne conception religieuse de la faute, souillure attachée à toute une race, se transmettant inexorablement de génération en génération sous forme d'une *atê*, d'une démence envoyée par les dieux, et la conception nouvelle, mise en œuvre dans le droit, où le coupable se définit comme un individu privé, qui sans y être contraint, a choisi délibérément de commettre un délit. Pour un esprit moderne ces deux conceptions paraissent radicalement s'exclure. Mais la tragédie, tout en les opposant, les assemble en des équilibres divers d'où la tension n'est jamais entièrement absente, aucun des termes de cette antinomie ne disparaissant tout à fait [...] La tragédie, en présentant l'homme engagé dans l'action, porte témoignage des progrès qui s'opèrent dans l'élaboration psychologique de l'agent, mais aussi de ce que cette catégorie comporte encore, dans le contexte grec, de limité, d'indécis et de flou. L'agent n'est plus inclus, immergé dans l'action. Mais il

n'en est pas encore vraiment, par lui-même, le centre et la cause productrice. » Le temps intermédiaire est selon les auteurs celui du « pré-droit », défini par Louis Gernet, *Anthropologie de la Grèce antique,* Maspero, 1976, en particulier pp. 177-260. Le tout est de savoir si les « modernes » sont sortis du « pré-droit », partant de la tragédie, dans les affaires qui les concernent à la vie et à la mort. Les tempêtes de l'amour, de l'argent et de l'inter-national nous entraînent-elles, iréniques, au-delà du pré-droit, ou plus souvent, dévastatrices, en deçà ? En ce cas l'indécision tragique n'est pas plus floue mais au contraire plus éclairante qu'un tout-est-écrit projeté dans le passé-tradition ou l'avenir-loi.

— Proclus, avec le commentaire de H. Corbin, *l'Imagination créatrice dans le soufisme d'Ibn'arabi,* Flammarion, 1958, p. 81.

— Le Zâhir. H. Corbin, *En Islam iranien,* t. 1, p. 137.

— « Lorsque mon cœur... ». *Id.,* t. 3, p. 189.

— Goethe, *Entretiens avec Eckermann,* 25/1/1830.

— « Monte plus haut... » R. P. Festugière, *les Révélations...* IV, p. 142.

— Eschyle, *les Suppliantes,* v. 85-94.

— « Tout ton cœur... ». Gershom G. Scholem, *les Grands Courants de la mystique juive,* Payothèque, 1977, p. 152.

— Euripide, *les Suppliantes,* v. 331.

— Hegel, *Wissenschaftliche Behanlungsarten des Naturrechtes,* Œuvres, éd. Lasson, t. VII, p. 381. Sur l'analyse hégélienne de la tragédie antique, cf. *le Discours de la guerre.*

— Plotin, *Ennéades,* V, 3, 17.

3. Le mur du temps.

— « Le nouveau type... ». Mircéa Eliade, *Histoire des croyances,* Payot, 1978, t. 2, p. 288.

— C. Péguy, *les Suppliants parallèles* (déc. 1905) in Œuvres, t. I, pp. 869-935.

— « Instruit dans le malheur... ». *Les Euménides,* v. 276.

— « La destruction fut ma Béatrice... ». S. Mallarmé, lettre à Lefébure du 17 mai 1867, *in* H. Mondor, *Eugène Lefébure,* Gallimard, 1951, p. 348.

— La skene... Baldry, *op. cit.,* pp. 60, 98.

— « Œil idéal du théâtre... ». R. Klein et H. Zerner, « Vitruve et le théâtre de la Renaissance italienne », in *le Lieu théâtral à la Renaissance,* CNRS, Paris, 1968, p. 60.

— « L'impression... ». Cesare Molinari, « Les rapports entre la scène et les spectateurs », *id.,* p. 67. Cf. Jean Jacquot, « Les types de lieu théâtral », *id.,* pp. 473-509.

— « Une grande partie... ». Baldry, *op. cit.,* p. 71. « Le temps devient espace », *Zum Raum wird hier die Zeit* (Wagner, *Parsifal,* acte I).

4. Le pur entre son anarchie et son despotisme.

— La catharsis : Aristote, *la Poétique*, chap. 6.
— « De la simple vision... ». Commentaire, *la Poétique*, pp. 188-190. (Dupont-Roc et Lallot).
— *Prométhée* d'Eschyle dans la trad. de J. de Romilly, *la Crainte et l'Angoisse dans le théâtre d'Eschyle*, les Belles Lettres, p. 16.
— Parmi les mises au point intéressantes sur la notion de catharsis, celle de Lucas, *op. cit.*, pp. 273-290. Pour la référence implicite à Platon, v. Goldschmidt, *Questions platoniciennes*, Vrin, 1970, pp. 103-140. L'article classique de Jacob Bernays est traduit : « Aristotle on the effect of Tragedy » in *Articles on Aristotle*, Ducworth 1979, IV, pp. 154-165.
— A. Diès, *la République*, introd., p. CIX.
— « La seule tragédie... ». Platon, *Lois*, VII, 817 b.
— « Elle parle... ». J. de Romilly, *la Crainte et...*, p. 76.
— Sophocle, *Ajax*, v. 121-126.

5. Les vestibules du couchant.

— Aristote, *Topiques*, VI, 142 b 2.
— « Quand on veut résoudre... ». Aristote, *Métaphysique*, Bl. p. 121. Cf. Pierre Aubenque, « Sur la notion aristotélicienne d'aporie » in *Aristote et les problèmes de méthode*, Louvain-la-Neuve, diff. Vrin, 1980, pp. 3-19.
— « Ombre et lumière... ». *Les Choéphores*, v. 320.
— « Au lieu du thrène... ». *Id.*, v. 344.
— Platon, *Ménon*, éd. Croiset, les Belles Lettres, 82 a sq.
— Sur la diagonale et les irrationnels, bibliographie *in* Wilbur R. Knorr, *The Evolution of the Euclidean Elements*, D. Reidel Holland, USA 1975. Konrad Gaiser, in *Das Problem der ungeschriebenen Lehre Platons*, Darmstadt, 1972 : « La considération de l'incommensurabilité mathématique entraîne nécessairement une remise en cause de la notion de mesure en général », p. 356.
— J.-T. Desanti, « Une crise de développement exemplaire », in *Logique et connaissance scientifique*, Gallimard, Pléiade, p. 439.
— Sur la nomologie husserlienne, cf. J. Cavaillès, *Sur la logique et la théorie de la science*, PUF, p. 72 : « Pour la conception husserlienne de la logique et des mathématiques l'aventure (i.e. l'indécidabilité gödelienne) est particulièrement grave... La notion même de théorie dominable et isolable ne peut être maintenue. » D'un avis contraire, Suzanne Bachelard, *la Logique de Husserl*, PUF, p. 112 : « Au fond ne peut-on penser que la déception d'une confiante naïveté, devant un idéal non réalisé, ne constitue pas une objection à cet idéal en tant que tel ? » On le peut, certes, sauf que l'idéal nomologique s'est montré davantage que « non réalisé » ; une fois démontré non réalisable il ne devient pas seulement « chimérique » (p. 113) mais trop étroit pour motiver la mathématique vivante, ce que constatent indépendamment l'un de l'autre

Cavaillès et Gödel, qui délaissent tous deux l idéal formaliste et nomologique pour cultiver des idéaux plus philosophiques. Dans *Problems in the Philosophy of Mathematics* édités par I. Lakatos, North Holland, 1972, Laszlo Kalmar relève les virages opérés par Russell et Carnap, 1930 : « Toute incertitude dans les fondations de la plus certaine des sciences est déconcertante à l'extrême... » ; 1958 : il y a entre la physique et les mathématiques une analogie quant à « l'impossibilité d'une certitude absolue ». L'auteur conclut : « Ce fut un choc d'importance pour un rationalisme par trop optimiste de se rendre compte que la science — en dépit d'immenses efforts — ne peut être organisée sur le modèle d'une déduction euclidienne » (pp. 199-201). Au lieu de la qualification « nomologique », d'autres auteurs proposent « monomorphique » ou « catégorique » (Stephan Körner, *Post-Gödelian Mathematics and Philosophy, ibid.*, p. 123).

— La proposition de Gödel, *in* Hao Wang, *op. cit.*, p. 173. En quoi elle est mathématiquement recevable bien qu'imprédicative, Hao Wang, *Logic, Computers and Sets*, Chelsea, N. Y., 1970, pp. 576 sq.

— « Au moins une proposition... ». J. C. Milner, *op. cit.*, p. 43.

— J. Cavaillès, *Philosophie mathématique*, Hermann, p. 69, remarque que Dedekind « transformera en définition » (des ensembles infinis) le paradoxe de ces ensembles. Le mouvement de l'aporie définissante est déjà saisi par Aristote.

— « L'attrait de la méthode du dialogue tient à ce que ce qui compte le plus n'est point les conclusions générales mais la spécification de leur sens et leur délimitation » Gödel, *in* Hao Wang, *From mathematics...*, p. 199. Mes résultats « ne limitent pas les pouvoirs de l'humaine raison mais bien plutôt les potentialités du formalisme pur dans les mathématiques ». K. Gödel, *in* M. Davis : *The Undecidable*, Raven Press, N. Y., 1965, p. 73.

— « Plus philosophique... ». Aristote, *la Poétique*, chap. 9.

— « Il est vraisemblable... ». *Id.*, chap. 18.

— « D'un seul regard... ». *Id.*, chap. 24.

— « Ce que la figure manifeste... ». Aristote, *Organon IV, Seconds Analytiques*, Tricot, Vrin, 77a.

— « Le plaisir de boire... ». Aristote, *Topiques* I, 10 ab. Dans son introduction (les Belles Lettres, 1967), Jacques Brunschwig note : « Un problème dialectique peut se définir, conformément à l'étymologie du mot comme ce qui doit être *jeté* dans le champ de l'affrontement dialectique pour en constituer le thème et l'enjeu » (p. XXV). « Dialectique » pour Aristote, c'est « dialogue » pour Gödel ou « conférer » selon Montaigne : l'aporie comme jeu par excellence de société. Sur « l'étrange parenté » entre la dialectique, conçue art de poser de vraies questions, et la « recherche ontologique », cf. P. Aubenque, *le Problème de l'Etre chez Aristote*, PUF, pp. 281 sq.

— « C'est aussi que dans une bataille... ». Aristote, *Seconds Analytiques*, 100 a.

— Claude Lévi-Strauss (*la Pensée sauvage*, Plon, p. 24) distingue deux « niveaux stratégiques » de la pensée, « l'un approximativement ajusté à celui

Notes

de la perception et de l'imagination, l'autre décalé ». Tandis que la pensée sauvage spécule « en termes de sensibles », le « miracle » grec ne se condense-t-il pas en ce que la pensée prend pour thème explicite sa propre aporie, ainsi « décalée » ?

— S. Mallarmé, *Victorieusement fui...*, Sonnet, *in* OC, p. 68.
— Bertrand Russell, *The Middle Years*, 1914-1944, N. Y., 1968, p. 326.
— « Nécessairement il y aura demain... ». Aristote, *De l'interprétation*, trad. Tricot, 19a 27 et 18b 30.
— «Il est vraiment... ». *Théétète*, 155d.
— Heidegger, *Questions* II, p. 32.
— Aristote, *Métaphysique* A, 983a 15-21, texte *in* Aristotle, *Metaphysics*, éd. Tredennick, Loeb classical library, p. 16. A travers « l'induction » (epagôgê) se donne l'unité (« sue ») d'une multiplicité (« sentie ») non point négativement (l'intelligible coupant le sensible) mais comme intuition de la résistance d'une chose. La maison est certes faite de briques et de planches mais avant tout elle *abrite*, protège (*Métaphysique*, H2 1043a). Ce qu'elle présente d'unique, commun à tout « toit », est l'acte dans lequel une chose temporelle résiste aux intempéries ; l'intelligible non séparé est la façon-forme selon laquelle le sensible déjoue sa propre déroute (en ce sens, Ernst Tugendhat, *Ti kata tinos*, Munich, 1958, p. 151).

Albrecht Dürer ne fut guère choyé par la critique française contemporaine. L'esprit de la Première Guerre mondiale soufflant, Elie Faure observait en son œuvre les qualités et les limites d'un Germain, avide de détails, voire tatillon, mais incapable d'invention et de hardies synthèses... Peu après la deuxième, un critique, excellent et cultivé, dévoila les prémices d'un « art cruel », cousin pas tout à fait éloigné du nazisme puisque étranger à une supposée douceur latine : « Dürer, Dürer lui-même, séduit pourtant comme Goethe par la sérénité latine, Faust qui s'attendrit en se tournant vers Hélène, c'est en vain qu'il poursuit dans le nombre d'or que lui révèlent Paccioli et Vinci la clef de l'harmonie ; son démon intérieur s'agite et laisse passer son sabot cornu sous le bord du manteau. Que son portrait du Louvre est symptomatique à cet égard ! N'est-il pas un acte d'amour puisqu'il le peignit pour sa fiancée ? Ne tente-t-il pas d'y épurer son visage émacié, d'y peindre une rêverie déjà romantique ? Mais quelle est cette fleur qu'il expose en sa main, en gage d'un cœur fidèle ? Non point le timide et discret myosotis ; mais (et cette équivalence germanique du myosotis est bien expressive) le chardon, tout hérissé de dards ; et quelle main osseuse, les doigts cambrés jusqu'au recroquevillement ; elle dissimule mal sa parenté avec les mains de Grünewald contractées comme des griffes... » (*Etudes carmélitaines,* 15 mai 1946). En 1493, un peintre de vingt-deux ans poursuit depuis plusieurs années une de ses très particulières inventions qui gouverneront la nouvelle peinture pendant au moins cinq siècles. Au lieu du Christ et des grands personnages, à la même place, il peint systématiquement le peintre lui-même. A Raphaël, signe de reconnaissance, il envoie une tête — gouache sur lin fin — la sienne. Avant lui, quelques rares autoportraits (Fouquet, Lippi) paraissent accidents dont seule sa recherche méthodique accomplit la promesse.

Sa main ne tient ni pinceau ni bouquet. Pas plus l'emblème de son métier que l'instrument de son sentiment. Peut-être tend-il à sa fiancée, Agnès Frey, un chardon qui symbolise traditionnellement la fidélité, à moins qu'il ne se soit « justifié d'avoir peint le premier autoportrait indépendant de la peinture européenne en mettant dans sa main un symbole de la passion du Christ » (W. Schmidt, in *la Gloire de Dürer,* colloque de Nice, Klincksieck, 1974). L'hésitation est légitime car plus qu'un symbole ou un rappel la véronique est donnée telle, pour elle-même, avec une minutie de botaniste, dans la beauté précise et piquante d'une fleur encore vivante et déjà sèche. Carte de visite d'une époque où quelques Dürer et Montaigne se figurèrent eux-mêmes et leur fidélité et leur foi, dévisageant les choses cruelles dans leur banale incision. L'un brandit la nourriture des ânes, l'autre sertit de ses pensées la pierre qui lui fait pisser le sang, l'homme ne vit pas que de roses.

TABLE DES MATIÈRES

I. ELOGE DU SUFFRAGE UNIVERSEL

I. LE SECRET DU VOTE 15
  1. « Bref, dans un acte où le hasard est en jeu... » 17
  2. « Prêt à y sacrifier toute vanité... » 23
  3. De l'isoloir conçu comme abri-bus pour le sacrifice 29
  4. Tantôt je pense et tantôt je suis 37
  5. Abraham 43
  6. « S'arroger en vertu d'un doute... » 48

II. L'ESPRIT DES INSTITUTIONS 51
  1. La nouvelle géopolitique 54
  2. Les mystères personnels de l'Etat-nation 60
  3. Psychologie pour un prince amer... 67
  4. Du plus dissimulé des taciturnes 74
  5. Stratégie de l'Etat, stratagèmes du citoyen 81
  6. « Seul venu à l'heure... » 90
  7. Ennemi fidèle et ami intime 97
  8. « Pyrotechnique non moins que métaphysique... » 104
  9. Radio Gutenberg 109

II. CYNISME

Le murmure des mœurs et le détachement de l'intellectuel... 121

I. UNE DERNIÈRE AVENTURE DU BIPÈDE SANS PLUMES 133
  Premier tableau 134
  Deuxième tableau 136
  Troisième tableau 137
  Quatrième tableau 139
  Cinquième tableau 141

Intermède 144
Sixième tableau 146
Septième tableau 147
Huitième tableau 149
Neuvième tableau 152
Dernier tableau 154
La sortie de Socrate 159

II. QUATRE THÈSES PHILOSOPHALES RÉSOLUMENT MODERNES 169

  1. La suprême adéquation 173
  2. Apathe roi 177
  3. Napoléon c'est moi 182
  4. Economie politique du palais de cristal 188
    . Le sérieux politique 189
    . Le marché du monde 193
    . La gravitation cynique 196

III. LES GRANDS ÉCHANGEURS SOUS LA LUNE 201

  1. Un masque sans visage 202
  2. Le tournis et son pivot 204
  3. Une mystique de la destruction 212
  4. Les calendes romaines 215
  5. Capitalisme, stade suprême de l'impérialisme 220
  6. Le monde pour un tonneau 224
  7. Adieu à Diogène 226

III. PASSION

I. LA POSSIBILITÉ ABSOLUE 241

  1. Troie infiniment en flammes 245
  2. Philanthropiquement vôtre 251
  3. D'une aveuglante évidence 258

II. UN OPÉRA GNOSTIQUE 267

  1. Une présentation de malades 268
  2. Excursion par Nag Hammadi 275
  3. Œdipe et son double 281
  4. Littérature et révolutions (suite) 287
  5. Du double contre-amour 295
  6. Comment l'esprit vient aux occidentaux 299
  7. Une fuite au ministère des rapports humains 306

Table des matières

III. LE PRINCIPE D'INCERTITUDE	317
1. L'infant pathétique	317
2. Du presque plus au pas encore	324
3. Le mur du temps	332
4. Le pur entre son anarchie et son despotisme	338
5. Les vestibules du couchant	341
Notes	351

*Achevé d'imprimer le 9 octobre 1981
sur presse CAMERON,
dans les ateliers de la S.E.P.C.
à Saint-Amand-Montrond (Cher)
pour le compte des éditions Grasset*

N° d'Édition : 5659. N° d'Impression : 1829/1142.
Dépôt légal : 4ᵉ trimestre 1981.
Imprimé en France
ISBN 2-246-26811-7